동봉 스님의 사색과 통찰로 빚은 아미타경 이야기

아미타경을 읽는 즐거움

동봉 스님의 사색과 통찰로 빚은 아미타경 이야기

아미타경을 읽는 즐거움

동봉 지음

민족사

머리말

  우리는 살아가면서 역할을 대신하는 경우를 종종 봅니다. 이를테면 부모가 자식을 대신하고 보살이 중생들을 대신하여 고통을 받는 경우지요. 부처님의 본생이 그러하셨고 예수님의 대속이 그러하셨습니다. 그러나 정말 그게 인과론 입장에서 보았을 때 대신 역할이 가능할까요? 결론적으로 어느 누구도 대신 살아주는 삶은 없습니다.

  남의 사랑을 대신할 수 없듯이 내 사랑을 남에게 대신 맡길 수도 없습니다. 미움이 그러하고 수행이 그러합니다. 어떤 경우도 극락을 대신 가고 지옥을 대신 가는 일은 없습니다.

  부처님의 가르침은 생명들의 삶에 있어서 대역이란 있을 수 없다는 이치를 극명하게 보이셨습니다. 나는 《불설아미타경》을 읽는 내내 단 한 순간도 이 생각을 벗어난 적이 없습니다.

  아무리 디지털 시대요, 멀티 시대요, 스마트 시대라 해도 마음을 닦고 언어와 행동을 바로 하는 일은 결코 남에게 부탁할 수 있는 게 아니라 직접 해야 한다는 것이지요.

《불설아미타경》은 수행의 가교이고 정토로 나아가는 안내서입니다. 나는 이 경전을 해설하면서 가능하다면 우리가 알고 있는 기초과학과 연결시키려 애썼습니다. 바로 이 점이 이 책이 지닌 특징이라면 특징일 것입니다.

이 책이 나오기까지 마음 써 주신 민족사 윤창화 대표님, 저자와 독자들의 생각을 잘 조화시키는 사기순 주간님, 민족사와 함께하는 모든 식구들 고맙습니다.

우리절 운영위원회 임원진과 평소 꼼꼼히 교정을 보아 준 실린달 불자님, 아울러 이 땅의 독자 분들에게 고마운 마음을 전합니다.

세상은 살아가는 자의 것이고, 삶은 생각하는 자의 것이며, 미래는 닦아 가는 자의 것이듯 책은 읽는 자의 것입니다.

2015년 2월 설날 아침에
곤지암 우리절 선창에서 비구 동봉

차례

머리말

1부 서분序分

2부 정종분正宗分

1부

서분 序分

001

초승달은 잰 며느리가 본다

사람이 지닌 그 내면의 본성은 게으름일까요? 아니면 부지런함일까요? 게으른 사람은 더욱 게을러지고 싶고 부지런한 사람은 더욱 부지런해지고 싶은 거라네요. 엊그제 금강반야바라밀 진언을 끝으로《금강경》강설을 우선 마무리 지었습니다.

모바일로 썼기 때문에 이를 하나로 연결시키는 작업이 결코 작은 일이 아닌 데도 마음에서 긴장이 풀리니 아무 것도 할 생각이 전혀 떠오르지를 않는 것이었습니다. 한 마디로 게으름이었습니다. 마찰력摩擦力 때문이라 변명이라도 하고 싶습니다. 월요일은 다른 요일과 달리 출근하기가 싫어 미적거리다가 출근시간을 맞추지 못해 지각을 하기도 한다는 말을 들었습니다. 이른바 월요병月曜病이라 한다더군요. 이 월요병도 정지마찰력靜止摩擦力이 작용한 까닭일까요?

아프리카에 있을 때 〈마음의숲〉이라는 출판사에서 전화가 오고 전자메일e-mail이 왔습니다. 그간 아프리카에서 느낀 이야기들을 잔잔하게 글로 써주었으면 해서라더군요. 귀국하여 소식을 전했습니다. 바로 만나

자기에 안국동 로터리에 있는 조금鳥金이란 음식점에서 만나고 결국은 출판사에서 정식으로 책 출판계약서에 서명을 하고 계약조건을 모두 이행하기로 했는데요.

아! 어쩐란 말입니까. 수필가에게서 글이 나오지 않다니요. 출판사 사장은 시인 권대웅 선생이었는데 요즘 우리가 즐겨 쓰는 외래어로 마인드mind도 마인드려니와 브레인brain이 참 신선한 분이었습니다.

지금도 나는 그때 그 분에게서 받았던 창의적이고 신선한 생각들을 쉽게 잊지 못합니다. 이번에 《금강경》을 강설하면서 표현하는 방식을 아주 대담하게 바꾸었는데 동기는 그에게서 받은 그 커다란 느낌 때문이었습니다.

그러면 뭘 하겠습니까. 당시 한 달이 넘도록 겨우 서너 꼭지 글을 출판사에 보냈을 뿐이었는데요. 편집장을 비롯하여 편집인들은 나름대로 좋다고 하였으나 정작 내 자신은 단 한 꼭지도 낼 수 없는 글이었지요.

모든 계약조건들을 내 스스로 파기하고는, 아마 청기와 주유소 부근이었던가 출판사 사무실을 걸어 나왔습니다. 가을도 아니었는데 하늘이 참으로 높아 보이더군요. 한 달을 넘게 짓눌러온 무거운 짐을 벗고 보니 자신에 대한 안타까움보다도 홀가분함을 마냥 즐기고 싶었습니다.

마찰력에 대해 좀 더 생각해 보겠습니다.

2010년 가을이었던가. 용산에 있는 국립중앙박물관에서 고려불화대전이 있었지요. 전 세계에 흩어진 고려시대 불화들, 일부는 환수문화재도 있었고 일부는 임대 형식을 빌려 전시회를 가졌습니다.

고려불화가 한 자리에 모인 것은 700년이라 했지만 내가 생각하기에는 처음이었습니다. 왜냐하면 문화재가 해외로 유출되기 전에는 전국 사찰에 각기 모셔져 있었기에 한 자리에 모일 수 없었을 테니까요.

그런데 이들을 한 자리에서 보고 감상할 수 있었으니 그 느낌은 이루다 표현할 수 없었지요. 종교를 떠나 큰 즐거움이고 불자로서는 더없는 기쁨이었습니다. 오죽이나 좋았으면 세 번이나 전시회를 찾았겠습니까.

　관람을 마치고 주차장에 내려오니 주차된 차량이 참 많았습니다. 그럴 때면 주차된 차량 앞으로 가로주차를 하기도 했는데 아무 차나 다 가능한 게 아니라 자동이 아닌 수동으로서 기어를 중립에 놓고 핸드브레이크를 당기지 않아야만 되었지요. 내 차 앞에도 작은 승용차가 있었습니다. 안을 자세히 들여다보니 수동에 중립이었고 브레이크는 당겨져 있지 않았습니다.

　나는 뒤에서 천천히 차를 밀었지만 차는 쉽게 움직이지 않았습니다. 힘을 더 주어 밀었더니 그제야 서서히 움직이고, 움직이기 시작하니까 이번에는 또 너무 빨리 밀릴까가 걱정이었습니다.

　모든 물체는 정지마찰력이 있어서 쉽게 움직이려 하지 않습니다. 그러나 일단 움직이기 시작하면 그때는 운동마찰력運動摩擦力이 작용하지요. 우리네 삶에도 마찰력은 어디나 있습니다.

　한 동안 펜을 놓고 있다가 다시 글을 쓰려니 생각했던 것들이 글로 표현되지 않는 게 당연했지요. 결국은 출판계약까지 내 손으로 파기하고 말았으니까. 지난 해 봄부터 다시 글쓰기를 시작해 이제 조금씩 써 가고 있는데 마침《금강경》강설을 하게 되었고 그 힘이 이제《불설아미타경》으로 연결되려 합니다. 그런데, 쓰던 강설을 마쳤다고 게을러지려는 자신을 돌아보며 문득 마찰력이 떠오른 것이지요.

　"초승달은 잰 며느리가 본다"네요.

002

최상의 보석, 《불설아미타경佛說阿弥陁經》

우리나라 불교계에서 좀 읽히는 경전 중에서 몇 가지를 꼽는다면 《천수천안관자재보살광대원만무애대비심대다라니경》(천수경), 《반야바라밀다심경》(반야심경), 《금강반야바라밀경》(금강경), 《대불정여래밀인수증요의제보살만행수능엄경》(능엄경), 《대방광불화엄경》(화엄경), 《묘법연화경》(법화경) 등입니다.

한국불교 소의경전 가운데 경전 이름에 관제冠題로 불설佛說이 올려져 있는 경우가 많지 않습니다. 그런데 이 경은 관제가 있습니다. 다시 말해 《불설아미타경》이지요. 고려대장경에는 관제가 얹혀 분명 《불설아미타경》인데 유통본流通本에는 불설을 생략한 채 그냥 《아미타경》(미타경)이라 합니다. 문헌대로라면 당연히 관제인 '불설'이 있어야지요.

어떤 이들은 이렇게 묻기도 합니다.

"이 경, 이거 혹시 서가모니 부처님께서 설하신 경전이 맞기는 맞는 것입니까? 불설佛說이 아니기 때문에 오히려 불설을 강조하느라 아미타경이라는 경제經題 앞에 불설을 얹은 것 아닌가요?"

그래서 나는 답합니다.

"그러면《성서》에 '예수께서 가라사대'라고 한 것은 예수님 말씀이 아니기 때문에 일부러 예수님 말씀으로 만들기 위해서 그런 말이 앞에 붙습니까? 또《논어論語》에 '자왈子曰'이라 한 것은 공자孔子님 말씀이 아닌데 공자님 말씀으로 둔갑시키기 위해서 그렇게 붙인 것일까요. 꼭 그런 것은 아니잖습니까?"라고요.

'불설'이라는 관제가 앞에 붙은 것은 부처님께서 설하신 경전이라는 의미를 보다 명확히 하고 계심입니다. 따라서《아미타경》의 본이름은 고려대장경 제11책 185~187쪽에 실린 것과 마찬가지로 분명《불설아미타경》이 맞습니다. 팔만대장경 경판으로는 7판입니다. 생각보다 짧은 경전이지요.

대하 장편소설이 인기가 좋을지 모르나 반드시 긴 문장이 심금을 울리는 경우는 많지 않습니다. 비록 대장경판으로 겨우 6쪽 남짓이지만 이《불설아미타경》이 차지하는 경전의 가치는 너무나도 소중합니다. 이토록 환경의 파괴가 스스럼없이 마구 자행되는 오늘날에 있어서는 팔만대장경에서 그 존재적 가치를 놓고 볼 때 어쩌면 당연히 탑top이라는 데에 그 누구도 부인하지 않을 것입니다.

아미타경은 환경의 경전입니다. 아마《불설아미타경》을 제쳐 두고 환경의 경전을 우선적으로 꼽을 수 있는 경전은 단언하건대 어디에도 없을 것입니다. 20세기 들어서 환경의 바이블Bible로는 레이첼 카슨Rachel Carson(1907~1963)의 저서 싸일런트 스프링Silent Spring 즉《침묵의 봄》일 것입니다.

레이첼 카슨은 펜실베니아 주 스프링데일에서 태어나 56세라고 하는 한창 나이에 암으로 세상을 떠나기 전까지 오로지 지구환경 문제에 대해

남다른 깊은 관심을 보여 왔습니다. 그녀는 세상을 떠나기 한 해 전 불후의 명작인 《침묵의 봄》을 남겨 지구의 날(4월 22일)이 지정되는 데 결정적 역할을 제공하기도 했지요.

나는 병원에 있는 동안 레이첼 카슨의 《침묵의 봄》을 읽고 닭똥 같은 눈물을 흘렸습니다. 너무 소중한 책이었기 때문입니다. 2,600여 년 전 부처님 말씀이 인류와 생명의 바이블이었다면 1,980여 년 전에는 예수님 말씀이 사랑의 바이블이었고 1960년대 중반 지금으로부터 겨우 50년 전에는 레이첼 카슨의 이 책 《침묵의 봄》이 환경의 경전이었지요.

그런데 어떻습니까? 이미 2,600여 년 전에 부처님께서는 환경의 바이블 《불설아미타경》을 통해 인류가 살아가는 데 있어서 무엇보다 필요한 게 환경이 아니고 무엇인가를 낱낱이 밝혀 놓으신 것을 어떻게 생각하십니까? 나는 《침묵의 봄》을 읽기 전 반드시 《불설아미타경》을 읽고, 또 《불설아미타경》을 읽기 전 반드시 이 《침묵의 봄》을 제대로 한 번 쯤 읽어보길 권합니다.

에어빈 슈뢰딩거(1887~1961)가 〈과학과 인문주의〉에서 "인간이란 어떤 존재인가? 이 물음에 답하는 것이 과학의 임무는 아니다. 그러나 과학에 부여된 한 가지 과제임은 분명하다"라고 했지요. 이 글은 위대한 천체 물리학자이며 코스모스의 저자인 칼 세이건과 그의 아내 앤 드루얀의 공저 《잊혀진 조상의 그림자》 28쪽에 나오는 말입니다.

사람이 인류의 영장이라 하여 지극히 대단한 것처럼 알고 있지만 환경과의 관계 속에서만 가능한 얘기일 뿐입니다. 만일 환경을 떠나 인간만을 놓고 본다면 인간의 가치는 과연 어느 정도일까요? 환경이란 무생물의 세계만이 아닌 인류 입장에서 보았을 때, 사람 이외의 모든 생명들을 깡그리 포함하고 있습니다. 심지어 균류 박테리아까지도 말입니다.

엠페도 클레스(기원전 5세기)는 〈자연에 대하여〉에서 "인간은 태어나서 죽을 때까지 삶의 극히 일부밖에는 보지 못한 채 연기처럼 사라져 간다. 자신이 마주친 것이 전부라는 헛된 믿음을 안은 채…. 그렇다면 누가 전체를 보았다고 주장할 수 있겠는가?"라고 말했습니다. 이 역시《잊혀진 조상의 그림자》28쪽에 나오는 글입니다.

아무리 곰곰이 생각해 봐도 우리가, 우리 중생들이 부처님의 많은 말씀 가운데에서 이《불설아미타경》을 만남은 모든 행복 중에서 으뜸일 것입니다. 이 시대에 부처님께서 오신다면

(1) 살생하지 말라

(2) 훔치지 말라

(3) 사음하지 말라

(4) 거짓말하지 말라

(5) 술 마시지 말라

라는 5계戒에서 결국 이들 모두를 환경과 관련시키지 않는 계율이 하나도 없으실 것이라고 보는 게 솔직한 나의 생각입니다.

부처님의《정토삼부경淨土三部經》에서 가장 짧고 가장 후대에 성립된 경전, 이 거룩한《불설아미타경》을 만난 이 희유, 이 환희를 이 강설이 끝날 때까지 정토행자淨土行者들과 함께 누리고 싶습니다.

003

부처님은 말씀이다

묻습니다. "《불설아미타경佛說阿弥陁經》을 어떻게 풀이하면 좋겠는지요?"

답합니다. "《불설아미타경》은 그냥 불설아미타경이지요. 통째로 하나의 고유명사니까 그대로 읽고 이해하면 됩니다."

이렇게 대답해 놓고 보니 그래도 뭔가 아쉬움이 남습니다.

"부처님께서 설하신 아미타 부처님에 대한 경." "부처님께서 설하신 아미타경." "부처님께서 아미타 부처님을 말씀하신 경." "부처님 아미타경을 설하시다." 등등.

그렇다고 성 베드로St. Peter를 '반석 성자님'이라 하기도 그렇고 이웃집 아이 피터Peter를 보고 "바위야"라고 부르기도 그렇습니다. 나옹懶翁 화상을 풀어서 '게으른 늙은이', '게으른 스님'이라 부르려니 아무래도 좀 그렇지 않겠는지요. 산승의 법명이 정휴正休니 '바르게 쉬다'라는 뜻이고, 법호가 동봉東峰이니 '이스트 피크East Peak', '이스트 마운틴East Mountain', '동녘 봉우리', '새 뫼' 따위로 풀어서 부르면 이해가 빠를까요? 고유명사는 그냥 고유명사라 풀어서 부르기가 좀 거시기합니다. 차라리 인디언들처럼 '늑대와 함께 춤을'이란 이름은 정겹기나 할 터인데 말입니다. 그래도 하나하나 뜯어보겠습니다.

불설佛說의 '불佛'은 서가모니 부처님이시지요. 2638년 전(2014년 기준) 인도 북부 '카필라바스투'라는 작은 나라의 태자로 태어나셨으나 당신에게 주어진 화려한 왕위를 마다하고 수행자의 길을 택하십니다. 인류 역사에 있어서 영웅들·정객들이 그토록 집착하고 안달하는 왕위, 어마어마한 힘으로부터 오는 상상을 뛰어넘는 달콤한 권력, 왕위나 대통령은 워낙에 높은 자리니 접어두고라도 시장·군수·구청장·국회의원·도의원·시의원 자리, 심지어는 이장·반장 자리마저도 그렇게 차지하려 애쓰는데, 부정선거를 통해서라도 당선만 되고 보자는 게 세상 사람들의 생각인데…. 그런데 가만히 있으면 그냥 저절로 주어지는 왕위마저도 마다하신 부처님이시니 우리가 존경할 수밖에요.

그런 사람들 많다고요? 당연히 인류사를 살펴보면 왕위에 연연하지 않은 분들이 있지요. 문제는 그 다음입니다. 만일 부처님께서 왕위만 버리고 은둔자가 된 채, 인류의 큰 스승이 되지 않으셨다면 부처님은 존경의 대상을 넘어 신앙의 대상으로, 불교라는 종교의 창시자로, 자리매김하시지는 못했을 것입니다.

나는 얘기합니다. 부처님은 아뇩다라삼먁삼보리에 매여 있는 분이 아니시지만 결코 목매는 분도 아니시라고요. 하여 《금강경》에서 "아뇩다라삼먁삼보리는 아뇩다라삼먁삼보리가 아니기에 바야흐로 아뇩다라삼먁삼보리라 한다"고 하신 것입니다. 따라서 부처님은 이미 완벽한 '완성자'가 아니십니다. 끝없이 생명을 사랑하고, 생명을 담고 있는 환경을 사랑하고, 생명과 생명, 생명과 환경, 환경과 환경, 환경과 생명의 조화를 끊임없이 연구하고, 생각하고, 또 펼쳐가는 분이 부처님이십니다.

불설佛說이라는 이 두 글자 속에 부처님의 뜻이 담겨 있습니다.

불佛=설說, 곧 부처님은 설하시는 분입니다. 부처님은 당신이 깨달으신 진리를 삶을 통해 설하시고 생애 속에서 설하셨습니다. 입으로 설하시고 생각으로 설하시고 표정으로 설하시고 온몸으로 설하셨습니다. 당신의 응화신은 열반하셨지만 법신은 우주space-time와 더불어 법을 설하시고 계십니다. 우주의 소리가 그대로 부처님의 설법이고 우주의 모습이 그대로 부처님의 표정이십니다.

경에서는 말씀하십니다. "극락세계에 부처님이 계시니 아미타불이라 하며 지금도 설법하고 계시느니라."

불佛=설說, 부처님은 곧 말씀이십니다. 성서에서 "하나님은 곧 말씀"이심을 얘기하지요. 기독교보다 600년 이상이나 앞서 태동한 불교에서는 이미 경전 속에서 불설이라는 말씀을 통해 부처님은 곧 말씀이고 부처님은 곧 설하시는 분이라는 것을 만천하에 천명하고 있습니다.

또한 부처님佛은 기쁨說을 주시는 분입니다. 말씀을 통해 기쁨을 주시지만 깨달음을 얻으신 부처님 그 자체가 기꺼움說이며 또한 기쁨悅입니다. 열悅과 설說은 같은 뜻, 같은 발음으로 읽힙니다. 다시 한 번 강조하지만 부처님은 그대로가 말씀이시고 또한 기쁨이십니다.

부처님이시여!
저희에게 깨달음의 길을 보여주시니
한 없이 감사하옵고
저희에게 말씀을 말씀하시니 참으로 희유하나이다.
저희는 《불설아미타경》을 통해
부처님의 말씀을 제 자신에게 전하고
사랑하는 가족에게 전하고 소중한 벗들에게 전하고
이웃에게 전하고 모든 생명과 환경에 베풀겠나이다.

004

모두가 부처님의 자녀

더 수카바티 수트라
The Sukhabati Sutra
아미타경阿弥陁經

앞에서 부처님佛은 곧 말씀說이시고 기쁨悅이시라고 말했습니다. 그렇다면 그 말씀에는 말씀에 해당하는 내용이 반드시 들어 있지 않겠습니까. 이 경전에서는 아미타가 되겠지요.

아미타Amitabha란 공간적으로 한없는 광명이며, 시간적으로 영원한 생명입니다. 한역하여 무량광無量光이며 또는 무량수無量壽지요. 부처님은 말씀이신 동시에 부처님은 말씀하시는 분이라 했듯이 그 말씀의 광명이 광대무변하고 그 말씀의 길이가 끝이 없음입니다. 이 말씀 속에는 우주라는 시공간時空間이 그대로 부처님의 몸인 동시에 또한 그대로가 부처님의 생명입니다.

이 우주에는 지구의 모든 바닷가 모래알, 지구의 모든 강변의 모래알, 지구의 모든 사막의 모래알보다도 더 많은 수의 별들이 있습니다. 그것도 행성行星이나 위성衛星을 제외한 항성恒星만도 그렇게 많습니다. 우리 태양계에는 태양 하나에 8개 행성이 있습니다. 그렇게 미루어 볼 때 이 우주에는 지구의 모래알 수가 아니라 지구를 먼지 수준으로 잘게 부순 그 숫자보다 더 많은 별이 있습니다.

우리는 지구에 살면서 이 지구가 엄청 크다고 생각하지요. 그런데 한 번 보십시오. 같은 태양계 행성 가운데서도 목성木星Jupiter의 경우는 부피가 지구의 1,320배고, 질량은 지구의 320배입니다. 이 행성 하나를 제대로 살펴보려면 궤도 정보, 물리적 정보, 온도 정보, 관측 정보, 대기 정보 등 참으로 다양합니다. 간단하게 보아 지구처럼 암석으로 된 것이 아니고, 가벼운 원소로서 수소와 헬륨 등 가스로 이루어진 행성이기에 부피와 질량의 차이가 있습니다.

태양계 행성 중에서 고리의 아름다움을 자랑하는 토성土星Saturn은 부피가 지구의 750배이고 질량은 지구의 95배나 됩니다. 역시 목성처럼 가스형 행성입니다. 우리는 이를 목성형 행성이라고도 부릅니다. 지구에서 12억km나 떨어져 있지요.

나는 몇 해 전 이 토성을 황형태 단국대학교 통계학 교수 자택에서 망원경을 통해 보았는데, 지금도 그 감동을 잊지 못합니다. 부피가 지구의 750배나 되는 토성이 콩알보다 더 작게, 좁쌀과 팥알 중간쯤으로 보이는 완벽한 황금빛깔의 토성의 그 아름다움을요.

천왕성天王星Uranus은 지구로부터 27억km 떨어져 있는데 부피는 지구의 63배나 되고 질량은 지구의 14.5배를 넘지요. 천왕성 또한 목성형 행성으로 가스로 되어 있는데 그래서 부피에 비해 질량이 적습니다.

참고로 태양太陽은 지구에서 1억 5천만km 거리인데 지름이 지구의 109배고, 부피는 지구의 130만 4천 배며, 질량은 지구의 33만 3천 배입니다. 역시 태양과 지구를 비교했을 때 부피에 비해 질량이 반의 반밖에 안 되는 것은 태양이 암석형嚴石形이 아니고 수소와 헬륨이라는 가스로 이루어졌기 때문이지요.

그런데 이렇게 거대한 태양도 지구와 130억 광년쯤 떨어져 있는 한 슈퍼블랙홀super blackhole의 질량에 비하면 또 아무 것도 아닙니다. 그 블랙홀의 질량이 태양의 30억 배나 된다고 하니 30배, 30만 배도 아니고 자그마치 30억 배나 된다고 합니다. 어찌 되었거나 지구는 그다지 큰 게 아닙니다. 이 지구가 크든 작든 말로 표현할 수 없는 드넓은 우주에는 그토록 많은 별들이 있습니다.

이처럼 많은 별들도 망원경을 통해 보이지 않는 암흑물질이나 암흑에너지에 비하면 그야말로 아무것도 아닙니다. 그렇다면 이들 항성들이 우주에서 내는 빛은 얼마나 될까요. 이 또한 상상을 초월합니다. 그러나 이들 모두가 그대로 아미타 부처님의 빛입니다. 그리고 이들 별들의 생명만큼이나 부처님의 생명은 실로 무한대입니다.

최첨단을 달리는 현대과학/현대물리학에서도 아직 우주 공간의 99.999%를 차지하는 암흑물질과 암흑에너지를 다 밝혀내지 못하고 있습니다. 왜냐하면 별들의 빛이 그에 다 미치지 못하기 때문입니다. 그런데 아미타 부처님의 광명은 우주에 있는 모든 천체 이를테면 우주에 있는 모든 물질과 암흑물질까지 모든 에너지와 암흑에너지까지 비추지 못함이 없는 까닭에 무량광이며, 그래서 무량광불이십니다.

아닙니다. 비출 것도 없이 이들 암흑물질과 암흑에너지를 담고 있는 우주 자체가 아미타 부처님의 몸이십니다. 그리고 항성들 중에는 그 수명이 수백 억 년이 아니라 수천 조 년이 되는 별이 수두룩한데 그들보다 더 긴 수명을 지니신 부처님이 아미타 부처님이십니다.

아닙니다. 그게 아닙니다. 우주의 모든 시간이 곧 아미타 부처님의 생명이십니다. 이《불설아미타경》에서 부처님이 설하시는 그 부처님은 우주 그 자체의 빛과 어둠이고 우주 그 자체가 지닌 역사입니다.

우리는 《불설아미타경》을 통해 아미타불의 극락세계가 어디에 존재하는가를 밝히기보다는 우주를 어떻게 이해하고 우주를 어떻게 가꾸어 갈 것이며 우주와 지구와의 관계, 우주와 우리 인간과의 관계를 어떻게 잘 조화시켜 나갈 것인지를 깊이 고민하고 또 연구할 일입니다.

왜냐하면, 아미타 부처님은 무량한 빛이시니 우주의 빛이 곧 아미타불이며, 그 빛은 어둠을 포함하니, 암흑물질과 암흑에너지 블랙홀마저도 그대로 아미타 부처님이 지닌 한량없는 광명의 다른 모습입니다. 따라서 이 우주를 떠나 따로 아미타 부처님을 찾는 일도, 이 부처님이 계시는 극락세계를 찾는 일도 다 무의미하며, 이 우주를 버려두고 정토를 지향하는 일이 무의미합니다. 한마디로 지구를 포함한 광활한 우주, 이 우주의 앞으로의 역사에 눈을 돌리고 관심을 기울임이 우리 정토행자淨土行者, 정업자淨業者들이 아미타 부처님의 무량수·무량생명을 건강하게 지켜드리는 일이 됩니다.

나는 단언합니다. 이 《불설아미타경》을 비롯하여 정토부의 모든 경전은 죽은 뒤 우리가 가야 할 곳을 일러주시는 그런 경전이 아닙니다. 팔만대장경이, 온 우주의 미세먼지로써 챕터品를 삼은 부처님의 한량없는 가르침이 마음 하나 밝히는 것이라고들 하지만, 마음과 인간의 관계를 비롯하여 인간과 인간의 관계, 인간과 뭇 다른 생명과의 관계, 뭇 생명들과 무생물의 관계를 밝히는 일입니다. 다시 말해서 이 지구와 이 지구가 담긴 은하, 그들 은하계와 이 우주와의 관계를 멋지게 가꾸어가라는 말씀이라고요.

관계를 불교에서는 이른바 '인연因緣'이라 합니다. 우리 서가모니 부처님께서 푸른 산 흐르는 물靑山流水처럼 거침없이 풀어說내신 부처님의 정토학淨土學의 지침서 이 《불설아미타경》과 함께 오늘도 행복한 인연 만드시자고요.

005

경經은 길이고 상식

나무아미타불

I sincerely believe in Amitabha

위험에 직면했을 때

Save us merciful Buddha!

명복을 빌 때

May he [his soul] rest in peace

지난 이른 봄 병원에서 퇴원하고 나서 법회가 있어 태백에 가던 중이었지요. 아침 일찍 절에서 나가느라 고속도로 휴게소에서 간단하게 끼니를 때웠습니다. 내가 알기로는 소위 미끄럼 사고(?) 때문에 고속도로 휴게소에서는 굽이 막힌 플라스틱 그릇은 쓰지 않는 줄 알았는데 어디나 다 그런 게 아니었나 봅니다. 영동고속도로 하행선 '문막휴게소'는 평일인데도 차량과 사람들로 많이 붐볐습니다.

나는 비빔밥을 시켰는데 따뜻한 국이 따라 나오더군요. 쟁반에 담겨 나온 채 식탁으로 들고 오긴 했는데, 평소 쟁반에서 내려놓던 습관 때문에 나도 모르게 밥·국·반찬 그릇을 모두 식탁에 내려놓았습니다. 그런데 웬걸요. 첫 숟가락을 뜨기도 전에 국그릇이 내게로 스르르 밀려오더니 내 무릎에 덜컥 엎질러졌지요. 팔팔 끓는 국이 아니라 그나마 다행이었고, 화상을 입지는 않았지만 옷을 버리고 말았습니다. 지금도 지팡이를 짚어야 마음 놓고 다니는데 그때는 퇴원한 지 한 달도 되지 않아 몸을 가누기가 힘들었습니다. 종업원이 달려와 물수건을 건네며 사과했습니다.

"손님 죄송합니다. 쟁반에 올려놓은 채 놓고 드셨어야 하는데…. 정말 죄송합니다."

나는 얼른 말을 받았지요.

"죄송하긴요. 내가 잘못해서 그런 것인데…. 미안해요."

실제로 종업원 잘못은 아니었지요. 왜 뜨거운 국그릇은 밀려갈까? 이것이 바로 상식입니다. 국그릇이 미끄러진 것은 마찰력이 거의 없기 때문이었습니다. 물기가 있으면 마찰력이 줄어들게 마련이지요.

문제는 국그릇 밑바닥 굽에 있습니다. 움푹 패여 있으니까요. 이런 그릇에 뜨거운 국을 담으면 당연히 국그릇이 덥혀질 것이고, 그 그릇을 식탁에 내려놓으면 굽 속의 공기가 갇히면서 열로 인해 공기가 팽창하고 압력이 높아질 수밖에 없습니다. 높아진 압력과 아울러 팽창한 공기가 국그릇을 들어 올리면서 바깥의 차가운 공기와 만나고, 거기서 물방울이 맺힙니다. 순식간에 일어나는 물리현상이지요. 이 물방울이 그릇과 식탁 사이에 끼면서 마찰력은 거의 제로 상태까지 줄어듭니다.

공기의 압력은 균등합니다. 식탁이 기울었을 때, 기운 쪽이 더 높아져 그릇의 균형을 맞추는 게 아닙니다. 그러니 자연 식탁의 면이 기운 쪽으로 미끄러지게 마련이지요. 그리고 감각으로 보는 것과 달리 대부분의 식탁은 약간의 기울기를 갖고 있습니다. 그것은 식탁의 문제일 수도 있지만 바닥이 기울어 있을 수도 있습니다. 적어도 우리가 이러한 마찰력을 통해 물리의 세계를 이해한다고 하면, 식탁 위의 뜨거운 국그릇이나 밥그릇이 미끄러지는 것을 보고 "어! 국그릇이 살아 있네 살아 있어!"라며 신기해 하지 않아도 됩니다.

부처님의 가르침, 곧 경전 말씀은 바로 이러한 상식에서 결코 한 치도 벗어나지 않습니다. 가장 평범한 가르침이야말로 저 유명한 《반야심경》의 말씀처럼 가장 신비롭고, 가장 명료하며 가장 위없고, 가장 평등하면서도 비교할 수 없는 무등등無等等의 가르침이 아니겠습니까. 여기《불설아미타경》도 바로 이러한 가장 일반적이고 누구나 이해할 수 있는 상식의 말씀으로써 우리에게 가까이 다가오고 있습니다.

우리는 경전을 대하면 기본적으로 어렵다는 생각을 한 자락 바닥에 깐 뒤에 들어갑니다. 경전이 어려운 게 아닙니다. 어렵다는 생각 자체가 경전을 어렵게 만들어가는 것이지요. 아는 분은 알겠지만 부처님 말씀은 문어체가 아닙니다. 부처님께서 설한 가르침은 그냥 쉬운 구어체 말씀이십니다. 시골 할머니도 할아버지도 누구든지 쉽게 따라할 수 있습니다.

물론《금강경》이나 또는《반야심경》처럼 현학적인 경전이 있을 수 있습니다. 그런데 그런 갑각류 경전이 실제로 조금만 깊이 들어가 보면 한없이 부드럽지요. 반대로《법화경》이나 이《아미타경》처럼 척추류 경전은 겉은 부드러우나 안으로 들어가면 생각보다 깊은 뜻을 갖고 있습니다. 갑각류 경전이니 척추류 경전이니 하는 말은 제가 처음 만들어 낸 말인 까닭에 불교사전은 물론, 인터넷에서도 찾을 수 없습니다. 불교경전의 성격을 쉽게 이해하기 위해 비유로 내세운 가설입니다. 다른 사람을 위해서가 아닌 바로 천하의 둔재 나 자신을 위해서입니다.

한 번 보십시오. 가재·조개 등 갑각류는 껍질이 단단한 반면, 속살은 한없이 부드럽습니다. 껍질 자체가 제 몸을 보호하니까요. 그러나 척추류는 다릅니다. 피부가 부드러운 반면에 역시 몸을 지탱할 수 있는 뼈가 살

속에 떡하니 자리하고 있습니다.

누가 엉뚱한 걸 묻더군요. "불교와 기독교의 차이가 뭐예요?"

내가 답했습니다. "기독교는 창조주와 피조물이 구분되어 있는 반면에 우리 불교는 창조주와 피조물의 구분이 없지."

"그게 무슨 말씀이세요? 불교는 나와 내 마음을 내 안에서 찾는 종교고 기독교는 하나님을 밖에서 찾는 그런 거 아니었던가요? 그런데 뜬금없이 창조주와 피조물이 같은가, 다른가를 가지고 가른다 하시니 저로서는 영 이해가 가지를 않습니다."

"이 친구, 이미 다 알고 있으면서 내게 물은 거네? 그래, 그렇게 볼 수도 있지. 그러나 불교는 가이아Gaia 이론 쪽에 가깝지. 기독교는 하나님이 하늘과 땅과 만물을 창조하셨다 했지? 하지만 불교는 앞서 얘기했듯이 우주가 곧 부처님의 몸이고, 우주가 내는 소리가 부처님의 설법이고, 우주의 역사와 우주 생명이 그대로 부처님의 생명이거든. 어때 가이아 이론에 가깝겠지?"

불교는 알고 보면 참 쉬운 가르침입니다. 누구나 가지 않으면 안 되는

경經의 가르침이고
위緯의 가르침이고
맘心의 가르침이고
말言의 가르침이고
몸身의 가르침이고
삶生의 가르침이고
가고 오고 앉고 눕고 말하고 침묵하고
울고 웃는 일상의 가르침입니다.
어즈버! 꽃 한 송이 피워내는 가르침입니다.

006

아난다는 이렇게 들었다

총지비구 아난다는 이와같이 들었노라
어느때에 우리본사 서가모니 부처님이
사위국의 제일가람 기원정사 계실때에
일천이백 오십명의 비구대중 함께하니

한결같이 위대하신 아라한의 성자로서
너무나도 잘알려진 고승대덕 들이셨네
그가운데 특별하게 열여섯분 열거하여
십륙나한 이라하니 그이름은 이러해라

우리는 예서 법문法門을 듣습니다. 이미 2,600여 년이나 지난, 먼 옛날의 부처님 말씀을 상상으로 생각해가면서 듣습니다. 이 지혜의 법문을 통해 중생이 부처님의 세계로 들어가고, 또한 사랑의 법문을 통해 부처님께서 중생세계로 나가십니다.

"총지비구 아난다는 이와 같이 들었노라."

부처님의 법문을 듣게 되는 동기는 직접 동기가 있고 간접 동기가 있을 것입니다. 직접 동기는 설주說主이신 부처님이 계시고, 청객聽客인 아난다 존자가 있습니다. 그리고 함께 참여했던 1,250명 비구들과 문수사리 등 모든 보살들과 석제환인을 비롯한 한량없는 모든 하늘 대중들이 자리를 채웠기에 가능한 일입니다.

총지가 뛰어난 비구 아난다 존자 한 사람만 있으면 되지, 어째서 다른 대중들의 참여 비중을 그리 높이 평가하느냐고요? 네, 맞습니다. 그렇게 생각할 수도 있을 것입니다. 당연히 아난다 존자가 없었다면 오늘날 우리가 아무리 첨단 기자재를 갖고 있더라도 당시의 상황이 기록되지 않았는데 어떻게 이토록 고귀한 부처님 법문을 들을 수 있겠습니까?

간접 동기는 결집結集이라고 하는 이른 바 경전편찬위원회의 화려한 활동입니다. 만의 하나 경전이 결집되지 않았다면 어찌 되었을까요. 당연히 부처님 가르침을 만날 기회는 주어지지 않습니다. 또한 경전 말씀을 번역한 역자들의 노고를 빼놓을 수 없지요.

저 위대한 역장譯匠이신 구마라집Kumarajiva(344~413) 스님만이 아닙니다. 지금도 산스크리트어 경전을 옮기고 해설하고 빠알리어 경전이나 한역 경전을 옮기는 역장들의 눈물겨운 노력은 아무리 강조해도 지나치지 않습니다. 그들에게 노벨상과 같은 아난다상이나 구마라집상이 있다면 꼭 추천하고 상을 받을 수 있도록 도와드리고 싶습니다.

직접 동기에 있어서 청중들이 어느 정도나 필요할까요? 부처님께서는 5명의 비구들 앞에서 첫 법문을 하셨습니다. 어쩌면 첫 법문이시니 그러셨겠지만 점차 제자들이 늘어나고 청중들이 많아지면서 부처님의 설법도 탄력을 받습니다. 청중이 많으면 신나거든요.

이웃 종교에 대해 평할 생각은 없습니다만, 지난 여름 내한한 프란체스코 교황의 표정과 몸짓에 대해 많은 이들이 칭송하였습니다. 눈높이를 낮춘다는 데서부터 소형 승용차를 이용하고, 특히 어떠한 경우에서도 미소를 잃지 않는 것을 두고는 우리나라 현직 대통령과 비교하곤 했습니다. 교황의 천품이 본디 서민들과 함께하기를 좋아하고, 낮은 자들의 목소리를 즐겨 듣는 그런 분이라고 알고 있지만, 역대 교황 역사상 백만 군중이 모인 적이 없었습니다. 유럽에서는 많이 모여야 늘 몇 만 명이었으니까요. 쏠림현상이 심한 우리 사회, 백만 명이 모인 엄청난 자리에서 만약 미소를 잃는다면 당연히 그게 비정상이지요. 그래서 청중은 중요합니다.

우리 달라이 라마께서는 오시고 싶어도 강대국의 눈치 보느라 비자도 내주지 않으면서 대통령이 직접 영접을 나가고, 청와대에서 많은 시간을 할애하고, 도대체 우리나라가 1,700년의 불교 역사를 가진 나라가 맞기는 맞습니까? 과연 우리나라가 정치적으로 종교의 자유를 보장하는 그러한 선진국이 맞기는 맞는 것입니까?

부처님께서 《불설아미타경》을 설하시는 기원정사에 1,250명의 상수 제자들은 물론, 타지에서 온 수많은 대승보살들과 심지어는 하늘의 신들까지 법문 모임에 참석했다고 하는 것은 부처님의 법문이 얼마나 장엄하게 펼쳐졌는지 짐작하고도 남음이 있습니다.

불교는 설함의 종교에 앞서 들음의 종교입니다. 잘 듣는다는 것은 수행의 기본이지요. 듣고聞 생각하고思 닦는다修는 수행의 기본 틀에서 들음은 맨 앞에 오는 덕목입니다. 불교 수행자 부류에 성문聲聞이 있는데 이는 사성육범四聖六凡 가운데 사성에 들며 10법계의 하나입니다. 또한 《불설아미타경》을 비롯하여 다른 모든 경전 첫머리에 여시아문如是我聞이 들어감은 불교가 들음을 얼마나 중시하는지 짐작이 가지 않습니까?

이 경전에서는 등장하는 청중들을 소개하면서 비구 1,250명이 모두 아라한이라 하고 있는데 이게 과연 가능한 일입니까? 그리고 부처님께서 초전법륜初轉法輪을 펼치신 뒤, 많은 세월이 흘렀을 터인데 어찌하여 초기 대중들과 여기 정토계 경전이 설해지는 후기 대중들의 수가 여전한 것인지요? 어찌하여 1,250명 비구에서 더 입문한 자도 없고 죽은 자도 없이 늘 그대로인지 도통 알 수 없습니다.

여기에 소위 '염분비일정鹽分比一定의 법칙'이 적용된 것은 아니겠지요? 그리고 1,250명 비구가 모두 큰 아라한이라면 닦아야 할 공부를 모두 마친 자들이니 당연히 존경받아 마땅하겠지요. 그런데 정말 그렇게 거기에 깨달은 스님들만 있었을까요? 이미 명성이 자자하게 드러난 이들이라면 이미 부처님의 경지인데, 어찌하여 부처님 곁으로만 맴돌 뿐, 법륜을 굴리러 나갔다는 그런 내용은 들려오지 않는 것일까요?

새가 부화되어 처음白으로 날갯짓羽을 배우고 익혀가는 것을 습習이라고 합니다. 그리하여 제법 허공을 날고 홀로 먹이를 구할 수 있게 되면 어미 새는 새끼들을 독립시킵니다. 이는 조류만이 아니라 사자와 같은 맹수에게 있어서도 똑같이 적용됩니다. 새끼들에게 사냥을 가르치고 스스로 헤쳐 나갈 수 있게 된 뒤에는 어미는 돌아보지 않는다는 것입니다. 이는 어미가 새끼를 사랑하지 않는 게 아닙니다. 하나의 개체로 독립시키지 않으면 끝내 설 수 없음을 아는 까닭이지요.

불교에서는 부처님을 사자에 비유합니다. 큰스님도 사자에 비유하기에 큰스님 법호에 예하猊下를 붙이지요. 그리고 부처님과 선사들의 법문을 사자후라 하며 법상을 사자좌獅子座라 합니다. 그런데 어찌하여 1,250명 위대한 아라한들이 이 《불설아미타경》이 설해지는 그때에도 아직도 독립하지 않은 채 부처님 주위에서 맴돌고 있습니까? 이미 완전한 깨달음을 이루어 아라한阿羅漢, 곧 무학無學의 경지에 오른 분들이 어찌하여 끊임없이 부처님 법문을 듣고 앉아 있는 걸까요? 글쎄요, 거기에는 뭔가 분명한 까닭이 있지 않을까요. 그 이유는 깊이 한 번 생각해 보자고요.

007

극락설계도極樂設計圖

마츠나미 코도松濤弘道 선생이 쓴《아미타경의 핵심》(1976년 7월 발행 廣濟堂 日本)에는 저 유명한《금강경》에서처럼 "대비구중大比丘衆 천 이백오십인"으로 되어 있습니다. 당연히 '대비구승大比丘僧'의 오타입니다. 마츠나미 코도 선생은 나카무라 하지메中村 元Hajime Nakamura 선생 (1912~1999) 다음으로 내가 좋아하는 분인데 글에서는 더러 오타도 발견 됩니다. 그만큼 글이라고 하는 것은 결코 쉬운 게 아닙니다.

나는 이름 없는 재야학승在野學僧입니다. 그렇지만 글을 쓰는 데 있어 서는 신중愼重에 신중을 기합니다. 특히 다른 이의 글을 인용할 때는 정 확하게 출처를 밝힙니다. 출처를 밝히지 않는다고 남의 글이 내 글이 될 수 없듯이 남의 글이라도 정중하게 받아들여 제대로 소화하기만 한다면 '생각 공유의 법칙'에 따라서 결국 내 것이 됩니다.

이 소중한《불설아미타경》도 실은 제 글이 아닙니다. 그럼 이 경은 누 구의 글입니까? 말씀은 부처님께서 하셨으나 아난다 존자에게 판권板權 이 있습니다. 부처님께서 입멸하시던 해에 제 1차 결집이 이루어졌고 그 해 아난다 존자가 경을 송출하였지요. 그 해가 불기 원년이 되니 어느새

2558(2014)년이나 지났습니다. 아난다의 판권이 이미 대중에게로 넘어 갔겠군요.

요진姚秦시대 쿠자 국龜玆國의 삼장법사三藏法師 구마라집 큰스님께서 번역하였기에 구마라집 큰스님이 번역의 판권을 지닐 것 같으나 정부 차원에서 모든 비용을 지불하였으므로 한역의 번역 판권은 개인에게 있 지는 않습니다. 당연히 중국의 요진 정부에 있게 되고, 그러다가 그것이 다시《고려대장경》판각으로 인해 판권이 완전히 고려 왕실로 이전되었 지요.

그런데 이《고려대장경》이 얼마나 정교하고 또 완벽한 것인지 고대로 부터 지금까지 동서양의 모든 문헌학자들이 감탄에 감탄을 거듭하는 게 바로 우리의 고려대장경입니다.

이《고려대장경》제 11책 185쪽 상/중/하단, 186쪽 상/중/하단, 187 쪽 상단 등 7판으로 새겨진 이《불설아미타경》첫 판에 "~대비구승천이 백오십인~"이라고 분명하게 나와 있습니다.

우리는《금강경》에 익숙해져 있어서일까, 대비구중천이백오십인大比 丘衆千二百五十人과 대비구승천이백오십인大比丘僧千二百五十人을 보고 무 심코 지나치고는 합니다. 무리중衆자와 중승僧자 한 글자씩 다른 것뿐이 지 않느냐고 항변할 수도 있습니다. 더욱이 앞에 '비구'라는 고유명사가 있고 그 뒤에 이어 출가자 인칭대명사 승僧이 한 자 붙었을 뿐이고, 출가 수행자도 대중의 한 부류라는 뜻으로 중衆이라는 글자 한 자 덧붙였을 따 름 아니냐고요.

맞습니다. 문제될 게 전혀 없습니다. 한역한 역장譯匠도 다른 이가 아 닌 같은 요진시대 쿠자 국 태생으로서 경·율·론 삼장에 정통한 삼장법 사 구마라집 스님이신데요.

불교는 종교면서 철학이고 인문학이면서 심리학이지요. 여하튼 과학적이기는 해도 결코 과학은 아닙니다. 그러기에 관점의 오류는 자유롭고 오히려 그 자유로움 때문에 불교의 앞날이 밝은 것도 사실입니다. 그렇지만 원전原典까지 바꾸는 모험은 하지 않는 게 상식 아닐까요? 같은 역장이신 구마라집 같은 큰스님께서 부처님의 가르침 중 가장 완벽한, 그래서 미세먼지 하나도 오류를 인정하지 않는 이른바 차돌《금강경》에서는 대비구중大比丘衆이라는 캐쥬얼한 표현을 하셨습니다.

그러면서 우리가 머무는 이 세상에서 서쪽으로 10만×억(=10조)의 부처님 나라佛土를 지나가서 있는 아미타 부처님의 극락세계, 이 세계를 설명하는 바로 이《불설아미타경》에서는 되려 대비구승僧이라는 정장 언어를 쓰셨습니다. 어찌하여 구마라집 역장 큰스님께서는 그토록 강한 경전에서는 그리 부드러운 캐쥬얼의 표현을 하시고 이렇게 여유로운 경전에서는 정장 같은 말씀을 쓰셨는지 전혀 알 수가 없다고요? 그러나 동기 없는 결과는 없습니다.

예를 들면 1,250명이라는 제자들의 숫자가 부처님의 초기 교단이나 후기 교단이나 늘 같게 표현된 것도 다 이유가 있는 것처럼 말입니다. 그 이유에 대해서는 경전 곳곳에 그 의미가 숨어 있지요. 그러므로《불설아미타경》을 읽는 재미는 그때그때 맛봄이 좋습니다.

그리고 다시 묻습니다.

이《불설아미타경》의 주인은 과연 누구이겠습니까?

바로 이 강설에 참여하는 이들이고, 남을 따라서 기뻐하는 이들이고, 우리가 살아가는 세상에서 경전의 가르침을 펼쳐 멋진 세상을 만드는 이들이고, 이 경전을 레시피로 하여 오늘날 우리 세대가 원하는 정토라는 맛있는 음식을 만들어내고, 이 경전에서 말씀하시는 극락세계 설계 디자인을 가져와 오늘날 우리에게 알맞게 다시 설계하고, 괜찮은 도시로 탈바꿈시키는 이들입니다.

극락세계를 손수 설계하시고 시공과 감리까지도 하나부터 열까지 꼼꼼히 챙기신 위대한 도시설계 디자이너 비구 법장法藏, 그분이 나중에 부처님이 되시어 극락세계를 이끌어 가시니 누구시겠습니까? 무한한 광명과 영원한 생명의 부처님이신 아미타불이시며, 당신께서 설계하신 설계도이자 레시피가 바로 이 《불설아미타경》입니다.

아미타 부처님께서는 극락설계도에 대한 지적재산권을 주장하지 않으십니다. 한없는 겁(劫=지구의 나이)에 걸쳐 다듬으시고 또 다듬으신 끝에 완성한 극락설계도지만 원하는 자는 누구든지 와서 마음대로 가져가도록 완전히 열어 놓으셨습니다. 어느 정도인가 하면, 가령 지옥의 세계에 있는 어느 건축가가 지옥에 극락세계를 건설하고 싶어 설계도를 가져가겠다고 하더라도 결코 안 된다는 말씀은 하시지 않을 것이라 나는 장담합니다.

"극락설계도를 가지러 갑시다. 가서 가져 오자고요."

008

오늘을 사는 것

지혜제일 사리불과 신통제일 목건련과
두타제일 대가섭과 논의부는 가전연과
언변제일 구치라와 무욕제일 이바다와
정진제일 반특가와 의용제일 난타비구

다문제일 아난다와 밀행제일 라훌라와
공양제일 교범바제 설법제일 빈두로와
교화제일 가류타이 천문제일 겁빈나와
천안제일 아나율과 수명제일 박구라라

야간운전을 하고 있습니다. 앞 차의 차폭등車幅燈만 주시한 채 얼마를 달렸는지 모릅니다. 목적지는 아직도 꽤 많이 남았는데 언제부터인가 그동안 어둠의 방향타였던 앞 차의 차폭등이 보이지 않습니다. 전남 진도 앞바다 팽목항을 출발한 게 오후 6시 무렵, 아직은 해가 긴 8월 중순인데도 퇴근시간에 목포 시내를 통과한 뒤 서해안고속도로에 오를 때는 이미 완전한 어둠이었지요. 계속되는 야간운전입니다. 앞서, 우리 광주사암연합회 사무총장 무진 수좌와 팽목항을 찾았을 때는 그 친구가 운전을 했습니다. 새벽 4시에 곤지암에서 출발하여 오전 9시반에 팽목항에 도착, 독경과 축원을 하고도 어둡기 전 곤지암에 돌아왔지요. 그때 곤지암 돌아온 시각에 팽목항을 출발했고 그저 달랑 홀로입니다. 말벗 하나 없는 나만의 공간에서 함께 공유할 상대 없는 오직 나만의 시간을 달릴 뿐입니다.

지난겨울의 교통사고 후유증이 아직도 여전히 남아 있는데 나는 운전을 하면서 깊은 생각에 잠겨 중얼거립니다.

"이 30~50m 안팎의 앞을 비추는 자동차 전조등 불빛 하나에 나를 내맡긴 채 달려가는 나는 누구인가? 어찌하여 400km 가까운 거리를 한꺼번에 다 비추지 않는가? 그 먼 거리를 다만 몇 십 미터밖에 비추지 않는 전조등 불빛 하나에 소중한 나를 통째로 내맡긴단 말인가? 아! 그래, 수행도 그렇고, 우리네 인생도 자신에게 주어진 삶을 한꺼번에 사는 것은 아닌가 보다."

맞습니다. 수행자의 수행이 야간운전입니다. 주어진 짧은 시야가 이어지고 또 이어져 400km를 달리듯 우리의 삶도 짧은 시간과 좁은 공간이 끝없이 이어지고 또 확대되어 가면서 내 살아가는 삶의 자취가 됩니다. 위대하신 아라한 성자들, 이미 잘 알려진 고승대덕들, 이들 거룩하신 분들이 남보다 훨씬 더 뛰어나서일까요? 아니오. 아닙니다. 그렇지 않습니다. 내가 보기에는 이분들이 자신에게 주어진 빛의 혜택을 통째로 다 받아들여 흡수하지 않고 되돌리는 몫이 있는 까닭입니다.

이는 마치 붉은 연꽃이 햇빛을 받아 그 빛에 포함된 주황·노랑·초록·파랑·남색·보라는 다 흡수하면서도 붉은 빛깔 하나만큼은 내면으로 흡수하지 않기 때문에 붉게 보임과 같은 이치일 것입니다. 따라서 이들 열여섯 분들이 프리즘prism을 통과하면서 육안으로는 전혀 볼 수 없던 빛깔이 빨·주·노·초·파·남·보로 보이는 것처럼 거룩하게, 위대하게, 장엄하게 보일 뿐이라는 것입니다. 태양으로부터 오는 햇빛 속에는 가시광선 말고도 보이지 않는 불가시의 빛깔이 아주 많습니다. 그렇다면 프리즘을 통해서도 눈에 띄지 않는 그런 빛깔은 몰가치하고 별 볼 일 없는 것입니까?

열여섯 분 아라한들은 다들 위대한데 나머지 1,234명의 비구승들은 별 볼 일 없는 그저 그렇고 그런 스님들에 지나지 않는 이들일까요? 그게 아니기에 아난다 존자는 당당하게 선언합니다. "1,250명 비구승들 모두가 아라한 경지의 성자들"이라고요. 이들 1,234명의 비구들이 자신들의 빛깔을 숨기고 있었기에 열여섯 명 비구들이 더욱 빛날 수밖에 없습니다. 조직의 세계란 단순명료합니다. 은현隱顯이 조화로울 때 비로소 조직은 질서를 갖고 파워를 가지며 대중 전체를 이끌어갈 수 있습니다.

이를테면 민주주의 국가라고 해서 너나 할 것 없이 온 국민이 다들 앞에 나서기만 한다면 누가 어떻게 질서를 만들어갑니까? 생산은 누가 하고 유통은 누가 합니까? 모두가 기둥이고 대들보만 되겠다면 외椳는 누가 맡고 서까래椽 역할은 누가 맡겠습니까? 하긴 국민의 대표로 뽑아 놓은 우리나라 국회의원들이 5천만 국민의 삶과 고통은 아예 온 데 간 데 없이 몇몇 단체 앞잡이 노릇만 하는 가슴 아픈 현실을 바라보며 이 나라 정치가 정말 이래도 되는지 암담하기만 합니다.

열여섯 분 성자인 16나한은 그들이 뛰어나서라기보다 부처님의 교단 질서를 위해서는 반드시 필요한 시스템입니다. 시스템의 부서명은 요즘 국가에서 설정한 것들과는 좀 차이가 있겠지요.

01. 지혜부智慧部는 사리불

02. 신통부神通部는 마하목건련

03. 두타부頭陀部는 마하가섭

04. 논의부論議部는 마하가전연

05. 언변부言辯部는 마하구치라

06. 무욕부無慾部는 이바다

07. 정진부精進部는 쥬리반특가

08. 의용부儀容部는 난타

09. 다문부多聞部는 아난다

10. 밀행부密行部는 라훌라

11. 공양부供養部는 교범바제

12. 설법부說法部는 빈두로파라타

13. 교화부敎化部는 가류타이

14. 천문부天文部는 마하겁빈나

15. 천안부天眼部는 아누루다

16. 수명부壽命部는 박구라

조직기구가 부처님 당시로서는 나름대로 괜찮은지 어떤지는 잘 모르 겠습니다. 내가 정치인이 아니고 정치학자도 아니고 관료 출신도 아니기 에 평할 수는 없습니다만, 오늘날의 교황청의 조직보다는 분명 못할 수 도 있을 것입니다. 그러나 뭐 어떻습니까? 이미 2,600여 년 전의 일입니 다. 우린 오늘을 살아야지요. 지나간 과거를 거울삼을 수는 있어도 오늘 날로 이끌어올 수는 없습니다. 진도에서 곤지암까지 전체 거리를 조망할 수는 있으나 몸소 길을 감에 있어서는 30~50m를 밝히는 전조등에 충실 充實하는 일 바로 이것입니다.

나우Now=지금이고 히어Here=여기지요.

009

비울 때 채워진다

여기서 거론한 16나한은 불교사전에 나오는 16나한과는 차이가 있습니다. 이는 내가 《불설아미타경》을 보면서 위대한 성자들이 열여섯 분이기에 16나한이라고 표현했을 따름이지 공지된 16나한이나 18나한과는 거리가 있습니다. 앞서 말씀드렸듯 이들 열여섯 분 아라한들은 부처님이 지니신 그리고 우리 부처님께서 이 땅 위에 구현하고자 하셨던 불국토의 덕목을 몸소 체현하고 그들 분야를 충분히 감당할 수 있는 그러한 분들임에 틀림없습니다.

요즘은 대도시 어딜 가나 금연구역이 확대되어 애연가愛煙家들의 설 자리가 줄어듭니다. 어찌하여 흡연가吸煙家라고 하지 않고 애연가라고 표현하느냐고요?

흡연가라는 말은 본디 없습니다. 흡연가는 담배를 피우는 사람이 되겠지만 흡연이라는 동사에 사람이라는 뜻으로 가家를 붙인 것뿐입니다. 그러나 애연가라는 말은 분명 명사이지요. 담배를 정말 사랑하는 이들이니까요. 하긴, 영어로는 러브 포 스모커든, 헤비 스모커든 담배를 태우는 사람이라는 의미의 스모커를 벗어나지 않습니다.

담배라는 것이 담배를 피우는 이들의 몸 건강에 해롭다는 것 말고는 달리 해를 끼치는 게 없는 까닭입니다. 그런데 간접흡연도 건강에 해롭긴 해롭지요. 솔직히 말씀드리면 담배연기가 역하긴 역하더라고요. 담배연기는 기체를 타고 확산하는 고체입니다. 담배연기는 미립자微粒子이지요. 맨 눈으로 보기 힘든 작은 알갱이로 지름이 1나노미터에서 0.1마이크로미터 크기입니다. 하여간 작은 알갱이며 영어로는 파티클 외에 코퍼슬이라고도 합니다.

어찌 되었거나 요즘은 금연구역이 많아 자칫하면 벌금이 나올 수 있으니 오히려 산사에서 담배를 마음껏 피운다고 합니다. 규제가 적고 단속 카메라가 많지 않은 까닭입니다. 천년고찰과 달리 사격寺格을 갖추지 못한 경우에는 더 쉽게 담배를 꺼내 물기도 합니다.

그건 그렇고요. 담배가 어찌하여 몸 건강에 해로운가 하는 것은 담배연기가 고체이기 때문입니다. 물론 액체나 기체라 하더라도 몸에 나쁘기는 마찬가지입니다. 기체는 확산의 현상을 따릅니다. 마치 먹물이나 물감이 물에 떨어지면 순식간에 번지듯 담배연기가 공기 속을 퍼져 나가는 것도 같은 현상입니다.

그렇다면 공기가 없고 물질이 없는 이른바 진공眞空의 상황에서 기체의 확산은 과연 가능하겠습니까? 진공에서는 매질이 없기 때문에 소리가 전달되지 않듯이 분자가 없기 때문에 향기나 냄새도 맡을 수 없습니다. 그러면 진공에는 전혀 어떠한 물질도 없는 것일까요? 현대물리학에서는 반드시 물질의 있고 없음으로 진공의 가부可否를 구분하지 않습니다. 어떤 힘이 전달되기 위해서는 최소한의 물질이 있어야 하는데, 진공에는 그런 그 무엇인가가 분명 있다고 보고 있습니다.

이러한 진공상태에서는 미리 차지한 기체의 분자들이 적어 기체의 빠른 확산을 도와주지요. 게다가 공기 중에는 기체 외에 기체의 확산을 방해하는 분자들이 꽉 차 있는데 진공에서는 방해될 게 없으니까요.

아라한은 깨달음을 이룬 자입니다. 깨달음이란 게 도대체 무엇일까요? 저 유명한 《금강경》 말씀을 빌리면 아상我相, 인상人相, 중생상衆生相, 수자상壽者相이라는 번뇌 분자가 다 사라진 상태입니다. 번뇌 분자가 사라진 곳에 무엇이 채워져 있습니까? 맞습니다. 거기에 그 텅 빈 진공의 자리에 사막의 모래 수보다 많은 불성공덕佛性功德으로 채워진 것입니다

어찌 그런 일이 가능하냐고요? '진공청소기의 원리'인데, 진공이기 때문에 다른 물질로 채우려는 성질이 있습니다. 오죽하면 초중력超重力의 세계 블랙홀은 질량을 갖고 있는 물질은 물론, 질량을 전혀 지니지 않은 빛마저도 완벽하게 빨아들이겠습니까?

"비울 때 채워진다."[동봉 어록]

나의 이 말 속에는 채우면 비워진다는 뜻도 있습니다. 아흔아홉 섬을 갖고 있으면서 백 섬을 채우기 위해 한 섬 가진 자의 그 한 섬마저 빼앗아가며 평생을 끌어 모았는데, 어느 날 문득 그 모든 것이 자신의 곁을 떠나거나 자신이 그 모든 것의 곁을 떠나 빈손으로 죽음을 맞는 경우입니다

1,250명의 비구승이 모두 대아라한이라는 말씀 속에서 우리가 챙겨야 하는 행간行間은 바로 이러한 이들의 모임입니다. 이 법회 자체가 번뇌의 분자들을 비워낸 이들이 불성의 공덕으로 가득 채운 모임이요, 그리하여 정토의 세계가 바로 여기임을 보여주고 있습니다.

다시 담배 얘기로 되돌아가겠습니다. 질량이 기체보다 무거운 고체의 담배연기는 콜로이드 상태를 보입니다. 콜로이드는 교질膠質 또는 교상체膠狀體라고도 합니다. 아교질의 끈적끈적한 물질이지요. 그런데 그게 워낙 미세하다 보니 눈에 보이지도 않고 기체를 따라 자유롭게 흩어집니

다. 이런 콜로이드는 고체이기 때문에 빛의 통과에도 걸림을 줄 정도입니다. 적어도 중세 또는 근세에는 파이프 담뱃대를 입에 문 모습이 남자의 품격을 높여준다 보았으나 지금 권련을 빼어 문 모습은 오히려 초라하게 보이는 것이 내 눈에 이상이 있기 때문일까요? 그것도 부처님 도량에서 담배를 빼어 무는 모습은 영 아니더군요.

고체인 담배연기가 기체를 타고 공기 중으로 확산되듯 많은 번뇌 분자를 지닌 우리네 마음과 마음들이 아라한의 진공세계에 편승하여 부처님 세계로 한 번 퍼져가 보면 어떨까요?

010

Dear. 아라한

(01) 장로사리불

당신의 발에 입 맞추나이다.

당신의 지혜는 날카롭고 당신의 덕은 인자하나이다.

반야부경전般若部經典의 대고중對告衆이시더니

이제《불설아미타경》으로 자리를 옮겨 오셨나이다.

라훌라 사미를 반듯하게 가르치셨듯이

아으! 저희에게도 길을 인도하소서.

(02) 마하목건련

당신의 효심을 진심으로 존경하나이다.

생명들의 삶이 그대로 신통임을 우리에게 가르치신

그 자상하신 눈높이에 대해 저희는 두 손 모아 공경합니다.

마하목건련 존자시여!

보이지 않는 지옥만이 아니라

이 땅의 지옥을 밝혀 주시고 어둠으로부터 구원하소서.

(03) 마하가섭

당신께서는 부처님으로부터
세 번에 걸쳐 마음 법을 받으셨으니
그 하나만으로도 존경하옵고
당신의 손등에 입맞춤하나이다.
하얀 무서리가 내린 새벽길
자박자박 들려오는 발자국 소리
두타행頭陀行 따라서 함께 걷는 저희들의 행복을
존자시여, 영원토록 축복하소서.

(04) 마하가전연

거룩하신 존자시여!
한 번도 말이 앞선 적 없으시고
한 번도 실행이 뒤진 적 없으시기에
하고 많은 외도들이
당신의 발아래 두 손 모으고 당신의 발을 씻기며
마음 기울여 큰 절을 올리나이다.
위대한 존자시여! 가전연이시여!
저희들의 정례頂禮도 받으시옵소서.

(05) 마하구치라

말은 침묵만 같지 못하고
침묵은 미소만 같지 못하며
미소가 아무리 아름답다고 한들
사랑이 담긴 대화만 같지 못하기에

당신의 언어에 감복하나이다.
이 세상 모든 언어가
당신의 말씀처럼 고와지기를
예를 알고 예를 지키는
욕설이 담기지 않는 언어이기를
마하 구치라시여!
저희도 당신 따라 가릉빈가의 언어를 쓰겠나이다.

(06) 이바다
욕심欲心이 무엇이나이까?
골짜기谷를 가득 채우듯
채우고 또 채워도 늘 부족欠하다며
더 달라는 마음心이나이다.
채우면 곧 비워지고
섭취한 만큼 반드시 배설함이
세상의 근본 이치이온데
욕심 버리기가 이리도 힘드나이까.
거룩하신 이바다 존자시여,
욕심을 버린 이 중에서 가장 으뜸이신 이여,
무욕이 몸에 밴 당신에게서
저희는 크나큰 가르침을 얻나이다.

(07) 주리반타카
이른 새벽녘
어둠을 헤집고 쓰레기를 치우는

환경미화원의 모습을 보며
당신을 떠올리나이다.
별과 함께 집을 나섰다가 별과 함께 집으로 돌아오는
수능을 앞둔 학생들의 모습에서
존자시여, 당신을 생각하나이다.
걸레와 빗자루에도 당신의 마음이 담긴 까닭입니다.
주리반타카 존자시여!
당신의 발에 제 이마를 대나이다.

(08) 난타

절제가 있으시기에
의용儀容이 제일이라 부르나이다.
당신의 얼굴에는 온화함이 있고
당신의 언어에는 관심이 있고
당신의 몸짓에는 절도가 있고
당신의 마음은 온통 사랑이나이다.
우아하고 차분하며 단아하신 난타 스님이시여,
당신은 모든 이들에게 존경을 받기보다
오히려 모든 이들을 존경하시기에
사랑을 받으시나니,
당신의 의용을 본받아 배우나이다.

(09) 아난다

천 번 만 번 수천만 번
목소리 높여 당신을 칭송하더라도

당신의 그 거룩한 공덕을
어찌 다 표현할 수 있으오리까.
아으! 거룩하신 이여!
부처님의 소중한 가르침을 만난
이 기쁨, 이 희유, 이 행복은
사랑하는 아난다 존자시여,
당신이 계셨기에 가능한 일이옵니다.
당신의 발을 씻겨 드리옵고
당신의 발에 입맞춤하오며
당신의 발에 이마 대어 절하나이다.

(10) 라훌라
내로라는 티를 내지 않으며
남이라는 티도 내지 않았고
중생이라는 생각에도 갇히지 않고
부처님의 독생자라는 데도
결코 얽매이는 일이 없으셨기에
당신은 밀행密行이 으뜸이셨나이다.
궂은일은 도맡아 하시고
드러나는 일은 숨어서 하시며
허물은 자신에게 돌리고 공덕은 남에게 돌린 성자시여!
아! 라훌라시여, 예를 올리나이다.

(11) 교범바제
교범바제 크신 어르신이여,

당신 제쳐두고 성자를 찾으리까?
당신의 몸을 던져 죽음으로부터 건져낸 이가
하나이옵니까?
둘이옵니까?
당신의 몸은
부처님과 부처님의 가르침에게
온통 다 던져두셨거니
당신은 순교의 모범이시고
소신공양의 으뜸이시기에
그러므로 저희 이제
당신 손등에 삼가 입맞춤하나이다.

(12) 빈두로파라타

법을 설한다는 것은
과연 어떤 것이며 또한 가능하나이까?
법은 실체가 있나이까?
실체가 없다면 설해질 수 있나이까?
설함 없이 법을 설하시니
들음 없이 법을 듣나이다.
빈두로 존자시여!
저희에게도 설함 없이 설하시는
당신의 가르침을 들려주소서.
당신에게 최상의 예를 갖추오니
이는 곧 전법의 공덕이 너무나도 큰 까닭이옵니다.

(13) 가류타이

존경하는 이여,

가류타이 존자시여!

교화를 받고 운명을 개척하는 삶

체인징 데스티니

당신께서는 죄 있는 자의

고해告解를 들으시고 편안케 하시니

고해성사가 당신으로부터 시작되어

이웃종교에게로 옮겨 가고

마침내 오늘에 이르렀나이다.

가류타이 존자시여!

이 시대 모든 죄 지은 이들도

당신의 사랑으로 모두 편안하게 하소서.

(14) 마하겁빈나

하늘 무늬와 땅의 이치

우주와 지구와 생명들에 대해

바르게 알고 바르게 전하는 일은

예나 이제나 소중한 일이나이다.

마하겁빈나 존자시여,

첨단과학에, 물리학에, 그리고 천문학에

깊은 관심을 갖고 있는 저희들에게

당신은 참으로 장한 선배이십니다.

천문제일 마하겁빈나 존자시여

크나큰 가르침을 받겠나이다.

(15) 아누룻다

다섯 가지 감관 중에서
가장 소중한 눈을 잃어버리고도
결코 정진의 끈을 놓지 않으셨던
거룩하신 아누룻다 존자시여!
육신의 맨눈을 잃고 하늘의 눈을 얻어
마음으로 세상을 살피셨던 성자시여!
아들의 눈을 뜨게 해 달라고
뜨겁게 기도하는 여인 희명의
'도천수관음가'가 문득 떠오르나이다.
부디 당신의 그 잃어버린 눈으로
중생들이 지닌 눈을 뜨게 하소서.

(16) 박구라

여러 번의 죽을 고비에도
미운 이를 미워하지 않으시니
당신의 그 너그러움은
과연 그 끝이 어디시나이까?
부처님께서 겪으신 마음의 고통을
누구보다 깊이 헤아리신
성스러운 존자 박구라시여!
당신의 그 넉넉함을 통해
어머니에게도 새어머니에게도
똑같이 존경하는 법을
배우고 배우며 또 배우겠나이다.

미타인행사십팔원彌陀因行四十八願

아미타불 인행시에 법장비구 몸으로써
극락세계 설계하고 아름답게 꾸미시길
세자재왕 부처님전 원력으로 세우시니
이를일러 미타인행 사십팔원 이라하네

삼악취란 이름조차 전혀없기 서원하고
그악도에 떨어지는 사람없기 서원하고
한결같이 진금색의 몸지니기 서원하고
풍겨지는 외모로써 차별없기 서원하고

숙명통의 신통묘용 성취하기 서원하고
왕생할때 천안통이 얻어지기 서원하고
왕생할때 천이통이 얻어지기 서원하고
마음이며 씀씀이를 모두알기 서원하고

신족통을 이루어서 초월하기 서원하고
말끔하게 무아경지 들어가기 서원하고
바른깨침 확연하게 결정되기 서원하고
무량광명 두루두루 비추옵기 서원하고

무량수명 영원토록 다함없기 서원하고
성문들이 무수하여 장엄하기 서원하고
중생마다 오래도록 장수하기 서원하고
착하다는 그말씀을 모두얻기 서원하고

부처님께 칭찬받고 칭찬하기 서원하고
누구든지 십념으로 왕생하기 서원하고
임종하는 그자리에 나타나기 서원하고
마침내는 모두모두 왕생하기 서원하고

아름다운 모습들이 갖춰지기 서원하고
한가지로 보처지위 올라가기 서원하고
새벽마다 타방불께 공양하기 서원하고
바라는바 빠짐없이 만족되기 서원하고

생각대로 근본지에 들어가기 서원하고
나라연의 견고한힘 얻어지기 서원하고
안팎으로 장엄함이 한량없기 서원하고
보배나무 바라보며 모두알기 서원하고

거침없는 말재주를 바로얻기 서원하고
말소리의 우렁참이 가이없기 서원하고
청정국토 널리두루 비추옵기 서원하고
아름다운 음악들이 한량없기 서원하고

무량광의 안락세계 가피입기 서원하고
다라니의 총지법을 성취하기 서원하고
영원토록 여인의몸 아니받기 서원하고
아미타불 이름듣자 불과얻기 서원하고

천인들이 공경하며 예배하기 서원하고
생각대로 옷이되어 입혀지기 서원하고
처음부터 마음씀이 깨끗하기 서원하고
보리수에 불국토가 나타나기 서원하고

건강한몸 어디하나 흠이없기 서원하고
살아생전 등지과를 증득하기 서원하고
훌륭하고 귀한집안 태어나기 서원하고
여러가지 선근들을 갖추옵기 서원하고

부처님께 공양함이 견고하기 서원하고
듣고싶은 법문들이 들려오기 서원하고
깨달음의 자리에서 안밀리기 서원하고
살아생전 무생법인 얻으옵기 서원하네

011

타임캡슐에 나를 집어 넣어라

또한다시 청중에는 보살들도 함께하니
위대하신 마하살로 타방에서 오셨어라
밝은지혜 상징하는 문수사리 법왕자와
미래제에 강림하실 미륵보살 아일다와

향상이라 이름하는 건타하제 보살이며
끊임없이 정진하는 크신보살 상정진과
그밖에도 한량없는 보살들이 모였으니
부처님의 경지오른 거룩하신 이들이라

1,250명의 대비구승들과 다른 곳에서 방문한 보살들과 석제환인 등 하늘의 신들이 여기《불설아미타경》을 설하시는 도량에 함께 참여하시니 장엄하기 참으로 그지없습니다. 열 분의 훌륭한 제자들十大弟子, 열여섯 분의 아라한 성자들十六聖, 최초결집시最初結集時 함께 참여한 오백 명 성자들, 홀로 깨달음을 얻은 나반존자獨修聖, 1,250인의 모든 아라

한들은 조석예불문朝夕禮佛文에도 이름이 나옵니다.

그 많은 보살 중에 문수사리법왕자 한 분만 예불문에 겨우 이름 하나 내거셨으니 나머지 보살들은 어찌 하오리까! 아니지요. 건타하제 보살은 미국 워싱톤에 있는 스미스소니언 박물관Smithsonian Museum에 고이고 이 모셔져 있습니다. 상정진 보살은 《묘법연화경》〈법사공덕품〉에 이름을 보이시더니 그곳을 거쳐 언제 여기로 오셨습니다.

미륵보살이신 아일다께옵서는 제가 호신불로 모시고 있는데 금동미륵보살반가사유상은 국보 제78호와 국보 제83호, 국보 제118호, 국보 제331호로 그리고 일본의 국보 제1호 등으로 당당하게 이름을 올리고 계십니다.

시간적으로 지구 나이劫만큼 지나 이 땅에 오실 미륵보살과 함께 펼칠 용화세계, 공간적으로 10조兆 개의 부처님 나라10萬×億佛土를 거쳐 있을 극락세계, 거기서 펼쳐지는 장엄한 법회가 상상이 되시는지요? 미륵보살이 미륵 부처님이 되기 위해서는 적어도 지구 나이 곧 1겁의 시간을 지나간 뒤의 미래 세상입니다. 그러면 사람들은 대답합니다.

"뭐라고? 지구의 나이가 겨우 1겁이라고? 겁이란 게 하도 긴 시간이라 해서 진짜로 엄청 긴 시간인 줄 알았더니 겨우 지구의 나이라고? 가만 있자. 지구의 나이면 그래 46억 5천만 년이네. 그럼 뭐 기다리면 되겠구면."

지구의 나이가 46억년이든, 또는 46억 5천만년이든, 결코 짧은 시간이 아닙니다. 가령 1년을 1mm라고 하면 80년 산 사람은 80mm이니 겨우 8cm밖에 살지 못합니다. 90년을 살면 90mm(9cm), 100년을 살아야 겨우 10cm지요. 서울에서 부산까지 380km인데 100년에 겨우 10cm씩 간다면 얼마나 오랜 세월이 걸릴까요? 서울 - 부산을 6번이나 왕복해야 4,600km(=46억mm)입니다. 이게 지구의 나이 1겁의 길이지요.

그런데 우리는 언제나 '변수의 삶'을 살고 있습니다. 목적지를 정해 놓고 시간 약속을 넉넉하게 잡은 뒤 좌우를 돌아보지 않고 걷는다 해도 가는 도중에 모르긴 해도 언제나 변수는 있게 마련입니다. 가는 길에 십년 지기를 만나 한 잔 하며 수다를 떨 수도 있고, 좋지 않은 인연을 만나 느닷없이 봉변을 당할 수도 있지요. 백년을 천명으로 타고났다 하나 천재지변으로, 교통사고로, 암을 비롯한 갖가지 질병 따위로 주어진 삶을 다 살지 못하고 마감하는 경우도 있을 것입니다.

겨우 8~10cm의 인생길 80년에서 100년을 산다 하면 일찍 가는 것도 아닌데 따지고 보면 얼마 안 되는 삶이 맞습니다. 그런데 과연 모든 게 마음 하나 먹기에 달렸다고 해서 46억년 뒤, 오실 미륵의 세상에서 미륵 부처님을 무탈하게 잘 만날 수 있을까요?

막상 그때, 거기까지 잘 갔다 하더라도 말입니다. 인간세상이 아니고 가축이나 곤충이나 다른 생명의 몸을 받는다면 미륵 부처님의 용화회상이라고 한들 부처님의 말씀을 이해할 수 있겠습니까? 오죽하면 "쇠귀에 경 읽기"라는 말이 있겠습니까? 미생물이나 곤충은 고사하고 소로 태어나도 부처님 말씀을 알아듣지 못하는데 말입니다.

그래서 쓰는 말이 있습니다.

"나중, 나중 하지 마라. 나중은 끝없는 나중이며 나중 속에 인간의 한 삶이 사라진다"고요. 부처님을 만났을 때, 부처님의 가르침을 만났을 때, 이《불설아미타경》을 만났을 때, 우리는 부처님의 고귀한 가르침 그 타임캡슐에 반드시 나를 집어 넣어야만 합니다.

나는 단언합니다. 부처님의 소중한 가르침이 담긴 정토의 경전《불설아미타경》이야말로 내 미래를 담보하고 46억 5천만년 지구 나이 뒤에 나타날 미륵 부처님의 용화세상까지 잘 전해질 타임캡슐이라고 말입니다.

나는 분명히 말씀드립니다. 이《불설아미타경》은 10조 불국토佛國土 너머 극락세계까지 잘 배달될 스페이스 캡슐이라고요. 스페이스 캡슐? 그렇게 놀라실 것은 없습니다. 타임캡슐의 짝 개념으로 내가 새로 만들어 낸 신조어입니다. 스페이스宇에는 타임宙이 있고, 타임에는 스페이스가 반드시 들어있지요. 이 두 가지는 시암쌍둥이Siamese Twins입니다. 공덕천功德天과 흑암천黑暗天처럼 따로 떨어져 존재할 수 없습니다. 따라서 이들 두 가지를 함께 묶은 게 시간과 공간이며 스페이스 타임 곧 우주입니다.

타임캡슐이라 하면 떠오르는 게 있습니다. 바로 매불매경埋佛埋經 문화입니다. 이는 법란시法亂時, 유사시에 부처님을 땅에 묻고 불경을 땅에 묻는 문화사조입니다. 언젠가는 드러날 것을 대비하여 철저히 묻습니다. 매불매경이 타임캡슐 문화의 원조인데, 불탑이나 부도 등에 부처님의 진신사리를 봉안하고 사리와 함께 복장물을 넣는 것도, 불보살상 점안식과 함께하는 모든 문화가 다름 아닌 타임캡슐의 원조라는 생각입니다.

나는《불설아미타경》을 읽을 때면 경전의 등장인물에 대해 가끔 깊은 생각에 잠기곤 했습니다. '왜, 아미타 부처님의 세상인 극락세계를 설하는 자리에 미래의 부처님이신 미륵보살께서 청법대중聽法大衆의 한 사람으로 참석하셨을까? 숨겨진 뜻이 있을 텐데 그게 뭘까? 미륵보살은 도솔천 내원궁에서 지금 대기 중 아니시던가? 그런데 언제 이렇게 멀고 누추한 곳에 법회출장까지 오셨지? 미륵이라는 이름이 아닌 아일다라는 다른 닉네임을 붙여가면서까지.'

결론은 하나였습니다. 공간적으로 10만×억(=10조) 불토, 이들 불토를 지나가는 데에도 빛으로 1년이나 걸리는 거리이니 극락세계는 공간 속에 시간이 있음을 은근히 암시하였습니다. 시간적으로 지구의 나이만큼 먼 훗날이 되는 용화세상龍華世上도 이른바 용화세상이라는 공간을 함유

했으니 결국 두 정토세계가 지향하는 바는 같을 수밖에 없다는 것입니다

문수사리 법왕자 보살님,
건타하제 보살님,
그리고 상정진 보살님이시여,
혹 미륵보살님
말씀만 늘어놓았다고
서운하진 않으시겠는지요?

"자, 타임캡슐에 나를 집어 넣어라."

012

하늘에 계신 주님

또한다시 하늘대중 모두함께 모여드니
도리천의 천주이신 석제환인 비롯하여
종으로는 이십팔천 횡으로는 삼십삼천
너무나도 한량없어 헤아릴수 전혀없네

도리천은 두 번째 하늘입니다. 지상으로부터 (위가 아닌)바깥으로.
여섯 개의 하늘이 포진해 있습니다. 지구를 포함한 이들 세계는 욕망으
로 가득한 곳이라 욕계육천欲界六天이라 표현하지요. 그 가운데서 도리천
은 부처님께서 당신의 어머니를 위해 법문하고자 오르신 곳입니다.

도리천의 '도리'는 범어梵語를 음역音譯한 것으로 삼십삼천이라는 뜻
입니다. 이 도리천에서 설하신 경이 우리나라 불교에서 널리 알려진 이
른바 《지장보살본원경》 줄여서 《지장경》입니다. 《지장경》은 모두 13품
으로 이루어졌습니다. 첫째 품이 〈도리천궁신통품〉이고 둘째 품이 〈분신
집회품〉입니다. 다시 말해 첫째 품은 도리천궁에 신통을 나타내셨다 해
서 붙여진 품명입니다. 도리천이 어디에 있고, 어떤 하늘인지보다 정작

내게 있어서는 부처님께서 어떻게 도리천에 오르셨을까가 큰 관심거리입니다. 이를 종교적으로 해석하는 것은 전혀 무리가 없습니다만, 만의하나 과학적으로 얘기한다면 무엇을 탈 것으로 삼아 가셨을까? 요즘 같으면 비행기나 우주선이 있을 수도 있지요. 그러나 2,600여 년 전에는 비행기니 우주선이니 하는 개념 자체가 없던 때이니 말입니다.

도리천보다 낮은 곳 지구에서 보면 낮은 곳이겠으나 우주에서, 객관적 입장에서 둥실 떠 있는 지구를 바라본다면 지구 표면에서 가장 가까운 곳이 사천왕천입니다. 사천왕천 역시 지구상에서 아무리 낮은 하늘이라 하더라도 수미산 중턱과 같은 높이라면 산소를 호흡하며 사는 우리 지구 생명들은 살 수가 없습니다. 수미산은 높이가 향수해香水海 해발 8만 유순(1유순=20km) 곧 160만km이니까요.

그렇다면 말입니다. 우리 부처님께서 탈것과 상관없이 오로지 신통력하나만으로 도리천에 오르셨다면 그 자체로 충분히 이해가 되겠지요? 그러나 부처님께서 어딘가를 가실 때는 상수제자들이 수행원으로 함께 모시고 따르는데 그들 모두가 신통력으로 도리천에 올랐을까요?

그리고 도리천이 수미산 정상이라 지구표면으로부터 160만km 상공이라면 무중력의 하늘이고, 그렇다면 분명 진공상태였다고 보아야 하는데 부처님께서 호흡하시고 음식을 드시고 배설하시는 모든 과정도 생각해야겠지요? 과연 이를 어떻게 이해하면 좋겠는지요?

나는 부처님께서 신통력으로 도리천에 몸을 나타내시고, 당신을 낳으신 뒤 이레 만에 돌아가신 어머니 마야부인을 위해 법문을 설하시고 하는 상황들보다 어떻게 이런 일들에 대해 그동안 우리나라에서만도 뛰어난 스님들이나 학자들이 있었을 텐데, 그런 설명 하나 찾아볼 수 없는지 그게 더 신기하기만 합니다. 이 문제를 놓고 많은 학자들, 스님들과 거친 토론을 하기도 했지만 어떤 불교 학자들, 어떤 눈 밝은 종사들도 경전 말씀을 비판 없이 받아들일 뿐 시원한 답을 주지 않았습니다.

그렇다면 고대의 클라우디오스 프톨레마이오스(A.D 83~168)나 중세의 갈릴레오 갈릴레이(1564~1642)가 천동설이 아닌 지동설을 주장했다 해서 종교재판으로 처단한 기독교와 불교가 다를 게 무엇이며 더 나을 게 과연 무엇이겠습니까? 중세 기독교의 종교재판을 질타할 명분이 오늘날 우리 불교학자들에게 있기는 한 것입니까? 춘성 스님께서 부활을 설교하는 어느 선교사에게 일갈한 법문의 한 가지 주제에 대해서는 "시원하다." "멋있다." "통쾌하다." 하면서 이러한 과학적 문제에 대해 침묵으로 일관한다면 불교의 앞날은 솔직히 암담합니다.

그리고 부처님의 초기경전인 저 유명한 《전유경箭喩經》에서 말씀하신 무기無記만을 무기로 앞세워 대치하려 한다면, 과학이 발달하기 전도 아니고 적어도 지금은 그럴 수가 없습니다. 아니, 절대 그렇게 해서는 안 됩니다. 과학과 불교가 서로 접목이 가능한 여러 가지 길을 놓고도 복잡한 문제들을 피해가려 한다면 솔직히 부처님 밥을 먹을 자격이 없습니다.

이 땅에 불교를 전하고, 연구하며, 수행하는 수행자라면 비록 부처님 말씀이라도 생각에 생각을 거듭하는 비판의식이 자리해야 합니다. 중국의 운문雲門 선사나 단하丹霞 선사 같은 살아 있는 정신이 이 시대에는 왜 없을까요? 비방은 안 되지만 참신한 자기비판이 없는 학자라면 불교의 개혁을 논하고 잘잘못을 지적할 자격마저도 없습니다.

부처님께서 도리천에 오르시어 어머니를 위해 설법하심과 달리 이 《불설아미타경》에서는 그 도리천의 천주인 석제환인이 자기 하늘의 숱한 수행원들과 다른 하늘 동료들을 모두 대동하여 부처님이 계시는 이 지구 저 사위국 기원정사에 모였습니다.

도리천의 천주를 번역하면 하늘天에 계신 주主님이 맞을까요? 하늘天을 주관主하는 분이 맞나요? 이렇게 해석해도, 저렇게 풀이해도 천주님

외에 다른 번역이 없습니다. 일본에서는 남편을 슈진主人이라고 부르더 군요. 슈후主婦의 상대적인 용어이겠으나 그렇게 부르고 있습니다. 아이들의 아버지이며 한 가정의 주인이기에 슈진이라 부를 수도 있겠지요.

천주님이라 칭함도 아버지 하나님, 하나님 아버지, 하늘에 계신 우리 아버지라 칭함도 중국어로는 티엔쥬天主요, 또는 시앙띠上帝입니다. 그리고 영어로는 당연이 갓God이지요.

도리천의 천주님이신 석제환인이 《불설아미타경》의 말씀을 들으러 멀리 이 지구를 찾은 것입니다. 시속 10만 8천km로 태양 주위를 돌고 있는 이 지구에 안착하려면 그리 쉽지 않았을 터인데요. 게다가 시속 1,666km로 자전自轉까지 하는 지구의 북인도 사위국Śravasti에 말입니다.

여기서 중요한 두 가지 포인트는 첫째 그 당시에 지구에 와서 지구의 언어 가운데 하나인 인도어로 설하시는 부처님 말씀을 제대로 알아듣고 이해했을까요? 둘째 하늘에 계신 천주님께서 부처님 법문을 들으러 먼 길을 날아오셨다는 점입니다.

높낮이를 애기하면 부처님은 삼계三界의 스승이시고 사생四生의 자상하신 어버이시니 애기는 할 필요조차 없겠네요. 하나님 아버지의 '아버지'도 어원은 불교에서 비롯되었습니다. 그러니 이웃 종교에서 아버지라 부르는 것을 결코 탓해서는 안 됩니다. 그런데 오늘 우리는 같은 지구촌, 같은 나라, 같은 불자면서도 이 소중한 가르침, 소중한 경전을 모른다는 것입니다.

도리천 하늘에 계시는
우리 주님이시여, 아버지시여,
석제환인이시여,《불설아미타경》이 설해지는
이 거룩한 회상에 정말 참으로 잘 오셨나이다.

2부

정종분正宗分

013

초대 받지 않은 벗

바로이때 우리스승 서가모니 부처님이
대사리불 장로에게 금구로써 설하시되
여기에서 서쪽으로 십만억의 불토지나
한세계가 있으리니 극락이라 이름하며

그와같은 극락세계 부처님이 계시나니
그부처님 이름하여 아미타라 하느니라
바로지금 이순간도 서방정토 극락에서
아미타불 여래께선 설법하고 계시니라

"아미타불 극락세계 어디인가 살펴보니 거리는 눈앞이요, 높이
는 최대가 3m이더라. 넓이는 최고로 1m쯤 될까? 무게로 살펴보니 코끼
리 다리보다 가볍더라. 크기로 살펴봐도 고릴라보다 크지 않으니 인간의
모습이더라. 극락 가자! 극락 가자! 극락 가자! 노래해 봐도 위 크기와 무
게를 벗어나서 극락세계 찾을 길 없어라." — **석도법**

앞의 글은 "타임캡슐에 나를 집어 넣어라"라는 내 글에 답한 페이스북의 소중한 벗 도법 김희춘 선생의 글입니다. 나는 이 글을 읽으면서 실제로 전율을 느꼈습니다. 우리는 늘 극락세계를 거시세계에서만 찾았습니다.《불설아미타경》의 말씀도 서쪽으로 10만 억의 불토를 지나 한 세계가 있다 하셨는데 이는 거시세계 말씀이지 결코 미시세계는 아닙니다. 그럼에도 불구하고 도법 거사님의 위 글은 "이 몸 버려두고 극락 있으랴"라는 지극히 간단명료한 명언입니다. 저 유명한《금강경오가해金剛經五家解》에서 야보冶父의 송을 읽는 느낌입니다. 그래도 그건 그렇지 지나친 과장이라고요? 야보도 사내丈夫고, 도법도 머스매丈夫입니다. 야보도 안횡비직眼橫鼻直이고 도법도 비직안횡鼻直眼橫이지요. 도법이 먹고 배설하듯이 직접 보지 않아 모르긴 해도 야보도 먹고 배설하였을 것입니다.

　미시세계에서 보면 우리 몸의 세포가 자그마치 100조 개나 된답니다. 예서 서쪽으로 10만×억=10조의 불토佛土를 지난다 했는데 세포의 숫자는 그 열 배나 됩니다. 세포 하나하나를 세계로 가정한다면, 아닙니다. 가정이 아닙니다. 그 하나하나의 모든 세포가 각기 하나의 세계를 형성하고 있음이 이미 과학자들에 의해 정확하게 밝혀졌습니다. 앞으로 이 강설에서 해당되는 항목과 연계해 세포여행도 멋지게 할 생각인데요. 나는 생물학에 대해서는 문밖사람門外漢이라 전문 학자는 아니지만 말씀드리건대 내 설명에 기대를 걸어도 좋습니다.

　그건 그렇고요. 저 유명한《금강경》은 장로 수보리 존자의 물음에서부터 경전의 내용이 전개됩니다. 그리고 중간 중간 수보리와의 문답이 계속해서 이어지지요. 그런데 이 경은 어떻습니까? 묻는 이가 없는데도 불구하고 부처님께서 스스로 말씀하시니 그래서《무문자설경無問自說經》이라 합니다. 묻지 않는데 스스로 설하신 경이라는 뜻이지요.

　따라서《불설아미타경》을 부처님 대자대비의 극치로 여깁니다. 그리고 이를 태양에 비유하지요. 태양은 우리에게 크게 두 가지 혜택을 보내주고 있는데 첫째는 햇빛이고, 둘째는 햇볕이지요. 햇빛과 햇볕이 다르냐고요? 당연히 다릅니다. 두 가지가 모두 태양에서 나왔지만 쓰임새가 다르니 기능이 다릅니다. 햇빛은 빛light이고 햇볕은 열energy입니다. 태양으로부터 흘러나올 때는 햇빛과 햇볕이 구분되지 않습니다. 혜택을 받는 과정에서 빛이 되어 어둠을 밝히는 기능과 복사열을 전하는 기능으로 나뉩니다. 워낙 열이 강하다 보니 그 강한 열에서 빛이 나오는 겁니다.

그렇다면 열과 밝기는 비례할까요? 반드시 그렇지는 않습니다. 섶이 타면서 내는 열보다 자동차 불빛이 덜 뜨겁지만 밝기는 훨씬 더 밝고 멀리 비추는 것만 보더라도 알 수 있을 겁니다. 햇빛을 햇살이라고도 합니다. 태양이 제공하는 빛日光으로써 전자기복사電磁氣輻射의 스펙트럼입니다.

햇빛·햇볕은 전자기파를 발산하는 전기장 및 자기장으로 빛의 빠르기 곧 광속으로 전파되지요. 그리고 우리 지구에서는 이 햇빛이 대기를 통해 걸러지고 태양이 수평에 있을 때 낮 동안 태양복사輻射가 진행됩니다. 우리는 햇볕으로부터 비타민 D를 얻습니다. 따라서 햇볕을 제대로 쬐지 못하면 계절성 정동장애情動障碍인 우울증의 주원인이 되기도 합니다. 그러나 햇빛을 너무 많이 받으면 피부 질환의 원인이 되기도 하니 장단점은 늘 함께 합니다.

햇볕은 에너지입니다. 지구를 먹여 살리는 엄청난 힘입니다. 만일 태양으로부터 오는 열이 없다고 한다면, 아니 태양 자체가 존재하지 않는다면 태양계 행성들인 수금지화목토천해水金地火木土天海라는 행성이 애초부터 존재하지 않았을 것이고, 160여 개나 되는 위성들도, 수십조 개에 이르는 혜성들마저도 없었을 것입니다. 당연히 생명이 살아가는 데 필요한 산소도, 물도, 숲도, 계곡도, 그 어떤 원소까지도, 지구상의 모든 사람, 모든 생명들까지 어느 것 하나 존재하지 않을 것입니다.

태양은 워낙 뜨겁기 때문에 1억 5천만km나 떨어져 있지만 맨눈으로 그냥 볼 수는 없습니다. 실명할 가능성이 높기 때문인데요. 열도 열이지만 태양으로부터 날아오는 전자기의 복사가 원인이라고 봅니다. 얼마나 뜨겁냐고요? 태양 표면이 약 5,800k(켈빈)도입니다. 사실 이런 얘기 하려고 여기에 판을 벌인 것은 아닙니다. 인터넷이나 관련서적을 뒤적이면 쉽게 찾아볼 수 있으니까요. 앞서 말씀드렸듯이 이 경전은 묻는 이가 없는데도 부처님께서 스스로 설하셨는데 분명히 그럴 만한 동기가 있습니다.

(1) 중생들의 삶을 사랑하시고
(2) 부처님 자신을 사랑하시고
(3) 가꾸어 갈 환경을 사랑하시고
(4) 생명들의 정신을 사랑하시고
(5) 미래 말세 중생을 사랑하시고
(6) 현지 정토를 사랑하십니다.

그러기에 묻는 이가 없지만 설하셨습니다. 태양은 초대한 곳만을 따로 골라서 방문하지 않습니다. 멀리 있거나 가까이 있거나 친하거나 뜨악하거나 하는 원근친소遠近親疎를 가리지 않습니다. 초대 받지 않은 벗不請之友입니다. 부처님의 사랑이 무엇입니까? 다름 아닌 초대 받지 않은 벗입니다. 그렇습니다. '초대 받지 않은 벗'입니다.

014

달이여, 달님이시여

아으, 달님이시여!
당신은 나의 생명이십니다.
나의 어머니이고 나의 아버지시며
나의 멋진 친구이고 사랑스런 나의 연인입니다.

아으, 달님이시여!
당신이 없었다면 얼마나 쓸쓸할까요.
나는 당신이 없는 세상을
한 번도 단 한 번도 마음에 담아본 적이 없습니다.
당신이 없었다면 우선 열두 개 달이 없었겠지요.

정월이라 정겨웁게 좋은 달
이월이라 이래저래 좋은 달
삼월이라 삼천세계 좋은 달
사월이라 사랑스레 좋은 달

오월이라 오래도록 좋은 달
유월이라 유난히도 좋은 달
칠월이라 치렁치렁 좋은 달
팔월이라 팔만사천 좋은 달
구월이라 구비구비 좋은 달
시월이라 시나브로 좋은 달
동짓달은 동그마니 좋은 달
섣달이라 설레이게 좋은 달

아으, 달님이시여!
이렇게나 좋은 달이
하나도 아니고 모두 없다 생각하면
얼마나 서글프고 맥이 빠지는지요.
달님이시여!
정월 대보름 그 추운 겨울 밤
당신이 내려다보는 장독대 한 녘
금방이라도 얼어버릴 정화수 한 사발 올려놓고
언 손 굳을세라 열심히도 비비시던 어머니는
참으로 당신의 소중함을 아셨습니다.

결코 어느 배운 양반들이 미신이라고 하거나 말거나
당신 없이는 본인도 없고
기둥처럼 의지하는 바깥양반도 사랑하는 아들딸도
죄다 없었을 거라는 것을 아셨습니다.

아으, 달님이시여!
당신이 없으면
우선 열두 달이 없는 것은 접어 두고
인력이 작용하지 않을 것이니
바다가 움직이지 않을 것입니다.
바닷물이 움직이지 않으면
산소가 공급되지 않고 산소가 공급되지 않으면
바다 속 생명들이 살 수 있겠습니까.

아으, 달님이시여!
당신이 없으면 어떠한 생명도
배란기를 갖지 않을 것입니다.
내 어머니도
세 장씨 댁 여인張三들도
네 이씨 댁 여인李四들도
당신이 끄는 힘에 이끌리어
장미보다 더 예쁜 달꽃을 피워내고
이 땅을 지키고 가꾸어 온
뭇 사람들을 낳고 또 기르셨지요.

아으, 달님이시여!
개미도 잠자리도 물방개, 소금쟁이도
오는 가을에 국화꽃을 피워내려고
봄부터 울어대는 저 소쩍새 울음마저도
당신이 있기에 가능합니다.

아으, 달님이시여!
이 땅의 시인묵객들에게
삶의 움직임을 알게 하시고
삶이 과연 무엇인가를 노래하게 하시고
차와 술을 알고 멋과 흥취를 알고
사랑이 무엇인가를 알게 하셨습니다.

아으, 달님이시여!
오곡백과五穀百果가 무르익으면
달님이시여,
당신이 오시는 밤
마당에 봉당에 뒤란 대숲에
감나무 가지 끝에 대청마루 끝자락에
환한 미소 머금은 당신을 초대하고
당신의 모습 빼어 닮은 예쁜 송편을 만들어서
당신 모습 닮은 동근 접시에 살포시 담아
조상님에게 차와 함께 올리옵니다.

아으, 달님이시여!
당신이 없었다면 물이 없었을 터
물이 없었다면 풀도 나무도 없고
풀과 나무와 물이 없다면
제아무리 햇빛이 비춘다고 하더라도
광합성작용은 그야말로 물 건너갔을 것입니다.
산소가 만들어지지 않는데 오곡은 어이 생기며

백과는 어떻게 익어갈 수 있겠는지요.

그리하여 한가위란
조상님에게 감사함이며
달님이시여! 당신에게 감사함입니다.
한가위는 되돌림입니다.
당신에게서 받은 그늘 덕陰德을
그늘진 곳을 밝히는
당신의 그 아름다운 뜻대로
모두가 함께 나누는 축제입니다.

아으, 달님이시여!
당신은 나의 어머니이고
당신은 나의 아버지시며
나의 소중한 벗이고
나의 사랑하는 연인입니다.

아으, 달님이시여!
나를 싣고 생명의 세계로
생명과 생명이 서로 손짓하는 나라로
아으, 나를 싣고 가시는 이여!
당신은 나의 생명 그 자체이십니다.

갑오년 한가위 전야
곤지암 우리절 선창에서.

015

아미타 부처님의 설법 스타일

여기에서 서쪽으로 10만 억의 부처님 땅을 지나면 한 세계가 있는데 그 세계를 극락이라 한다 하시고, 그리고 그 세계에는 부처님이 계시는데 그 부처님을 이름하여 아미타라 한다고 말씀하십니다.

극락세계가 10만×억(=10조), 곧 10조兆 개의 부처님 땅을 지나서 있다는 것은 이미 알았고 아미타 부처님은 헤아릴 수 없는 무한공간의 빛과 헤아릴 수 없는 무한시간의 생명 곧 무량광無量光의 부처님이고 무량수無量壽의 부처님을 뜻한다는 말씀도 익히 알았습니다. 그런데 사바세계 우리 서가모니 부처님께서 광장설廣長舌로 말씀하십니다. 극락세계에 계시는 아미타 부처님께서 무한한 빛으로 말씀하시고 영원한 생명으로 말씀하시는데 바로 지금 이 순간에도 법을 설하고 계신다고요.

사바세계와 극락세계에 대해서 어떻게 생각하고 계시는지요? 설법의 스타일이 우리와 같을까요? 아니면 다를까요? 만일 사바세계와 같다면 일차적으로는 음성을 통해서겠지요. 음성을 통해 설법하신다면 서방정토 극락세계도 우리가 살아가는 사바세계와 같이 공기가 있을 것입니다. 공기가 있다면 극락은 목성형 행성이 아니라 지구형 행성이 분명하다고 봅니다. 그런 조건이 갖추어졌을 때 설주이신 아미타 부처님의 음성이 시회대중時會大衆에게 제대로 전달되지 않겠는지요.

만의 하나 공기가 없다면 소리의 매질媒質이 없을 것이고 그렇다면 일곱 겹 가로수도 앵무새·사리새·가릉빈가 등 극락의 새들도 당연히 없겠습니다. 아미타 부처님의 설법 음이 들리지 않을 것이고 아미타 부처님의 벙긋거리는 입만 바라보는 청중들은 답답한 심정을 가눌 길이 없겠지요. 그러나 《불설아미타경》에서는 비록 아미타 부처님의 화신이기는 하지만 새들이 지저귀고, 산들바람이 불고, 팔공덕수가 찰랑이는 연못이 있고, 사색 연꽃이 피어 있다고 분명히 말씀하십니다.

그렇다면 극락세계는 항성恒星은 당연히 아니고 목성과 같은 가스형도 아니고 지구와 같은 암석형巖石形 행성입니다. 공기도 있고 생명체가 호흡하고 먹고 배설하지요. 살아가기 위해서는 지구환경과 마찬가지로 산소 외에도 질소와 이산화탄소도 적당량이 있어야 하겠지요.

왜 이런 얘기를 하느냐 하면, 경전에서는 서쪽으로 10만 억의 불토를 지나간 위치에 극락세계가 있다고 한 까닭입니다. 우리는 유심정토唯心淨土를 자주 입에 올리곤 합니다. 과연 유심정토와 이 《불설아미타경》에서의 정토가 비슷한 의미로 다가오던가요? 우리는 유심정토를 얘기할 때 경전에서 말씀하시는 서방정토 극락세계에 대해 조금이겠지만 체념 섞인 생각은 아니었나요?

부처님 말씀은 불언량佛言量에 해당합니다. 성언량聖言量이라고도 합니다. 바로 그렇기 때문에 부처님 말씀은 믿어야 합니다. 조계종 소의경전《금강경》에서는 이렇게 말씀하십니다.

"여래는 참된 말을 하는 이고,
실다운 말을 하는 이고,

같은 말을 하는 이고,

속임 없는 말을 하는 이고,

다름없는 말을 하는 이니라.”

부처님께서 아미타 부처님이 계신 극락세계가 서쪽으로 10만 억 부처님의 땅을 지나간 자리에 있다고 하셨으면 당연히 이 말씀을 믿고 우리는 첨단과학을 통해서라도 극락세계를 이 우주에서 반드시 찾아야 한다고 생각합니다.

지금까지 알려진 바에 따르면, 우주에서 가장 큰 행성은 VY캐니스 메이저리스Canis Majoris로 태양의 1,900~2,100배 정도로 상당히 크며 질량은 태양의 40~50배이고 밝기는 태양의 50만 배라고 합니다. 이 행성의 흠이 몇 가지가 있는데 지구로부터 5천 광년 떨어져 있고 아직까지 지구형인지 목성형인지 밝혀지지 않은 것입니다.

그런데 더욱 중요한 것은 질량이 태양의 40~50배인데 스스로 빛을 내지 못하는 행성으로서의 자격은 아닌 듯합니다. 당연히 생명이 살 수 없습니다. 또한 질량에 비해 크기가 너무 크지 않나 싶은데 밝혀지지는 않았다 하더라도 십중팔구 목성형 행성일 것입니다.

오늘 새벽 4시 법당에 오르다가 추석날 새벽달을 보았습니다. 나는 중얼거렸습니다.

“예서 보는 달이 이 정도 밝은데 저 달에서 우리 지구를 보면 생각보다 꽤 많이 밝겠지. 왜냐? 지구 질량이 달보다 크니까. 적어도 대략 60배 정도는 되니까. 밝기도 아마 그 정도는 될 듯싶은데~.”

쌍안경을 손에 들었습니다. 지난 해 2013년 여름이니까 어느새 한 해가 훌쩍 지나갔습니다. 단국대학교 통계학 황형태 교수에게서 선물 받은 것인데 가끔 저녁이면 혼자서 관음전 옥상에 올라갑니다. 별도 보고,

달도 보고, 구름도 보고, 어둠도 보고, 그러면서 인생도 들여다보고, 다크 스페이스에 빠져 한참이 지나고 나서야 내려옵니다.

쌍안경으로 별을 보고 달을 본다고 해서 그게 얼마나 보인다고 그러는 지 내가 내 자신을 돌아보지만 나라는 수행자는 알 수가 없습니다. 그래 도 쌍안경 들고 별을 볼 때만큼은 번뇌를 모릅니다. 오늘은 추석날 저녁 이니 당연히 슈퍼 문을 놓칠 수는 없지요.

나는 뭔가 궁금증이 생기면 반드시 풀지 않고는 못 배기는 성격입니 다. 또한 어려서부터 모든 것을 혼자 해결해 왔습니다. 초등학교 4학년 수료를 끝으로 내 정기교육은 멈추어 버렸습니다. 개에게 거저 던져 주 어도 먹지 않는다는 그놈의 가난 때문이었습니다. 똥구멍이 찢어지도록 가난했으니까요. 그런 까닭에 나는 솔직히 말해서 인간의 기본 권리인 민주주의보다도 가난으로부터의 탈출을 더 높은 상위 개념으로 놓습니 다. 그 생각은 지금까지도 변할 수 없는 나의 아이덴티티 곧 정체성正體性 입니다.

어깨 너머로 한학漢學을 했고 검정고시를 통해 중등과정을 모두 이수 하고, 절집에 들어와서는 부처님 말씀이야 으레 기본이었지만 일어를 익 혀 일서를 번역하고 중국어를 배워 타이완과 중국을 드나들고 침술을 익 히고 다 접은 지 이미 오래지만 사진을 배워 손수 인화도 하고 때로는 클 래식 기타를 연주했지요. 그러다가 2004년 여름, 우연한 기회에 용인 외 국어대학에서 스와힐리어를 잠깐 동안, 정말 잠깐 동안 청강하게 되었는 데 그것이 계기가 되어 동아프리카 탄자니아Tanzania에 가서 현지인들과 함께 52개월 동안 말라리아 환자를 도우러 돌아다녔습니다.

새벽예불이 끝난 뒤 5시 반에 방에 돌아와서 인터넷을 여기저기 뒤 적여 보았지요. 달에서 지구를 바라보면 지구에서 달을 바라보는 것보 다 58~104배나 지구가 더 밝다고 하더군요. 하도 밝아서 그 빛 아래에서 책을 읽는데도 부족함이 없답니다. 달이나 지구나 스스로 빛을 내지 못하고 햇빛을 받아 주위를 밝힙니다. 어쩌면 극락세계 아미타 부처님이 서가모니 부처님으로부터 빛을 받아 설법하시는 건 아닐까 생각했습니다. 아니면 그 반대일 수도 있고요.

지구에서 바라보는 달, 달에서 바라보는 지구. 사바세계에서 석가세존이 설하시는 극락세계 아미타 부처님의 설법, 극락세계에서 아미타 부처님이 설하시는 사바세계 석가세존의 《불설아미타경》설법. 이런저런 생각으로 하루를 시작했습니다. 나는 끊임없이 생각하는 수행자입니다. 부처님께서는 말씀하십니다.

"극락세계 아미타 부처님께서는 지금도 법을 설하고 계신다"고요.

극락에도 중생이 있다

지혜로운 사리불아 너의뜻에 어떠하냐
그세계를 어찌하여 극락이라 하는지를
그나라의 중생들은 온갖고통 전혀없이
기쁨만을 느끼므로 극락이라 하느니라

 "극락에 중생이 있습니다."

"그래요? 극락에도 중생이 있다고요?"

"네, 극락에는 중생들이 그냥 1~2억 명도 아니고 지구촌에서 살아가
는 생명들의 숫자 정도로는 아예 얘기 자체가 되지 않습니다. 아주 그냥
득시글득시글합니다."

"에이, 그럴 리가 있겠습니까? 듣기로도 그렇지만 생각하기로도 아무
나 갈 수 없는 곳이 서방정토 극락세계 아니던가요? 지옥·아귀·축생이
함께 사는 사바세계도 아니고 곤충이나 미생물들이 사는 지구와는 다르
지 않습니까? 삼악도가 없는 극락세계에 그렇게 많은 중생들이 산다고
요?"

마치 싸움이라도 벌어진 듯싶습니다. 극락이 있느냐 없느냐? 있으면 과연 어디에 있느냐? 여기서 거리는 몇 킬로미터나 되느냐? 서쪽으로 간다고 했는데 우주 한복판에 나가서 동서남북을 어떻게 가릴 수 있느냐? 숨은 쉴 수 있느냐? 진공상태에서는 말도 안 된다는데 의사전달을 할 수 있느냐는 등 저마다 한 마디씩 묻는데 참으로 가관입니다. 왁자지껄 자유롭게 떠들어댑니다.

극락세계는 하늘에 있습니다. 그러기에 부처님께서 서쪽으로 10만 억 부처님 땅을 지나서 가다 보면 나타나는 곳이 극락이라 하셨겠지만! 그런데 정말 극락세계에 중생들이 함께 머물고 있습니까? 부처님의 세계는 극락이지만 중생들의 세계는 고락동수苦樂同數지요. 다시 말해 괴로움과 즐거움을 동시에 느낀다고 보아야 할 것입니다. 극락세계에는 중생이 없습니다. 단언하건대 극락세계에는 중생이 없습니다. 만일 중생이 있다면 온갖 고통 전혀 없다는 말도 성립이 되지 않거니와 또한 기쁨만을 느낀다樂는 말씀도 역시 성립이 될 수가 없습니다.

그러나 이는 꼭 중생이 있어서가 아니라 모두가 아라한이고, 모두가 아비발치고, 모두가 일생보처고, 모두가 보살들인데, 어떻게 중생이라는 부류 없이 이들이 모두 위대한 성자들임을 증명할 수 있겠습니까?

그러기에 중생의 모습을 드러낸 성자들의 화신일 따름입니다. 마치 극락세계는 새들마저도 아미타 부처님께서 중생들을 교화하시기 위하여 짐짓 나타낸 화신이라고 하셨듯이 교화를 위해 중생 모습을 한 성자들일 것입니다. 저 유명한 《법화경》 '궁자유窮子喩'처럼 눈높이를 낮추는 모습입니다

나는 가끔이긴 하지만 지구가 자전한다는 것을 느낍니다. 시속 1,666km로 돌아가는데 만약에 느끼지 못한다면 이상하겠지요. 그리고 나는 지구가 시속 10만 8천km로 태양 주위를 돌고 있다는 것을 느낍니

다. 정말이냐고 묻는다면 사실은 곧바로 대답할 말이 궁색해집니다.

그냥 "지구가 자전하겠지", "지구가 공전하고 있겠지" 하면서 나 자신에게 거는 최면 때문이지요. 피그말리온 효과도 한 몫 한다고 해야 하겠습니다. 지구가 돈다. 지구가 돈다. 지구가 돈다. 느낌으로부터 가능해짐을 압니다.

그러나 실제로는 느끼지 못합니다. 그것은 상대적인 게 없어서입니다. 전철을 탔을 때 지상으로 달리면 밖이 보이고, 터널이나 지하를 지날 때는 내부가 잘 보입니다. 왜 그럴까요? 어두운 터널이나 지하를 지날 때는 밖이 어둡기 때문에 내부가 밝다는 것을 알 수 있지만, 지상의 밝은 곳을 지날 때는 더 밝은 외부가 있으므로 내부는 어둡게 느껴지는 것입니다.

같은 방향으로 거의 같은 속도로 차량들이 달리면 속도감을 잘 느끼지 못합니다. 그러나 내가 가고 있는 차선은 옴짝달싹도 안 하는데 옆 차선이 좀 빠지면 안달이 납니다. 시속 5km~10km로만 빠져도 아주 잘 빠진다고 생각해서 그예 선을 바꾸고 맙니다. 그래 보았자 겨우 5~10km/h인데요.

부처님께서는 허언이 없으십니다. 그렇다면 극락세계에 중생들이 머물고 있는 게 맞습니다. 10법계法界는 섞여 있지요. 불·보살·연각·성문·천신·아수라·인간·축생·아귀·지옥 이들 열 부류의 세계 곧 10법계는 백화점의 상품들처럼 언제나 늘 함께 있습니다. 물론 코너를 달리할 수는 있습니다.

천신 코너에는 주로 천신들이, 아귀 코너에는 주로 아귀들이, 축생 코너에는 축생들이 한데 어울려 살아가겠지만, 광활한 극락세계에 깨달은 이 성자들만 살지는 않을 것이라고 확신합니다.

017

괴로움이여 안녕!

지혜로운 사리불아 너의뜻에 어떠하냐
그세계를 어찌하여 극락이라 하는지를
그나라의 중생들은 온갖고통 전혀없이
기쁨만을 느끼므로 극락이라 하느니라

극락세계에 가면 괴로움이 없어 좋습니다. 극락세계 태어난 이들은 내가 남을 괴롭히지 않는 것을 첫째가는 덕목으로 삼고 있습니다. 우리는 보통 괴로움을 얘기할 때 남이 나를 괴롭히고 주변이 나를 괴롭히며 내가 나를 괴롭힌다고 생각합니다. 괴롭힘은 상대적입니다. 남이 나를, 그리고 주변이 나를 괴롭힌다고 생각하는 것 이상으로 내가 그만큼 남을 괴롭히고 있지요. 남에게 끼치는 나의 좋지 않은 영향은 실제로 나는 잘 느끼지 못합니다. 느낀다 하더라도 거의 무심한 편입니다.

보살의 덕목은 뭐니 뭐니 해도 자비입니다. 발고여락拔苦與樂이지요. 즐거움은 마음껏 누리게 하고 괴로움은 뿌리째 다 뽑아 갑니다. 극락세계에 태어나면 일생보처 보살들로부터 남이 내게가 아니라 내가 남에게 괴로움을 주지 않는 법을 배웁니다.

부처님께서는 불교를 가름하는 3법인法印 외에 일체개고一切皆苦를 더해 4법인法印을 설하셨습니다. 사바세계의 삶이 삼계 내의 삶 모두가 괴로움이라는 것입니다. 괴로움이 괴로움(苦苦)이고, 행위 자체가 괴로움(行苦)이며, 무너짐이 괴로움(壞苦)이라 하셨습니다.

이러한 갖가지 괴로움을 내가 남에게 끼친 적은 없는지요? 내가 남에게 괴로움을 줌이 어찌 그것이 나의 괴로움이냐고요? 가장 큰 괴로움은 단언컨대 내가 남을 괴롭힘입니다.

극락세계에서는 남이 나를 괴롭히지 않습니다. 왜냐하면 미움이 사라진 까닭입니다. 이것이 극락세계에서의 두 번째 아름다운 덕목입니다. 극락세계 중생들은 내가 잘 되는 것을 시기하지 않습니다. 내가 더 소유한 것을 탐내지 않고, 내가 더 잘생기고 고운 것을 질투하지 않습니다. 비교라는 잣대를 가지고 판단하지 않기 때문입니다. 그래서 무고無苦가 곧 극락입니다.

괴로움이 무엇입니까? 입에 쓴 약초 씀바귀(苦)입니다. 씀바귀는 입에는 쓰지만 입맛을 돌게 하지요. 다섯 가지 대표적인 맛 중의 쓴맛은 실은 단맛보다 앞섭니다. 단맛은 당장 입에는 좋으나 뼈를 약하게 하고, 이를 빨리 상하게 하고, 충치를 만들어 갑니다. 그리고 무엇보다 입맛을 떨어뜨리고 결국에는 비만肥滿과 당뇨糖尿를 부릅니다.

그러나 쓴맛은 정반대입니다. 괴로움이란 결국 시간이 흐르면서 해결됩니다. 입에 쓰다고 해서 오래 가던가요? 입에 쓴 것이 몸에는 좋다는 속담도 있긴 하지만 진짜 건강에 좋은지는 잘 모릅니다. 왜냐하면 나는 아직까지 약리藥理나 약성藥性에 대해 연구해 보지 않았습니다. 괴로움, 그냥 있으면 지나갑니다. 관심을 갖지 않으면 됩니다.

혹시 베블런 효과라고 들어보셨는지요? 나는 1980년대 후반, 종로 대각사大覺寺에 머물면서 한때 경제학에 깊이 빠져 허우적거린 적이 좀 있었습니다. 그때 베블런 효과를 접하면서 '배부른 효과'로 외우고 다녔지요. 베블런 또는 베블렌 효과는 가격이 오르는 데도 수요가 줄어들지 않고 오히려 증가하는 현상인데요. 상류층 소비자들의 소비 형태를 가리키는 말입니다. 노르웨이 출신으로 미국의 경제학자이자 사회과학자인 베블런Thorstein Bunde Veblen(1857~1929)이 자신의 저서 《유한계급론》에서 1899년에 발표한 경제이론입니다.

괴로움도 만약 "괴롭다, 괴롭다"를 계속하면 베블런 효과로 괴로움이 커지지만 아예 관심을 꺼버리고 나면 괴로움은 사라지게 되어 있습니다. 베블런 효과를 예로 들면, 값비싼 귀금속이나 고급 승용차와 같은 경우는 경제상황이 악화되더라도 수요가 줄어들지 않습니다. 만일 괴로움을 줄이려면 무관심 일변도로 나아가면 됩니다.

남이 남을 괴롭히지 않음이 극락세계에 태어나면 세 번째로 얻게 되는 덕목입니다. 남이 남을 괴롭히는 것하고 내가 무슨 상관이겠는가 하겠지요. 이를 그물 효과라 할 것입니다. '그물 효과'라 명명한 것은 내가 처음입니다. 인터넷에도 사전에도 나오지 않는 용어인데, 이 이론은 부처님에게서 나왔지요. 그물은 여러 개의 코가 서로서로 엮이고 얽혀 있습니다. 전혀 상관相關이 없는 것 같지만 반드시 연결되어 있습니다. 불교의 인연因緣법이 그러합니다. 인류 역사상 가장 훌륭한 이론이 곧 인연법이고 그물 효과지요. 이 인연법에 대해서는 뒤에서 더 상세하게 짚을 생각입니다.

네 번째 덕목은 내가 나를 괴롭히지 않습니다. 극락세계는 내가 남을 괴롭히지 않고, 남이 나를 괴롭히지 않으며, 남이 남을 괴롭히지 않고, 내가 나를 괴롭히지도 않습니다.

그런데 우리 지구촌에서는 전혀 그렇지 않지요. 사실 "괴롭다, 괴롭다" 하는데 괴롭다고 느끼는 것의 십중팔구는 내가 누구에게요? 바로 내가 내게 괴로움을 안기는 것입니다. 그리고 그 괴로움을 옆 사람과 이웃에게 전가합니다. 행복의 바이러스처럼 괴로움의 미생물도 옆 사람에게 옮겨가길 아주아주 좋아합니다. 내가 나를 괴롭히는 일만 줄여도 온갖게 다 괴로움一切皆苦에서 모든 게 다 기쁨一切悉歡으로 바뀌게 되어 있습니다.

극락세계의 덕목 중에서 내가 환경을 못살게 굴지 않고, 환경이 나를 못살게 하지 않는 게 다섯째와 여섯째 덕목입니다.

세상의 이치는 뉴턴Newton의 세 가지 운동법칙 중 셋째 '작용作用과 반작용反作用의 법칙'을 한 번도 벗어나 본 적이 없습니다. 환경과 나의 관계, 나와 환경의 관계도 작용과 반작용 곧 액션과 리액션이 서로 밀고 당기는 원리입니다. 이것은 바로 남이 환경을 못살게 굴지 않고, 환경이 남을 못살게 하지 않는 극락세계의 일고여덟째 덕목에도 그대로 적용되는 법칙입니다. 인간이 환경을 먼저 해치지 않는 한 환경은 인간을 절대 해치지 않습니다.

극락세계는 그래서 왕생할 만한 가치가 있습니다. 가치 있는 요소뿐만이 아닙니다. 장점이 많고 매우 훌륭합니다. 아닙니다. 극락세계는 이런 식으로는 그 덕목을 다 표현할 수 없습니다.

괴로움이여 안녕!
즐거움이여 안녕!
괴로움은 작별인사로 안녕이고
즐거움은 환영인사로 안녕입니다.

018

대기여, 철조망이여!

또한다시 사리불아 극락국토 살펴보매
지상에는 일곱겹의 아름다운 난간이요
하늘에는 일곱겹의 보배로된 그물이며
길가에는 일곱겹의 시원스런 가로수라

이와같은 난간이며 그물이며 가로수가
금과은과 유리수정 네가지의 보배로써
아름답게 꾸며지고 어디에나 두루하매
그러므로 그나라를 극락이라 하느니라

카이퍼 벨트Kuiper Belt와 오르트 구름Oort Cloud처럼 해왕성 바깥으로 포진해 있는 운석들, 고맙게도 목성과 토성이 이들 수십 수백 조개의 운석들을 중력으로 꽁꽁 묶어주고는 있습니다. 그러나 사람의 일이 아니기에 뜻밖의 변수가 많지는 않다 하더라도 또 누가 어찌 알겠습니까?

이들이 자신들의 영역을 넘어 지구로 침공해 올 수도 있을 것입니다. 미국 애리조나 주에 떨어진 운석은 엄청난 구덩이를 만들었고, 인도차이나 반도에 떨어진 혜성은 지구상 공룡들의 씨를 말렸다지요.

그까짓 돌멩이 하나, 얼음덩어리 하나가 뭐 그리 무섭냐고 하겠지만 모래알만한 것일지라도 어떤 속도로 부딪치느냐에 따라 엄청난 일이 벌어집니다. 사냥꾼이 쏜 화살을 맞고 노루가 쓰러졌습니다. 그런데 정말 노루가 화살에 맞아서 안타깝게 숨을 거둔 것일까요? 만일 건강한 사람이 제대로 힘껏 당겨 쏜 화살이 아니고 세 살 배기 아이가 갖다 댄 수준이라면 그 어린아이가 댄 화살 끝으로도 노루가 죽음을 맞이했을까요? 중력은 속도와 질량의 비례입니다. 총알이 아무리 무섭다 하더라도 살며시 피부에 갖다 대는 것으로는 결코 살상의 결과를 가져오지 않지요.

화살은 평균시속 250km인 데 비해 권총탄은 시속 1,100km이며, 소총탄은 시속 3,400km입니다. 권총탄이나 소총탄은 평균시속이 없는데 화살은 왜 평균시속을 얘기하느냐 하면 화살을 쏜 사람의 힘과 생각과 환경에 비례하기 때문입니다. 권총탄이나 소총탄에 비해 공기의 저항 등 환경의 항력을 많이 받는 게 사실이니까요. 화살의 속도도 속도려니와 화살촉이 어떤 소재이며 얼마나 뾰족한가에 따라 노루의 생사는 판가름 납니다.

그런데 시속 5~8만km로 돌진하는 운석이라면 그것이 비록 작은 돌멩이라 하더라도 파괴력은 상상을 초월하지요. 요즘 지구과학을 연구하면서 지구를 감싸고 있는 대기권大氣圈에 대해서 나는 매일 감사한 마음으로 삽니다. 대기권이 무엇입니까? 지구를 지키는 장한 병사들입니다.

대기권은 지표면으로부터 시작합니다.

(4) 열권熱圈Thermosphere 1,000km까지

(3) 중간권中間圈Mesosphere 80km까지

(2) 성층권成層圈Stratosphere 50km까지

(1) 대류권對流圈Troposphere 10km까지

그 밖으로 10,000km까지가 외기권外氣圈, 외기권 밖은 곧 우주입니다. 그런데 대기 기체의 75%가 대류권에 있다는 것을 아시는지요? 중요한 지역이 가까워질수록 지키는 병사가 많아지는 건 당연지사當然之事, 상대방의 압박이 조여 올수록 골문과 골키퍼 주변으로 수비선수들이 대거 모여듭니다.

지구를 지키는 대기가 없다고 한다면 아아, 상상하기조차 싫습니다. 따라서 운석이나 자질구레한 혜성은 대기권을 통과할 때 대기와 부딪치면서 거의 타버립니다. 빠른 속도로 통과할수록 운석은 더 많이 상처를 입지요. 마치 속도와 사고치가 비례하는 교통사고처럼 말입니다.

우리 지구의 대기는 이처럼 네 겹 또는 다섯 겹인데 극락세계는 일곱 겹七重으로 구성된 대기를 갖고 있으니 나름대로 꽤 안전한 세계입니다. 대기라 한 것은 내 생각이지요. 경전에서는 대기라 표현하지 않고 나망羅網이라 하는데 삼라만상으로 된 그물, 매우 잘 짜인 그물, 비단 그물 등으로 풀이되겠지요. 그런데 재료는 기체가 아니고 네 가지 보석으로 되어 있습니다.

하긴 극락세계도 지구와 같은 환경이라면 대기가 얼마나 소중하다고 느꼈으면 가로수, 난간과 더불어 네 가지 보석에 견주었겠습니까? 네 가지 보석으로 이루어진 것도 맞겠지만 네 가지 보석에 견줄 정도로 소중하다는 의미도 함께 들어 있을 것입니다.

극락세계는 나망 외에도 일곱 겹의 네 가지 보배로 된 든든한 난간이 둘러쳐져 있습니다. 지난 2014년 6월 유네스코에 세계유산으로 등재된 남한산성도 극락세계의 일곱 겹 난간 중 한 겹과 견주어 손색이 없겠지만요. 극락세계 난간이 일곱 겹이라는 데 신경이 쓰입니다. 뭐, 구중궁궐九重宮闕보다는 그래도 두 겹이나 적지 않느냐고요?

어찌 되었거나 여러 겹이라는 게 마음에 걸립니다. 극락세계 중생들이 튕겨져 나가 낭떠러지로 떨어질까 보아 그것이 염려되었다면 좋겠는데, 외부로부터 성을 지키기 위해 일곱 겹씩 성벽을 쌓아 만들었다면 숨은 뜻으로는 결국 극락세계도 안전하지 않다는 게 아니겠는지요.

옛날에는 지구가 둥글지 않고 평평하다고 생각했으며 땅 끝은 낭떠러지일 거라 보았습니다. 바로 그런 개념의 바탕 위에서라면 난간이 일곱 겹 아니라 일흔 겹이라 할지라도 대환영입니다.

우리는 불운의 시대를 살고 있습니다. 22만 제곱킬로미터 남짓 되는 이 작은 땅 덩어리 한반도. 남자들의 거시기를 닮았다 하여 영어로도 페니스(+율라)인 땅, 이토록 작고 앙증맞은 페니스마저도 중간을 철조망으로 칭칭 감아놓은 채 남과 북이 대치되어 서로를 신뢰하지 못하니 아무리 같은 뿌리에서 나온 한 핏줄 한 형제라 하나 이웃만도 못하다니 참으로 안타깝기 그지없습니다.

나는 지난 2006년 11월 30일부터 이듬해 3월 10일 임진각 나우누리에서 해단식解團式을 치르기까지 101일 동안 국토도보대장정을 했습니다. 걸어서 자그마치 2,650km를 일주했는데 그때 가장 가슴 아팠던 것이 남과 북을 갈라놓은 철조망이었고 육지와 동해바다를 가른 바닷가 철조망이었습니다. 땅기운이 바다로 뻗어가지 못하고, 바다 기운이 땅으로 들어오지 못하는 우리 땅이 참 측은했습니다. 특히 페니스(+율라)에 철조망을 칭칭 감아 놓았으니 지구의 페니스 한반도가 그야말로 꼬락서니가 말이 아닌 거지요.

지금은 목사가 되어 하나님의 복된 말씀福音을 전하는 멋쟁이 유랑시인 성재경 선생과 101일을 걸으며 우리는 그 생각 하나로 울고 또 울었습니다. 참 슬픈 일입니다. 어서 철조망을 걷어내야 합니다. 다른 데 것은 천천히 걷더라도 지구의 페니스 한반도 허리에 감긴 철조망은 하루 빨리 걷어내야 합니다. 땅이 남북으로 묶인 것도 거시기한데 지난 이명박 정부 때는 대운하 프로젝트라는 미명 하에 자투리로 남은 남녘을 다시 동서로 가를 뻔했으니 대운하를 반대한 우리 국민들은 참으로 현명한 분들이었습니다.

여기 《불설아미타경》에서의 극락세계 보배 난간과 극락세계 보배 그물인 대기권은 그렇지는 않을 것이라 생각합니다.

019

극락의 가로수는 조화造花인가

로드사이드 트리roadside-tree

시가지의 도로를 따라서 줄지어 심어 놓은 나무가 가로수입니다. 시민들의 건강과 미관을 위해 정부 또는 단체나 개인이 심는데요. 공기 정화에 매우 중요합니다. 어떻습니까? 숲이 많다는 것은 환경이 나름대로 살아 있다는 증거입니다. 특히 가로수가 잘 가꾸어져 있으면 '환경 가꾸기'로는 꽤나 후한 점수를 줄 수밖에 없습니다.

이 경에서는 말씀하십니다. "길가에는 일곱 겹의 시원스런 가로수行樹가 있다"고요. 항수行樹는 행수라 읽지 않고 항수라고 읽어야 가로수가 됩니다. 돌림자를 한문으로 쓸 때는 行列로 쓰고 항렬이라고 읽는 것과 같습니다. 불교 경전 중에는 산문 형식과 운문 형식이 번갈아 들며 이루어진 경우가 있는데 이때도 쓰기는 長行이라 쓰고 발음은 장항이라 하는 경우와 같은 것이지요. 특히 《법화경》, 《원각경》 따위는 앞에 산문 형식의 말씀이 있고 중간 중간에 또는 뒤에 가서 중송重頌이라고 하여 앞에 나온 말씀들을 다시 간추려 게송으로 노래하는 형식이 있습니다.

항수行樹는 극락세계의 공덕장엄 중에서 생각보다도 앞에 나오고 있습니다. 그렇습니다. 많은 공덕장엄에서 일곱 겹 보배 난간과 일곱 겹 보배 그물과 일곱 겹 보배 가로수가 우선순위지요.

바로 이 점에서 나는《불설아미타경》을 설하신 부처님께서, 부처님 재세시在世時에는 동양과 서양이라는 구분이 지어지기 전이겠지만, 부처님이 머무신 인도가 동양이라는 생각을 하게 됩니다.

서양에서는 주소를 쓸 때, 나와 내 집에서 시작해서 번지와 마을을 쓰고 도시와 국가 이름으로 확대되어 나가는데, 동양에서는 특히 중국과 우리나라, 일본 같은 경우에서는 나라 이름부터 쓰고 광역시도와 마을 이름, 거리 이름과 번지와 집의 동棟 호수戶數/號數, 그리고 사는 사람의 이름이 올라갑니다. 여기서도 극락세계의 난간과 대기와 가로수를 먼저 열거하시고 난 뒤 연못과 연꽃과 누각과 거기 사는 새들을 차례로 들고 계시는 것을 보고 인도가 동양이라는 생각이 확고해졌습니다.

그건 그렇고요. 나는 동아프리카 탄자니아에 있으면서 아프리카 대륙의 최고봉 킬리만자로 2,000 고지 기슭에 한국인으로는 당연하고, 외국인으로서도 그 지역 처음으로 사찰 부지를 매입했습니다. 3에이커(1에이커는 환산하면 1,224.2평으로서 4,840제곱야드/40,468아르)로 그리 넓지는 않지만 중요한 사건이라면 사건이지요. 그것이 2006년 2월 초였습니다. 그리고 약 열흘 뒤 한국의 MBC-TV가 왔습니다. 그 해 부처님 오신 날 특집으로 MBC 일요스페셜에 방영될 다큐물이라고 하더군요.

아프리카 탄자니아 사람들은 땅을 사게 되면 제일 먼저 하는 일이 경계를 구분 짓는 일입니다. 매입한 땅의 꺾인 부분에 GPS 표석을 세우고 그 경계대로 철조망을 치기도 하지만 주로 좋아하는 나무를 심습니다. 진입로에도 길 옆으로 나무를 심어 자기네 땅임을 확실히 합니다. 그리고 경계를 지어 설명할 때, 이를테면 이런 식입니다.

GPS 표석1에서 동쪽으로는 피터Peter의 땅

GPS 표석2에서 서쪽으로는 데이비드David의 땅

GPS 표석3에서 남쪽으로는 제임스James의 땅

GPS 표석4에서 북쪽으로는 존John의 땅

여기서 중요한 것은 매수자가 좋아하는 나무를 심어서 주인이 누구인가를 표시함이지요.

극락세계는 처음 도시를 설계할 그 당시부터 위대한 도시설계 디자이너, 아미타 부처님의 전신이신 법장法藏 스님께서 생각해 오셨고, 오랜 시간에 걸쳐 장고에 장고를 거듭한 끝에 처음 설계한 원안대로 건설하셨지요. 그런데 내가 보기에는 아무래도 극락세계 길 옆에 선 가로수들이 생명이 없는 조화인 것 같습니다. 왜냐하면 말씀하신 대로 금·은·유리·수정과 같은 네 가지 보석으로 이루어졌다면 당연히 생화는 아닐 테니 말입니다.

조화造花는 가화假花라고도 하는데 인공적으로 만들어진 꽃을 두고 하는 말입니다. 요즘은 합성섬유나 비누 또는 비단 등으로 만들기도 하는데 조선시대에는 주로 비단을 이용한 궁중채화宮中綵花가 많이 발달했습니다. 그건 그렇고, 정말 극락세계 가로수들이 생화가 아니고 만의 하나 조화라고 한다면 지금까지 불교만이 아니라 조화의 역사를 새롭게 써야 하지 않겠는지요. 그런데 나는 조화의 역사보다도 가로수마저 조화라고 한다면 식물이 살지 않는 극락세계에 초록빛을 띤 자연초목이 없으니 광합성작용光合成作用이 이루어지겠느냐는 것입니다. 칠보가 훨씬 좋지, 광합성작용이 뭐 그리 대단하냐고요? 숲이 많이 우거진 곳이라면 칠보가 좋을 수도 있겠지만 어디를 가나 황금이고 칠보인 극락세계에서 보석이 뭐 그리 중요하겠습니까? 오히려 광합성작용이 없으면 산소가 생성되지 않는데 산소가 부족하다면 생명체는 살아 숨쉬기가 쉽지 않을 텐데요. 그런데도 보석이 산소보다 중요할까요?

옴므 이현 창민의 '가로수 그늘 아래'라는 노래가 생각납니다. 2014년 9월초 밀리언셀러 특집을 치른 매우 유명한 곡이지요. 유튜브You Tube 등 동영상에 들어가면 언제 어디서나 음악을 감상할 수 있습니다. 가사歌 辭 한 번 보겠습니다.

가로수 그늘 아래 서면

아티스트 : 창민&이현(Homme옴므)
앨범명 : 〈불후의 명곡-전설을 노래하다〉 밀리언셀러 특집 2편

가사
이현) 라일락 꽃향기 맡으면 잊을 수 없는 기억에
　　　 햇살 가득 눈부신 슬픔 안고 버스 창가에 기대 우네
　　　 가로수 그늘 아래 서면 떠가는 듯 그대 모습
　　　 어느 찬비 흩날린 가을 오면 아침 찬바람에 지우지
창민) 이렇게도 아름다운 세상
　　　 잊지 않으리 내가 사랑한 얘기 우~
　　　 여위어 가는 가로수 그늘 밑 그 향기 더하는데
이현) 가로수 그늘 아래 서면 떠가는 듯 그대 모습
　　　 어느 찬비 흩날린(같이:가을이 오면)
창민) 아침 찬바람에 지우지

같이) 이렇게도 아름다운 세상 너는 알았지
　　　내가 사랑한 모습 우~
　　　저 별이 지는 가로수 하늘 밑 그 향기 더하는데

이현) 내가 사랑한 그대는 알까(난 잊을 수 없는)
창민) 내가 사랑한 그대는 아나(그 슬픔 안고)
이현) 가로수 밑
창민) 이 자리에
이현) 향기만이
창민) 남아 있어

같이) 그대는 없는데

(가로수 그늘 아래 서면)
이현) 떠가는 듯 그대 모습
창민) 어느 찬비 흩날린 가을 안고 아침 찬바람에 지우지

같이) 이렇게도 아름다운 세상 잊지 않으리
　　　내가 사랑한 모습
　　　우~아름다운 세상
　　　우~아름다운 세상(아름다운 세상)
　　　우~아름다운 세상

이현) 가로수 그늘 아래 서면
창민) 가로수 그늘 아래 서면

장엄염불莊嚴念佛/1

아미타불 진금색은 광명놓아 찬란하고
단엄하신 상호또한 비길데가 하나없네
오색빛의 백호광명 오수미를 뒤덮으며
검푸른눈 사대해의 어지러움 맑게하네

그빛속에 화현하신 부처수가 한이없고
화현하신 보살대중 그수또한 끝이없네
사십팔원 원력으로 중생제도 하옵시고
구품으로 모든중생 피안으로 이끄시네

이와같이 아미타불 큰공덕을 찬탄하니
법의세계 장엄하여 뭇중생을 건지소서
서방정토 가려하는 임종시의 모든중생
아미타불 함께뵙고 성불하게 하옵소서

극락세계 그중에서 칠보로된 연못에는
수레같은 연꽃피어 구품으로 장엄되고
열여섯자 금빛몸의 아미타불 서계시니
가슴위엔 왼손얹고 오른손은 내리셨네

푸른빛깔 비단옷에 붉은가사 두르시고
금빛얼굴 미간에는 백호광명 찬란하네
왼쪽에는 관음보살 오른쪽은 세지보살
장중하게 시립하여 모든것을 살피시네

대성이신 관자재께 목숨다해 귀의하니
그모습은 칠금산의 담복화와 같으시고
대성이신 대세지께 목숨다해 귀의하니
몸의지혜 광명으로 인연중생 비추시네

이세분의 성현들이 쌓은공덕 모은다면
티끌수를 훨씬넘고 허공처럼 크오리다
시방세계 일체제불 모두함께 찬탄하나
티끌수겁 지낸대도 다할수가 없사오리

이내생명 다하도록 다른생각 전혀없이
거룩하신 아미타불 오롯하게 따르오리
마음일랑 끊임없이 옥호광에 이어지고
순간순간 변함없이 금색상에 닿아있네

내가잡은 이염주는 온법계의 묘관이라
허공으로 끈을삼아 꿰지못함 전혀없네
평등하신 노사나불 안계신곳 어디랴만
서방에서 아미타불 관하면서 구하려네

사십팔원 원력으로 아름답게 장엄하신
서방정토 극락세계 그세계의 주인이신
무량수불 여래전에 두손모아 귀의하고
무량광불 여래전에 마음모아 의지하리

020

칠보연못

또한다시 사리불아 서방극락 국토에는
금과은과 유리수정 네가지의 보배에다
백산호와 적진주와 마노등의 칠보로써
아름답게 가꾸어진 연못들이 즐비한데

아는 거라곤 금金과 은銀뿐입니다. 유리琉璃도 수정水晶도 모르고 하얀 산호, 빨간 진주, 마노 등은 전혀 생각나지 않습니다. 유리는 창문에 쓰이는 것과 영 다르다는데 어떤 것인지 봐야 할 것 같습니다.

금부터 마노에 이르기까지 이들 칠보가 많다는 것은 앞에서도 얘기했듯이 이 한 가지만 놓고 보더라도 서방정토 극락세계는 가스로 이루어진 목성형 행성이 아닌 게 분명합니다. 그런데 가스형 행성이라고 해서 천체 전부가 가스로 된 건 아니지요. 겉모습만 가스형일 뿐 내면으로 들어가면 지구와 같은 암석형일 수도 있습니다. 우리가 누구인가를 구별할 때 피부 빛깔과 모습을 보고 '유럽인이네' '아시아인이네' '인디언이네' 하는 것처럼 행성도 그렇게 구별하고 있습니다.

지구에서도 금을 비롯한 보석들 이를테면 다이아몬드니 호박이니 산호니 다들 쉽게 얘기합니다만, 땅 파서 쉽게 얻어지는 게 아니지요. 이들이 지구에서 발견되려면 그 원소가 본디 원시지구에 있었다기보다는 다른 천체, 이를테면 혜성이거나 또는 다른 천체에서 왔을 것입니다.

그렇다면 극락세계도 우리가 살아가는 지구와 마찬가지로 생성 초기에는 혜성과 운석들에게 엄청 시달렸다고 분명히 말할 수 있습니다. 물론 극락세계라는 천체 자체가 금이니 은이니 동이니 철이니 하는 그런 원소들을 처음부터 다 지니고 있었을 가능성도 배제할 수는 없습니다. 그리고 화산활동도 분명히 있었을 것이고요. 왜냐하면 다이아몬드도 수정도 금은동철金銀銅鐵과 같은 원소들도 지구의 내핵內核에서 또는 지진이나 화산활동에서 열에 의해서거나 화학적 반응에 의해 생겨났을 것이기 때문입니다. 그리고 극락세계는 반드시 구형球形일 것입니다. 평평한 땅의 대지와 대지 끝에는 낭떠러지가 있는 것은 아닐 것입니다.

어디를 가나 지천至賤으로 널린 게 금은을 비롯하여 칠보라고 한다면 우리 지구보다 훨씬 더 많은 화산과 지진활동이 있었겠지요. 그렇다면 초기에는 생명이 살지 못했을 것입니다. 식물도 없었을 것이고요. 산호가 있다면 그것이 하얗든 까맣든 간에, 또는 진주가 빨갛든 노랗든 간에 분명 바다가 있을 것입니다. 바다가 있고, 대기가 있고, 바람이 있고, 지진과 화산이 있고, 초기 지구처럼 있을 건 다 있었겠지요.

난간과 보망이 보배로 이루어졌다는 것은 얼마든 가능하지만 가로수마저 그것도 단일 보석이 아닌 네 가지 보석으로 이루어졌다 해서 극락세계 가로수가 생화가 아닌 조화였을까를 궁금해 했는데 연못마저도 자재가 칠보로 되었으며 극락세계 어딜 가나 영롱한 보석들로 즐비하다면 참 많이 아름다울 것입니다. 자연의 아름다움이야 더 말할 나위도 없겠지만 인위적 아름다움도 한몫을 합니다. 그러기에 초파일 부처님 오신

날에 생화가 아닌 연꽃등을 만들고 성탄절에 크리스마스트리를 꾸밀 것입니다. 실물도 중요하지만 그림 한 점에 조각 한 점에 수천억 원까지도 호가하는 것도 다 인위적 아름다움을 평가하는 것 아니겠는지요.

연못에는 물이 있습니다. 그러기에 거기에 네 가지 빛깔의 화사한 연꽃들이 흐드러지게 피어 있습니다. 연못에 물이 있음은 무엇을 뜻할까요? 우리 지구환경과 마찬가지로 분명히 1g의 중력과 1기압을 지니고 있습니다. 중력이 있기에 대기가 붙들려 있고 연못에 물이 찰랑이고 연꽃이 피더라도 극락세계 밖으로 튕겨나가지 않고 아름답고 향기로운 자태를 뽐내겠지요. 그런데 왜 극락세계의 연못을 얘기하고 또 연꽃을 얘기할까요?

설마 가로수처럼 연못의 물도 연꽃도 다 보석이나 인공으로 만들어진 것은 아니겠지요? 하긴 인공의 물이라면 8공덕수 가운데 마실 물이 나오는데 보석으로 된 인공물을 마실 수는 없겠지요?

　　화실동시花實同時의 꽃
　　처렴상정處染常淨의 꽃
　　사색연화四色蓮花의 꽃
　　불사일진不捨一塵의 꽃
　　영구생명永求生命의 꽃
　　시종일향始終一香의 꽃

연못과 연꽃에 대한 말씀은 이런 여러 가지 의미 때문일까요? 이들이 지닌 덕성 모두가 곧 아미타불의 덕성인 까닭입니다. 무량광無量光과 무량수無量壽의 덕성입니다.

021

깨끗한 물에서 피는 연꽃

그들모든 연못에는 오염됨이 전혀없는
고요하고 깨끗한물 시원하고 투명한물
감미로운 맛의물과 부드러운 맛의물과
매끄럽고 촉촉한물 일렁이지 않는물과

냄새없는 맑은물과 몸에좋은 약숫물등
여덟가지 공덕수가 가득가득 담겨있어
누구든지 어디서나 마실수가 있거니와
먹을감고 감상하고 즐길수도 있느니라

물水water은 곧 물物matter입니다. 물物은 물水로 이루어져 있습니다. 지구 안에서나 밖에서나 생명체가 생겨나고 서식하기 위한 필수불가결必需不可缺의 요소는 다름 아닌 물입니다.

그래서일까요? 부처님과 동시대를 살았던 고대 그리스의 위대한 철학자 탈레스Thales(BC 624~BC 545?)는 만물의 근원이 물이라 했습니다. 탈레스는 아리스토텔레스Aristotelles(BC 384~BC 322)가 '철학의 아버지'라 불렀던 사람이고 지금까지 알려진 가장 오래된 철학자이지요. 그는 과학계에서도 이름을 뺄 수가 없는 분입니다.

2006년 11월 30일부터 이듬해 3월 10일까지 101일간의 전국국토도보대장정을 마치고 곧이어 낙동강, 영산강, 금강, 한강을 돌아보러 다녔습니다. 가끔 있는 일이지만 눈에 잘 띄지 않는 후미진 강변에서 썩은 냄새가 진동을 할 때는 곧잘 그런 곳을 찾아보곤 했습니다.

아프리카 탄자니아에서 머물다 잠시 귀국이라도 할 경우 한국은 그야말로 정토였습니다. 비록 사설사암이긴 하나 모처럼 주지 소임도 벗었고, 그저 시간 나면 놀러(?)다니는 게 하나의 즐거움이기도 했습니다.

이제 얘기지만 어느 강이나 할 것 없이 산업쓰레기들은 죄다 강변에 버린 듯 목불인견目不忍見, 맞습니다. 눈 뜨고 차마 볼 수 없는 환경이지요. 이렇게 강을 오염시키고도 이 나라가 굴러가는 게 차라리 신비에 가까웠습니다. 내 눈에는 경제 살리기보다 자연환경 살리기가 더욱 급해 보였습니다.

당시만 하더라도 이명박 정부가 들어서기 한참 전이었지요. 한 녘으로는 한나라당 대선후보 경선에서 이명박 후보가 높게 나타나면서 한반도 대운하가 거론되곤 했습니다. 레임덕 때문일까? 노무현 정부 지지율은 두 자리 수를 겨우 유지할 때였고요. 대통령이야 잘하려 애썼지요. 워낙 성격이 강직한 데다 자신의 올곧음만 믿고 주변이 모두 깨끗할 거라고 믿은 게 문제였습니다. 비서실장을 비롯하여 측근들 비리가 하늘을 찔렀으니 어찌 보면 노무현 전 대통령은 한국 대통령 역사상 입지전적 인물이면서도 불운의 삶을 살다간 분이었습니다.

이런 상황에서 2008년 2월 26일 이명박 정부는 날개를 달고 출발했지만 워낙 강한 국민들의 대운하 반대에 이른바 '사대강 살리기'로 진로를 확 바꿔 버렸습니다.

2009년 초 아프리카에서 돌아와 다시 우리절 주지 소임을 맡았는데 사대강 살리기를 반대하다가 스스로 자신을 불태워 산화한 후배 문수文殊 스님을 눈물로 애도하면서 보내야 했습니다. 그렇지만 나는 개인적으로는 사대강 살리기를 반대한 적은 없습니다. 왜냐하면 유기적으로 더러워진 물에서 고운 연꽃이 피어날 수는 있겠지요. 하지만 산더미 같은 산업쓰레기로 썩어가는 강변에서 아름다운 환경의 연꽃을 피우기엔 너무나 치러야 할 게 많았습니다.

나는 처렴상정處染常淨이라는 말을 참으로 좋아합니다. 그러나 《불설아미타경》에서 말씀한 일곱 가지 보석으로 된 연못에 여덟 가지 공덕수가 찰랑이는 맑은 연못에서 사색의 연꽃이 흐드러지게 핀다는 말씀을 훨씬 더 좋아합니다.

"극락세계는 탁한 물에서 연꽃이 피는 게 아니구나. 그래, 기왕이면 꼭 더러운 물보다는 깨끗한 물에서 피어나면 더 좋지. 사회도 국가도 사람들의 마음도 깨끗하면 좋은 거 아닐까? 삶의 연꽃은 피우지 못할망정 이 사회도 이 나라도 깨끗해지면 더 좋은 거 아냐?"

나는 《불설아미타경》이 좋습니다. 깨끗한 물은 깨끗한 대로 두고 그 물에서 연꽃마저 피우니까요. 심지어 《유마힐소설경》에서도 "연꽃은 허공에서 피고 깨끗한 모래에서는 결코 피어나지 않는다"고 합니다.

유마경이 어떤 경전입니까? 여래장如來藏 사상을 대변하는 대승경전으로서는 《승만경》에 이어 《금강경》만큼이나 이른바 '깔끔경전'이지요. 그런 유마경의 설주說主 유마힐 거사님도 예측하지 못한 극락세계의 연꽃 환경이 아니겠습니까?

아으! 쾌적한 환경이 주는

이 싱그러움이여!
흐린 물에서만이 아닌
맑디맑은 물에서도
연꽃이 피어날 수 있다고 하는
이 엄청나고도
참으로 멋진 환경의 선언이여!

그렇다면 말입니다. 여덟 가지 공덕수는 어떤 물일까요

(1) 고요하고 깨끗한 물
(2) 시원하고 투명한 물
(3) 감미로운 물
(4) 부드러운 물
(5) 매끄럽고 촉촉한 물
(6) 일렁이지 않는 물
(7) 냄새 없는 맑은 물
(8) 몸에 좋은 약수 물

수질용어에는 자그마치 63가지가 있습니다. 이를 다 소개하는 것은 무리지만 극락세계의 8공덕수를 떠올리며 인터넷에 들어가 손수 '수질용어'를 찾아보는 것도 좋지요.

지난 2014년 8월 12일~13일 이틀 동안 추자도를 찾았습니다. 내 사랑하는 멋지고 젊은 친구 진영훈 목사가 열심히 목회 활동을 하는 곳입니다. 추자도는 제주에 속한 섬입니다. 사방이 온통 바다이기 때문에 뭍에서 마실 물을 들여오기 전에 다른 방법이 있을까요? 바닷물을 담수로 바꾸어야 합니다. 이를 해수담수화海水淡水化라 합니다.

진 목사 말로는 추자도는 늘 마실 물이 부족했는데 얼마 전부터 매일 1,500톤 정도 담수를 생산하여 지금은 많이 좋아졌다고 합니다. 바닷물을 담수로 만드는 기술은 예수님이 태어나시기 4세기 전부터 이미 있어 왔습니다. 그 기술은 증발법蒸發法입니다. 내가 담수의 역사와 증발법에 대해 얘기하자 진 목사가 깊은 관심을 보이더군요.

증발법은 물 순환 현상이라는 지구상에서 발생하는 자연원리를 응용해서 해수를 담수로 바꾸는데 전 세계 담수화 생산량 중 약 70%를 이 증발법이 차지합니다. 바닷물을 데우면 으레 수증기가 위로 오르겠지요. 염분은 함께 오르지 않고 찌꺼기로 남을 것이고요. 그 수증기를 식혀서 모은 게 담수며 이를 마실 물로 이용합니다. 이 증발법에는 4가지가 있습니다.

(1) 다단플레쉬방식
(2) 다중효용방식
(3) 증기압축식
(4) 자연에너지 이용방식

여기서 증기압축식은 기계적 에너지를 이용하고 다중효용방식과 다단플래쉬방식은 스팀과 같은 고열원의 열에너지를 이용하고 있습니다. 증발법 담수화에서 60%를 차지하는 다단플래쉬방식은 좋기는 하나 에너지 소비율이 높은 게 단점인데 그래서 요즘은 증발법과 함께 맴브레인 기법, 곧 여과[膜] 장치를 이용해서 담수를 만들어 내곤 합니다.

"극락세계에서 물 부족으로 고생하는 일은 없겠지요?"

022

포리나인 49

또한그들 연못에는 금모래가 깔려있고
연못둑의 사방으로 놓여있는 계단들은
금과은을 비롯하여 다시다못 유리수정
네가지의 보배들이 합성되어 꾸며졌고

동아프리카 탄자니아 킬리만자로 주州에 킬리만자로 국제공항
이 있습니다. Kilimanjaro International Airporte 줄여서 기아KIA라 합
니다. 그 기아 뒤편으로 한참을 가노라면 야트막한 산맥이 늘어서 있는
데 거기가 탄자니아의 보석 탄자나이트Tanzanite가 채굴되는 탄자나이트
광산입니다.

그들 중 일부 광부들은 하루 종일 마약 아닌 마약에 찌들어 반은 인생
을 포기한 듯 반은 일확천금의 희망을 안고 삽니다. 세계에서 오직 탄자
니아에서만 나는 푸른 빛깔의 영롱한 다이아몬드 탄자나이트에 빠져 삶
을 던진 현지인들이 많습니다.

내가 그곳 탄자나이트 광산을 잠시 드나든 게 2007년 여름이었으니

벌써 여러 해를 훌쩍 넘겼군요. 포휠4Wheel 차량에 마실 물을 가득 싣고 일행들과 물을 나누어 주러 갔지요. 물이 귀한 나라이기도 하지만 알코올에, 마약에 찌든 광부들에게 마실 물은 다시없는 감로수입니다.

여덟 가지 공덕의 물
일곱 가지 보석의 연못
그 연못 바닥에는 잔잔한 황금 모래
아침 햇살이 연정을 못 이겨
연못으로 몸을 던질 때
얼마나 찬란하게 반짝거리는지요.

사방이 온통 진귀한 보석이라면 구태여 보석에 욕심을 내겠습니까? 자기 집, 거실, 부엌, 화장실, 드레스 룸, 다용도실, 침실 할 것 없이 보석으로 가득 차 있으면 운신의 폭만 좁아지는데 무엇 때문에 보석을 사고 챙기고 또 훔치기까지 하겠습니까?

클레멘타인Clementine

1. 넓고 넓은 바닷가에 오막살이 집 한 채
   고기 잡는 아버지와 철모르는 딸 있네
   내 사랑아 내 사랑아 나의 사랑 클레멘타인
   늙은 애비 혼자 두고 영영 어디 갔느냐

2. 바람 부는 하룻날에 아버지를 찾으러
   바닷가에 나가더니 해가 져도 안 오네

내 사랑아 내 사랑아 나의 사랑 클레멘타인
늙은 애비 혼자 두고 영영 어디 갔느냐

3. 오~오~오~오~
넓고 넓은 바닷가에 꿈을 잃은 조각배
철썩이던 파도마저 소리 없이 잠드네
내 사랑아 내 사랑아 나의 사랑 클레멘타인
늙은 애비 혼자 두고 영영 어디 갔느냐

포리나인(49)

1849년 골드러시 때, 미국 캘리포니아 광산으로 너도 나도 몰려가면서 농촌에서는 농사를 지을 농부가 없고 어촌에서는 고기를 잡을 어부가 없었지요. 클레멘타인의 아버지도 바닷가에서 예쁜 딸과 단둘이 오붓하게 사는 어부였을 것입니다. 졸지猝地에 딸을 잃고 광산으로 떠난 아빠! 그러면서 나온 민요가 '클레멘타인'이었을 것입니다. 슬픈 얘기가 담긴 민요/동요 클레멘타인.

클레멘타인, 그런데 혼자 부르거나 여럿이 부르거나 듀엣으로 부르거나 재미있게 부르는 미국 민요, 특히 하모니카를 배우는 사람들에게 있어서는 고향의 봄, 오빠생각과 함께 단골로 등장하는 노래입니다. 이 클레멘타인에 '포리나인(49)'이라는 슬픈 이야기가 깃들어 있습니다. 포리나인이란 1849년의 49에 대한 영어 소릿값입니다.

극락세계에 왜 칠보가 필요하고 어찌하여 황금이 필요하냐고 합니다. 그러나 있는 것을 어찌하겠습니까? 어떤 이들은 또 말합니다. 칠보와 같은 보석은 아무리 많더라도 먹고 살 수 없으니 차라리 먹을 게 풍부하면 좋겠다고요. 그렇습니다. 이런 언어 속에는 반드시 비교급이 숨어 있습니다.

칠보 보석도 황금도 이리 지천인데 하물며 먹을거리와 입을 거리가 없겠습니까? 모든 물자가 이렇게도 풍부한데 하물며 다른 게 없겠습니까? 컴퓨터가 없을 것이며, 카메라가 없을 것이며, 게임이 없을 것이며, 스마트폰이 없겠습니까? 고급승용차가 없을 것이며, 축구·야구·농구·골프가 없겠습니까? 스키도 번지점프도 있을 것입니다. 수영도 있고, 조정 경기도, 하늘에 곡예하는 항공예술도 있겠지요.

극락세계는 생각대로 옷이 입혀지고, 생각대로 목적지에 이르며, 생각대로 보고 싶은 사람 만나고, 생각대로 보기 싫은 사람 피해가고, 무엇이든 생각대로 되는 곳이 바로 극락세계일 것입니다. 정치도 경제도 사회도 문화도 민주주의도, 죄다 생각대로 되는 곳입니다.

023

연못 위 칠보 누각

연못위의 날아갈듯 그림같은 누각들도
금과은과 유리수정 네가지의 보배에다
백산호와 적진주와 아름다운 마노로써
웅장하고 찬란하게 장엄되어 있느니라

생명이 세상에 태어나면서 당장 해야 할 일이 몇 가지가 있습니다. 첫째 먹을거리를 찾고, 둘째 보금자리를 찾는 것입니다. 이 두 가지를 위해 생명체들은 쫓고 쫓기며 살아갑니다. 그 다음이 입을거리고 볼거리지요.

동물들이야 태어나면서부터 입을거리를 지니고 태어났으니 상관이 없겠지만 사람은 전혀 다릅니다. 그야말로 털옷 하나 지니지 않은 채 달랑 핏덩이일 뿐이었습니다. 따라서 입을거리의 문화는 오직 인간만이 지닌 특수문화지요.

사람은 태어나면서 첫 울음을 힘차게 웁니다. 산도産道를 통과할 때 산모만 힘든 것은 아니라는군요. 아기도 엄마의 좁은 산도를 빠져나올 때,

죽을 고비를 넘겨야 살아남습니다. 그러기에 질식窒息은 바로 질식膣息에서 온 말입니다. 신생아도 오죽 힘들면 질식사膣息死를 하겠습니까?

질식이란 곧 숨이 막히는 현상입니다. 그 숨 막힘의 이유가 무엇 때문입니까? 곧 산소의 부족이지요. 산소를 들이마시고 이산화탄소를 내놓지 않으면 여수與受의 법칙을 거스름입니다. 받은 것만큼은 꼭 내놓아야 합니다. 그것이 세상의 이치입니다.

말 나온 김에 질소窒素도 보겠습니다. 산소 호흡이 잘 안 된다는 것은 질소가 한 몫을 하기 때문이니까요. 생물계의 동식물체를 이루는 단백질에 없어서는 안 될 매우 중요한 성분이 곧 질소입니다. 질소는 비금속원소의 하나로 공기 부피의 78%를 차지하며 빛깔도 없고 맛도 없고 냄새조차 없는 기체입니다. 질소는 다른 원소들과 어울려 초석 질산 따위를 만들어 냅니다[N/7/14.0067]. 그리고 산소도 맛이 없고 냄새가 없고 빛깔이 없는 기체입니다. 대기의 21%를 치지하며 지각地殼 질량의 절반이고 물의 질량의 92%를 차지하는데 대부분의 원소들과 잘 어울립니다[O/8/15.9995].

둘째로 생명은 태어나면서 보금자리를 찾습니다. 아프리카에 있을 때 놀란 것이 몇 가지 있습니다. 사자, 코끼리, 하마, 기린, 버팔로Buffalo처럼 덩치 큰 동물이 아니고 우리 몸의 백만 분의 일쯤 되는 작은 곤충 개미와 조금 큰 벌입니다.

어느 날 현지인과 길을 걷다가 황토 빛깔 진흙 무더기를 보고 물었습니다.

"알리, 저 흙무더기는 도대체 뭐야?"

스무 살 남짓의 알리는 무슬림입니다.

"마스터 키포! 저건 개밋둑anthill입니다."

"개밋둑이라면 개미들이 사는 집?"

"네, 개미굴ant tunnel이 맞겠네요."

높이가 적어도 4~5미터는 되어 보였고 그 높이를 지탱하려면 전체적인 둘레도 비례하여 맞아야겠지요. 국기게양대나 전봇대처럼 위아래 굵기가 비슷할 수는 없잖아요. 알리 얘기가 아주 걸작이었습니다.

"어쩌면 지구상에 있는 어떤 사람도 이 개미집 구조를 따라올 만한 멋진 건축물을 짓지는 못할 걸요."

"혹시 알리는 해외에 나가본 적 있어?"

"아니오. 아직 한 번도."

"그럼 모시Moshi는?"

모시는 킬리만자로 산 아래 있는 킬리만자로 주의 주도州都입니다.

"당연히 여러 번 가봤지요, 마스터."

"인간이 지은 집에서 이 개미집보다 더 나은 걸 보지 못했나 봐?"

그가 자신 있게 대답했습니다.

"당연히 없지요, 마스터 키포. 추우면 따뜻하게 해 주고 더우면 시원하게 해 주는 이런 집을 사람들의 집 어디에서 찾겠습니까?"

나는 한국의 대한생명 63빌딩 얘기라도 해 주고 싶었으나 그만 쏙 들어가고 말았습니다. 사실 생각해 보면 인간의 건축에서 냉난방 시설이라는 것이 거의가 자연적인 것이라기보다는 엄청난 이산화탄소를 방출하는 에너지 소비형태의 건축이니까요.

인간의 건축물은 때로 100만 마리 이상이 모여 살되 어떤 트러블도 발견되지 않는 개미집 하나에도 미치지 못하고 6만에서 10만 마리가 더불어 살아가면서도 일사불란한 벌집만도 못하다는 알리의 말이 지금도 생생하기만 합니다. 건축물에는 먹이를 채집하기 위해 지은 게 있는데 그 약삭빠른 개미도 헤어나지 못하게 하는 개미귀신doodlebug이 파 놓은 개미지옥ant lion's pit이 있고, 거미가 쳐 놓은 거미줄이 유명하지요. 내 다실에는 구미종합복지관에 있는 후배 경륜 스님이 그린 '집세 놓습니다'라는 제하의 그림 한 점이 있는데 보는 이들이 다들 탐내고 있습니다. 그러고 보면 거미줄은 집이라기보다 전술적으로 놓은 덫이겠습니다.

극락세계에는 칠보로 된 연못, 그 연못에 담긴 팔공덕수, 연못 바닥에 깔린 황금 모래, 연못 둑은 네 가지 보배로 되어 있고, 연못 위에 누각을 지어 연못을 감상할 수 있게 했는데 이 누각이 칠보를 건축자재로 하여 화려하게 지어졌다는 것입니다. 땅 위에 지은 집들과 달리 이 건축물은 연못 위에 지어졌습니다. 아직 극락세계에 가 본 적은 없지만 분명히 연못 위에 아치형으로 가로지르고 그 위에 건조물을 올렸을 것입니다.

사람의 발바닥이 아치형이기에 보다 안정되고, 보다 건강하게 서 있을 수 있고, 또한 활동할 수 있는 것처럼 건물도 교량도 아치형이어야 오래 지탱할 수 있다는 것입니다. 그래서 건축학·건축술 등을 아키텍트architect라 하는 것이지요. 아키텍트는 곧 예술입니다. 삶의 예술입니다. 학문의 예술입니다. 아니, 모든 예술의 총화입니다.

개미나 벌 등 다른 곤충, 다른 동물들의 건축물에 비해 인간의 건축물은 예술이 담겨 있지요. 생명들은 그들의 유전자 정보 속에 담긴 대로 건축물을 짓습니다. 같은 개미라도 종에 따라 같은 종일 경우 천이면 천, 만이면 만 다 똑같습니다. 인간은 그렇지 않지요. 모양도 빛깔도 크기도 모두 다르게 그야말로 다양합니다. 겉모양만 다양한 게 아니라 인테리어도 다양하지요. 그뿐만이 아닙니다. 건축자재도 다양해서 쓰이지 않는 것이 없습니다. 그래서 바로 그렇기 때문에 인간의 건축물을 으뜸으로 칩니다. 그런 면에서 인생건축술을 익히는 수행자로서 극락세계 연못 위 칠보누각을 꼭 한 번 미리 돌아보고 싶습니다.

024

연꽃의 공덕

맑은연못 수면위로 솟아오른 연꽃들은
수레바퀴 만큼이나 큼직큼직 피었는데
푸른색은 푸른빛이 붉은색은 붉은빛이
노란색은 노란빛이 하얀색은 하얀빛이

(01) 처렴상정處染常淨
　　당신은 한 송이 연꽃입니다.
　　사바세계의 꽃입니다.
　　흐린 물에서 피어나지만
　　흐린 물에 물들지 않는
　　당신은 처렴상정의 꽃 연꽃입니다.

(02) 화실동시花實同時
　　당신은 한 송이 연꽃입니다.
　　인과율을 벗어난 꽃입니다.

꽃을 피우는 때와
열매를 맺는 때가 동일한
당신은 화실동시의 꽃 연꽃입니다.

(03) 사색연화四色蓮花

당신은 한 송이 연꽃입니다.
빛의 삼원색이
흰색으로 돌아감을 가리키는 꽃
파란 빛의 파란 연꽃
빨간 빛의 빨간 연꽃
노란 빛의 노란 연꽃
하얀 빛의 하얀 연꽃
당신은 사색연화의 꽃 연꽃입니다.

(04) 불사일진不捨一塵

당신은 한 송이 연꽃입니다.
더 없이 소중한 꽃입니다.
꽃과 열매, 뿌리와 잎사귀
어느 하나도 버릴 것 없는
당신은 불사일진의 꽃 연꽃입니다.

(05) 영구생명永久生命

당신은 한 송이 연꽃입니다.
삼천년의 긴 시간을 뛰어 넘어
싹을 틔우고 뿌리를 내리고

잎사귀를 피워내며
꽃과 열매를 빚어내는
당신은 영구생명의 꽃 연꽃입니다.

(06) 시종일향始終一香
　　당신은 한 송이 연꽃입니다.
　　스스로 피워내는 향기가
　　삼천세계에 고르게 퍼져 가더라도
　　첫 향기와 마지막 향기가
　　언제 어디서나 늘 한결같은
　　당신은 시종일향의 꽃 연꽃입니다.

(07) 화광동진和光同塵
　　당신은 한 송이 연꽃입니다.
　　햇살이 비치는 날이면 햇살과 하나 되고
　　그늘지고 구름 끼고 비 내리는 날이면
　　그늘과 구름과 비와 하나 되는
　　당신은 화광동진의 꽃 연꽃입니다.

(08) 불여악구不與惡俱
　　당신은 한 송이 연꽃입니다.
　　연꽃 잎 위에는
　　한 방울의 물도 결코 스며들지 않습니다.
　　아웃도어outdoor에게
　　고어텍스Goretex의

신소재 기법을 전수한
당신은 불여악구의 꽃 연꽃입니다.

(09) 성숙청정成熟淸淨

당신은 한 송이 연꽃입니다.
성숙할수록 보다 아름답고 고고한 꽃입니다.
당신을 보면
몸도 마음도 맑아지나니
내 마음은 곧 연꽃이 됩니다.
당신은 성숙청정의 꽃 연꽃입니다.

(10) 생유이상生有異相

당신은 한 송이 연꽃입니다.
처음 물 위에
그 우아한 자태를 드러낼 때
남다른 기품이 있고
여유가 있고 향기가 있고
빛깔이 있고 소리가 있었습니다.
피어날 때부터 남달랐지요.
당신은 생유이상의 꽃 연꽃입니다.

(11) 계향충만戒香充滿

당신은 한 송이 연꽃입니다.
연꽃이 피고 나면
연못의 썩은 냄새가 사라지듯이

당신이 있는 곳이면
어디나 연꽃 향기로 그윽합니다.
당신은 계향충만의 꽃 연꽃입니다.

(12) 본체청정本體淸淨

당신은 한 송이 연꽃입니다.
당신은 어디 있어도 연꽃입니다.
가정에서도 직장에서도
길가에서도 공원에서도
연꽃의 청정을 잃은 적 없지요.
당신은 본체청정의 꽃 연꽃입니다.

(13) 면상희환面相喜歡

당신은 한 송이 연꽃입니다.
당신의 모습을 보노라면
둥글고 원만한 모습이 보는 이로 하여금
마음이 온화해지고 즐거워지니
당신은 면상희환의 꽃 연꽃입니다.

(14) 유연부삽柔軟不澁

당신은 한 송이 연꽃입니다.
연꽃 줄기는 연하고 부드럽습니다.
연꽃잎은 부드럽고 연합니다.
바람이 불면 바람 따라 일렁일 뿐
쉽게 꺾이거나 부러지지 않습니다.

내진耐震 설계의 기술을 제공하시니
당신은 유연부삽의 꽃 연꽃입니다.

(15) 현자개길現者皆吉

당신은 한 송이 연꽃입니다.
당신은 길상의 주인이고
길몽의 주인입니다.
연꽃을 꿈꾸면 로또를 사십시오.
하물며 연꽃을 보거나
지니고 다니는 일이겠습니까?
당신은 현자개길의 꽃 연꽃입니다.

(16) 청색청광靑色靑光

당신은 한 송이 연꽃입니다.
파란 빛깔의 연꽃에서
파란 광명이 빛을 발하니
새벽이며 젊음이며
새로움이며 청초함입니다.
당신은 청색청광의 꽃 연꽃입니다.

(17) 황색황광黃色黃光

당신은 한 송이 연꽃입니다.
어떤 상황 어떤 화학적 시약에서도
결코 변색됨이 없는 빛
황금의 빛깔이시니

황금색은 깨달음의 색이고
중심의 색이고
하늘의 색이 아닌 흙의 색이고
마음의 색입니다.
당신은 황색황광의 꽃 연꽃입니다.

(18) 적색적광赤色赤光

당신은 한 송이 연꽃입니다.
끓어오르는 뜨거운 열정으로
모든 생명의 에너지를 상징하는
빨간 연꽃이여!
사랑하는 마음을 당신으로부터 배우나니
당신은 적색적광의 꽃 연꽃입니다.

(19) 백색백광白色白光

당신은 한 송이 연꽃입니다.
백합보다 더 희고
백조Swan보다도 순수하며
극지방의 만년 빙하보다
더 하얀 백련白蓮이여!
당신은 관세음보살의 마음이시니
당신은 백색백광의 꽃 연꽃입니다.

(20) 섭수일체攝受一切

빨간 연꽃 파란 연꽃 하얀 연꽃

세 가지 빛깔이 겹치고 또 겹치면
마침내 하얀 빛깔이 되듯이
스무 가지 연꽃의 공덕을
모두 갈무리한 사색연화의 빛깔은
어떤 빛깔일까요?
당신은 총화叢和의 꽃입니다.
당신은 섭수일체의 꽃 연꽃입니다.

파란 연꽃은 모든 색을 다 흡수하면서도
단 한 가지 파란 색은 그대로 노출시켜
당신의 빛깔을 통해 보다 희망 가득한 삶을
우리에게 가르쳐주고 있습니다그려.

빨간 연꽃은 모든 색을 다 흡수하면서도
단 한 가지 빨간 색은 그대로 노출시켜
당신의 빛깔을 통해
열정적으로 주고받을 사랑을
우리에게 가르쳐주고 있습니다그려.

노란 연꽃은 모든 색을 다 흡수하면서도
단 한 가지 노란 색은 그대로 노출시켜
당신의 빛깔을 통해
중심 잡아 움직이지 않는 삶을
우리에게 가르쳐주고 있습니다그려.

하얀 연꽃은 모든 색을 다 흡수하면서도
단 한 가지 하얀 색은 그대로 노출시켜
당신의 빛깔을 통해
순수한 삶이 얼마나 소중한가를
우리에게 가르쳐주고 있습니다그려.

이즈음
전주 덕진연못에선
연꽃이 아주 장관이겠지요?

025

공덕으로 장엄하라

맑은연못 수면위로 솟아오른 연꽃들은
수레바퀴 만큼이나 큼직큼직 피었는데
푸른색은 푸른빛이 붉은색은 붉은빛이
노란색은 노란빛이 하얀색은 하얀빛이

자연스레 어우러져 너무나도 아름답고
미묘하고 향기롭고 또한정결 하느니라
사리불아 이와같이 극락국토 저세계는
공덕으로 장엄으로 이루어져 있느니라

오
그래
당신은
꽃입니다.

연꽃입니다
시드는 일 없는
고운 연꽃입니다.
부처님의 사랑으로
관세음보살의 자비로
내 마음을 포근히 감싸는
당신은 우아한 연꽃입니다.
언제나 어디서나 연꽃이오며
극락세계 사색연화 연꽃입니다.
너의 연꽃 나의 연꽃 우리의 연꽃
온갖 생명들을 길러내는 연꽃입니다.

연꽃의 크기가 수레바퀴만큼씩이나 큼직큼직한데 이 연꽃잎도 연꽃잎이려니와 연 이파리는 얼마나 또 장관일까요?

2007년 3월 10일 임진각 나우누리에서 101일간의 국토도보대장정의 해단식解團式을 마치고 딱 이틀을 쉬고 나는 곧바로 사대강 환경을 조사하러 나섰습니다. 한강 · 금강 · 영산강 · 낙동강을 꼬박 석 달 동안 돌아다녔습니다. 강만 돌아보기 위해서가 아니고 우리나라 풍수지리를 느껴보고 싶었던 것입니다.

국토대장정을 통해 국토 중에서 해양을 뺀 뭍으로만 가장자리를 돌고 돌아 2,650km를 걸었는데 이는 어디까지나 국토의 변두리일 뿐 내면의 국토는 아니었지요. 그래서 물길 따라 혼자 걸었습니다.

아무도 함께하지 않고 그냥 혼자 바람風을 느끼고 물길水을 걸으며 흙地 냄새를 맡고 싶었습니다. 내가 태어나고 자란 곳이니 죽기 전에 이 땅 구석구석은 다 밟지 못할지언정 냄새나 한 번 맡아보고 싶었지요.

국토대장정을 기획하게 된 것도 동아프리카 탄자니아에 가서 그 곳 현지인들과 함께 살며 탄자니아 전국을 누볐습니다. 한국인이 외국에 나가 살면 같은 교민과 어울리는 게 보통인데 나는 현지를 떠나 교민과 어울리는 시간을 되도록이면 갖지 않으려 했습니다. 교민이라면 한국에서 얼마든지 실컷 보는데 구태여 해외에 나가서까지 교민들과 어울릴 게 뭐냐는 거였는데 그러다보니 늘어나는 건 다만 교만과 아상我相뿐이었습니다.

탄자니아는 우리나라 남한의 10배에 해당하는 상당히 넓은 영토를 갖고 있습니다. 그래서 더 열심히 다녔는지 모릅니다. 그러나 그냥 다닌 게 아니고 말라리아 환자를 찾아내어 구호해 주는 일을 하면서 다녔지요. 탄자니아 체류 52개월 중 30개월 가까이 구호해 주면서 다녔습니다. 당시 아직은 탄자니아를 샅샅이 다니기 전부터 중얼거리기 시작했지요.

"이 아프리카 탄자니아에 와서 남의 나라를 이토록 샅샅이 뒤지기 전에 우선 내가 태어나고 자란 내 조국을 언젠가 다 밟아보리라."

그것이 인연이 되었고 '2014년 동계올림픽유치'와 '아프리카에 희망을'이라는 두 가지 슬로건을 내 걸고 전국을 걷고 또 걸었습니다.

그리고 석 달을 꼬박 사대강을 다니면서 무학자초無學自超(1327~1405, 溪月軒) 대사가 송헌 거사松軒居士(太祖 李成桂, 1335~1408)를 도와 조선 건국의 정신적 일조를 한 그 느낌을 몸소 느껴보고 싶었습니다. 그러는 과정에서 솔직히 우리나라 정부 못지않게 더 썩은 일부 기업체, 더 썩은 시민의식을 사대강과 강변에서 보았습니다.

이 글을 읽고 항변하는 시민들도 있을 것입니다. 물론 그러실 수 있습니다. 아직까지 올곧게 살아가는 국민들이 대다수를 차지하니까요. 그런 분들 입장에서는 화내는 게 당연한 일이겠지요. 절대로 탈세脫稅하거나 세금을 포탈하는 일 없이 자진해서 꼬박꼬박 세금을 내는 분들이 아직은 더 많은 세상이니까요. 그런데 나는 가끔 느끼지만 시골에서 사는 분들일수록 "나라 땅은 내 땅이고 내 땅은 내 땅"이라는 생각이 예상외로 심각하다는 것입니다.

그런데 그 생각이 전국국토대장정에서도 느꼈지만, 사대강을 돌아보며 느낀 아픔은 이루 표현할 수 없었습니다. 20세기 환경의 바이블로 알려진 레이첼 카슨Rachel L. Carson의 명저 《침묵의 봄Silent Spring》에서 언급했듯이 세상에서 가장 큰 죄는 환경을 함부로 파괴하는 일입니다.

2,600여 년이나 지난 '죽은 부처님'을 잘못 모시는 일보다, 보이지 않는 곧 '없는 하나님'을 믿지 않음보다도 더 큰 죄악은 바로 우리가 함께 살아가는 이 시대 우리 눈에 보이는 환경을 함부로 대하는 일입니다. 보이지 않는 하나님의 사랑 좋습니다. 2,600여 년 전 부처님의 자비도 좋지요. 하지만 우리 환경은 현실입니다. 이 현실을 제쳐두고 마음만으로 하는 사랑과 논리만으로 부르짖는 자비는 결코 정직한 사랑과 자비가 아닙니다.

그해 여름 한국을 떠나 아프리카로 가는 길목에 스리랑카Sri Lanka를 들렀습니다. 보물섬 스리랑카, 우리나라 남한의 3/2의 국토 크기로 싱할라Sinhala 어와 타밀Tamil 어와 영어가 아주 자연스럽게 쓰이는 나라입니다. 인구는 2천 1백만 명을 조금 넘는, 우리나라보다는 인구 밀도가 적은 나라입니다. 불교인구가 69%, 이슬람교 8%라고 하나 엔트로피 증가의 법칙이 여기에도 적용되는지 불교 인구가 점점 줄어들고 있다고 합니다.

정작 내가 얘기하고픈 것은 스리랑카 어딜 가나 웬만한 늪지는 죄다 연 밭이라는 것입니다. 눈이 모자라게 펼쳐진 연 밭, 탄성 하나로 표현할 수밖에 없었지요. 스리랑카를 보면서 느낀 것은 서방정토 극락세계가 시간적으로 죽은 뒤에 허위허위 가는 곳이 아니요, 또한 공간적으로 죽은 뒤 10조 개 불토를 지나서 가는 곳도 아니라는 점이었지요. 스리랑카는 바로 지금 우리들이 사는 이 지구상에 재현해 놓은 극락세계라는 생각이 들었습니다.

극락세계는 많은 페이스북 벗님들이 지적했듯이 물질로 이루어진 세계가 아니라 공덕장엄으로 이루어진 곳입니다. 일곱 가지 보석이 일곱 가지 보석이 아니고, 금모래가 곧 금모래가 아닌 공덕장엄 바로 그 자체이기 때문에 극락세계에서 말씀하시는 보석은 우리가 사바세계에서 가치를 매기는 것과는 다른 것입니다.

싱가포르Singapore가 싱가포르 건국의 아버지 토마스 스템포드 레플스 경Sir Thomas Stamford Bingley Raffles에 의해 비로소 제대로 된 나라가 이루어졌듯 극락세계도 법장비구 이전에 원주민들이 살고 있었을 것입니다.

레플스 경(1781~1826)은 짧은 생애로 삶을 마감했지만 법장비구는 무량수불·무량광불, 곧 아미타 부처님이 되셨듯이 영원한 생명을 살면서 극락세계를 우주 내에서 가장 완벽한 생명들의 삶의 터전으로 만드셨고, 지금도 만들어 가시고, 앞으로도 극락세계는 가꾸어져 갈 것입니다.

따라서 극락세계는《불설아미타경》에서 말씀하시는 것처럼 10여 겁곧 465억 년 전에 완성된 세계가 아니라 끊임없이 새롭게 리모델링되고 가꾸어지는 세계입니다.

저《금강경》제10분이
장엄정토분莊嚴淨土分이라는 건
익히 알고들 계시지요?

026

하늘의 음악 - 1

또한다시 사리불아 저부처님 국토에는
장엄스런 하늘음악 끊임없이 연주되고
황금으로 땅이되며 밤낮없이 언제든지
하늘에서 만다라꽃 비내리듯 뿌려지매

하늘의 음악입니다.

하늘의 음악이라고 하나 이는 어디까지나 우리가 사는 사바세계에서 느끼는 사바세계 중생들 기준에서의 하늘의 음악일 따름입니다. 결코 《불설아미타경》에서 말씀하는 극락세계에서의 하늘 음악이라는 증명은 아직까지 없습니다.

문득 이런 생각이 들었습니다.

"음악音樂은 그냥 음악이니
앎의 세계를 두지 말고 그냥 느껴라.
음악은 무식music하게 다가가는 것

무식칼musical하게 들어가라.

그냥 음악과 하나가 되라.

몸 흔들고 고개 젖히고 소리 질러라.

무식無識하다고 할 때의 그 무식music이 되라."

"음音은 보컬이고 악樂은 율동이다."

음악을 모르는 생명은 없습니다. 오죽하면 공자孔子[孔邱]도 음악을 모르는 자는 군자로 쳐주지 않았겠습니까. 벌도 음악을 알고 새도 짐승도 곤충들도 식물도 음악을 느낀다는데 사람이 음악을 모를 수 있겠습니까?

027

하늘의 음악 - 2

또한다시 사리불아 저부처님 국토에는
장엄스런 하늘음악 끊임없이 연주되고
황금으로 땅이되며 밤낮없이 언제든지
하늘에서 만다라꽃 비내리듯 뿌려지매

그나라의 중생들은 싱그러운 새벽녘에
아름다운 하늘꽃을 바구니에 각기담아
다른세계 머무시는 십만억의 부처님께
정성다해 공양하고 문안인사 올린뒤에

극락세계에서는 하늘음악이 끊임없이 연주됩니다. 24시간 연주됩니다. 24시간이라는 표현은 지구상의 표현이고 극락세계는 시간개념이 다르겠지요. 극락세계의 구체가 얼마나 크느냐, 자전하는 데 얼마가 걸리느냐, 항성을 중심으로 어떻게 공전하고 있느냐에 따라 시간개념이 달라질 것입니다.

앨버트 아인슈타인의 상대성이론에 의하면 중력이 강한 만큼 시간은 더디 흐르고 움직임이 많은 만큼 시간은 더디 흐른다고 합니다. 우주의 다른 세계에서의 1시간이 지구에서는 7년이라는 설이 있는데 그것도 지구에서 어느 정도 떨어져 있는 행성이냐 또는 그 행성의 중력과 기압 등 환경에 따라 다른 시간 차가 나올 수밖에 없습니다.

따라서 지구의 4천년이 도솔천에서는 하루 낮 하루 밤에 지나지 않는다는 불교의 말씀은 새겨볼 가치가 있습니다. 그러니까 지구인이 지구를 떠나 도솔천에 가서 도솔천 시간으로 하루를 지나고 지구로 돌아오면 지구인의 시계바늘은 4천 년 뒤가 된다는 것이지요.

일단 밤낮이라는 말이 있다면 지구처럼 자전을 한다는 것이고, 만일 자전을 한다면 하루의 시간이 정해져 있을 것입니다. 밤과 낮이 있다면 당연히 항성恒星은 절대 아니지요. 늘 얘기지만, 지구처럼 행성이어야만 빛과 그림자의 법칙에 따라 밤낮이 구별됩니다. 스스로 빛을 발하는 가스형 항성은 그림자가 없으므로 밤낮이 없습니다. 그리고 어떠한 경우라도 자전을 한다면 극락세계는 육면체六面體나 사면체四面體는 더더욱 아닙니다. 아무리 무중력의 우주공간에 떠 있는 세계라도 육면체와 사면체로는 자전을 계속할 수 없습니다. 당연히 항성 주위를 공전할 수도 없고요. 그러기 때문에 극락세계도 지구처럼 둥근 형태입니다.

돌고래를 비롯한 모든 수중 동물들이 늘씬한 몸매를 지닌 데에는 물의 저항을 덜 받도록 진화한 까닭입니다. 지구를 비롯한 구체들도 자전과 공전을 하는데 가능하다면 저항을 덜 받도록 둥글게 진화한 것입니다.

사람들은 진화를 얘기할 때 생명체에 국한되어 바라봅니다. 심지어 진화론의 창시자 찰스 다윈Charles Robert Darwin(1809~1882)마저도 진화는 생명체에 국한시켰습니다. 그의 저서《종의 기원The Origin of Species》에서 종種은 생명에 대한 종일 따름입니다. 그러나 나는 감히 말합니다. 진화進化는 생명이 없는 무생물에도 적용되는 개념이라고요.

그건 그렇고, 극락세계 하늘음악은 누구에게나 들리지 않습니다. 듣고 싶은 사람만 들을 수 있습니다. 하늘음악은 하루 종일 들려오지만 워낙에 시스템이 잘 되어 있어서 마치 국제선 점보 747 항공여객기를 이용했을 때, 모든 좌석마다 음향시설이 완벽하게 되어 있지만 듣고 싶은 사람만 즐길 수 있는 것처럼 늘 하늘음악이 연주되더라도 듣고 싶은 사람만 들을 수 있습니다. 따라서 시끄럽지도 않고요.

누가 묻더군요.

"하늘 음악은 장르가 어찌 되나요?"

되물음으로 대답합니다.

"글쎄요, 교향곡일까요, 뮤지컬일까요, 교성곡일까요, 판소리일까요, 영산회상곡靈山會上曲일까요, 궁중제례악宮中祭禮樂일까요, 민요일까요, 동요일까요, 가곡이나 대중가요, 흑인영가나 랩이 아닐까요, 팝 아니면 헤비메탈일까요, 아레시보Arecibo Message에 실린 음악이 아닐까요?"

여기 《불설아미타경》에서는 "장엄한 하늘음악 끊임없이 연주되고"라고 하지만 어떤 음악인지 전혀 기록이 남아 있지 않습니다. 어쩌면 스마트폰을 통해 유투브나 팬믹스 등 동영상에 들어가면 모든 장르의 음악이 다 갖추어져 있어서 누구든 자기 취향에 맞는 음악을 골라 들을 수 있는 것처럼 극락세계 하늘음악도 아마 그럴 것입니다.

궁금한 것은 또 있습니다. 하늘음악이라 했는데 어찌하여 극락세계 음악이 아니고 하늘음악이냐는 것입니다. 그렇다면 극락세계보다는 하늘나라가 높은 개념일까요? 아니면 극락세계 자체를 하늘나라로 본 것일까요? 어쩌면 후자이겠지만, 그래도 의문은 남습니다.

극락세계는 행성개념일까요? 아니면 국가개념일까요? 행성개념이라면 극락세계에도 다양한 국가들이 있을 수 있습니다. 어떠한 고통도 없이 즐거움만 있기 때문에 극락이라 한다고 하였으나 전체적 통솔을 위해 국가개념이 아니라면 미국처럼 도시국가개념이 있을 수도 있겠지요. 그리고 문화의 척도는 언어입니다. 어떠한 언어를 구사하고 있을까요? 어쩌면 단일 언어를 쓸 수도 있을 것입니다.

2009년 미국 제임스 카메론 감독이 3D영화로 만들어 엄청난 반향을 일으킨 영화 아바타Avatar. 샘 워싱톤, 조 샐다나, 시고니 위버, 스티브 랭 등이 출연한 영화. 인류의 마지막 희망 행성 판도라. 이곳을 정복하기 위한 아바타 프로젝트가 시작됩니다.

여기서 아바타가 곧 불교에서 일컫는 자아自我입니다. 특히 제 2의 자아지요. 판도라라는 행성과 극락세계라는 행성을 연계시켜 본 적은 없으신가요? 나는 우리 법사와 함께 아바타를 보면서 몸에 전율을 느꼈습니다. 개발이라는 미명하에 그토록 아름다운 숲을 일거에 베어내는 인간군상人間群像의 욕망을 보면서 참으로 마음이 아팠습니다. 만일 극락세계도 인간이 발을 딛으면서 곧바로 사바세계로 전락시키는 게 아닐까 하는 우려가 앞서는 것은 어쩌면 나만의 기우일까요? 제발 기우였으면 싶습니다.

028

황금의 땅

저《성서》에서는 "젖과 꿀이 흐르는 땅"이라 하였는데 여기《불설아미타경》에서는 "황금으로 땅이 되었다"라고 합니다. 둘 다 사람을 유혹(?)하기에는 너무나도 잘 어울리는 말씀들입니다. 젖과 꿀이 흐르는 땅이니 바로 마실 수 있고 먹을 수 있는 반면, 만일 조금이라도 오염되어 있다면 식중독을 일으켜 몰살당할 수도 있습니다. 반면에 황금으로 땅이 되었으니 황금이 있으면 어디서나 그 땅을 파서 우유를 사고 꿀을 사서 마실 수가 있기는 한데 과연 황금이 먹을거리('먹거리'라는 말은 문법에 맞지 않는 표현이지요. 그런데 맞지 않는 문법도 사용인구가 많다 보니 표준어로 국어사전에 오르더군요)만큼 가치가 있느냐는 것입니다. 왜냐하면 어딜 가나 땅 그 자체가 황금인데 황금이 뭐가 그리 귀하겠습니까?

모든 것은 상대적이고 희소가치 때문에 황금이 비싸고 보석이 값이 나가는 것이지요. 지천으로 널린 게 황금이고, 은이고, 유리고, 수정이고, 하얀 산호고, 붉은 진주고, 노란 마노인데 무엇에 그리 목숨을 걸겠습니까?

오히려 어떤 면에서는 성서에서 말씀하는 "젖과 꿀이 흐르는 땅"이라는 표현이 훨씬 더 순수하지 않겠습니까? 꿀은 방부제가 들어가지 않더라도 썩을 일이 없을 테고 젖은 상했다면 냄새가 역할 테니 마시지 않으면 될 테니까요.

하긴 황금으로 땅이 될 정도로 넉넉한 곳이라면 먹고 마실 거리가 어디인들 없겠습니까? 그리고 다시 생각해 보면 부처님이 중생들을 유혹하기 위해 황금으로 땅이 되었다 하셨을 것이며, 성서에서도 사람들을 꾀어내려고 젖과 꿀이 흐른다고 하셨겠습니까?

본디 유혹과는 상관없이 가나안은 젖과 꿀이 흐르는 곳이고 극락세계는 원래부터 황금으로 땅이 된 것이니 두 곳 모두 혹시나 하는 눈초리로 의심할 게 없는 곳이라 하겠습니다. 본디 황금으로 된 땅입니다. 흙으로 된 땅으로 바꿀 필요가 없지요. 본디 젖과 꿀이 흐르는 가나안 땅을 구태여 막을 필요가 있을까요?

지구는 시속 1,666km로 자전하는데 1,666km/h라면 음속의 1.5배입니다. 그냥 직진해 앞으로 달리는 것도 음속의 1.5배라면 엄청난 속도입니다. 동아프리카 탄자니아에 있을 때 현지인들과 같이 트럭에 타고 바람을 가르면서 달려보곤 했습니다. 80km/h만 넘어가도 얼굴을 때리는 바람이 따갑다 못해 견딜 수 없이 아팠습니다.

허공은 아무 것도 없는 게 아닙니다. 허공에 손을 휘저으며 "보라 허공처럼 텅 비었지 않은가. 아무 것도 없지 않는가?"라고 하지만 허공은 비어 있는 게 아니라 78%의 질소와 21%의 산소 나머지 1%의 기체로 꽉 차 있습니다. 그런데 겨우 시속 80km, 그것도 직진으로 달리는 것이잖습니까. 그런데 그 20배가 넘는 어마어마한 속도로 뱅글뱅글 돌아가는데 어지럽지 않은 것은 무슨 까닭일까요? 상대적인 것이 없기 때문입니다. 지구를 감싸고 있는 우리는 허공이라며 텅텅 비어 있는 것으로 알고 있는 대기권이 함께 움직이는 까닭입니다.

그리고 어지러움을 느낄 때는 적어도 1분에 한 바퀴 이상을 돌아야 어지러움을 느끼게 되어 있습니다. 그런데 어떻습니까? 지구는 한 바퀴 자전하는데 1,440배나 더디게 1,440분이 걸리지요? 24시간입니다. 게다가 지구에 타고 있으면서도 상대적으로 서 있거나 반대로 도는 물체를 볼 수 없지 않습니까. 귀는 듣는 기능 외에 균형을 잡아주는 기능도 있습니다. 귀 안쪽 깊은 곳에 반고리관이 있는데 세 개로 이루어져 있습니다. 각각 몸이 앞뒤로 기울 때, 좌우로 기울 때, 회전할 때, 균형을 잡아주도록 역할 분담을 나누어 하고 있지요.

우리가 지구를 타고 시속 10만 8천km로 태양 궤도를 공전할 때 이는 시속 100km로 달리는 자동차의 무려 1,080배나 되는 빠른 속도지요. 이는 또한 음속으로 달리는 비행기의 100배나 되는 속도이기도 합니다. 이런 속도로 태양 궤도를 돌지만 우리가 전혀 속도감을 느끼지 못함은 역시 우리가 타고 있는 지구와 이 지구를 둘러싸고 있는 대기권이 함께 달려가기 때문입니다. 달리는 것을 느끼는 것은 달리지 않고 가만히 있는 물체거나 또는 반대 방향으로 달리는 것을 보고 있을 때 가능합니다. 다 함께 같은 방향으로 움직이는데 느껴지는 게 쉽지는 않겠지요.

시속 1,000km가 넘는 비행기를 타고 창밖을 보면 달리고 있다는 것을 느낍니다. 흐르는 기류가 눈에 보이기 때문입니다. 그러나 커튼Curtain이나 막膜Membrane을 내리고 밖을 보지 않으면 비행기는 그냥 정지되어 있는 것처럼 느껴집니다. 지구가 그토록 빠른 속도로 공전하거나 또는 자전을 하더라도 느끼지 못하는 것은 상대가 눈에 띄지 않고 상대 소리를 들을 수 없는 까닭이지요. 다시 말해서 지구의 자전과 공전을 전혀 느끼지 못하는 것은 대기권 밖이 우리의 시야에서 너무 멀리 떨어져 보이지 않거니와 소리 또한 지구의 대기권과 우주와의 마찰이 이루어지는 그 살피까지의 거리가 너무 멀어 귀에 들리지 않는 까닭입니다. 대기권과 우주가 마찰을 일으킨다 했는데 실제로 마찰은 없습니다. 왜냐하면 우주는 진공이기에 대기의 마찰 대상이 아닌 까닭이지요.

그러니 황금으로 땅이 되고, 가로수와 성벽과 극락의 대기권마저 칠보로 되어 있고, 연못도 연못 바닥도 누각도 온통 보석으로 되어 있습니다. 게다가 뭇 괴로움이 없이 오직 즐거움만 있으니 상대적인 게 없다면 가치의 좋고 나쁨을 판단할 수 없습니다.

극락세계의 선악도 마찬가지입니다. 극락세계도 밤낮이 있고, 음악이 있고, 꽃비가 내리고, 부처님이 계시고, 그 부처님의 수가 있고, 중생이 있고, 새벽이 있고, 새벽 문안(새벽예불)이 있습니다.

자, 다시 한 번 생각해 볼까요.

과연 어떻게 이른 새벽마다

한두 분의 부처님도 아니고

10만 억(10만×억=10조) 부처님께

꽃을 올리고 문안을 드릴 수 있는지 말입니다.

장엄염불/2

첩첩해라 푸른산은 아미타불 토굴이요
아득해라 너른바다 적멸보궁 법당일세
삼라만상 오고감에 걸림없이 자재하니
솔잎정자 사이사이 붉은학볏 어른어른

극락세계 아미타불 만월같은 환한모습
백호광명 금빛몸이 저허공을 비추나니
누구든지 일념으로 그이름을 부른다면
손가락을 튕길사이 무량공덕 이루리라

삼계고해 윤회함이 두레박이 돌고돌듯
억만겁이 지나도록 끝이없이 돌고도네
이생에서 이몸으로 제도하지 못한다면
어느생을 기다려서 이몸제도 하려는가

하늘위나 하늘아래 부처같은 이없으며
시방세계 누구와도 비교할자 하나없네
온세상을 두루두루 남김없이 살펴봐도
그어느곳 누구라도 부처님만 못하여라

찰진수의 생각들을 빠짐없이 세어알고
큰바다의 모든물을 남김없이 다마시고
저허공을 재어알고 저바람을 얽더라도
부처님의 무량공덕 다말할수 없사오리

비록경전 머리이고 티끌수의 겁지나고
이몸으로 법상지어 삼천세계 두루해도
부처님법 전하잖고 중생제도 아니하면
결국에는 부처은혜 갚지못한 사람일세

내가이제 보현보살 수승하신 행원으로
가이없고 끝이없는 수승한복 회향하고
고해중에 빠진중생 구제원력 두루세워
무량광불 극락세계 속히왕생 하여지다

아미타불 부처님이 어느곳에 계시는가
마음속에 잡아두어 결코잊지 말지니라
생각하고 생각해서 무념처에 이르르면
여섯개의 감관마다 자금광명 발하리라

보신화신 참아니고 결국에는 거짓인연
법신만이 청정하게 드넓고도 가없어라
일천강에 물있으매 일천강에 달이뜨고
만리하늘 활짝개니 만리하늘 드러나네

원하나니 법의세계 일체모든 중생들이
아미타불 대원해에 한꺼번에 들어가서
미래제가 다하도록 무량중생 제도하여
너와나와 우리모두 함께성불 하사이다

서방정토 극락세계 언제든지 계시옵는
삼백육십 만억하고 일십일만 구천오백
같은이름 같은덕호 두루갖춘 아미타불
대자대비 넓은품에 지성귀의 하나이다

029

극락에서의 새벽예불

그나라의 중생들은 싱그러운 새벽녘에
아름다운 하늘꽃을 바구니에 각기담아
다른세계 머무시는 십만억의 부처님께
정성다해 공양하고 문안인사 올린뒤에

아침공양 때가되자 본국으로 돌아와서
여법하게 공양하고 불도량을 거니나니
사리불아 이와같이 극락국토 저세계는
공덕으로 장엄으로 이루어져 있느니라

양자역학量子力學Quantum Mechanics, 20세기 말에 들어서면서 과
학자들 입에 회자되기 시작하더니 21세기로 넘어와서는 아예 양자역학
을 빼 놓고는 물리학이라는 언어 자체를 거론조차 하지 말라는 듯 얘기
합니다. 양자물리학의 세계를 얘기하자면, 지금으로부터 1,350년 전으로
거슬러 올라가야 합니다. 불교에서는 이미 통일신라 때 의상 대사義湘大

師(625~702)가 그의 박사학위 논문으로 제출한 화엄일승법계도華嚴一乘法界圖와 그 요약문에 해당하는 법성게法性偈에서 언급하고 있습니다.

우리는 법성게가 의상 스님이 지도교수였던 지엄至嚴 스님에게 제출한 박사학위논문으로 알고 있을 수도 있겠지만 학위논문은 꽤나 길었던 것으로 추정됩니다. 그러나 심사를 맡은 교수들이 내용을 줄여달라고 요청하자 의상은 화엄법계의 장엄한 세계를 그림 한 장으로 축약시켜 제출합니다. 그것이 이른바 법계도입니다.

법계도는 아인슈타인의 $E=mc^2$보다 길지만 왓슨의 이중나선의 DNA 유전자 지도와 영문으로 900자도 안 되는 요약문보다 짧지요. 이 짧은 방정식 안에 팔십화엄의 방대한 연기체계가 다 들어 있습니다. 그러나 스승인 지엄 화상도, 지엄 문하에서 수학하던 종남산 남산율종의 조사로 이름이 높았던 도선(596~667), 의상보다 29세나 위면서 대석학이었던 도선조차도 의상의 화엄일승법계도를 이해하지 못했습니다.

그는 지도교수였던 지엄 화상의 부탁으로 다시 요약문을 붙입니다. 이 요약문 법성게를 통해 법계도를 해설하면서 그는 마침내 박사학위심사를 통과합니다. 한마디로 대단한 학승입니다. 지금 우리가 화엄을 연구하더라도 1,350년 전 발표된 화엄방정식 법계도를 제대로 해석조차 못하고 있습니다. 당시 논문의 섬머리로 제출한 7언×30구=210자의 법성게 하나를 겨우 붙잡고 씨름할 정도입니다.

이 법계도에 나타난 양자이론 물리학의 세계를 우리는 어떻게 해석할 것이며 여기에 등장하는 초超끈이론을 우리는 어떻게 이해할 수 있겠습니까? 도저히 이해할 수 없으니까 'M이론'으로밖에 표현이 안 되지요.

이 의상의 '법계도'라는 방정식은 난해하니까 접어두고라도 법성게 하나만, 그 법성게 중에서도 몇 구절만 제대로 이해하더라도 극락세계 중생들이 매일 새벽 각기 다른 나라에서, 더욱 정확하게 표현하면 사바세계에서 극락세계까지의 10만 억(10만×1억=10조) 불토의 모든 세계를 낱낱이 다니면서 10만 억, 곧 10조 분의 부처님 전에 새벽예불을 올릴 수 있는 방법들을 이해할 수 있을 것입니다.

그러기 위해서는 우선 210자字의《의상조사법성게》를 읽고 외우고 깊이 연구하고 그리하여 머리에서만이 아닌 실생활에서 몸으로 체현할 때, 우리는 극락세계가 실제로 있느니 없느니, 마음속에만 있는 것이지 실제로는 있을 수 없느니 하는 말들을 종식終息시킬 수 있습니다.

퀀텀Quantum이 아니면 어떻습니까? 지금부터 1,350년 전에 의상 대사가 퀀텀이라는 말을 쓰신 적이 단 한 번이라도 있습니까? 그보다 다시 1,250년을 더 거슬러 2,600여 년 전, 의상에게 법성게를 쓰게 하고 법계도라는 화엄방정식을 표현하게 한 근본자료《화엄경》의 저자이시자 발제자이신 서가모니 부처님께서도 양자에 대해 단 한 마디라도 언급하셨습니까? 양자란 단어를 말씀하시지 않았지만 부처님의 화엄경이나 의상의 법성게에는 양자역학이 듬뿍 들어 있습니다.

우리는 불자입니다. 자칭 부처님 제자입니다. 부처님의 가르침을 중심으로 공부하기에 자칭·타칭 불자입니다. 정토행자라고도 합니다. 그런데 옛날 큰스님들 이름을 들먹여 가며 우리는 너무 쉽게 말하지요.

"극락은 실제로는 없다." "극락은 마음에 있다." "유심정토惟心淨土만이 가능하다." "극락, 그런 건 없다." "있다면 왜 옛날 큰스님들이 극락이 마음에 있다고 했겠느냐?"

그렇다면 부처님께서 우리에게 거짓말을 하셨다는 것인가요? 부처님께서 방편으로 매직시티化城를 만들어 유도하고 있다는《법화경》처럼 없는 극락을 임시로 만드셨다는 그런 얘기인가요? 이《불설아미타경》을 포함하여《정토삼부경》이 말짱 거짓이란 말입니까?

부처님 경전을 부정하고 자칭 불자라 할 수 있을까요? 더욱이 정토행자라면 그런 생각 자체가 얼마나 자종위배自宗違背에 해당되는지 생각은 해 보셨습니까? 자종위배, 자기가 세운 자기의 정체성을 스스로 부정하는 자종위배는 하지 않겠지요? 나도 유심정토를 부정하지는 않습니다. 유심정토를 부정하고 실유정토實有淨土만을 얘기할 수는 없습니다. 마음속 하나님을 부정한 채, 하늘에 계신 하나님만을 얘기할 수 없습니다. 그렇게 되었을 때 종교가 가지고 있는 이른바 변증법이 가능하겠습니까?

유물론적 변증법이든 변증법적 유물론이든 그게 도대체 가당키나 하겠느냐는 것입니다. 유심정토와 실유정토 중에서 어느 것도 부정되어서는 안 되지요. 어떻게 불제자가 부처님께서 말씀하신 경을 부정하고 일부 고승들의 말만 따를 수 있으며 그렇다고 고승석덕高僧碩德의 말을 부처님 말씀이 아니라 하여 무조건 무시할 수 있겠습니까?

그러기에 공부하는 학인學人이라면 앞뒤를 잘 살피고 좌우도 잘 돌아보아야 합니다. 학인이 왜 학인이겠습니까? 배우는 사람인 동시에 사람을 배우는 자입니다. 사람을 배우다니? 학인이라는 말을 그렇게 해석할 수도 있나요? 그렇습니다. 불교에서는 철저히 사람을 가르치고 있고, 또한 그렇게 해서 사람에 철저할 때, 비로소 깨달음이 열리니까요.

늘 부처님 따라 배운다는 이들이 자기 나름대로 판단하여 부처님께서 고구정녕 설하신 극락세계 실유설實有說을 부정한다면 이미 학인이 아니라 부처님 머리 꼭대기에 앉은 것이겠지요.

그건 그렇고요. 극락세계 중생들은 과연 어떻게 그 많은 나라들의 그 많은 부처님을 새벽마다 다니면서 문안 인사를 여쭐 수 있을까요? 깊이 생각해 보자고요. 우리 한 번 1,350년 전으로 거슬러 올라가 의상 스님에게 여쭈어 볼까요? 적어도 그 어르신이라면 속 시원하게 답을 주실 것입니다. 아니면 부처님께 직접 여쭈어보는 방법도 아주 좋을 듯싶습니다. 퀀텀의 입장에서라도 말입니다.

030

이터니티 링을 준비하라

영어사전에서 〈극락〉을 찾아봅니다.

[불교] 패러다이스 오브 부디즘paradise (of buddhism)
더 어보우드 오브 더 블레스드the abode of the blessed
엘리시움elysium
[무상의 행복]수프림 블리스supreme bliss
극락생활 : 언 엘리시언 라이프an elysian life
극락세계 : 더 어보우드[월드, 랜드] 오브 퍼펙트 블리스the abode[world,
land] of perfect bliss
극락왕생 : 언 이지(앤드 피스풀) 데쓰an easy(and peaceful) death
언이지 패씨지 인투 이터니티an easy passage into eternity
극락정토 : 더 랜드 오브 해피니스[petgect bliss]
[범어] : 수카바티Sukhavaty

지난 9월 1일부터 《불설아미타경》을 시작하며 아미타경 경제經題에 대한 영문을 실었는데 영어사전에 실려 있지만 영어가 아닌 범어梵語였습니다. 그룹 카카오톡에 글을 보내면서 아래와 같이 올렸습니다.

"더 수카바티 수트라The Sukhabati Sutra 불설아미타경"

일반적으로 영어사전에는 수카바티 수트라로 나오지 않고 더 아미타바 수트라로 나오니까요. 소중한 벗에게서 질문이 왔습니다.

"훌륭하십니다. 동봉 스님, 수카바티 수트라는 무슨 말인가요?"
그래서 내가 답을 썼습니다.
"극락이 범어로 수카바티니 직역하면《극락경》쯤 되겠습니다."

그리고 나서 비로소 문제가 일단락되었습니다. 그러니까 2014년 9월 3일에 쓴 〈모두가 부처님 자녀입니다〉라는 작은 제목 서두에서였지요.
영어사전에 '수카바티 수트라'로 나온 데가 거의 없었습니다. 하여 간략히 풀어드리겠습니다. 이렇게 하는 것은 이 글을 읽으시는 분들을 존경하고 사랑하는 까닭에서입니다. 그 대신 영문은 생략합니다.

하나
(1) 패러다이스(오브 부디즘): 부처님의 세계, 불교의 극락세계, 불교의 낙원, 불교에서 말하는 최고의 절경지.

(2) 더 어버우드 오브 더 블레스드: 신성한 자가 머무는 땅, 아미타 부처님이 머무시는 곳, 은총을 입고 행복한 자가 사는 곳, 지극히 복된 자가 사는 땅, 마태 5:3에 이런 말씀이 있지요.

"심령이 가난한 자 복이 있나니blessed are the poor in spitit~"

(3) 엘리시움: 그리이스 로마 신화에 나오는 곳으로 착한 사람, 영웅들이 죽은 뒤 사는 낙토, 엘리시언 필드라고도 합니다. 일반적으로 사후의 극락정토·낙토·낙원·이상향·지복의 경지입니다.

둘
[무상의 행복]
(1) 스프림 블리스: 스프림이란 최고의 최상의 무상의 뜻입니다. 또한 지대한 극도의 대단한 완전한 궁극의 최후의 주권자 절정입니다. 따라서 스프림 블리스란 신과 불보살님의 축복을 받아 가장 행복한 삶을 누린다는 뜻입니다.

셋
(1) 극락생활: 엘리시언 라이프. 가장 행복한 삶을 사는 사람, 또는 (사후) 그런 즐거움을 누리는 이

(2) 극락세계: 더 어버우드[월드, 랜드] 오브 퍼펙트 블리스. 가장 완전한 결점이 없는 최상급. 완벽한, 완전무결한, 더할 나위 없는, 은혜와 사랑으로 행복과 기쁨으로 머무는 세계이자 땅이니 당연히 천국이고 극락이겠습니다. 더할 나위 없는 아내를 일컬어 퍼펙트 와이프라 하지요.

(3) 극락왕생: 언 이지(앤드 피스풀) 데쓰. 평화로운 평안한 죽음을 맞으소서. 조용하고 평온하고 쉽게 가옵소서. 부디 부처님의 가호로 편히 가소서.

쉽다는 뜻의 이지easy를 넣어 헤어질 때도 많이 씁니다. "테이크 잇 이지take it easy. 서두르지 말고 조심해 가!"

이런 속담 하나 알아두면 좋습니다.

"이지 컴 이지 고우easy come easy go. 얻기 쉬운 것은 잃기도 쉽다. 쉽게 번 돈 쉽게 나간다."

(4) 극락왕생 2: 언 이지 패씨지 인투 이터니티, 영원·무궁·영구·불휴·불멸의 존재, 영원한 미래, 아름다운 내세, 나고 죽음을 벗어난 미래의 세계로 무사히 가소서.

저승길(冥路) 밟지 마시고 바로 가소서. 영원한 생명의 부처님이 계신 극락세계에 평안히 쉽게 가소서.

"이지어 쎄이드 댄 돈easier said than done, 말하기는 쉬워도 실행하기는 어렵다."

'말보다 행동'이란 속담이 되겠습니다.

(5) 극락정토: 더 랜드 오브 해피니스[퍼펙트 블리스], 글자 그대로 행복의 세계고 만족의 세계고 기쁨의 세계고 행운의 세계입니다

[신의 은총이 가득한 세계로] [부처님 가호가 가득한 세계로] [관세음보살님 지장보살님의 가호로] [가장 완벽한 은혜의 세계로].

해석된 경전은 읽어 보시겠지만 이렇게 직접 풀이해 보는 것도 좋지요.

'이터니티 링'을 아시는지요. 둘레에 작은 보석들로 장식한 실반지로 영원을 상징한다고 합니다. 이 글 읽고 더할 나위 없이 고마운 아내에게,

사랑하는 연인에게 이터니티 링 하나 쯤 준비하시지요.

이터니티 링이 얼마나 갈까요? 극락세계에만 갈 수 있다면 이터니티 링이 문제겠습니까? 이를 물질로 따지면 사바세계에서는 꽤 나가겠지요. 그래서 거사님들에게 뭇 매 맞을 각오로 올리는 글입니다.

극락세계에서는 매일 새벽 일어나 여기 사바세계에서 극락세계까지 이어진 10조 개 부처님 나라를 하나도 빠트리지 않고 낱낱이 들르고 다시 부처님 계신 곳을 찾아 준비해 간 바구니에서 꽃을 꺼내어 불전에 정성껏 마음 다해 올립니다.

여기서 부처님께 올리는 꽃 공양의 역사가 시작됩니다. 행간을 눈여겨 들여다보면 매 쪽, 매 단어, 매 글자마다 박사학위가 줄줄이 기다리고 있습니다. 먼 데서 찾을 게 뭐가 있겠습니까.

더할 나위 없는 아내를 위해, 소중하고 사랑스런 연인을 위해 이터니티 링을 준비하고 싶다고요. 여기 이《불설아미타경》만 제대로 읽고 완벽히 소화하십시오. 답은 바로 당장 여기에 있습니다.

031

워프항법warp navigation

우리가 늘 읽는 경전 중에 이《불설아미타경》보다 더 많이 읽히는 경전으로《관음경》이 있습니다. 이 경은《묘법연화경》의 한 품으로 〈관세음보살보문품〉이라고 하는데 줄여서 〈보문품〉, 〈관음보문품〉이며 경명도《관음경》외에《보문경》이라 달리 부르기도 합니다.

이《불설아미타경》의 3/2 정도로 짧아서인지는 모르지만 참으로 많이 애송되는 경전이지요.《묘법연화경》은 28품 전체가 순수의 꽃, 하얀 연꽃에 비견될 정도로 소중한 경입니다. 그 가운데서도 이 〈관세음보살보문품〉은 품 중의 품이고 꽃 중의 꽃입니다.

관음신앙의 근본 경전이 이《관음경》외에도《수능엄경》에 관음신앙과 관련된 부분이 있고, 한국불교의식집인《석문의범》에 실려 있는《관음예문》도 관음신앙을 고양시키는 데에는 결코《관음경》다음으로 버금자리를 내주려 하지 않는 중요한 경전입니다.

그러나 한국불교에 있어서 관음신앙의 일등공신은 뭐니 뭐니 해도《천수경》입니다. 이《천수경》첫머리 독경전범讀經轉範 중 정구업진언淨口業眞言 '수리수리 마하수리'는 만화/카툰, 애니메이션 등으로 지금도 정말 많이 그려지곤 합니다.

　위의 《천수경》, 《관음경》과 아울러 〈관음예문〉 등은 모두 한글로 잘 풀이되어 불자들에게서 많이 지송되고 있는데 바로 이 《관음경》〈중송분重頌分〉 제 2 · 제 3게偈에 매우 중요한 내용이 나옵니다. 자, 그럼 한 번 보도록 할까요?

　　관중觀重(관음경중송분) 제 2송
　　구족묘상존 具足妙相尊
　　게답무진의 偈答無盡意
　　여청관음행 汝聽觀音行
　　선응제방소 善應諸方所

　　관중觀重 제 3송
　　홍서심여해 弘誓深如海
　　역겁부사의 歷刧不思議
　　시다천억불 侍多千億佛
　　발대청정원 發大淸淨願

　　묘한상호 구족하신 거룩하신 세존께서
　　무진의와 청중에게 게송으로 답하시되
　　그대들은 잘들으라 자비보살 관음행이
　　근기따라 장소따라 그에맞게 선응함을

　　큰서원은 바다처럼 한량없이 깊고깊어
　　헤아릴수 바이없는 오랜겁을 지나면서

여러천억 부처님을 모시고또 받들면서
크나크고 청정한원 항상발하 였느니라
―《사언절관음경》(동봉 옮김) 중에서

여기서 나는 관세음보살님께서 중생들의 근기를 따르고 장소를 따라 그에 맞게 선응善應하신다는 데에 보다 깊은 관심을 가져 왔습니다. 그리고 시간적으로 하도 오래 되어 지나온 겁이, 그것도 한 시간 두 시간의 세월이 아니고, '한 겁(劫=지구齡) 두 겁' 하는 겁으로 지내오신 겁 수도 도저히 계산이 불가능하신 데다 그간 모셔온 부처님이 한두 분이 아니라 여러 천억이시지요.

나도 많을 다多자를 '여럿'으로 옮기기는 하였으나 좋은 풀이는 아닙니다. 다多자의 다른 뜻은 '넘음' 또는 '넘침'입니다. 그러니까 관세음보살님이 모셔온 부처님이 숫자로 보아 천억의 부처님을 훨씬 뛰어넘는다는 뜻으로 번역하는 게 좋습니다.

따라서 관세음보살의 자비행은 32응신, 또는 33관음으로서 몸을 나타내어 중생들의 그릇을 따르고 중생들의 처지를 따라 선응하시되 바다보다 더 깊은 큰 서원으로 무량한 시간, 무수 억겁에 천억을 훌쩍 뛰어넘는 부처님을 한 분 한 분 모시면서 크고 깨끗한 원을 내셨다는 이 엄청난 말씀을《관음경》중송분에서는 말씀하고 계십니다.

누가 말씀이신가요? 관세음보살께서 스스로 늘어놓는 자칭 제 자랑이 아닙니다. 우리 부처님께서 관세음보살의 자비행을 칭찬하는 과정에서 하신 말씀입니다. 아무리 다시 곱씹어 보더라도 참으로 엄청난 말씀이시지요.

그러나 이는 부처님의 말씀이시기에 거짓이 없고, 과장이 없고, 속임이 없고, 참되고, 실답고, 그리고 어디까지나 '같고 같은 말씀'이십니다.

그런데 중요한 것은 이를 그대로 받아들이려는 순수보다 꼼수를 부려보고 싶은 중생들의 어줍잖은 생각입니다. 그래서 이런 생각도 해 봅니다.

극락세계의 중생들이 매일 새벽마다 잠자리에서 일어나게 되면 침대 생활을 한다 하더라도 제 이부자리는 제가 갤 것이고, 청정수 길어 얼굴 씻고, 손 씻고, 이 닦고, 옷 갈아입고, 양말도 새로 꺼내 신고, 주야로 내리는 하늘의 꽃인 만다라 꽃을 바구니에 챙기되 10조(10만×억) 송이를 준비하겠지요.

저 《관음경》에서 관세음보살님께서 모신 천억 부처님의 100배입니다. 그런데 어떻게 새벽녘에 10조 분의 부처님을 찾아서 문안하고 예를 올릴 수 있을까요? 그것도 한 자리에서가 아닙니다. 타방세계를 고루 다 다니시면서 엄청난 이동거리와 엄청난 부처님을 친견하고 문안인사 드린다는 게 결코 애들 장난이 아닙니다.

더구나 10조 송이나 되는 꽃을 바구니에 담는다 하더라도 그 양이 어느 정도나 되겠는지요? 우리 65억 지구인들에게 10조 송이를 나누어 준다면 한 사람에게 1,500송이씩 돌아갈 수 있는데 그 많은 꽃을 어떻게 운반하지요? 고민하지 않아도 될 고민을 사서 하는 내가 안쓰럽기도 할 것입니다. 그런데 학문이란 고민하지 않고는 진척이 없습니다.

그리고 예불을 드리는 시간도 생각해 보아야 할 것입니다. 1시간이 3,600초, 2시간이면 7,200초, 3시간이라야 고작 10,800초입니다. 초당 한 분씩 친견한다 해도 새벽에 10,800분을 뵙는 게 고작인데, 그 많은 다른 나라를 다니면서 10만×억의 부처님을 제대로 친견할 수 있을까요? 친견하고 나면 삼배를 다 올리지 못하더라도 반배라도 해야 하는데 시간이 가능할까요? 같은 자리에서 삼천배를 하는 데도 늘 하는 사람일 경우 대여섯 시간이 걸리고 자주 하는 사람이 아니면 10시간이 넘게 걸립니다.

매일 새벽 서너 시간 동안에 10조 부처님을 문안드린다는 것은 신체 구조상 또는 물리력으로 보아 도저히 불가능합니다. 순간이동瞬間移動, 즉 텔레포트teleport 기법으로 다닌다고 하더라도 불가능합니다. 순간이동을 할 경우 엄청난 칼로리가 소비되는데 서너 군데만 다녀도 초고온의 칼로리 소비를 몸으로 지탱하는 데는 한계가 있지요.

따라서 텔레포트 기법은 건의할 수도 없고 견뎌내질 못합니다. 텔레포트 기법은 텔레키네시스라는 이른바 생각을 움직念動임으로써 영화촬영에서나 최면술에서는 조작이 가능하지만 역시 그저 염동念動일 따름입니다.

그렇다면 양자역학에 의존해야 하겠지요. 아직까지 사바세계에서는 워프 항법이 실험단계이지만 적어도 문명이 지구촌보다 발달한 극락세계에서는 다를 수 있을 것입니다. 게다가 웜 홀을 이용하면 더욱 좋겠지요? 우리가 백여 년 전만 하더라도 하루에 세계를 오고 가는 게 가능은 고사하고 생각이나 했을까요? 극락은 양자역학기술을 충분히 응용하고 있다고 생각됩니다.

이미 2,600여 년 전에 서가모니 부처님께서는 많은 대승경전에서 양자물리의 기술을 설하신 것입니다. 다만 '양자'라는 용어를 사용하지 않으셨을 뿐이지요. 워프항법에 앞서 도리천에 오르시어 어머니를 위해 위모설법경爲母說法經, 곧 《지장경》을 설하시고, 도리천주이신 하나님이 《불설아미타경》 법회에 참석할 수 있었던 기능도 나는 양자물리와 워프의 기술이었다고 봅니다. 적어도 《화엄경》에서 설하신 법계연기를 완벽하게 이해하려면 양자물리학 입장에서 보는 게 이해가 빠를 것이라 생각합니다.

어떤 분이 내게 글을 보내왔습니다.

"부처님의 세계는 공가중空假中을 모두 초월하고 유有도 떠나고 무無

도 떠나고 마음도 떠나고 육체도 떠나고 유위有爲는 물론 무위無爲도 떠나고 유루무루有漏無漏도 모두 초월하였는데 어떻게 부처님 말씀을 물리학의 한 지류인 양자로 풀겠다는 것입니까?"

나는 얘기합니다. '떠나고, 떠나고 초월하고, 초월하고~'만 되뇌고 있다 해서 부처님의 세계가 해결됩니까? 부처님도 부처님의 가르침에도 전혀 문제가 없는데 어찌하여 불교를 초월, 떠남, 없음, 빔과 같은 용어들로써 채우려 하는지요.

부처님도, 부처님의 가르침도, 극락세계도, 극락세계 중생들도, 극락세계까지의 10조 불국토마저도, 그 10조 불국토에 계시는 부처님도, 그 부처님들을 매일 새벽 찾아뵙고 본국에 돌아와 아침식사하고 조깅하는 이들도, 모두 초월의 세계며 초월자입니다.

초월超越이 무엇입니까? 초월이란 상즉상입相卽相入입니다. 벗어났기에 연결相卽되어 있고, 벗어났기에 들어相入 있습니다. 그런데 어떻게 물리의 세계라고 하여 서로 연결되어相卽 있지 않고 서로 통섭되어相入 있지 않겠습니까? 초월이 무슨 뜬구름 잡는 이야기입니까? 초월이 정말 현실을 떠나 있습니까? 현실을 떠나 있는 게 초월이라면 현실 속에 사는 우리와 무슨 관계가 있습니까? 그 초월을 잡아 어찌할 것인데요?

032

아으, 가릉빈가여!

다음으로 사리불아 서방극락 세계에는
가지가지 진귀하고 아름다운 빛깔지닌
백곡이며 공작이며 앵무새며 사리새며
고운소리 가릉빈가 양수일신 공명조등

이와같은 극락조가 밤낮없이 언제든지
온화하고 부드러운 목소리로 지저귀니
지저귀는 그소리는 오근이며 오력이며
칠보리분 팔성도분 찬미하고 있느니라

극락조에는 백곡白鵠, 공작孔雀, 앵무鸚鵡, 사리舍利, 공명조共命鳥
등과 함께 이 가릉빈가迦陵頻伽가 등장하지만 극락조로서는 역시 가릉빈
가입니다.

여기《불설아미타경》에서 정작 우리가 엿보고 싶은 행간은 극락세계
는 지구형 행성이라는 것입니다. 78%의 질소와 21%의 산소와 0.03%

라는 이산화탄소 등이 없으면 식물도 곤충도 자라지 못합니다.

그렇기 때문에 극락세계에 가릉빈가가 살아 있다는 것은 희소식 중의 희소식이라 하겠습니다. 만약에 생명이 살 수 있는 조건이 갖추어지지 않았다면 지구라고 하는 의보依報에 길들어진 중생이 극락세계라는 의보에 태어났을 때 지구와 같은 조건이어야 무사히 살 수 있다는 결론이 나옵니다.

그리고《불설아미타경》에서 살펴볼 만한 또 하나의 행간이 있습니다. 이른바 가릉빈가는 사람의 머리에 새의 몸이라는 인두조신人頭鳥身입니다. 사람은 만물의 영장답게 가장 다양한 음성표현이 가능합니다.

인두조신에서 가릉빈가가 사람 머리를 했다는 것은 다양한 목소리를 낼 수 있다는 것이고, 새의 몸통을 지녔다고 하는 것은 새는 지구의 모든 생명들 중에 가장 높은 곳에서 스스로 양력揚力과 중력重力, 추력追力과 항력抗力이라고 하는 이른바 비행기의 비행원리를 지닌 동물 중의 하나라는 것입니다.

새의 항법에서 벤치마킹한 과학이 비행기라는 걸물杰物을 낳은 것이지요. 자연은 늘 우리에게 새로운 세계 풍부한 상상력을 일으켜 주곤 합니다. 가릉빈가의 인두조신이라는 세계가 비행기와 나아가서는 비행원리를 제공했다는 데에 바로 이《불설아미타경》이 지닌 숭엄한 힘이 고스란히 느껴집니다.

게다가 꼬리는 용꼬리를 닮았으니 용은 예로부터 기후 변화를 주도하면서 기후 변화에 잘 적응하는 동물로 그려지지요. 그만큼 가릉빈가는 극락세계의 다양(?)한 기후 변화에 잘 적응하고 극락세계의 기후를 잘 조절하여 환경을 쾌적하게 만드는 일에 큰 역할을 하고 있다고 할 것입니다.

가릉빈가여!
아름다운 목소리를
마음껏 돋우어 뽐낼지어다.

가릉빈가여!
극락세계 기후를 조절하여
의보依報도
정보正報도
쾌적하게 만들어 가라.

가릉빈가여!
중생세간衆生世間과
그릇器세간과
지혜와 바른 깨달음智正覺의 세간을
그대의 능력으로 현현하라.

가릉빈가여!
비행기가 하늘을 날게 된
원인을 제공해 주었듯이
그대 가릉빈가여!
우리에게
보다 새로운 상상력을 확장하라.

033

부처님과 이솝의 만남

우리가 사는 세상을 사바세계娑婆世界라고 하지요. 사바는 인도
말梵語인데 감인대堪忍待라고 한역漢譯합니다. 견디고, 견디고 또 견디되
견딜 수 없을 때까지 견디고, 참고, 참고 또 참되 더 이상 참을 수 없는 데
까지 참고, 기다리고, 기다리고 또 기다리되 기다릴 수 없는 데까지 기다
리는 삶이지요.

공덕천功德天과 흑암천黑暗天이라는 두 자매에 얽힌 이야기를 아시는
지요? 둘은 일란성 쌍둥이 자매인데 언니 공덕천이 가는 곳이면 동생 흑
암천도 늘 따라다녔습니다.

어느 날 공덕천의 미모에 끌린 사내가 그녀를 아내로 맞이하고 싶었습
니다. 사내는 공덕천에게 예를 갖추어 정중하게 청혼했지요. 그런데 그녀
는 조건이 있었습니다. 청혼 수락의 조건은 일란성 쌍둥이 동생 흑암천
도 함께 받아들여야 한다는 것이었지요.

사내는 한꺼번에 두 여인을 모두 얻게 되니 그보다 더 좋을 게 없었습
니다. 사내는 흑암천은 보지도 않은 채 흔쾌히 조건을 수락했습니다. 그
런데 웬걸요. 천하의 미색인 언니 공덕천과 달리 흑암천은 천하의 박색

이었습니다. 모습만 박색이 아니라 목소리도 엉망이었고 몸에서는 향기가 아니라 지독한 악취로 머리가 아팠습니다. 성품도 포악하고 질투가 심했으며 마음은 밴댕이 소갈머리였습니다. 그러나 한 발 늦었으니 청혼 조건에 이미 서명을 했거든요. 사내는 평생 후회의 삶을 살았습니다.

삶은 양면성을 갖고 있습니다. 우리는 늘 공덕천의 미모와 달콤한 목소리, 향긋한 체취, 고운 마음씨를 먼저 얘기하고, 그 뒤에 흑암천의 또 다른 모습이 있음을 강조합니다. 그러나 이를 다른 면에서 볼 수도 있지 않을까요? 박색의 흑암천에게서 미색의 공덕천을 보는 것입니다. 포악과 질투 뒤에 자리한 또 다른 곱고 아름다운 마음을요.

사바세계는 그렇다 치고 극락세계에도 비슷한 예가 있습니다. 바로 양수일신兩首一身의 공명共命이라는 기이한 새입니다. 몸은 하나에 머리가 둘인 새 이름도 '한 생명'이라는 뜻의 공명이지요. 나는 평소《불설아미타경》을 읽을 때 꼭 이 대목에서 생각을 멈추었습니다.

이솝우화와 부처님 말씀이 어이 이리 비슷할까? 동시이처同時異處를, 동시대 각기 다른 장소에서 살다간 분들이지만 서로 간에 영향이 있지 않았을까? 부처님(B.C 638~558)이 이솝(B.C 620~560)보다 18년이나 연상이라면 북인도와 그리스 간의 거리가 좀 있더라도 이솝이 부처님 말씀에서 나름대로 배움이 컸을 것 같은데 말입니다.

극락세계를 다루는 경전에서 이《불설아미타경》만큼 짧고 분명한 경이 드문데 인두조신人頭鳥身의 가릉빈가와 양수일신 공명조 이야기며 공덕천 자매 이야기가 이솝우화에서도 고스란히 전해짐은 두 분의 보이지 않는 문화의 연결 고리가 분명히 있었을 것으로 보입니다.

요즘과 달리 조혼早婚의 풍습이 강한 옛날 18년 연상은 적은 게 아닙니다. 부처님이 19세에 인도에서 결혼하셨고 그 해에 이솝이 그리스에서 태어납니다. 부자간 정도의 나이 차이인데 어떤가요? 나이 차이가 좀 적은가요?

그건 그렇고요. 가릉빈가라는 새와 궤를 같이 하는 공명조라는 새가 있다는 것은 가릉빈가의 몇 가지 장점, 곧 인간만이 지닌 명석한 두뇌, 표현 다양성의 인간의 언어, 새에게 있는 항공기의 원천 기술, 용이 지닌 기후 환경의 조정 능력 등 이러한 장점과 달리 장단점을 함께 지니고 있음을 은근히 드러내려 함이셨을 것입니다.

부처님께서 공명조를 예로 드신 것은 선과 악, 아름다움과 추함, 묘음妙音과 음치, 향기와 악취, 너그러움과 질투, 즐거움과 괴로움, 있음과 없음, 채움과 비움, 소유와 나눔, 게으름과 부지런함 등 모든 상대적 개념들을 공명조를 통해 말씀하고자 함이셨을 것입니다.

공덕천 안에 흑암천이 있다면 흑암천에도 공덕천이 들어 있습니다. "극락세계는 어떠한 괴로움도 없이 오직 즐거움만 받기에 극락이라 한다"고 앞에서는 분명히 말씀하셨는데 바로 그 극락에 공명조가 있습니다.

괴로움과 즐거움 등 양면성을 모두 내재한 공명조입니다. 그렇다면 극락에도 괴로움은 있지요. 바꾸어 말하면 사바세계에도 괴로움만 있는 것은 결코 아니듯이. 중요한 것은 즐거움과 괴로움을 느끼는 감정의 체계가 무엇인가이지요. 괴로움에서 즐거움을 찾아낸다면 괴로움 그대로가 즐거움일 것이고, 즐거움에서 괴로움을 생각한다면 즐거움 그대로가 괴로움일 것입니다.

부처님과 이솝은 신분부터가 다릅니다. 부처님은 왕자의 신분이면서도 신분질서에서 벗어나 출가수행자가 되었고, 뼈를 깎는 고행 끝에 대도를 깨달아 군주마저 초월한 부처님이 되셨지요. 그리고 이솝은 노예의 신분으로 사모스 섬에서 태어나 주인에게 자유를 얻어 바빌론에 이르러 리쿠르고스 왕의 조언자까지 되지요. 왕궁비서실장인 셈입니다. 그런 그도 나중에 자신이 뱉은 말이 문제가 되어 델포이에서 안타까운 죽음을 맞습니다.

부처님은 80세를 일기로 자연사(실제로는 식중독)로 가셨지만 이솝은 60세를 일기로 형장의 이슬로 사라지고 맙니다. 왕자의 신분에서 벗어났기에 생사까지 뛰어넘어 되레 아름다운 입멸을 맞았는가 하면 신분상승을 통해 왕의 곁에서 왕의 신분에 버금가는 자리에까지 올라가 있었지만 그로 인해 슬픈 죽음을 맞기도 합니다.

부처님은 왕자의 신분이었고 그에게 장차 주어질 왕의 자리를 서슴없이 던져버린 행동이 엄청난 이벤트로 인해 부처님의 명성은 널리 알려졌지요. 게다가 깨달음을 얻어 부처님이 되셨으니 비록 SNS가 발달하지 않았다지만 부처님 이야기는 인도를 넘어 중동을 거치고 유럽까지 단숨에 전해졌을 것입니다. 그리고 부처님 이야기에서 이솝은 영향을 받았을 것이고요.

자, 다시 한 번 공명조共命鳥를 생각해 보자고요. 공명조도 가릉빈가처럼 사람의 머리에 새의 몸이라는 것을 말입니다. 기능이 많으면 복잡해지듯 머리가 하나인 가릉빈가보다 머리가 둘인 공명조는 어쩜 생각도 제곱으로 많아지고 번뇌도 제곱으로 늘어나지 않겠는지요?

034

하얀 고니에게 바친다

새에도 여러 종류가 있습니다. 크게 나누면 나는 새와 날지 못하는 새가 있는데 날지 못하는 새로는 타조·펭귄·닭류가 있고, 꿩이나 공작류도 날 수는 있으나 주로 땅 위에서 걸어 다닙니다. 그 밖의 새들은 웬만하면 다 날 수가 있습니다.

날개가 가장 큰 새로는 슴샛과의 알바트로스albatross 슴새Shearwater 류가 있습니다만, 장주의 《장자》 내편 소요유逍遙遊에 "곤鯤이라는 물고기가 변하여 붕鵬이라는 새가 되었는데 그 날개 크기가 몇 천 리"라 합니다. 세상에서 가장 작은 새로는 아마 벌새 류가 챔피언이 될 것입니다.

새 중에서 지능이 가장 높은 새는 어떤 새일까요? 다름 아닌 까마귀입니다. 그래서 그는 새이면서도 새에 이름이 올라가는 것을 매우 싫어하는데 이유는 '새대가리'라는 말 때문입니다.

둥지를 나무에 만드는 새로는 딱따구리 류가 있고, 남의 둥지에 슬며시 알을 낳는 새는 얌체족 뻐꾸기가 있으며, 마른 풀과 진흙으로 둥지를 만드는 새는 제비류고, 식물 줄기로 둥지를 짓는 새는 참새 베짜기새 류가 있습니다. 밤눈이 밝은 새는 올빼미 류고, 말을 흉내 내는 새는 앵무새인데 극락세계에서도 서식한다고 합니다. 집단으로 번식하는 새는 바다의 갈매기 류가 있고, 금실이 좋은 새는 고니·기러기·오리 류가 있습니다. 황새 저어새 류는 위장술에 아주 뛰어나며 그로 인해 독특하게 사냥을 즐기는 한편, 수리 류와 매 류는 하늘의 강자고, 도요새·물떼새 류는 물가에서 서식하는 새들입니다.

장자 내편 소요유에서 곤이라는 물고기가 붕이라는 새가 되었다고 하듯이 파충류에서 새로 변해가는 과정의 새의 첫 조상을 시조始祖새라고 하는데 1억 5천만 년 전 쥐라기에 살았던 새라 합니다. 지금은 화석으로만 남아 있습니다.

역시 멸종한 새로서 모아, 도도새, 나그네비둘기, 노란어깨장식꿀발기새, 캐롤라이나잉꼬, 까치오리, 불혹주머니찌르레기, 원앙사촌, 큰바다쇠오리 등이 있습니다. 지난 300년 동안 멸종된 새가 무려 80여 종류나 된다고 하는데요. 문제는 새 한 종이 사라지면 그 먹이사슬에 놓여 있던 다른 생명체가 늘어나거나 사라져 생태계에 균형이 깨지는 데 있습니다.

이를테면 1681년 도도새가 인도양 모리셔스 섬에서 사라지자 그 섬에서 자라던 카바리아 나무도 사라집니다. 배설물을 통한 종의 계승이 도도새가 사라짐으로써 그 계통의 길이 끊겨버린 까닭입니다.

그런데 서방정토 극락세계에 갖가지種種 기이奇하게 생긴 새들과 귀엽고 깜찍妙하게 생긴 새들, 갖가지로 다양한 모습雜色의 새들이 항상 있다고 합니다. 나는 솔직히 극락세계에 귀한 새들이 많이 사는가 보다, 이렇게 다양한 새들이 거기 극락세계에서라도 멸종하지 않고 '늘 있다常有'고 함에 관심이 많습니다.

지구에서 극락세계까지 10만×억=10조 불국토를 지나가야 하는 먼 거리이기는 하지만, 그래서 하나의 국토를 평균 1제곱킬로미터로 잡는다 해도 10조km나 되고 1광년의 거리지만 그 곳 극락세계만이라도 생태환경이 살아 있었으면 하는 게 솔직한 나의 바램입니다.

나는 삶을 마감하고 나서 극락에 갈 생각은 갖고 있지 않습니다. 물론 극락에 갈 공덕도 지혜도 짓지 못하고 갈고 닦지 못하였으니 언감생심이겠습니까마는, 적어도 극락세계의 자연환경과 생태계만큼은 고스란히 잘 유지되었으면 합니다.

우선은 생태계가 살아 있어야 합니다. 그러고 난 뒤라야 그 새들이 다섯 가지 뿌리五根와 다섯 가지 에너지五力와 일곱 가지 깨달음의 길七菩提分과 여덟 가지 성스러운 길八聖道分에 대해 찬미도 하고 할 것 아니겠는지요.

하얀 고니白鵠가 있다고 하는 것은 부처님께서 이 경을 설하시던 2,600년 전이기는 하지만 특별한 경우가 아니라면 아직 그 새들은 살아 있을 것입니다. 또 당연히 그래야 하고요. 이《불설아미타경》의 성격이 무엇입니까? 다름 아닌 아름다운 환경의 보호요, 쾌적한 환경 가꾸기 아니겠는지요.

035

다빈치와 가릉빈가의 만남

속담에, "좋은 말도 한두 번이지"라는 말이 있는데 맞습니다. 아무리 좋은 이야기라도 계속 반복된다면 지루하겠지요. 하지만 몇 번을 강조하더라도 생태환경은 더 없이 소중합니다. 서방극락정토에서는 새들이 주야육시晝夜六時로 부처님의 가르침을 찬미하고 있다고 경에서는 분명히 말씀하십니다.

이 말씀 속에는 중요한 뜻이 내포되어 있지요. 다시 말해서 앞서 나온 하얀 고니白鵠, 공작, 앵무, 사리, 가릉빈가, 공명조 정도 몇몇 종의 새들만이 아닌 다양한 종의 새들이 끊임없이 지저귀고 있음을 뜻합니다.

위의 속담처럼 한 가지 종의 새들만 지저귄다면 얼마나 지루하고 따분하겠습니까? 서식하는 새들로 보아 극락세계의 크기가 지구와 같거나 비슷할 것입니다. 생명이 서식할 수 있는 별은 일단 항성恒星Star은 아닙니다.

항성은 글자 그대로 언제나恒 움직이지 않고 늘 그 자리를 지키는 자발광自發光의 별星입니다. 스스로 빛을 발한다는 것은 지구처럼 암석이 아니고 태양처럼 가스덩어리여야 하지요. 왜냐하면 수소나 헬륨 같은 가스는 불이 붙어 타지만 암석은 기본적으로는 잘 타는 게 아니지요. 지진이 났을 경우를 제외하고는요.

그렇다면 생명이 살 수 있는 곳은 당연히 행성行星planet이어야 하고요. 게다가 행성은 질량에 비례하여 중력gravity, 기압atmospheric, 전자기력electromagnetic force, 강한 핵력strong nuclear Force, 약한 핵력weak interaction이 달라질 것입니다. 강한 핵력과 약한 핵력은 원자의 세계에서만 거론되는 얘기라고요? 그래서 행성 얘기에서는 할 얘기가 아니라고요? 그런 게 어디 있습니까? 원자는 모든 물질의 근원이 아니던가요? 행성은 원자를 떠나 다른 그 어떤 것으로 만들어졌습니까?

자연계의 네 가지 힘은 과거에도 있었고 지금도 있으며 미래에도 있을 것입니다. 이들 네 가지 힘이 질량에 따라 그 힘을 발휘한다고 했을 때, 만약 극락세계의 질량이 지구의 두 배라고 가정한다면 전자기력, 강한 핵력, 약한 핵력은 질량과 관계가 없겠지만 중력만큼은 지구의 두 배일 터이니, 가령 65kg의 몸무게라면 극락에서는 130kg으로 다가오지 않을까요? 따라서 모든 새들은 몸을 가볍게 해야 날 수 있는데 중력이 강하다면 나는 게 힘듭니다.

하루는 새의 비행기술이 첨단과학의 꽃인 항공기술에 영향을 주었다고 했더니 불교학 교수로 있는 후배가 페이스북에 실린 내 글을 읽고는 전화를 걸어 왔습니다. 수인사도 없이 대뜸 하는 그의 말이 재미있었습니다.

"선배스님, 비약이 심하십니다. 페이스북에서 스님 글 읽었는데 '아으, 가릉빈가여!'였지 아마? 가릉빈가의 비행술이 항공기의 비행기술에 있어서 원천기술을 제공했다 하셨는데 어떻게 그게 가능합니까?" 하는 것이었습니다.

내가 되물었습니다.

"직접적 기술 이전은 아니겠지. 하지만 어떠한 첨단과학도 그 원천은 자연에서 얻는 것이라네. 따라서 내 생각에는 새의 날갯짓을 연구한 학자들이 음으로 양으로 항공기술에~."

간단한 내 설명도 들으려 하지 않고 그는 일방적으로 전화를 끊었습니다. 뭔가를 잘 못 눌렀거나 통신 상태가 좋지 않았다면 다시 전화를 걸어와야 하는데 그런 것도 없었지요. 괘씸했습니다. 단순무식과 창의성이 없는 것은 접어두고라도 예의 하나 없는 자가 대학에서 후학들을 가르치는 교수라니 기분이 좀 꿀꿀했습니다. 차라리 나를 선배님이라 부르거나 말던지.

비행기가 하늘을 날기 위해서는 네 가지 힘을 이용해야 합니다.

1. 양력揚力lift
2. 중력重力weight
3. 추력推力thrust
4. 항력抗力drag

새의 날개와 비행기의 날개는 생김새부터 완벽하게 동일합니다. 비행기가 날기 위해서 가장 필요한 게 무엇일까요? 바로 날개입니다.

'날개 부러진 새'라는 말이 원효 스님의 《발심수행장發心修行章》에 나오는데 이 말씀에는 하늘을 나는 데 가장 중요한 것은 날개라는 뜻입니다. 도로 위를 달리는 자동차가 아무리 다른 기능이 뛰어나다 해도 타이어를 무시할 수는 없습니다.

공기의 흐름을 이용해서 하늘을 나는 원리는 새와 비행기가 정확하게 동일합니다. 위대한 건축사이자 화가이자 수학자인 다빈치(1452~1519)

가 비행기를 꿈꾸었다는 얘기는 너무나 잘 알려진 사실입니다. 그의 비행기 모형도가 다빈치 박물관에 지금도 전시되어 있는데 새의 모습 그대로지요.

양력은 있는데, 중력이 없다면 상승기류를 탈 때 너무 오르겠지요. 공기가 비탈진 면에 부딪히면서 위로 오르는 현상이 상승기류입니다. 또 중력은 있는데 양력이 없다면 차가워서 무거워진 공기가 아래로 내려오는 현상 곧 하강기류일 때 곤두박질을 치겠지요.

앞으로 나아가려는 추력은 있는데 뒤에서 잡아주는 항력이 없으면 비행기는 브레이크 없는 자동차처럼 무시무시한 괴물이 될 것이고, 항력은 있는데 추력이 없다면 운동의 제 2법칙상 그대로 지상으로 떨어질 것입니다. 이는 자전거나 오토바이가 운동의 제 2법칙으로 인해 쓰러지지 않고 앞으로 나아가는 원리입니다.

나는 극락세계 새들이 오근五根·오력五力·칠보리분七菩提分·팔성도분八聖道分을 주야육시로 찬미하고 있다는 데도 깊은 관심을 갖습니다. 새들은 말을 잘하지 못합니다. 그러나 극락조들은 가릉빈가나 공명조에서 보듯이 지구상의 새들과는 다른 구조를 갖고 있을 수 있지요. 하늘을 날고 싶은 욕망이 새의 날개와 몸짓을 갖게 되고, 생각하는 두뇌로는 사람의 머리를 닮았으며, 기후를 조절하는 능력이 필요하기에 용의 비늘과 꼬리를 지녔고 멀리 보고 널리 보기 위해 새들의 눈을 지녔을 것입니다.

관세음보살觀世音菩薩의 볼 관觀자에 황새雚가 들어감도 예로부터 우리 선조들은 새가 지닌 150만 개의 시세포 수가 사람의 시세포 20만 개보다 훨씬 많다는 것을 비록 숫자상은 아니라도 아셨을 것입니다. 따라서 세상의 모든 소리를 그냥 듣는 게 아니라 사랑과 지혜의 밝은 눈으로 관한다 하여 볼 견見자나 볼 간看자 등을 쓰지 않고 황새라는 새의 시력이 들어 있는 볼 관觀자를 썼을 것입니다.

그리고 극락세계에도 주야육시가 있다 하셨는데, 우리는 그 말씀을 대충 흘려들을 수는 없습니다. 주야라는 낮과 밤에 이를 다시 주육시晝六時와 야육시夜六時로 보았다는 것은 지구환경과 같다는 뜻이니까요.

불교사전에서도 그렇지만 많은 분들은 하루 24시간을 6때로 나누었다고 하는데 나는 그렇게 보지 않습니다. 낮이 6시간이고 밤이 6시간이라 생각합니다. 곧 12지지地支로 본 것이지요. 어둠을 뜻하는 어두울 명冥자를 잘 파자破字해 보면 해日가 엄폐물冖에 덮인 때가 6시간六이라는 뜻이 분명하게 드러납니다.

따라서 주삼시晝三時 야삼시夜三時를 합하여 주야육시가 아니라 주육시·야육시를 하나의 묶음이름씨로 보아 주야육시라는 것입니다. 어쩌면 레오나르도 다빈치는 극락세계를 설계한 아미타불의 전신 법장 스님에 이어 인류가 낳은 최상의 설계사일 것입니다.

036

프렉탈fractal의 구조

이와같이 갖가지로 부처님법 노래하매
극락세계 중생들은 이소리를 듣는즉시
누구든지 그자리서 성스러운 부처님과
가르침과 스님네를 생각하게 되느니라

불법승佛法僧을 보통 세 가지 보배라고 합니다. 나는 삼보를 생각하면 언제나 카메라 삼각대가 떠오릅니다. 35년 전, 한때 사진에 빠져 헤어나지 못할 때가 있었습니다. 손수 암실을 차려 놓고 인화까지 내 손으로 직접 했으니까요.

카메라와 삼각대는 작품사진을 하는 이라면 거의 실과 바늘처럼 따라다닙니다. 용어가 트라이포드tripod든 트라이비트trivit든 그건 그리 중요하지 않습니다. 중요한 것은 촬영 장비에 이 삼발이가 꼭 들어간다는 것입니다. 카메라 다리가 왜 삼발이일까요? 안정성 때문입니다. 두 발은 사람이나 조류처럼 살아 있는 생명들에게는 세 발보다는 거추장스럽지 않아 좋습니다. 하지만 생명을 가진 게 아니라면 위치 에너지potential energy와 운동 에너지kinetic energy 법칙에서 보았을 때, 다리 세 개를 가지런히 벌려 그 위에 사물을 올리는 게 가장 안전합니다.

위에 올리는 것과 받치는 다리의 균형이 깨지면 오히려 네발이가 낫겠지요. 하지만 다리에 비해 올라가는 물체가 비율이 맞는다면 세발이가 당연히 안전합니다. 삼각대三脚臺, 글자 그대로 세 개의 다리로 된 받침대에서 만의 하나 조금이라도 이상이 생기거나 하면 어찌 되겠습니까? 서 있는 것 자체가 불가능합니다. 그러기에 삼보三寶도 그렇습니다. 불법승佛法僧을 한 데 묶어서 얘기하지 따로따로는 잘 얘기하지 않습니다. 일보一寶도 아니고 이보二寶도 아닙니다. 반드시 삼보로만 부르지요. 그런데 어떻습니까? 우리나라 불교는 삼보 묶음입니까? 이보 묶음에 일보 무시이거나 일보 존중에 이보 무시입니까?

절에 다니면서 불보는 존중하는데, 법보·승보는 무시하여 법문도 안 듣고 공부도 하지 않으며, 불전에 절을 올리고 법문은 듣지만 스님네는 무시하여 합장도 하지 않는 편은 아닌가요? 아는 스님 하나 보고 절에 가기는 가는데 불상은 우상으로 치부하고, 법문이나 경전에는 관심이 없는 승중불법경僧重佛法輕인가요? 성철 스님의 《중 보러 절에 오지 마》라는 책이 한때 유행했습니다만, 이 책을 놓고 혹 어떤 이들은 불보와 법보는 중하게 여기면서 승보를 가볍게 만든 것 아니냐는 비판도 서슴지 않았습니다. 그러나 행간을 들여다보면 삼보를 고르게 존중하라는 의미가 깃들어 있다는 것을 느낄 수 있습니다.

삼보는 더 없이 소중합니다.

서가모니 부처님께서는 우주자연과 생명의 관계를 깨달아 우리에게 가르쳐 주신 스승이십니다. 팔만사천대장경의 말씀이 무엇입니까? 부처님께서 깨달은 성스러운 진리의 상세한 로드 맵road map이며, 그것을 그 시대에 맞는 언어와 기호로 다시 설명해 주는 분들이 스님이지요. 그래서 삼보는 소중합니다. 따라서 나는 제안합니다. 불교의 삼보를 제대로 모시려 한다면 새로운 시스템이 필요하며 이를 〈신삼보新三寶〉라 명명하는데 곧 너와 나 그리고 우리입니다.

'너'라는 제 1의 주제, '나'라는 제 2의 주제

'우리'라는 제 3의 주제를 묶어서 신삼보新三寶라 하겠다고요.

이 세상 모든 존재는 너와 나이며 너와 나를 이어주는 게 관계입니다. 이 세 가지 주제는 끊임없이 이어져 사회social를 이루고 관계networking를 형성하고 틀service을 지움으로써 마침내 전 지구적global으로 퍼지고 그리고 더 나아가서는 우주자연과 하나 되는 세계를 아름답게 가꾸어 가는 것입니다. 중첩반복重疊返複 곧 프렉탈fractal의 구조입니다

0이라는 제 1의 주제, 1이라는 제 2의 주제, 섞임과 반복이라는 제 3의 주제, 이들 세 가지가 디지털 세계를 이루어가는 멋진 과정 앞에서 제안하는 나의 새로운 삼보입니다. 나는 지난 6·4지방선거 때, 나와 교분이 있는 어느 목사님과 이런 대화를 나누었습니다. 그는 우리나라에서 가장 영향력이 있는 광역단체장의 후보 한 분을 밀고 있었는데 나름대로의 고민을 털어놓는 것이었지요. "형님, 목사질이나 하는 '나'가 정치에 뛰어들려고 하니 하나님을 모시는 것도 아니고 쪼까 그란디 어찌 생각허신다요?"

내가 웃으며 답했습니다. "아우님, 내 중질이나 아우님 목사질이나 다 소중하지라. 허지만 난 이런 말을 하고 싶소. 열 분의 하나님 모시는 것보다 시민 한 분 제대로 모심이 낫고, 시민 열 분 제대로 모시는 것이 하나님 천 분 모시는 것보다 낫다고. 부처님 백만 분 모시기보다는 시민 만 분 제대로 모시고, 시민 천만 분 모시는 게 모래알보다 더 많은 부처님을 모시는 일보다 훨씬 낫다 그 말이지라."

그는 나보다 너댓 살 적어 나를 스님보다 '형님'이라 부릅니다. 그러니

나도 때로는 '아우님'으로 호칭하고 지내는 사이입니다. 그가 지지하는 후보가 결국에 당선은 되었지요. 문제는 당선된 뒤입니다. 후보일 때 먹은 마음이 당선된 뒤에도 지속되어야 하는데, 뭐 그렇게 만들어 가겠지요. 그게 안 된다면 내가 목사님에게 던진 일갈은 의미 없는 게 되어버리고 맙니다. 시민을 모시는 것이 단지 당선되기 위한 전략에 불과하니까요. 하나님을 제대로 모시고 불법승 삼보를 제대로 모시듯 시민들을 잘 모셔야 하는데 말입니다. 부처님을 무시하고 하나님을 무시하라는 게 결코 아니지요. 그만큼 시민을 잘 모셔야 한다는 의미입니다.

극락세계에서는 새들의 지저귐을 들으면 저절로 믿는 마음이 도탑게 우러나 부처님을 생각念佛하고 가르침을 생각念法하며 스님네를 생각念僧하게 된답니다. '생각한다'는 게 어떤 것일까요? 한문의 생각 염念자는 이제 금今자 아래에 마음 심心자이지요. 이는 곧 마음이라는 사념체계를 이미 흘러간 과거에도 아니고, 아직 다가오지 않은 미래에도 아닌 바로 지금 여기에 둔다는 것입니다. '염念'은 공간적 의미를 안으로 간직한 채, 시간성을 겉으로 표현하고 있습니다.

신삼보新三寶에서는 바로 너와 나라는 두 개체가 기본입니다. 이른바 사람과 사람人이지요. 이들 개체가 사이間라는 관계因緣 속에서 너와 나를 '더불어'로 맺어 우리를 장엄하는 것입니다. 그리고 이들 거룩한 체계 속에서 나는 너를 생각念佛하고 너는 나를 생각念法하며 우리 관계를 생각念僧하는 것입니다. 삼보를 생각生覺한다는 말은 불법승 삼보에 대한 소중한 느낌覺을 일으켜 끊임없이 지속生되게 하는 마음입니다. 흘러간 시간에 마음을 보내지 말고 오지 않은 시간에 미리 던지지 말며 오로지 끊임없는 현금現今에 마음을 두어 삼보를 생각함이지요. 신삼보의 프렉탈 구조에 의해서 말입니다.

037

불교는 창조론인가?

장로비구 사리불아 이와같은 극락조가
죄보로서 태어났다 얘기하지 말지니라
왜냐하면 사리불아 저부처님 국토에는
세가지의 악한갈래 본디없기 때문이니

그러므로 사리불아 서방정토 극락세계
저부처님 국토에는 지옥아귀 축생으로
삼악도란 이름조차 찾아볼수 없겠거늘
어찌항차 삼악도가 실로존재 하겠는가

극락세계에 사는 극락조極樂鳥가 축생에 들어갈까요? 아닙니다. 축생이 아닙니다. 극락조는 축생이 아닙니다.

극락조는《불설아미타경》의 백곡·공작·앵무·사리·가릉빈가·공명조들만이 아니라 갖가지 기묘한 여러 가지 새들, 곧 종종기묘잡색지조種種奇妙雜色之鳥 모두인데 이들 중 어느 하나도 축생이 아닙니다.

왜냐하면 이들 모든 극락조들은 아미타 부처님의 피조물인 동시에 바로 아미타 부처님 그 자신인 까닭입니다. 《불설아미타경》의 정토불교에서 말하는 창조주 아미타 부처님과 그 창조주가 그대로 피조물로 현현顯現한 축생의 모습일 뿐입니다.

불교는 기독교와 달리 창조론을 부정하는 종교라고요? 아닙니다. 나는 감히 단언합니다. 불교는 창조론을 부정하지 않습니다. 다만 다른 점이 있다면, 기독교에서 말하듯 창조주가 따로 있고, 그 창조주가 자신 밖에 자신의 솜씨를 발휘하여 만든 '불완전한 작품不完全作品'이 있는 것과 궤를 달리할 따름입니다.

전지전능全知全能한 창조주가 인간을 만들 때는 하늘과 땅을 만들고 난 뒤, 피곤해서였는지는 알 수 없으나 자신에게 부여될 전지전능을 다 쓰지 않고 불완전한 작품으로 만드신 것이지요. 작품을 만들었으면 그 작품이 특별한 경우가 아니라면 암에도 걸리지 말아야 하고 당뇨병이나 심장질환·심근경색에도 걸리지 말아야 하고 말라리아나 에볼라 바이러스에도 걸리는 일이 없어야지요. 피조물의 피조물도 아니고 하늘과 땅과 만물을 만들어 낸 전지전능한 창조주의 작품이라면서요. 나는 하나님이 당신의 피조물이라는 인간에게서 '전능全能하신 하나님'이라는 호칭을 들으실 때마다 어떤 생각을 하실까 가끔 생각하곤 합니다.

'그래 나는 전능자이지.'
'그래 나는 전지자이지.'
'그러나 솔직히 불완전한 작가이지.'

죠반니 보카치오Giovanni Boccaccio(1313~1375)라는 유명한 작가가 있었습니다. 그는 이탈리아가 낳은 구술체口述體 문학과 액자구조 문학으로서의 한 획을 제대로 그은 사람입니다. 그는 대체적으로 암울한 중세를 살면서도 사람들의 삶의 아픔을 시로써 인문학적 소설작품으로써 잘 다독거려 준 사람입니다.

창조주 하나님의 불완전성과 비전지전능에 대한 비판문학으로 한때 고생을 겪기도 하였지만, 말년에는 종교에 깊이 다가갔습니다. 그가 쓴 《데카메론Decameron》은 열 명의 젊은이들이 열흘deca에 걸쳐 각자 열 가지씩 사람들의 삶의 이야기meron들을 구어체 형식으로 엮은 책입니다.

나는 열댓 살 어렸을 때, 《데카메론》을 읽고 벅찬 감동을 주체할 수 없었습니다. 그 감동은 마침내 절집에 들어와 일승원교—乘圓敎인 《화엄경》을 접하기까지 10년 가까이 이어졌지요. 그러다가 화엄경에서 선재동자가 스승을 찾아다니는 거룩하고도 갸륵한 행각에서 데카메론의 감동을 뛰어넘는 그 무엇인가를 찾게 됩니다.

해학이 곁들여진 《데카메론》과 구도의 열정을 담은 《화엄경》은 둘 다 액자구조framing라는 문학 장르로 얘기할 수 있겠지만요. 열 명의 이야기 꾼들이 한 자리에 모여 나누는 이야기를 묶은 《데카메론》과 각기 흩어져 있는 쉰세 명을 찾아다니면서 법을 묻고 그 물음에 답하는 《화엄경》은 형식의 다름에서 또 다른 맛을 느낄 수 있습니다. 그러나 이 두 가지가 하나는 소설이고, 하나는 경經이 되었는데, 설한 자가 누구인가와 설해진 내용이 어떤 것인가에 따라 다른 길을 걸었을 것입니다.

하나님의 제자들, 이를테면 가톨릭 사제들을 비롯하여 교수들·정치가·입법의원들·캔터베리 대주교까지 그들이 숨어서 저지르는 일까지 낱낱이 파헤치는 보카치오. 마침내 하나님의 비전능성까지도 꼼꼼히 그루박아 들추어내는 보카치오의 고발소설을 접하고 보면 지금 나의 창조주에 대한 비판은 생각하는 존재 인간으로서는 아직도 미미한 수준일 것입니다. 그러니까 내 비판은 비판 축에도 낄 수 없는 아주 사소些少하다는 것입니다.

하나님은 자신이 창조주라는 생각을 갖지 않습니다. 인간이 그분의 어깨에 전능이라는 무게의 짐을 얹은 것이지요. 그러나 그분은 생각하실 겁니다.

"그래, 내 작품 솜씨는 별로야."

"인간이 부실한 게 어디 그게 인간 스스로의 책임이겠어?"

"나는 신화의 한 주인공일 뿐인데 나를 너무 과장하니까 내가 부담이 가지. 각 나라마다 각 부족마다 내려오는 창조신화가 있기 마련이고, 난 그 가운데 한 신일 뿐인데 부담이 좀 많이 간단 말씀이지."

며칠 전 집 전화를 바꾸었는데, 통화 품질에 이상이 있어 KT에 교환을 요청했습니다. 통신회사에서는 단말기가 문제라면서 삼성서비스센터에서 〈착하(파손)불량판정서〉를 받아 오면 교환해 주겠다는 것이었습니다. KT도 삼성도 우리나라 굴지의 회사들이 아닙니까? 서비스로는 모두 최상이니까요.

인간이 누구입니까? 불교에서는 인간 개개인이 완전한 인격자고 거룩한 부처님이라 얘기하고 있습니다만, 불교 이외의 모든 종교에서는 전지전능한 하나님의 불완전한 피조물이라고 합니다.

불완전하다면 끊임없이 고치고 설계하고 다시 설계하고 고쳐서라도 완벽한 피조물로 만들어가야 하지요. 한 번 만든 제품이 완벽하지 못한 줄 알면서도 그대로 방치한 채, 제조자 자신의 솜씨는 탓하지 않고, 자신이 만든 물건에게 모든 책임을 떠넘기는 일은 불완전하다는 사람들조차도 하지 않는 일입니다. 그런 그분에게 과연 창의성은 있는 것일까요?

극락세계에 많은 새들은 다 아미타불의 피조물입니다. 그리고 동시에 그 피조물에 창조주 아미타 부처님이 깃들어 있습니다. 아미타 부처님이 성불하신 지 10여 겁(겁=지구령)이 지났습니다. 그러니까 지구의 나이 10 배이니 자그마치 465억년이라는 얘기가 됩니다. 그동안 아미타 부처님의 피조물인 극락조들이 주야육시로 노래했지만 혹여 고장접수가 있었는지는 아직 잘 모르겠습니다.

왜냐하면 그가 만든 그의 피조물 속에 창조주의 정신은 물론, 창조주 스스로 함께하기 때문인데요. 그래서 《불설아미타경》을 읽을 때마다 아미타불의 일체동관一體同觀 사상 그 뛰어난 정신에 나는 늘 감동하곤 합니다.

나는 선언합니다.
불교는 창조론이다.

그러나 창조주와 피조물을 이원론二原論으로 보지 않고 자신이 곧 피조물로서 현현하는 불교만이 지닌 독특한 창조론이라고요.

장엄염불/3

너 와 나 법계중생 모두함께 마음내어
미타여래 크신원력 그바다로 들어가세
중생의길 중생의업 일체모두 던져두고
보살의길 여래의길 그길로만 나아가세

시방삼세 부처님중 아미타불 제일이니
구품으로 제도중생 그위덕이 한이없네
지극하온 마음으로 우리이제 귀의하고
삼업으로 지은죄업 털어내고 참회하세

부드러운 나의마음 복덕으로 이어지고
적극적인 나의행동 실천으로 정진하고
아름다운 나의언어 선업으로 회향하니
염불행자 닦는길이 이것으로 완연하네

염불행자 벗님네여 기도하는 도반이여
이내생명 다하거든 극락세계 태어나서
아미타불 친견하고 생사윤회 뛰어넘어
부처님과 다름없이 일체중생 제도하세

이내생명 다하는날 일체장애 없어지고
아미타불 인도받고 관음세지 도움받아
구품연화 극락세계 연꽃위에 태어나서
한량없는 성중으로 도닦는벗 되어보세

이와같은 인연공덕 일체세계 두루미쳐
너와나와 모든중생 극락세계 태어나서
무량수불 부처님을 모두함께 친견하고
한꺼번에 성불하길 지심발원 하나이다

038

원죄原罪는 존재하는가?

요즘은 어딜 가나 원조元祖가 참 많습니다. 곤지암은 '소머리국밥'이 유명하여 곤지암 하면 소머리국밥이고 소머리국밥 하면 곤지암입니다. 소머리국밥에도 원조소머리국밥이 있고, 원조의 원조라는 것을 알리고자 함이겠지만 '진짜원조소머리국밥'이 있습니다. 강원도 횡성 안흥에 가면 안흥찐빵집들이 많은데, 거기도 원조안흥찐빵집이 있고, 진짜원조안흥찐빵집이 있는가 하면 '진짜진짜원조안흥찐빵집'도 있습니다.

죄罪sin란 무엇일까요? 게다가 죄의 원조라고 일컬어지는 이른바 원죄原罪original sin는 과연 존재할까요? 물론 불교의 설은 결코 아닙니다. 죄罪란 잘못非을 저질렀을 때 저지른 언행과 마음에서 끝나지 않고 법의 그물罒에 걸린다는 것이지요.

시기의 빠르고 더딤은 있겠지만 반드시 지은 잘못은 대가를 치르게 되어 있습니다. 설령 잘못非을 저질렀다 하더라도 그 잘못의 크기가 너무 작아 법의 그물에 걸리지 않는다면 죄라고 하기에는 좀 그렇지요. 그래서 죄罪자가 지닌 의미처럼 법罒에 저촉되는 잘못非이 죄입니다.

죄는 보통 후천적이지 않습니까? 선천적으로 태어날 때부터 죄를 손에 쥐고 있는 것은 아니니까요. 시민이 주인이고 국민이 주인인 오늘날에까지 와서 노예제도나 하인시스템을 느닷없이 끄집어내는 것도 아니고 또는 양반이니 상것이니 웃전이니 아랫것이니 하는 세상도 아니지 않습니까?

관습적으로 남아 있다고 하는 인도의 카스트 제도도 실제 국법으로는 남아 있지 않는 것으로 알고 있습니다. 부처님께서는 이미 2,600여 년 전에 이런 잘못된 폐습을 타파하시고자 "백 천 강물이 바다로 들어가니 모두가 다 같은 짠 맛이다"라는 유명한 말씀을 남기셨고, 심지어는 태어나실 때 이미 "이 천지간에 오직 '나'만이 높다"라고 하셨습니다. 그런데 21세기 전 세계 어디에도 없는 주인과 종의 관계, 곧 노예제도를 고스란히 갖고 있는 곳이 종교입니다.

나는 분명히 지적합니다. 이러한 원죄설이 등장하게 된 배경은 주인과 종이라는 노예제도였고, 급기야 나다니엘 호손(1804~1864)은 저 유명한 《주홍글씨The Scarlrt Letter》라는 소설을 발표하기에 이릅니다. 이 소설이 발표된 게 언제입니까? 1850년이니 어느새 160여 년이 넘어버렸습니다.

그런데 아직도 이 땅의 많은 종교는 원죄설을 적절히 이용하고 있습니다. 후천적으로 지은 죄에 대해 얘기하는 것이야 너무 당연하겠지요. 하지만 태어나기도 전에 종이니, 하인이니, 서얼이니, 또는 노예니 하는 제도를 원죄설이라는 이름으로 포장하여 종교에서 지니고 있다는 것은 생각할 여지를 참으로 많이 남깁니다.

내 얘기를 반박할 근거는 아마 어디에도 없을 것입니다. 왜냐하면 목사님이 설교하고 기도할 때 늘 하는 말이 "나의 주(인)님은 하나님이시고 나는 그분의 종이오니, 종의 뜻이 아닌 주님의 뜻으로 하소서~"라는 기도는 늘 하고 있으니까요.

나는 이웃 종교를 반박할 아무런 권한이 없습니다. 또 그렇게 해서도 안 되는 것이고요. 저 유명한 《명심보감》에 보면, "그 자리에 있지 않다면 그 정책을 도모할 수 없다不在其位不謀其政"라는 말씀이 있는데 정말로 내가 좋아하는 내용입니다.

다만 원죄설이 탄생하게 된 배경이 바로 주인과 노예의 제도라는 것, 그리고 그러한 제도를 없애고자 미국의 제16대 대통령이었던 에이브러햄 링컨Abraham Lincoln(1809~1865)이 1863년 11월 19일 게티스버그 국립묘지에서 '게티스버그 연설문Gettysburg Address'이라는 유명한 연설문을 남기기도 했지요.

그리고 지금도 전 세계가 이슬람의 율법으로 인해 어린 소녀들이 목숨을 잃는 현장을 떨리는 분노의 눈으로 지켜보고 있습니다.

원죄原罪 오리지널로 표현되는 원죄의 '원原' 한문의 글자 모양이 돌 틈에서 솟는 샘물을 뜻합니다. 모든 강물은 바로 이 작은 곳 남상濫觴에서 시작합니다. 그것이 도랑이 되고, 실개천이 되고, 하천이 되고, 작은 강을 이루고, 큰 강으로 모여 마침내 바다에 이릅니다. 그러나 이는 흐름의 비유일 뿐이지 원죄의 문제와는 완벽하게 다릅니다.

창조론에서 본다면 삶은 학습을 통해 이어지지만 생명의 세계는 이어지지 않아야 하고 진화하지 않아야 합니다. 진화를 인정한다면 창조가 부정되듯이 창조를 내세운다면 진화는 으레 부정할 수밖에 없습니다.

그렇기 때문에 할아버지도 창조주 하나님 아버지, 아버지도 창조주 하나님 아버지, 나도 창조주 하나님 아버지, 내 자식도 창조주 하나님 아버지, 손자도 창조주 하나님 아버지를 각자 외칠 수밖에 없습니다. 그러면서도 한 녘으로는 자기를 낳은 생부와 생모를 둡니다. 창조주 곧 자기를 만들어 낸 하나님이 무척 서운해 하실 터인데 낳아 주신 부모님이 따로 있다니요. 모순도 이만저만이 아닙니다.

그런데 여기서 얘기하고자 함은 개개인의 창조주라면서 이른바 원죄만큼은 아담과 이브에게서 물려받게 하는 시스템에 관한 것입니다. 할아버지도 아버지도 나도 아들과 손자도 그들 하나하나를 손수 만드신 분이 창조주 하나님이라면서 어떻게 원죄는 아담과 이브에게서 이어가게 하느냐 하는 것입니다. 원죄도 하나님에게서 이어가야 하는 것이 아닌지요. 원죄 입장에서라면 창조론이 아니라 세대계승론世代繼承論에 해당합니다.

그러므로 만일 원죄가 이어진다면 진화론이라든가 세대계승론을 인정해야 할 것입니다. 세대계승론을 인정한다면 이미 한물 간 구시대의 시스템, 소위 노예제도에서 시작된 원죄설을 얘기한다 하더라도 나는 그나마 조금 인정할 수 있을 듯싶습니다.

극락세계에서는 원죄설을 얘기하지 않습니다. 왜냐하면 본디 지옥도 없고, 아귀도 없으며 축생조차도 없습니다. 극락세계에는 삼악도三惡道라는 단어 자체가 성립할 수 없다고 말씀하십니다. 하물며 그 새들이 죄보罪報로 생겨났다고요?

아닙니다. 그런 논리가 극락에는 없습니다. 당연히 죄보라는 게 없다면 원죄라는 것도 없지요. 죄보라는 용어 자체가 없는데 오리지널 씬, 곧 원죄라니요. 도저히 말이 안 되는 말씀입니다.

039

지옥이 지닌 뜻

지옥 : 삼악도 중 하나. 사바세계에서 쓰는 말. 고통스러운 세계라 하나 어떠한 감정인지 표현이 불가능하다. 삼악도 역시 사바세계 용어.

지옥地獄hell

(01)헬hell: '감추다' '덮다'라는 뜻의 앵글로색슨Anglo-Saxons 어語에서 비롯한 헬이라는 용어는 지하세계가 뜨거운 곳이라 믿습니다. 그러나 일부 종교에서는 이러한 지하세계를 차갑고 어두운 곳으로 가리킵니다.

(02)하데스Hades: 명부 세계를 관장하는 신이며 그리스 신화에 나옵니다. 이 신의 이름과 불교에서의 명부의 왕 염라는 뜻을 같이합니다. 지금은 행성에서 제외되었지만 플루토Pluto 곧 명왕성이라는 이름도 바로 이 염라대왕에서 비롯되었지요.

(03)타르타로스Tartaros: 공간적으로는 명계 최하층의 지옥인데, 신들에게 반항한 인간들이 가는 곳이고 인격신으로서는 아이테르와 지구의 신 가이아Gaia 사이에서 태어났지요. 나중에 제 엄마 가이아와 관계해서 괴물 티폰과 에드키나를 낳습니다. 타르타로스는 다름 아닌 엄마면서 배

우자인 가이아의 자궁인데 지표면에서 타르타로스까지는 하늘과 땅의 거리와 맞먹습니다.

(04)셰올Sheol: 스올 또는 시올이라고도 발음하며, 유대인들은 죽으면 누구나 다 셰올로 간다고 합니다. 셰올은 음부陰府라는 뜻인데 불교에서는 명부라고 합니다. 저승이라는 뜻이지요. 그러기에 음침한 곳이라 여겨집니다. 셰올이 땅속이니 으레 음침하겠지요. 따라서 셰올이란 땅 속이라는 뜻이기도 합니다.

(05)니플헤임Niflheim: 니플헤임은 북유럽 신화에 나오는 매우 춥고 어두운 지하세계이지요. 하늘과 땅이 처음 열릴 때, 허무의 깊은 늪 북쪽 끝에 있던 극한極寒의 세계가 니플헤임이 된 것입니다. 헬hell이라 하기도 합니다.

(06)푸에블로Pueblo: 전체적인 이름은 푸에블로 인디안입니다. 선사시대 아나사지 족으로 아나사지 문화Anassazi Culture의 후예들입니다. 푸에블로는 죽은 이들의 영혼이 머무는 천상의 장소지요. 그들은 죽으면 그 자리에서 구름이 되고 비의 전달자가 된다고 믿습니다.

(07)헬hell: 아! 드디어 헬입니다. 우리말의 '지옥'만큼이나 많이 들어온 말이지요. 북아메리카 인디언들은 수렵생활을 즐기며 살아가는데 그들은 죽으면 영혼이 쇠잔해지다가 결국에는 소멸하고 말지요. 그때 그들이 가는 곳이 어디겠습니까? 바로 지옥hell입니다. 여기에 선악은 없습니다. 죽은 뒤 선악을 따지지 않는 부족이 있습니다. 생전에 선을 쌓았거나 악을 지었거나 그들은 누구나 죽으면 결국 지옥으로 간다는 것이지요.

(08)하메스타간Hamestaga'n: 조로아스터교의 내세관은 사람이 죽으면 그의 영혼이 사흘 동안 죽은 사람의 영혼 위를 맴돈다 하지요.

첫째 날은 생전에 자기가 했던 말을 되짚어 보고,

둘째 날은 생전에 자기가 했던 생각들을 되새김질하며,

셋째 날은 생전에 자기가 했던 행동들을 생각해 본답니다.

(9)나락(카)Naraka: 드디어 낯익은 용어입니다. 불교에서의 지옥은 일반적으로 육도 맨 밑바닥에 위치한다고 봅니다. 육도란 하늘·인간·아수라·축생·아귀·지옥으로서 모든 생명을 가진 자들이 윤회하는 번잡한 욕망으로 가득한 곳입니다. 구사학俱舍學의 텍스트인《구사론》에서는 팔대지옥을 들고 있습니다.

① 등활等活지옥: 살생죄를 지은 자가 가는 곳입니다. 고귀한 생명을 죽인 자들이 업보로 태어나는 지옥인데 팔대지옥 중에서는 형량이 적습니다.

② 흑승黑繩지옥: 살생죄와 절도죄를 지은 죄가 가는 곳인데 등활에 비해 절도죄가 하나 더 추가되었습니다. 등활보다 무거운 지옥입니다.

③ 중합衆合지옥: 앞의 살생죄·절도죄 외에 사음죄를 지은 자가 가는 곳이지요. 그래서 등활보다 흑승지옥이, 흑승지옥보다는 이 중합지옥이 과보가 더 크다고 할 수 있습니다.

④ 규환叫喚지옥: 살생죄·절도죄·사음죄를 지은 이가 음주죄를 추가로 짓게 되면 이 규환지옥에 들어갑니다.

⑤ 대大규환지옥: 앞의 네 가지 죄를 짓고 헛된 말을 퍼뜨리는 망어죄를 추가로 더 지으면 이 지옥에 들어갑니다. 규환지옥이나 대규환지옥이나 너무 고통스러워 울부짖는 지옥이 이 대규환입니다.

⑥ 초열焦熱지옥: 살생죄·절도죄·사음죄·음주죄에 망어죄와 다시 사견邪見죄를 추가로 저지른 경우 곧바로 이 지옥에 들어갑니다.

⑦ 대大초열지옥: 살생하고 훔치고 사음하고 음주하고 거짓말 하고 사견을 내고 거기에 비구니를 범하게 되면 이 대초열지옥에 들어가게 됩니다.

⑧ 아비阿鼻지옥: 아비는 무간無間이라고도 하는데, 아버지를 죽이고

어머니를 죽이고 아라한을 죽이고 부처님에게 상처를 입히고 화합하는 교단을 깨트린 죄업으로 이 아비지옥에 들어갑니다. 고통이 심하지만 쉴 틈이 없으므로 무간입니다.

위의 8가지 지옥들은 각기 팔한팔열八寒八熱이라는 16개의 지옥을 거느리고 있습니다. 거기에 근본 지옥 8개를 합해 모두 136개의 지옥이 있지요. 지옥설의 대표적인 곳 기독교를 비롯하여 이슬람교의 지옥설, 중국의 지옥설 등은 생략합니다.

지옥에 관한 것은 설이 여럿일 수밖에 없습니다. 도깨비나 귀신은 표현하기 쉽지요. 아무도 본 사람이 없는 까닭입니다. 지옥도 마찬가지입니다. 다녀온 사람이라면 그는 기억을 못하거나 기억한다 하더라도 표현이 안 되거나 신분이 다르기에 커뮤니케이션이 이루어지지 않을 수 있습니다. 대화가 가능한 신분은 오직 사람과 사람일 뿐이며 사람과 사람이라도 통하지 않으면 대화는 불가능합니다. 그런데 극락세계는 이런 지옥이 없습니다. 본디 지옥이 없으니 그와 함께 지옥이라는 이름도 없을 수밖에 없습니다. 요즘 쓰는 말 중에 이런 말이 있습니다.

"앞으로 실질적 호칭은 어머니·아버지·아들·딸·사위·며느리처럼 직계直系는 가능하겠지만 방계傍系인 자매·형제·고모·이모는 없어지고 사회적으로 맺는 이른바 소셜 호칭만이 국어사전에 오를 것이라고요. 아이를 하나밖에 낳지 않으니까."

극락에서는 아예 죄악을 생산하거나 유통시키거나 즐겨 수용하는 이가 없으니 당연히 죄악이 없고 삼악도가 없고 이름씨名詞조차 없겠지요.

040

오직 즐거움

'아귀들의 단식'이라는 말이 있지요. 이를 히포크리티컬hypocritical 선행이라고도 합니다. 히포크리티컬이 위선적이라는 뜻이니 보여주기 위한 선행이라는 뜻이겠군요. 선행을 영어로 표현하면 굳 디드good deed 니까 아주 쓰는 김에 '영어한글섞어作'이 아니라 내처 영어 발음으로 쓰면 '히포크리티컬 굳디드'가 되겠네요.

일상에서 영어의 쓰임이 많다 보니 영어에 대해 어려움을 겪는 나는 매일 사전을 들춰 보는 게 거의 일상이다 싶습니다. 특히 아프리카에서 햇수로 6년을 살다 보니, 부딪히는 게 죄다 꼬부랑 글씨였고, 문 밖 사람門外漢인 내게는 여간 어려움이 없던 게 아니었지요. 그래도 나는 문법이 맞거나 맞지 않거나 두려워하지 않고 씁니다. 그러다 보면 고칠 곳이 나오고 그럼 또 고치고, 외국어는 그런 거 아닌가요? 처음부터 완벽하게 하려다 보니 외국어공포증foreign language phobia이 생기는 것입니다.

늘 배고파 힘들어하는 아프리칸African들과 함께 하면서 매일 떠올린 단어가 굶주림hungry이며 아귀hungry ghost였습니다. 이 지구상에서 가장 먼저 척결해야 할 단어가 다름 아닌 굶주림이고 아귀였습니다.

나는 눈물이 많습니다. 여섯 해 동안을 거의 매일이다시피 울고, 울고, 또 울고 다녔습니다. 나는 어린아이처럼 웁니다. 글자 그대로 통곡痛哭이지요. 내가 통곡하는 소리는 때로 몇 백 미터 밖에서도 들립니다. 나는 그들에게 직접적으로 도와줄 게 없었습니다. 그저 우는 것 말고는요. 그래서 애깁니다만, 히포크리티칼 굳디드, 곧 위선적 선행도 좋으니 그들 가난한 이들에게 경제적 도움을 많이 주었으면 싶습니다.

그건 그렇고, 보십시오. 순수 우리말이 일상 속에서 몇 마디나 되겠습니까? '순수' '일상' '위선적' '선행' 외에 '아귀' '단식' '영어' '사전' '척결' '통곡' '직접적'이라는 말들이 순우리말이 아니라 한문이 우리 삶 속에 들어와 우리네 일상과 함께 지내면서 우리말이 되어버린 것입니다. 그렇다면 '히포크리티컬'이라는 말도 언젠가는 우리 국어사전에 사이좋게 자리를 틀고 앉겠지요.

사람에게 적용하는 말로는 헝그리 고스트hungry ghost에서 고스트 ghost는 생략하고 배고픔의 뜻 헝그리라든가 스타베이션starvation 정도가 어울리지 않을까 생각해 봅니다. 기아·아사 상태이면서 궁핍·결핍의 뜻이 담겨 있는 스타베이션이면 충분한데, 살아 있는 사람에게 아귀라는 표현은 좀 그렇지요?

문화의 척도에서 첫째는 말이고 글이고 이미지입니다. 그 나라의 삶의 문화를 이해하려면 일단은 그들이 쓰는 말과 글, 그들이 표현하는 이미지를 깊게 이해할 필요가 있습니다.

우리가 살아가는 사바세계 지구촌과 달리 극락세계에 지옥·아귀·축생이 없고, 그러한 상황을 표현하는 말도 없고, 글도 없고, 이미지화된 기호도 없고 그림도 없다는 데에서 우리가 챙길 수 있는 게 무엇일까요?

그렇습니다. 지옥 같은 삶이니, 헐벗고 굶주림이니, 짐승 같은 삶이니 하는 문화가 일단은 없다는 데서 출발합니다. 이들 세 가지 이름씨와 함께 삼악도라는 이름씨가 없다는 것은 그로부터 파생되는 모든 삶의 괴로움이 없다는 것입니다. 괴로움의 99%는 거기서 파생되므로, 사바세계의 입장에서 보면 언어 자체가 필요 없다는 것입니다. 부처님께서 중생들의 삶을 일체개고一切皆苦라 하셨듯이, 우리의 언어 99%가 정치·경제·질병·노화에서부터 삶과 고뇌·번민 등에 관한 것입니다.

지구는 지금 인류가 야기惹起한 대기오염, 생태환경파괴, 온난화 등으로 기온이 급상승하고 있습니다. 지난 백 년 동안의 이산화탄소 배출량이 그 앞서 1만 년 동안의 배출량과 맞먹는다고 하면 믿으시겠는지요? 지구의 기온 1°C 상승에 대해 우리는 쉽게 생각할 수 있습니다.

뭐야, 기껏 해보았댔자
겨우 1C°밖에 안 되잖아!
그딴 것 갖고 웬 호들갑들이야!

100년 동안에 평균1°C가 올라갔다? 이건 숫자로 계산이 되지 않습니다. 임계점臨界點critical point에서는 1이 아니라 1만분의 1인 0.01%도 결코 적은 게 아닙니다. 1천 분의 1인 0.1%도 아니고, 그것의 열 배인 1%이겠습니까? 인류 역사가 시작된 이래로 지금까지 대기 중 질소는 78%이고 산소는 21%인 데 비해 이산화탄소 농도는 0.03%를 넘지 않았습니다.

다시 말해 대기大氣atmosphere 1세제곱미터 안에 질소 알갱이가 7,800개, 산소 알갱이가 2,100개인 데 비해 이산화탄소 알갱이는 겨우 3개뿐입니다. 그런데 거기에 하나쯤 더 늘어난다고 뭐가 대수냐고요?

역도 선수들이 4제곱미터 목재연단 위에서 바벨barbell을 들어 올립니다. 인상引上snatch과 용상聳上clean and jerk이라는 2번의 종목에서 체급에 따라 경기를 치르고 추상推上press 종목에서도 역시 같은 경기를 치를 때, 선수들에게는 각자 그들만의 자기 임계치臨界値가 있습니다.

가령 인상에서 자신의 임계치가 125kg이라고 할 때, 126kg은 겨우 1kg 차이일 뿐이지요. 그런데 그 1kg을 더 보태서 들어 올리는 것이 125kg을 두서너 번 더 들어 올림보다 더욱 힘들고 어렵다는 것입니다.

물이 끓는점은 100℃입니다. 따라서 99℃에서는 물은 액체에서 기체가 되지 않습니다. 또한 100℃에서 계속 열을 가한다 하더라도 물이 더 빨리 기체화되지 않거니와 열을 줄여 1℃만 내려도 물의 기화는 바로 멈추어 버립니다. 이런 물리나 운동의 법칙만큼이나 지구의 생태환경은 아무리 강조하더라도 중요하고, 중요하고 또 중요하지요.

그런데 극락세계에는 지옥도 지옥이라는 이름도 없거니와 굶주림과 헐벗음이라는 이른바 경제적 빈곤이 없습니다. 이 빈곤에는 절대적 빈곤도 상대적 빈곤조차도 없다는 의미입니다.

우리나라는 동아프리카 탄자니아Tanzania나 세계의 지붕 히말라야의 부탄Bhutan보다, 또 몽골리안Mongolian보다도 국가경제나 국민경제 수준이 높은데도 불구하고, 경제적으로 잘 산다고 느끼지 못하는 것이 상대적 빈곤 때문입니다.

행복지수도 마찬가지입니다. 경제적 수치로 계산하지 않지요. 상대적 느낌에서 오는 행복이며 불행일 뿐입니다. 극락의 극極은 상대를 떠나 있지요. 그러므로 '누구는 행복한데', '누구는 잘 사는데' 하는 상대적인 개념 체계를 떠나 있기에 모두 행복하고 오직 즐거움極樂만 있는 것입니다.

041

무지렁이 없는 세상

요즘은 개에게도 '개님'이라는 존칭까지는 아니더라도 그냥 '개'라는 말도 함부로 못씁니다. 잘못 썼다가는 아니, 쓰기는 바로 썼는데 받아들이는 입장이 누구냐에 따라 봉변을 당할 수도 있습니다.

그래서일까, 어떤 분이 극락세계에는 지옥도 없고 아귀도 없고 축생도 없다니까 "다른 것은 잘 모르겠으나 축생이 없다면 개새끼도 없겠군요"라며 극락이 마음에 든답니다. 개에게 많이 시달린 듯싶은데 나는 이해가 갑니다. 요즘 이웃집 개들로 인해서 스트레스를 왕창 받고 있는 까닭입니다.

그러나 한편 생각하면 개들이 무슨 죄가 있습니까? 이웃 집, 이웃 사람은 전혀 생각하지 않고 수십 마리의 큰 개들을 풀어 놓아 온통 부처님 도량을 개똥밭으로 만들어버리는 개 주인의 상식이 문제라면 문제겠지요.

개들에게만 집중공격이 된 것 같아 이 땅의 반려동물伴侶動物을 사랑하는 대다수의 개 주인들에게는 좀 미안하기도 합니다. 그러나 우리가 개를 키우든, 고양이나 닭을 키우든, 소를 먹이고, 돼지를 기르고, 좋아하는 가축들을 기른다 하더라도 세상은 나 혼자 전세 낸 게 아니라서 함께 지킬 것은 지켜가는 게 좋지 않겠는가 하는 게 내 생각입니다.

우리 속담에 "개똥밭에 굴러도 이승이 좋다"라는 말이 있습니다. 이 말이 반드시 극락을 두고 한 말인지는 자세히 알 수 없으나 바꾸어 말하면 "죽어서 가는 곳이 천당이든 극락이든 거기에 개가 없고 사나운 짐승이 없을지라도"의 뜻이 될 수 있을 것입니다.

축생은 무지렁이입니다. 하늘과 인간을 제외한 세계는 아수라까지도 악도惡道입니다. 일반적으로는 아수라를 삼선도三善道에 집어 넣고 있습니다. 그러나 과연 아수라가 선도일까요?

아수라는 선도善道 중생인 동시에 또한 악도 중생입니다. 그런데 그게 뭐 대단하겠습니까? 정말 아수라가 대단한 것은 뭘까요? 그는 육도 어디든지 갈 수가 있습니다. 아수라는 사람과 같이 악도 중생이 아닙니다. 분명히 삼선도에 들어갑니다.

그러나 아수라는 하늘과 지옥을, 하늘과 인간세계를, 그리고 하늘과 아귀세계를 마음껏 왔다 갔다 합니다. 인간이 가고 싶어 하는 곳이라면 어디든 갈 수 있는 중생입니다. 사실 그는 하늘의 제왕입니다. 매우 다투기를 좋아하는 중생입니다. 성정이 포악해서이기도 하지만 자신은 가지 못하는 곳이 없고 취하여 얻지 못하는 게 없습니다. 그러니까 자신이 가는 길에 걸리적거리는 것은 부처님을 제외하고는 다 쳐버리지요. 손오공만큼이나 제멋대로입니다. 손오공이 아수라의 롤 모델role model입니다.

《천수경》에 의하면, 관세음보살님은 부처님 앞에서 세운 서원을 밝힙니다. 이를 육향六向이라 합니다. 도산지옥·화탕지옥·무간지옥까지 당신의 원력이 미치는 곳이면 어디든 달려가 힘쓰겠노라는 것이지요. 그런데 실제로 육향은 관세음보살의 원력을 따라 배우는 일반 천수행자들이 세우는 서원이지요. 항수불학恒隨佛學, 늘 부처님을 따라 배우는 정진시스템에 의해 천수행자가 관세음보살의 원력을 배우고 그대로 따라 세우는 원력입니다.

아무튼 관세음보살께서는 극락세계 아미타 부처님의 비서 중 왼쪽을 담당하시는 분이십니다. 보다 서민적인 분이고, 보다 진보적인 분이며, 가진 자보다는 못 가진 자를 위해, 지배하는 고용주보다는 지배당하는 노동자들 편에서 마음 쓰고 어루만져 주시는 분입니다.

그런 관세음보살님을 단지 좌보처左補處라는 말로 인해 그의 정신적 세계와 그가 나아가는 삶의 방향이 아니라 단지 아미타 부처님의 왼쪽에서 모시고 있는 분으로만 알고 있습니다. 당연히 왼쪽에 계신 분이 맞습니다. 관세음보살님은 위치에너지potential energy에서는 분명 왼쪽left side이 맞고, 운동에너지kinetic energy에서는 진보적progressive인 분이 맞습니다.

높은 데 계신 분들이 궂은 데 잘 가는 거 보셨습니까? 앞서 말씀드렸듯이 단지 보여주기 위해서, 선거 때 표 얻기 위해서 벌이는 히포크리티컬 굿디드는 아니던가요?

그렇지만 위선적 선행이 반드시 나쁜 것만은 아닙니다. 보조 국사普照國師 목우자牧牛子 지눌知訥 스님(1158~1210)의《계초심학인문誡初心學人文》에서 "나쁜 사람이 든 횃불이라도 능히 어둠을 밝히나니"라고 합니다. 너무 가난해서 베풀 것이 없기보다 비록 보여주기일망정 베푸는 행위를 나쁘다 할 순 없지요.

저 유명한《금강경》에서는 "베풀되 티相 내지 말라. 베푼 공덕이 반감하리니"라고 말씀하십니다. 삼천대천세계를 칠보로 채워 베푼 공덕보다 금강경 사구게 한 구절을 전하는 공덕이 낫다는 말씀은 칠보 공덕을 무시하는 게 아니라 그만큼 티 내지 말라는 것입니다.

이 말씀 속에는 "하물며 이 금강경 사구게를 티를 내며 전할 것이랴?"라는 엄청난 선언이 감추어져 있습니다. 실제로《금강경》말씀을 들어 물질 보시에 대해서는 "상 내지 말라", 그렇게 가르치면서 금강경 몇 자 몇 구절 가르친다고 온갖 상이라는 상은 다 내는 일부 스님, 교수, 법사, 포교사 등을 본 적은 없으신가요? 상 내지 말라는 말씀을 전하면서 정작 자신의 행위가 저 칠보 공덕보다 더 크다고 우쭐대는 이들을 보면 '이건 아니다' 싶을 때가 참 많습니다.

극락세계에는 지옥도 없거니와 지옥이라는 이름도 없고, 아귀도 없거니와 아귀라는 이름도 없으며, 축생이 없기에 축생이라는 용어도 찾아볼 수 없다 하신 부처님의 말씀은 참으로 시사示唆하는 바가 큽니다.

축생이 무엇입니까? 어리석음입니다. 무지렁이입니다. 티 내지 말라는 《금강경》을 설명하면서 정작 자기 주머니는 한 번도 열지 않고 온갖 티란 티는 다 냄이 바로 어리석음이며 무지렁이입니다.

순수pure의 세계가 정토淨土고 극락極樂입니다. 히포크리티컬하고 티 좀 낼망정 힘든 사람들을 위해 기부하고 불전에 시주하고 불사를 일으키는 이들이 수천만 배나 더 순수하고 장합니다.

042

아이 씨 유 I See You

이들모든 산새들은 아미타불 여래께서
가르침을 널리펴고 중생들을 교화코자
부사의한 힘으로써 만들어낸 새들이며
부처님이 화신으로 나타내신 몸이니라

영화 '아바타Avatar'는 2009년 12월 17일 미국에서 처음 상영되었고, 그로부터 한 달 뒤 이듬해 1월 중순, 우리나라 개봉관을 휩쓸어버린 영화, 당시로서는 외화外畵 역사상 가장 많은 1,300만 명을 넘어섰지요. 어느 날 전화가 왔습니다. 영화 '아바타' 보러 가지 않겠느냐고. 열반하신 법정 큰스님만큼이나 영화를 좋아하는 내가 거절할 이가 있겠습니까? 영허 법사와 나는 KBS 라디오 국局에 있는 아는 분과 함께 아바타를 보러 갔습니다.

신났습니다. 아바타Avatar라는 이름이 주는 철학적이고 종교적이며, 어찌 보면 다분히 심리적인 것이 생각보다 궁금했으니까요. 언제부터인가 방화邦畵보다는 외화를 훨씬 더 좋아하게 되었는데요.

나중에 '그래비티Gravity'라는 과학영화도 극장에서 보았지만 같은 삼
차원3dimension 영화인데 영상은 그래비티가 뛰어났으나 생각의 깊이에
있어서는 아바타가 단연 우위였습니다.

지금도 영화 속 잊을 수 없는 명대사 한 마디가 있습니다.

속삭이는 말로
"아이 씨 유 I See You!"
"보고 있어!"
"나는 당신(의 영혼)을 보고 있어."

아바타는 신의 화신을 뜻하는 힌두교 용어이자 가르침이라는 뜻입니
다. 신이 하늘에서 지상으로 내려와 육체적 형상을 지니게 됨을 의미하
며, 이는 불교의 삼신설三身說 중 화신化身과 같은 뜻을 지닙니다. 화신이
란 힌두교에서는 아바타지만, 영어로는 매년 어버이날 부모님 가슴에 달
아드리는 꽃, 미국 오하이오 주의 주화州花 담홍색 카네이션Carnation 앞
에 인in을 접두어로 얹은 단어 인카네이션incarnation입니다.

어쩌면 인간의 생명은 담홍색일지도 모릅니다. 담홍색이 살색 곧 피
부색 아니던가요? 사람은 심장에서 맥박이 뛰고 끊임없이 피를 공급할
때, 피부 빛깔이 담홍색을 띕니다. 신의 세계는 눈에 보이지 않습니다. 만
일 사람의 눈에 보인다면 그를 어떻게 신God이라 하겠습니까? 오죽하면
우리의 상식을 넘어설 때, "햐, 귀신이구먼. 귀신같아"라고 하겠습니까?
"차라리 귀신을 속이면 속였지~."

눈에 보이지 않는 실존實存이 보이는 모습으로 나타나는 것, 그래서 변
화할 화化자에 몸 신身자이지요. 기독교에서는 하나님이 예수 그리스도
의 몸에 임하셨으며, 예수님 그분이 곧 주님이라고 합니다. 기독교의 화

신설이지요. 나는 이 설을 접할 때마다 "참으로 대승적 가르침이구나" 하는 감탄사를 연발하곤 합니다.

그런데 불교에서의 화신은 반드시 사람이어야 한다는 데 국한하지 않습니다. 다양한 사람들의 모습은 물론이고, 동등한 깨달음을 이룬 또 다른 부처님의 모습도 나타내고, 깨달음을 추구함과 동시에 이웃을 고루 보살피는 보살의 모습, 인연법을 통해 깨달음을 이룬 연각緣覺의 모습, 부처님 말씀을 듣고 행을 닦는 출가자·재가자 등 성문聲聞의 모습, 하늘·용·야차·건달바·아수라·가루라·긴나라·마후라가와 같은 다양한 신들의 모습을 나타냅니다.

"뭐, 뭐라고요? 성문이 스님들 전유물專有物이 아니고 일반 재가불자들도 부처님 말씀을 듣고 닦아 가면 성문이라는 말씀인가요? 그런 억측이 어찌 가능합니까? 성문은 출가자들에게 국한된 게 아니었던가요?"

네, 그렇습니다. 지금까지 불교는 이렇게 가르쳐 왔습니다. 그러나 나는 감히 단언하건대 성문이란 글자 그대로 수행 방법이 이름씨에 들어갔을 뿐 그 구성원이든 개인이든 출가자에 국한되지 않는다고 말씀드릴 수 있습니다.

이러한 내 생각은 연각이라는 수행자도 마찬가지고, 수다원·사다함·아나함·아라한이라는 사향사과四向四果의 수행자들에게도 똑같이 적용된다고 말씀드립니다. 모두가 부처님의 화신입니다. 그런데 하물며 성문이겠습니까?

이 《불설아미타경》에서 말씀하시듯 움직이는 생명들 중에서 새들을 비롯하여 경전에 이름은 나와 있지 않지만 다양한 동물들과 곤충들도 모두 아미타 부처님의 피조물被造物임과 동시에 아미타 부처님 그 자신의 화신입니다. 극락에는 삼악도가 없다고 하셨는데 웬 동물이냐고요?

동물만이 아닙니다. 식물도 모두 아미타 부처님께서 중생들을 교화하기 위해 만든 아미타 부처님의 피조물이며 그 부처님께서 스스로 깃드신 아미타 부처님의 화신들이십니다. 하나님이 그리스도의 몸으로 육화肉化하신 화신의 롤 모델이 어쩌면 《불설아미타경》이 아닐까 하고 가끔씩 생각하곤 하는데 이것만큼은 정말 나의 지나친 억측이겠지요?

아바타를 보고 나서 느낀 것이지만 우리 인류는 지구와 지구 생명들에게 골고루 부여된 지구 자원의 혜택을 인간 마음대로 고갈시키고 앞으로 150년 뒤에는 지구에서 고갈된 자원을 다른 행성이나 다른 위성에서 갈취해 올 수 밖에 없다는 것입니다. 공정거래위원회 같은 것은 오늘날 지구에서나 적용되는 얘기고, 차후 다른 행성에서는 막무가내로 들이밀겠다는 그런 발상이 아니고 무엇일까요?

판도라Pandora라는 행성은 태양계를 벗어나서는 가장 가까운 행성이라고 영화에서는 얘기하고 있습니다만, 그보다 더 가까운 별이 프록시마 센타우리Proxima Centauri라는 별이지요. 지구에서 4.2광년 거리이니 약 40조km라는 얘기인데, 지구 지름을 13,000km로 잡을 때 무려 28억 개의 지구를 일렬로 늘어놓은 거리입니다. 상당히 먼 거리이지요.

그러니 영화 속에서도 그 물질 1kg을 지구로 가져오는데 어느 정도 비용이 들어간다고요? 자그마치 2,000만 달러의 비용이 들어간다는 것입니다. 그런데 문제는 그 언옵타늄Unobtanium이라는 물질이 지구 생명을 먹여 살리는 데 쓰일 게 아니라는 데 있습니다. 언옵타늄은 지금까지 밝혀진 112가지 원소에는 들어 있지 않습니다. 그런데 그 언옵타늄을, 지구 생명을 죽이려고 그 먼 행성까지 가서 그 별에 거주하는 생명들에게 허락도 받지 않고 대가도 지불하지 않은 채 가져오려 한다는 것입니다.

지구 생명을 죽인다면 그럼 어디에 쓰이느냐고요? 핵무기를 제조하는 데 지금의 핵 제조기술과 달라서 언옵타늄만 있으면 곧바로 핵무기를 만들 수 있다는 것입니다.

이 엄청난 프로젝트를 막기 위해 아바타는 판도라의 나비Navi 족과 힘을 모으고 지혜를 모읍니다. 그러나 판도라의 대기는 지구와 판이하게 다릅니다. 영화에서는 유독물질이라 하지만 이산화탄소 점유율이 지구대기에 비해 600배나 많지요. 지구대기의 이산화탄소 점유율은 1세제곱미터에 3알갱이인데 판도라는 1,800알갱이나 되니까요. 그래서 판도라의 나비 족 DNA와 지구인 DNA를 합성하여 아바타를 만들어 판도라에 파견하는 형식입니다. 이 모두가 과학을 바탕으로 한 창조의 기술이지요.

아미타 부처님께서는 이미 10겁(겁=지구령×10=465억년) 전에 창조기술을 갖고 새들을 만드셨습니다. 그리고 핵무기가 아닌 고귀한 생명체를 만드셨는데 인류는 앞으로 150년 뒤에 가서 고작 만든다는 게 생명을 죽이려는 것이라고요. 참으로 기가 막힌 발상들입니다. 지금 가장 가까운 이웃에서도 핵무기 제조에 사활死活을 걸고 있는 것을 생각하면 판도라에 자원을 갈취하러 갈 지구 인류의 미래가 결코 남의 이야기가 아니네요. 그저 암담합니다.

아바타가, 아미타 부처님의 자비가 담긴 화신化身 제조기술과 함께 아미타 부처님의 아바타가 깃든 그런 멋있는 화신이 생각나는 시간 오늘입니다.

속삭이는 말로
"아이 씨 유 I See You!"
"보고 있어!"
"나는 당신(의 영혼)을 보고 있어."

043

바람 바람 바람

장로비구 사리불아 저부처님 국토에는
부드럽고 싱그러운 산들바람 불어와서
보배로된 가로수와 그물코에 부딪치면
아름답고 감미로운 소리들이 생겨나니

이때나는 소리들은 한마디로 표현하면
백천가지 악기들이 한꺼번에 합주되는
장중하고 아름다운 관현악과 다름없어
이소리를 듣는자는 누구든지 자연스레

부처님을 생각하고 가르침을 생각하며
스님네를 생각하는 그런마음 내느니라
사리불아 이와같이 극락국토 저세계는
공덕으로 장엄으로 이루어져 있느니라

극락세계에 바람이 붑니다. 고요 0~0.2m/s하다 생각했는데 그게 아니었습니다. 바람이 바람을 부릅니다. 높은 곳에서 떨어지는 물체처럼 가속도의 법칙이 적용됩니다.

실바람 0.3~1.5으로 시작하여 남실바람 1.6~3.3이 되고 산들바람 3.4~5.4으로 변합니다. 극락세계에 산들바람까지만 부는 것은 아니겠지요? 미풍微風은 산들산들 부니까 분명코 산들바람이 맞을 것입니다.

건들바람 5.5~7.9이 건들건들 불어오니 서서히 이게 비로소 바람이구나 싶은데, 흔들바람 8.0~10.7이 불어오면서 마음도 흔들리기 시작합니다. 동서남북 방향 따라 샛바람, 하늬바람, 마파람, 높새바람이 붑니다. 마파람에게 게 눈 감추고 높새바람은 곧 된바람이라, 얼마나 된가 하면 초속 10.8~13.8미터를 불어 제키니 시속으로 따져도 45km입니다.

슬슬 무서워지기 시작합니다. 센바람 13.9~17.1이 되니 세차게 느껴지고 큰바람 17.2~20.7이 되니 아마도 이게 태풍인 듯싶습니다. 그래도 센바람과 큰바람을 합한 큰센바람 20.8~24.4에 비하면 아직은 실바람 수준입니다. 오늘이 한가을秋分인데, 태풍 제 16호 풍윙鳳凰Typhoon Fung-wong이 저 멀리 남태평양에서 올라오고 있답니다. 풍속이 24m/s이니 이는 곧 큰센바람에 해당합니다.

그런데 큰센바람도 노대바람에 비하면 작은 편입니다. 그러면 노대바람 24.5~28.4보다 더 센 바람도 있을까요? 당연히 있습니다. 왕바람 28.5~32.6이 있지요. 초속 28.5에서 32.6미터이니 시속으로는 어느 정도일까요? 바람 세기의 중심을 잡는다고 하면 초속 30.5×3,600미터는 109.800미터, 우와! 시속 110km로 부는군요. 시속 110km의 속도라면 사람도 자동차도 한 방에 날아가겠습니다. 그런데 왕바람보다 더 빠른 속도의 바람이 있습니다. 이른바 싹쓸바람입니다. 싹쓸바람은 초속 32.7m 이상이지요. 시속 117.720km이상입니다. 참고로 풍속을 재는 기준을 말씀드리면 풍속계로 10분 이상의 풍속을 재어 평균치를 낸다는 것은 알고들 있지요?

그래도 다행스러운 것은 극락세계에는 센바람 이상은 없는 것 같습니다. 알 수 없습니다. 아무래도 알 수 없습니다. 나는 어찌하여 극락세계의 산들바람보다도 극락세계에 바람이 불고 있다는 그 자체에 더 큰 관심이 가는 것일까요? 바람의 이름이 더 있는데, 왜 벌써 화제를 바꾸느냐 하면 그래요. 더 한 번 알아보겠습니다.

위에서 든 13가지 바람의 이름과 바람세기 등급은 19세기 초, 1805년에 해상에서 사용하기 위해 영국의 수로학자 겸 해군제독이었던 프랜시스 보퍼트Francis Beaufort(1774~1857)가 만든 것이라고 합니다. 따라서 210년이 지난 오늘날은 바뀌고 추가된 것도 있을 것입니다.

우리말 바람 이름으로는 살바람, 맞바람, 황소바람, 소소리바람, 피죽바람, 왜바람, 색바람, 된마바람, 고추바람, 갈마바람 등이 있습니다. 제주특별자치도에서는 바람을 '름'이라 하지요. 특히 바람이 많기로 유명한 제주는 세 가지 많은 섬三多島으로 불리는데 그 중에 바람이 들어가지요. 참고로 두 가지는 여자와 돌입니다.

다시 내 관심 건으로 돌아갑니다. 도대체 바람은 왜 불까요? 공기가 없는 텅 빈 우주에서도 지구의 대기처럼 바람이 있을까요? 대답은 으레 '없음'입니다. 한 마디로 바람이 불고 있다는 것은 곧 공기의 흐름 때문입니다.

참고로 달에는 공기가 없으므로 바람이 없고 바람이 없으므로 생명이 없습니다. 1969년도였던가요. 아폴로 11호를 타고 간 우주인 닐 암스트롱이 남긴 발자국이 아직도 고스란히 남아 있는데, 이는 우리의 위성 달에는 공기도 없고 물도 없고 바람도 없고 어떤 생명활동도 없다는 것입니다.

극락세계에 바람이 분다는 것은 그것이 미풍이든 실바람이든, 아니면 싹쓸바람이든 바람이 있다면 질소와 산소가 있고, 기온이 있고 찬바람과 더운 바람이 있겠지요. 거기에는 바람이 있으니 당연히 비도 내릴 것이고 때로는 서리와 눈도 내릴 것입니다.

나는 일단 안심입니다. 극락세계 생활환경 조건 중에서 이보다 우선하는 것은 없습니다. 아무리 칠보장엄이 아름답다 해도, 아무리 로봇robot化身 새들이 아름다운 소리로 지저귀더라도, 아미타 부처님께서 전생에 법장비구로 계시면서 극락세계 도시설계를 잘하시고 그대로 이루어졌다 해도, 바람 한 점 불지 않는다면 극락세계는 내 기준에서는 빵점입니다.

044

사람의 몸이 최상의 악기

빛은 어디에서 올까요?
우주에 가득 차 있습니다.
향기는 어디에서 올까요?
우주에 가득 차 있습니다.
맛이란 어디에서 올까요?
우주에 가득 차 있습니다.
접촉은 어디에서 올까요?
우주에 가득 차 있습니다.
소리는 어디에서 올까요?
우주에 가득 차 있습니다.

빛·소리·향기·맛·접촉이 이미 우주에 가득 차 있지만 인연을
만나지 못했을 따름입니다. 인연을 만나면 이들 모두는 그들 각자의 개
성을 마음껏 드러내고 뽐낼 게 분명합니다. 경전에서는 말씀하십니다. 산
들바람이 불어와 보배로 된 대기 그물과 보배 가로수 잎사귀에 부딪치면

마치 백 천 가지 악기들이 한 자리에서 협주되는 것처럼 장중한 관현악으로밖에 표현될 수 없다는 것입니다. 내가 사언절로 옮긴 〈이십사락정토장엄〉(쉬어가기-08)에 나오는 말입니다.

금석사죽 박토혁목 팔음으로 이루어진
종과경쇠 현악관악 질나팔과 생황이며
북과축어 어우러진 장엄스런 음악들을
마음대로 듣게되니 열한번째 낙이로다
－《우리말법요집》146쪽 4연

이는 우리나라 국악기를 재료에 의해 8가지로 분류한 것이지요.

(1) 금부: 쇠붙이로 만든 악기로는 편종·방향·특종·징·자바라·꽹과리가 있고

(2) 석부: 돌로 만든 악기로는 편경·특경·경쇠가 있으며

(3) 사부: 명주실로 만든 악기로는 거문고·가야금·해금·아쟁·비파가 있고

(4) 죽부: 대나무로 만든 악기로는 대금·중금·소금·태평소·피리·단소·퉁소가 있습니다.

(5) 박부: 바가지로 만든 악기로는 생황이 있고

(6) 토부: 흙으로 만든 악기로는 훈과 부가 있으며

(7) 혁부: 가죽으로 만든 악기로는 장구·북·좌고·소고가 있고

(8) 목부: 나무로 만든 악기로는 박·축·어 등이 있습니다.

달리 분류하는 경우도 있습니다. 관악기管樂器는 입으로 불어 관 속의 공기를 진동시켜 소리를 내고, 현악기絃樂器는 줄로 활을 켜거나 손으로

퉁겨 소리를 내며, 타악기打樂器는 채나 손으로 악기를 쳐서 소리를 내고, 건반악기鍵盤樂器는 연속적으로 배열된 건반을 눌러 소리를 내며, 가락악기는 박자에 맞춰 소리를 낼 수 있고, 리듬악기는 다만 박자만 칠 뿐 멜로디 연주는 할 수 없습니다. 악기를 다르게 분류할 수도 있지요. 소리를 내는 방법에 따라 크게 다섯 가지가 있습니다.

(1) 기명氣鳴악기: 공기의 진동이 중심이 되어 소리를 내는 악기
(2) 현명絃鳴악기: 줄을 울려서 소리를 내는 악기
(3) 체명體鳴악기: 몸통 자체를 두들겨 소리를 내는 악기
(4) 막명膜鳴악기: 몸통에 씌운 막을 두들겨 소리를 내는 악기
(5) 전명電鳴악기: 전기적 인공울림을 이용하여 소리를 내는 악기

또는 고체진동악기固體振動樂器와 기체氣體진동악기로도 나눕니다.

조선조 초엽 화담 서경덕(1489~1546) 선생과 고봉 기대승(1527~1572) 선생 사이 오고간 서신 내용 가운데 부채와 관련된 게 있습니다. 화담이 고봉에게 부채를 보냅니다. 아마 단오를 전후해서겠지요.

"고봉 선생님 편안하십니까? 날씨가 더워지고 있어 부채를 한 점 보내드립니다. 더위가 오면 쫓으십시오. 자, 바람이 어디에서 올까요? 부채에서 올까요? 부채를 떠나서 올까요? 부채에서 온다면 흔들지 않고 들고만 있어도 바람은 솔솔 나올 것이고, 부채와 상관없이 바람이 있다면 부채를 부치지 않아도 바람은 늘 있어야 할 것입니다. 한 번 헤아리시고 답 주십시오. 이만 예불비禮不備합니다. 총총恩恩 – 화담花潭 드림."

내가 절에 들어오던 해에 읽은 글이라 만 40년이 되었으니 기억이 가물가물합니다. 따라서 화담 선생의 편지글은 내 기억을 더듬어 쓴 것이라서 반드시 이 글이 원문 그대로는 아닙니다. 혹 뜻은 참고하더라도 글은 참고가 안 될 것입니다.

내 기억으로는 고봉 선생의 답은 기억이 없습니다. 그런데 두 분의 나이 차가 너무나 커서 철학 논쟁을 직접 주고받을 수 있었을까는 잘 모르겠습니다. 글쎄요. 그래도 생각할 수 있는 글입니다.

비슷한 내용이 《수능엄경》에 있지요. 어느 날 부처님께서 한 비구에게 종을 치게 하시고 대중을 향해 묻습니다.

"소리가 들리느냐?"

비구들이 일제히 대답합니다.

"잘 들립니다. 부처님이시여."

잠시 후 소리가 사라진 뒤 부처님께서 물으십니다.

"지금은 어떠하냐?"

제자들이 다 같이 대답합니다.

"지금은 안 들립니다."

부처님께서는 광장설廣長舌을 내시어 여러 가지로 마음을 설명하십니다. 부처님께서는 설법하실 때 이처럼 도구를 이용한 설법을 자주 하셨습니다. 실험정신이 강하셨던 부처님께서 주변의 모든 기구들이 다 도구道具가 되었습니다.

도구가 무엇입니까? 도가 갖추어져 있고, 그 속에 도가 들어 있는 물리입니다. 도와 기물이 따로 있지 않지요. 악기도 마찬가지입니다. 주변의 모든 것이 악기입니다. 소리를 낼 수 있는 것이라면 죄다요.

화담과 고봉이 주고받은 부채와 바람에 대한 철학 논쟁도 그렇거니와 종소리의 유무를 통해 사람에게 주어진 듣는 성품에 대해서 하나하나 파헤치시는 부처님 말씀에서, 극락에서는 산들바람이 불어와 보배로 된 가로수와 대기의 보배그물과 보배난간을 때리며 울리는 소리들이 마치 백천 가지 악기들이 한꺼번에 연주하는 오케스트라와 같다는 말씀들이 실험교재를 옆에 놓고 가르치는 것 같아 좋습니다. 그런데 백 천 가지 악기들이 한꺼번에 연주되는 것 같다고 하시는 부처님 말씀 속에는 바람이 아무리 생각해도 산들바람 수준은 아닌 듯싶습니다.

그건 그렇고요. 소리는 과연 어떻게 생기며, 소리는 무엇이며, 어떠한 경로를 통해 전달될까요? 그리고 일상에서 가장 훌륭하고 가장 멋진 악기는 과연 무엇이라고 생각하는지요?

산들바람이 물체와 부딪치면서 아름다운 음악을 토해내듯이 이 삶의 공간보다 더 멋진 음악당이 어디 있을 것이며, 사람의 몸보다 더 좋은 그런 악기를 찾을 수 있을까요?

사람의 몸이 악기이고 생명들 삶의 소리가 음악입니다. 우리는 만든 악기로 가을의 전령 귀뚜라미의 아름다운 선율 하나도 놓치지 않고 고스란히 표현할 수 있을까요?

"사람의 몸이 곧 최상의 악기입니다."
- [동봉어록]

045

소리를 읽어라

"이눔아, 너그 이름이 메냐?"

"네, 스님. 정휴正休라고 합니다."

"그래 정휴라! 그런데~."

"네, 스님."

"너그 그걸 염불이라구 허냐? 너그 스님이 뉘시더냐?"

나는 은근히 심술이 솟구쳐 올랐습니다. 그러면서 강하게 되물었습니다.

"네, 스님. 윗자는 고古짜이시고 아랫자는 암庵짜이십니다. 그런데 스님, 염불하고 제 은사恩師스님하고 무슨 관계인가요?"

1976년 여름, 절에 들어온 지 15개월 쯤, 아직 너무 새파란 햇중沙彌이지요. 해인사 강원海印寺講院 치문반緇門班 때 일입니다.

출타하는 부전스님의 부탁으로 대적광전에서 목탁을 치며 사시 마지를 저쑤던 중이었지요. 그때, 지금은 고인이 되신 일타日陀(1929~1999) 스님께서 마지를 위해 법당에 오르셨습니다. 옛날 어른스님들께서는 어지간하면 예불과 마지에 빠지지 않으셨습니다. 스물네 살의 사미 햇중이 목탁을 들고 마지를 저쑤는 게 스님 눈에 어설프게 보이셨을 것입니다.

일타 스님께서는 당돌한 나의 되물음에 당황하는 기색이 역력하셨습니다. 고암 대종사(1899~1988)께서는 대한불교조계종 종정을 서너 번이나 지내셨습니다. 설령 그런 경력이 아니더라도 한국불교에서는 자비제일慈悲第一이라 일컬어지던 대선사요, 대율사이셨지요. 고승 중의 고승이셨습니다.

당시 일타 스님의 세수가 48세, 당시 내 나이의 꼭 곱절이셨으니, 내가 일타 스님을 어려워하듯 일타 스님께서도 꼭 30세가 더 높으신 고암 큰스님을 어려워하지 않으셨을까요?

"그랬구나, 그래! 조금만 더 다듬으면 괜찮은 염불이 되겠구나. 열심히 해거라 잉."

스님의 말투가 바뀌고 나니 내가 고분고분해질 수밖에요.

"네, 큰스님. 열심히 정진하겠습니다."

일타 스님은 나의 보살계 스승님이십니다. 1976년 봄 스님에게서 보살계를 받았으니까요. 나는 일타 스님을 존경합니다. 한국불교 계율 역사에 한 획을 그은 큰 어른스님이셨습니다.

음악은 소리를 재료로 하는 청각 예술이며, 시간 예술입니다. 그림이나 조각·무용 등은 눈으로 볼 수 있고, 주 무대가 공간이지만 음악은 주 무대가 시간입니다. 물론 음악도 연주하기 위해서는 홀hall이 필요하겠지요.

생명들에게 있어서 음악이란 무엇일까요? 생명의 소리입니다. 심장에서 피를 뿜어내고, 맥박이 뛰는 한 빛이 있고, 소리가 있고, 냄새가 있고, 맛이 있고, 부드러운 감촉이 있습니다. 이들이 음악의 재료가 됩니다. 살아 있는 생명이라면 어떤 중생도 음악을 떠날 수는 없습니다. 하물며 사람이겠습니까?

기독교에서는 하나님의 말씀을 복음이라 합니다. 기쁨의 소리이고, 행복을 전하는 소리입니다. 불교에서는 묘음妙音을 얘기합니다. 아름다운 소리라는 뜻입니다. 이《불설아미타경》에서도 산들바람이 불어와 나뭇가지를 스칠 때, 미묘한 음성이 관현악과 같다고 하셨지요.

관세음보살이 어떤 분이십니까? 그는 자신의 음성을 내기보다는 중생들의 숱한 소리를 읽어내는 특수한 능력을 지닌 보살이십니다. 따라서 관세음보살이 불교신앙의 대표주자가 된 것은 다른 데 있지 않습니다. 바로 소리를 읽어내는 능력에 있습니다.

어떤 이들은 묻습니다. 불교와 기독교가 다른 게 뭐냐고요. 나는 자연스럽게 대답합니다. 기독교는 소리를 전하는 종교고, 불교는 소리를 읽는 종교라고요. 신의 목소리를 전하는 것과 중생들의 목소리를 읽어내는 것이 어떤 것이 더 낫고 더 못한지는 모르겠습니다.

기독교는 신의 말씀을 전하여 인간에게 기쁨을 주니 이보다 더 큰 게 무엇이겠으며, 불교는 중생들의 소리를 읽어내어 무엇이 필요한가를 제대로 알고 그에 맞게 다가가 주니 이보다 더 좋은 눈높이가 어디에 있겠는지요?

종種species이 다르면 그들의 소리를 읽어내지 못합니다. 개구리는 같은 개구리 외에 종달새의 울음을 읽을 수는 없고, 종달새는 같은 종달새 외에 여치의 울음을 읽어내지 못합니다. 여치 또한 같은 곤충이라도 귀뚜라미 소리에 귀 기울이지 않고, 귀뚜라미도 사자 울음에는 미동도 하지 않습니다.

그런데 극락세계에 주소를 둔 아미타 부처님의 좌보처존이시며, 불교 최상의 구원자이신 관세음보살께서는 전혀 다릅니다. 결코 인간만이 아님니다. 모든 생명들의 소리를 다 읽어내고, 그들의 아픔을 다 어루만지며, 그들에게 가까이 다가가십니다.

어떻게 공부하면 좋겠느냐는 후배학인들에게 나는 곧잘 대답하곤 합니다.

"관세음에 통달하라."

그러면 십중팔구는 되묻습니다.

"관세음보살 열심히 부르라고요? 선배님 저는 수행자입니다. 염불이나 하려고 절에 들어온 게 아닙니다. 염불중은 되고 싶지 않습니다. 저는 대선사가 되고 싶습니다."

관세음觀世音은 관세음보살에서 온 고유명사지요. 그러나 다시 들여다보면 보통명사고 대명사입니다. 관세음보살은 한 분이 아닙니다. 관세음에 통달하면 누구나 할 것 없이 다 관세음입니다.

불교는 불교를 공부하는 게 아니라 그냥 불교하는 것입니다. 철학을 공부하는 게 아니라 그냥 철학하듯이 말입니다. 배워야 할 불교가 따로 있지 않습니다. 바로 실천할 불교가 있을 따름이지요. 관세음보살님이 어딘가에 따로 계시기도 하겠지만 우리가 관세음보살을 염하는 것은 염念에서 그치는 게 아닙니다. 그의 '세상의 소리 읽는觀世音 법'을 통째로 따라 읽고 통째로 실천하는 길이지요.

일타 스님께서 그때 해인사 대적광전에서 염불을 좀 더 제대로 닦으라 하신 그 말씀 이면에는 '자기의 목소리를 내는 것도 좋지만 부처님의 소리를 어떻게 읽어낼 것인가를 심어주고 싶으셨던 것은 아니었을까' 하고 나는 오랫동안 깊이 생각해 왔습니다.

부처님을 생각念佛하고, 가르침을 생각念法하며, 스님네를 생각念僧하라는 그 생각의 '염念'은 생각 념念으로도 훈訓하지만 읽을 념念으로 훈하기도 합니다. 부처님의 큰 뜻을 바로 읽어내고, 부처님의 가르침을 바로 읽어내며, 스님네가 걸어갈 길을 바로 읽어내라는 그런 말씀이 아닐까 싶습니다.

내게 있어서 은법사이신 고암古庵 대종사, 사숙님이신 자운慈雲 대율사, 보살계 스승 일타日陀 대율사, 사촌 사형이신 성철性徹 대종사, 역시 종형이신 지관智冠 큰스님, 또한 종형이신 광덕光德 큰스님, 사미계 스승이신 도견道堅 큰스님, 비구계 스승이신 석암錫巖 대율사, 닮고 싶은 스승 석주昔珠 대종사, 존경하는 선배님 법정法頂 큰스님, 존경하는 종형이신 무진장無盡藏 큰스님.

나는 이 분들에게서 소리를 읽는 법을 전해 받기는 하였으나 아직은 완전하지 못합니다.

거룩하신 스승들이시여!
뵙고 싶습니다.
너무너무 그립습니다.
부디 이 땅에 다시 오소서!

046

빛이여, 전자기파여!

장로비구 사리불아 너의뜻에 어떠하냐
서방정토 극락세계 머무시는 저부처님
어찌하여 사람들은 아미타라 부르는가
지혜로운 사리불아 분명하게 알지니라

저부처님 밝은광명 헤아릴수 바이없어
시방세계 모든국토 두루두루 비추건만
그어떠한 곳이라도 장애되지 않으므로
그러기에 이름하여 아미타라 하느니라

지상에서 가장 밝은 빛은 뭐니 뭐니 해도 결국 햇빛입니다. 우리가 살아가는 지구에서는요. 우리 태양계로부터 몇 광년에서 10만 광년까지는 우리 은하계니까 그렇다 치더라도 은하계를 벗어나 동쪽 밤하늘에 보이는 별자리가 안드로메다은하인데 우리 은하에서 가장 가까운 은하입니다.

크기는 우리 은하와 비슷하여 지름이 10만 광년이고 밝기가 장난이 아닙니다. 태양의 100억 배쯤이니까요. 하지만 우리는 그다지 밝은 줄 느끼지 못합니다. 왜냐하면 지구에서 200만 광년 떨어져 있으니까요. 지금은 마침 계절이 가을이라 안드로메다은하가 보이겠군요.

200만 광년이면 얼마 안 된다고요? 몇 십억 광년에 비하면 그렇겠지요. 그렇게 보면 극락세계가 먼 거리는 아니겠습니다. 겨우 우리 지구에서 1광년이니 안드로메다은하와 비교하며 200만분의 1밖에 안 되는 거리니까요. 경전 말씀에 따르면 서쪽으로 10만 억 국토를 지나 극락세계가 있다고 하셨습니다. 그럴 때, 10×만 억이든 10만×억이든 결과는 10조가 되고 하나의 국토 지름을 평균 1km로 잡는다 하더라도 10조km가 되겠네요. 평균 1km 되는 나라라면 고대의 부족국가쯤 되겠는데 어찌 되었든 10조km면 빛으로 1년 가는 거리입니다.

그건 그렇고요. 우리가 밝기를 얘기할 때는 태양이 늘 기준점이 됩니다. 왜냐하면 우리는 우리 태양계 내에 존재하니까요. 이를테면 더 밝을 때는 태양의 몇 배 밝기라 하고 좀 덜 밝을 때는 태양의 몇 퍼센트 밝기 등으로 표현하곤 합니다. 우주에는 안드로메다은하 외에 수천억 개의 은하가 있는데 태양의 밝기에 100억 배를 넘어 몇 천 억 배 밝은 별star이 있습니다. 다시 말해서 우주에는 우리의 상식을 뛰어넘는 것들이 그 수를 알 수 없을 정도로 많습니다.

빛은 무엇일까요? 빛이란 가시광선입니다. 우리말로 풀면 눈으로 볼 수 있는 밝은 빛은 파장입니다. 게다가 조금 전문적으로 얘기하면 전자기파電磁氣派이지요. 여기에도 좁은 의미와 넓은 의미가 있습니다. 좁은 의미에서는 약 400nm에서 700nm 사이의 파장을 가진 전자기파이지요. 나노미터nm라고요? 10억 분의 1미터가 1나노미터이니 계산을 한번 해 보는 것도 좋을 듯싶습니다. 그리고 넓은 의미에서는 모든 종류의 전자기파를 지칭합니다.

앞으로도 내 글에서는《대방광불화엄경》의 '보살'이라는 단어만큼이나 자주 나올 것입니다만, 왜 자주 나오느냐고요? 그만큼 중요하기 때문입니다. 자연계에는 4가지 힘이 있습니다.

중력重力gravity force

전자기력電磁氣力electromagnetic force

약력弱力weak force

강력强力strong force

여기 4가지 힘 중에서 거시세계를 구성하는 힘이 중력이고, 미시세계를 구성하는 힘이 전자기력이며, 강력과 약력은 극미세계를 구성하는 힘들입니다. 너무 어려운 용어들이지요. 그러나 어렵다고 외면한다면 계속 멀어질 것입니다. 태양·별·등불 따위를 광원光源으로 하여 우리의 눈을 통해 들어와 시신경을 자극하는 게 빛입니다. 이 빛 때문에 무엇인가를 알아볼 수 있습니다.

빛이 없다면 어떻게 될까요? 당연히 어둠뿐이겠지요. 촛불도 횃불도 달빛도 광원이 되는 햇빛이 사라진다면 절대 그럴 리는 없겠지만 함께 사라지고 말 것입니다. 그러므로 "햇빛이 지구에서 사라진다면"이라는 가정假定 자체가 성립되지 않습니다.

태양이 사라지면 그 순간부터 지구상의 모든 나무와 풀잎들은 광합성작용을 멈출 것입니다. 광합성작용이 멈추면 산소화학공장이 멈춘 것이니 산소가 없어지면 어찌 될까요? 대기의 질서가 무너져 내리겠지요. 기온은 급강하하고 더운 공기가 생성되지 않으면 바람이 일지 않고 달빛이 중력을 작용하지 않으므로 수조에 전기가 나간 것처럼 바닷물이 일렁이지 않아 바다 생명체가 기다리고 있는 것은 오로지 죽음뿐일 것입니다.

지구는 태양에서 날아오는 에너지와 전자기파를 받아 지구 자체의 전자기력을 운용했는데 태양으로부터 오는 전자기파가 없어진다면 자체 내에 가지고 있던 지구 전자기력이 아무런 쓸모가 없어집니다.

대기의 혼동뿐만 아닙니다. 공전의 중심이 되는 태양이 없어지면 지구가 할 수 있는 것은 아무 것도 없습니다. 중력도 함께 사라질 것입니다. 그래도 그렇지 만유인력萬有引力이라면서 중력이 사라진다고요. 태양으로부터의 중력 때문에 지구가 암흑의 우주공간으로 사라지지 않는데 태양이 없어지면 중심을 잃고 우주 공간을 멋대로 떠돌다가 어느 행성이나 위성, 또는 운석들과 부딪치겠지요.

그럴 리가 있겠느냐고요? 그런 일이 일어나지 않으면 얼마나 좋겠습니까? 산소가 없어지면 횃불도 등불도 석유난로도 연탄불도 어떤 난방기구도 소용이 없습니다. 밤을 밝힐 전기도 곧바로 차단되고 맙니다. 손전등은 괜찮다는 말씀인가요. 당연히 괜찮지만 그것도 재어 있는 전지가 방전되면 그것으로 생명은 이어지지 않습니다.

내가 이런 얘기를 했더니 한 젊은이가 묻더군요.

"스님, 세상은 온통 원자原子atom로 되어 있다면서요?"

내가 답했습니다.

"그렇지 원자로 되어 있지."

"그 원자에는 양성자陽性子proton와 중성자中性子neutron로 이루어진 핵核이 있고 그 핵을 전자電子electron가 돌고 있다면서요?"

"그렇지, 모든 원자에는 전자가 있지."

"그렇다면 스님, 태양이 사라져도 전자가 있으니까, 결국 전기는 남을 수 있지 않겠습니까?"

"자네, 사랑해 봤나?"

"아이고, 스님. 제가 연애결혼을 했지 않습니까?"

"그렇게 되물으면 내가 모르지. 연애결혼을 했는지 아닌지. 그건 그렇고. 사랑을 해 봐서 알겠지만. 사랑하는 감정이 사랑을 하지 않을 때는 어디 있었을까? 생각이 있고 건강하고 모든 게 구비되어 있지만 상대를 만나지 못했을 때는 몰랐는데 상대가 나타나면서 그 감정이 발현된 것 맞지?"

"네, 맞아요, 스님."

"그럼, 이 이후는 자네가 생각해 봐. 광원의 태양이 있을 때와 없어졌을 때를 말일세."

소화기의 원리가 산소 공급을 차단함과 동시에 발화온도 이하로 낮추는 것이지요. 쉽게 얘기하면 이산화탄소·질소를 뿜어 산소를 질식사시키는 것입니다. 이해가 가나요?

부처님의 말씀 중에 연기설이 있습니다. 모든 과학이 부처님의 연기설이 한 마디에 다 들어 있습니다. 명언이시지요.

"이것이 있으므로 저것이 있고
저것이 사라지면 이것도 사라진다."

휴대전화 스마트폰도 수명 끝입니다. 태양이 사라짐과 동시에 지구의 자기장이 곧바로 멈추고, 인체 내의 전기와 자기도 아무런 작동을 하지 않습니다. 이게 무슨 말이냐 하면 인체에는 전자기가 흐릅니다. 마치 지구에 전자기가 흐르듯이 말입니다.

그런데 광원인 태양이 사라지니 적외선·자외선·X선·감마선도 다 없어지고 맙니다. 따라서 지구상의 어떤 생명도 생명활동을 즉각 정지할 수밖에 없습니다. 죽은 생명에게서 전기가 작동하나요?

반향정위echolocation 동물인 박쥐마저도 초음파 감지가 되지 않아 멋대로 날다가 부딪쳐 죽을 것이고, 특히 곤충들은 더듬이를 통해 방향을 인식하고 먹이를 찾는데 문제가 이만저만이 아니겠습니다.

이처럼 지구상에서의 빛이란 빛은 모두 태양으로부터 옵니다. 빛뿐만 아니라 열도 마찬가지입니다. 그래서 정말 고마워해야 할 것은 바로 태양계solar-system입니다. 왜 태양계를 영문으로 쏠라시스템이라 했겠습니까? 태양을 중심으로 모든 행성과 행성에 따른 위성들이 질서 있게 움직이는 까닭입니다.

불교에는 대일大日여래가 있습니다. 정확하게 얘기하면 밀교密敎에서 대일여래를 주불主佛로 모십니다. 태양의 고마움을 여래로 모시고 표현한 게 아닐까 하지만 종교에 있어 엉뚱한 추측은 허물을 만들어갈 따름입니다. 대일여래는 마하비로자나여래지요. 마하비로자나를 한역하면 다름 아닌 대일여래가 됩니다. 우리나라에서는 화엄사상華嚴思想에 비추어 보아 비로자나불을 모시기는 합니다만, 대일여래는 잘 모시지 않습니다.

분석심리학의 창시자 칼 융은 스스로 만다라를 그리면서 마음의 큰 평화를 얻었다고 합니다. 칼 구스타프 융Carl Gustav Jung은 스위스 캐시빌에서 1875년에 태어나 1961년 퀴스나흐트에서 세상을 떠나기까지 목사인 아버지의 강권에도 결국 목사의 길을 가지 않고 오히려 불교에 관심을 기울였던 위대한 정신과 의사이자 심리학자였습니다.

뉴트리노Neutrino라는 랩톤Lepton 종류의 경입자輕粒子가 있습니다. 전기적으로 중성이기에 중성미자라 부르기도 합니다. 현재 태양에서 1세제곱센티미터당 65억 개의 입자가 방출되고 있으며 매순간 300만 개가 인체를 뚫고 지나가지만 전혀 느끼지 못합니다. 지구 7억 개를 일렬로 이어놓은 10조km의 암석 두께일지라도 빛의 속도로 거침없이 투과합니다. 보통 빛은 직진성이 있어서 만일 어떤 물체가 가로막고 있으면 바로 통과하지 못하고 반드시 반대편에 그림자를 남깁니다.

그런데 극락세계 우리의 아미타 부처님은 얘기가 180도 다릅니다. 아미타 부처님의 광명은 누리를 비추고 온 우주로 퍼져 나아가되 어떤 장애도 받지 않습니다. 마치 뉴트리노처럼 방해를 받지 않는 아미타 부처님의 빛, 그러면서 뉴트리노처럼 통과하기도 하지만 그냥 지나가버리고 마는 게 아니라 중생들 마음에 깃든다는 것입니다.

아미타 부처님의 광명과
아미타 부처님의 수명은
또 얼마나 신비로울까요?

왕생게往生偈

왕생하기 원하옵고 왕생하기 원하오니
극락정토 태어나서 아미타불 친견하고
저의이마 만지시며 수기하게 하옵소서
왕생하기 원하옵고 왕생하기 원하오니
아미타불 극락정토 회상중에 자리하여
언제든지 향꽃들어 공양하게 하옵소서
왕생하기 원하옵고 왕생하기 원하오니
연화장의 극락세계 모두함께 태어나서
너나없이 한꺼번에 성불하게 하옵소서

왕생게원문往生偈原文

원왕생원왕생願往生 願往生 원생극락견미타願生極樂見彌陀
획몽마정수기별獲蒙摩頂授記別 원왕생원왕생願往生願往生
원재미타회중좌願在彌陀會中座 수집향화상공양手執香花常供養
원왕생원왕생願往生願往生 원생화장연화계願生華藏蓮華界
자타일시성불도自他一時成佛道.

047

네오십념왕생원 - 1

새로운 십념왕생원十念往生願
아미타 부처님께 드리는
저와 그리고 저희들의 새로운 십념왕생원입니다.

빛과 꽃으로 오신이여!
지혜와 자비와 원력으로
시간과 공간과 생명으로 희망과 행복으로
몸을 나타내시는 아미타 부처님이시여!

네오Neo, 네오, 네오
새롭고, 새롭고, 또 새로운
저의 '네오십념왕생원'입니다.

나무아미타불, 나무아미타불, 나무아미타불.

01. 빛이십니다.
당신은 빛이십니다.
부처님은 빛이십니다.
아미타 부처님은 빛이십니다.
지구상의 어느 빛보다도 찬란한 빛이십니다.

아미타 부처님이시여!
당신께옵서는
모든 시공간에 계시는 부처님 중
첫째가는 분이십니다.
세상의 모든 빛은 광원光源이 사라지면
저절로 빛을 잃고 말지요.
마치 광원인 태양이 사라지면
모든 행성과 위성들이 빛을 잃듯이.

하오나 부처님이시여!
당신의 빛은 그렇지 않나이다.
당신이 곧 광원이신 까닭입니다.
그러므로 부처님이시여!
당신의 빛이 꺼지면
모든 생명들의 빛도 꺼지나이다.
부디 당신의 빛이 영원히 꺼지지 않기를.

02. 꽃이십니다.
당신은 꽃이십니다.

부처님은 꽃이십니다.
아미타 부처님은 꽃이십니다.
지구상의 어느 꽃보다도
아름다운 한 송이 꽃이십니다.

아미타 부처님이시여!
당신께옵서는
동서남북 위아래에 걸쳐
아름다운 향기를 뿌리시되
그 향기 그 아름다움이
저 먼 과거로부터 저 끝없는 미래에 이어지시나니
당신의 꽃향기는 가히 헤아릴 수 없사옵니다.

세상의 모든 꽃은
시간이 지나면 곧 시드나이다.
열흘 붉은 꽃이 없다 하나이다.
하오나 부처님이시여!
거룩하신 아미타 부처님의 꽃은
결코 시드는 일이 없고
향기가 사라지는 일도 없사옵니다.
부디 당신의 꽃이 영원히 시들지 않기를.

03. 지혜이십니다.
당신은 지혜이십니다.
부처님은 지혜이십니다.

아미타 부처님은 지혜이십니다.

세상의 지혜는
자신의 부귀와 영달을 위해
탐구되어지고 있으며
자종自種의 번성을 위해 쓰이고 있습니다.
다른 생명들에게 빚을 지면서까지
단지 자종의 먹이로 쓰고자
멸종 위기에 처한 생명들까지도
함부로 해치는 그런 지혜를 키우고 있습니다.

부처님이시여!
아미타 부처님이시여!
당신의 지혜는
오로지 생명을 살리기 위함이시며
주위 생태환경을 고스란히 간직하기에 쓰이시니
서방의 극락정토가 곧 그 증거이시나이다.
아미타 부처님이시여!
당신의 지혜를 배우고 키움이
세 번째 왕생원이나이다.

04. 자비이십니다.
당신은 자비이십니다.
부처님은 자비이십니다.
아미타 부처님은 자비이십니다.

쓰일 자비가 있고
자비를 쓰는 분이 따로 계시는 게 아닙니다.
아미타 부처님 당신이
곧 대자대비 그 자체이십니다.

당신의 자비는
그림씨로는 표현이 가능하지 않나이다.
그 크기로 말하면
온 우주를 다 채우고도 남고
그 작기로 말하면
뉴트리노neutrino보다도 더 작아
들어가지 못하는 곳이 전혀 없나이다.

부처님이시여!
자비하신 아미타 부처님이시여!
당신의 자비가 쓸 곳이 많사옵니다.
네 번째 왕생원으로
괴로움에서 벗어나
즐거움과 기쁨을 주는 당신의 자비가
소외되고 힘든 저희와 이웃들에게
마음껏 쓰이기를 원하나이다.

05. 원력이십니다.
당신은 원력이십니다.
부처님은 원력이십니다.

아미타 부처님은 원력이십니다.
아미타 부처님께서는
마흔 여덟 가지 큰 원을 세우셨습니다.

저는 원력願力을 생각할 때
원圓을 떠올리곤 하나이다.
원력은 둥근圓 것
원력은 조화로운圓 것
원력은 원주율圓周率 파이pi처럼
끝이 없는 것
아무리 나누고, 나누고
쪼개고 또 쪼개도 계속해서 남는
무한소수無限小數infinite decimal입니다.

아미타 부처님의 원력은
그래서 원력.4848484~etc.,입니다.
지금까지 밝혀진 원주율pi의
10조 수數 이하의 무한소수를 뛰어넘는
그런 원력이 아니시겠는지요.
중생들의 카르마karma가
말끔하게 다 비워지기 전까지는
끝없이 이어질 당신의 원력
그 조화로움circle이여!
아미타 부처님이시여!
이 생명 다 바쳐 귀의하나이다.

06. 시간이십니다.
당신은 시간이십니다.
부처님은 시간이십니다.
아미타 부처님은 시간이십니다.
느끼지 못하는 가운데
사랑을 하고
행복을 나누고
함께 울고 함께 웃으며
살아가는 데는 시간이 있습니다.
당신은 시간의 주재자가 아닌
시간 바로 그 자체이십니다.

긴가 하고 보면 너무 짧아
말로 생각으로 표현할 수 없고
짧은가 하고 보면 너무나 끝이 없어
시작도 끝도 알 수 없는 시간이시여!

아으! 무량수 부처님이시여!
무한생명을 이어가시는 것이
단지 당신의 생명만이 아니기에
당신은 곧 무량수이십니다.
당신의 생명만이 무량수임에는
저희는 관심이 없습니다.

왜냐하면

그는 당신의 생명일 뿐
저희들의 생명이 아닌 까닭입니다.
따라서 무량수無量壽는
무량수無量數의 무량수이십니다.
한량없는 생명들의 수명까지도
일체동관一體同觀법으로
곧 한몸 한가지로 여기시기에
저희는 귀의하나이다.

07. 공간이십니다.
당신은 공간이십니다.
부처님은 공간이십니다.
아미타 부처님은 공간이십니다.
당신께서 머무시는 상주처常住處는
서방의 극락세계이시지만
단 한 점點point도
단 한 선線line도
단 한 면面face까지도
사바세계를 잊지 않으시는
거룩하신 아미타 부처님이시여!

마치 지구로부터
1억 5천만 킬로미터나
멀리 떨어져 있으면서도
지구 생명들의 광원光源이자 에너지원源으로서

단 한 순간도, 단 한 점도, 단 한 선도, 단 한 면까지도
지구를 생각지 않는 적이 없는 태양처럼
부처님 당신께서는
모든 공간에 가득하시나이다.
공간 그대로가 당신이시나이다.

허공으로 몸을 삼으시기에 허공신虛空身이시며
원력으로 몸을 삼으시기에 원신願身이시며
지혜로 몸을 삼으시기에 지신智身이시며
사랑으로 몸을 삼으시기에 자신慈身이시며
슬픔으로 몸을 삼으시기에 부처님 당신은 비신悲身이시나이다.

크기로는 삼천대천세계
이 광활한 우주 공간이
바로 아미타 부처님 당신이시고
작기로는 점선면으로도
극미진極微塵으로도 원자atom로도
표현이 불가능한 그 작은 공간까지도
다 당신의 몸이시나이다.

048

네오십념왕생원 - 2

08. 생명生命이십니다.
당신은 생명이십니다.
부처님은 생명이십니다.
아미타 부처님은 생명이십니다.
사방을 둘러보아도 생명 아닌 것이 없나이다.

하오나 일차적 생명 개념은
몸을 구성하는 가장 작은 단위인
세포가 모여서 이루어진 생명체며
크게 동물과 식물 그리고 미생물로 나뉘옵니다.
생명은 본능적으로 자기 자신을 보호하기 위해
외부 자극에 민감하게 반응하며
자신과 닮은 자손을 만들어냅니다.
소위 종족보존의 본능이지요.

아미타 부처님이시여,
모든 생명은 세 가지 물질을 필요로 하나이다.
첫째가 단백질蛋白質protein이고
둘째가 탄수화물炭水化物carbohydrate이며
셋째가 지방脂肪fat이나이다.
이 세 가지는 삼대영양소인데
몸의 구성요소가 이들 세 가지이기 때문이나이다.

단백질은 생존에 꼭 필요한 물질로
종種과 조직에 따라 다르지만
20여 가지 필수아미노산이 연결된
긴 사슬로 이루어져 있나이다.
식물은 모든 아미노산을
자체적으로 합성할 수 있으나
동물은 필히 외부로부터
공급 받지 않으면 안 되나이다.

단백질에는 구조단백질과
알부민 글로불린과
다른 수용성水溶性 단백질이 있사옵니다.
접합接合단백질이 있고 단백질 호르몬이 있으며
면역 글로불린과 항체 그리고 효소가 있사옵니다.

둘째는 탄수화물이니
단당류單糖類monosaccharide

이당류二糖類disaccharide
올리고당류oligosaccharide
다당류多糖類polysaccharide로 분류되는데
생명의 주된 에너지원源이옵니다.
천연에 존재하는 가장 풍부한 유기물질이기도 하옵고
식물은 광합성을 통해서
탄수화물을 합성하고 만들어 내는데
동물의 경우는 간이나 근육세포에 저장되었다가
에너지원으로 이용되고 있나이다.
탄수화물은 생체 내에 유용한
좌회전성과 우회전성의
광학이성질체optical isomer를 가지고 있사옵니다.

셋째는 지방입니다.
지방은 동식물에서 추출된
비휘발성非輝發性non-volatile
비수용성非水溶性non-water soluble 기름처럼
끈적끈적하고 미끈미끈한 물질입니다.
다시 말해서 지방은 기름입니다.

아미타 부처님이시여!
단백질·탄수화물과 함께
지방은 생명에게 있어서 삼대영양소이며
그 가운데 지방은 단백질이나 탄수화물보다
두 배의 에너지를 낼 수 있기에

자연 상태의 에너지 저장물질이옵니다.

음식물의 지방 함량은
감자가 0.1%인 데 비해
호도는 자그마치 70%가 지방이오며
지방의 총생산량의 90% 이상이
식물과 동물에게서 얻어지오니
어찌 이 세상을 살아가면서
저를 둘러싸고 있는 다른 식물과 동물들에게
고마운 마음을 갖지 않을 수 있겠나이까.

하오나 아미타 부처님이시여!
생명이 생명일 수 있음은
단백질·탄수화물·지방 외에
소중한 것이 있사옵니다.
바로 비타민vitamin이나이다.
비타민은 물질대사物質代謝를 조절하고
결핍되면 대사기능이 깨지나이다.
비타민에는 물에 녹는 수용성water soluble과
기름에 녹는 지용성脂溶性fat solubility이 있사온데
모두 소중한 것이옵니다.
비타민A 결핍은 야맹증을 불러오고
비타민C는 녹색채소에서 얻으며
산소 공급을 도와주나이다.
또한 비타민D는 햇살에서 얻사오니

태양이 얼마나 소중한가를 새삼 일깨워주고 있사옵니다.

내분비계의 호르몬은
성장成長과 생식生殖
생체 내 환경을 일정하게 유지하는
항상성恒常性homeostasis 등
여러 가지 생리활성을 조절하는데
특히 인간과 포유동물에게 있어서
호르몬 조절은 더없이 중요하나이다.

그러나 뭐니 뭐니 해도
생명을 생명이게끔 하는 것은
핵산核酸nucleic acid에 있나이다.
살아 있는 세포의 유전물질을 구성하는 물질입니다.
핵산에는 리보핵산과
디옥시리보핵산이 있는데
앞의 것을 알엔에이RNA라 하고
뒤의 것을 디엔에이DNA라 하나이다.

1953년도 제가 이 세상에 태어나던 그 해였나이다.
왓슨Watson(1928~)과 크릭Crick(1916~2004)이라는
두 과학자가 DNA분자가 이중나선으로
꼬여 있음과 동시에

이 DNA 속에 모든 생명들의

각 개체의 유전정보가
빠짐없이 들어 있으며
끊임없이 생명의 세계를 조정하는
컨트롤타워 역을 하고 있다는 놀라운 사실을 발견했습니다.

아미타 부처님이시여!
이와 같이 생명의 세계는
신비롭고 또 신비하나이다.
이들 생명들 개개인이 고귀하듯이
다른 모든 생명들도 고귀함을 깨달아
함께 가는 세상이길 원하오며
네오십념왕생원의
여덟째로 올리나이다.

09. 희망希望wish이십니다.
당신은 희망이십니다.
부처님은 희망이십니다.
아미타 부처님은 희망이십니다.
아미타 부처님께옵서
세우신 마흔여덟 가지 서원誓願은
이미 그 서원대로
극락세계가 세워진 지 열 겁이오나
전혀 손볼 곳 없는 완전무결한 것이기에
아미타 부처님의 능력을 믿사옵니다.
믿는 저희가 누구이옵니까?

그러하나이다. 저희가 곧 희망이나이다.

10. 행복幸福happiness이십니다.
당신은 행복이십니다.
부처님은 행복이십니다.
아미타 부처님은 행복이십니다.
행복은 희망이 있기에 가능하오며
희망은 살아 있기에
생명으로 세상에 참여하기에
가능한 것이옵니다.

아미타 부처님이시여!
거룩하신 이여!
햇살보다 더 찬란하시되
모든 빛의 근원이신 광원이오며
아름답기로는
어떤 꽃보다 훨씬 뛰어나시고
지혜롭고 자비롭기로는
시방삼세불十方三世佛 가운데서
아미타 부처님이 제일阿彌陀第一이시니
당신의 원력이 크신 까닭이나이다

시간과 공간에 두루하시되
그 영구한 수명은 중생들과 함께 나누시니
무량한 수명이 더욱 장원長遠하옵고

찬란한 빛은 모든 생명들에게
밝음과 어둠을 적절히 조절하시니
밝음만 있지 않고
어둠도 함께하는 빛이시기에
저희는 부처님을 사랑하나이다.

아으, 다시 한 번 귀의하나이다.
당신의 발아래 두 무릎 괴고
두 손 모아 귀의례歸依禮를 올리나이다.
이 네오십념왕생원을 지으며
감히 말씀드리오니
아미타 부처님과 함께 하는 모든 분
모든 부처님과 모든 보살마하살님들
모든 정토행자淨土行者들이
그리고 이 글을 접하는 바로 그대가
다름 아닌 밝은 빛이고 곧 아름다운 꽃입니다.
날카로운 지혜요, 너그러운 자비요,
굳센 원력이십니다.
끝없는 시간이며 광활한 공간이며
그와 함께 숨 쉬며 살아가는 고귀한 생명이며
앞으로의 희망이고 곧 행복이십니다.
그대가 곧 아미타 부처님이십니다.

049

세포 이야기 - 1

또한다시 사리불아 서방정토 극락세계
저부처님 수명복은 헤아릴수 바이없어
일체온갖 병고없이 언제든지 건강하되
한량없고 가이없는 아승지를 머무시며

그곳에서 생활하는 인민들의 수명또한
한량없고 가이없는 아승지를 머무르되
영원에서 영원으로 끊어짐이 없으므로
그러기에 이름하여 아미타라 하느니라

생명은 세포들의 세계입니다. 세포細胞cell는 글자 그대로 미세한
태보胎褓로 되어 있다는 것이지요. 마이크로micro세계입니다. 아닙니다.
마이크로라 표현하는 것도 어쩌면 세포 크기에는 맞지 않습니다. 왜냐하
면 백만 분의 1이라는 뜻을 지닌 마이크로 이야기는 어느새 중세의 언어
가 되었으니까요. 하지만 어쩌겠습니까? 나노nano의 천 배 크기가 되는

마이크로라도 쓰기는 써야겠지요.

　광학기술의 발달로 나노보다 열 배나 짧은 길이가 옹스트롬angstrom 입니다. 빛의 파장이나 원자 사이의 거리를 재는 데 쓰는 용어인데요. 원자 분자의 크기나 결정의 격자 간격을 1옹스트롬이라 합니다.

　다시 말해서 1마이크로가 1밀리미터를 1,000으로 나눈 한 조각이라면 1나노는 1마이크로를 다시 1,000으로 나눈 한 조각이며, 1옹스트롬은 1나노를 다시 10으로 나눈 한 조각입니다.

　그냥 쉽게 얘기하면, 1옹스트롬은 1억 분의 1센티미터입니다. 그러니 1마이크로미터의 꼭 1만 배 정도 작은 크기입니다. 따라서 마이크로의 세계라는 말은 어쩌면 '옹스트롬의 세계'에게 미세용어의 자리를 내어주어야 하지 않을까 싶습니다.

　혹 그거 아십니까? 면도날 두께가 어느 정도인지요. 광학기술의 발달로 면도날 두께를 300옹스트롬 이하로 얇게 만들 수 있다고 하니 면도날 두께도 두께려니와 세계에서 가장 얇은 면도날의 300분의 1크기의 옹스트롬 단위를 얘기한다는 것 말입니다.

　이를테면 제 키가 164센티미터이니, 옹스트롬으로 환산하면 우와! 164억 옹스트롬이네요. 전 세계 인구가 65억이니 164억이라는 숫자가 실로 대단하지 않습니까? 그런데 이 몸을 이루고 있는 세포는 이 숫자의 6,000배 쯤은 되지 않을까 잘 모르겠습니다.

　하긴《불설아미타경》이 설해진 것이 2,600여 년 전 이쪽저쪽이니, 미진微塵의 세계가 있고, 극미진極微塵atom의 세계가 있으되, 극미진보다 더 작은 얘기는 경전에서는 나오지 않으니까, 극미진이 원자原子고, 원자라는 말은 가장 작은 원 바탕알갱이라는 뜻이어서 더 쪼갤 수 없다는 것이겠습니다. 그래서 꼬부랑말로도 아톰atom이라 했다고 합니다. 그러나 쪼갤 수 없다는 것은 일반 기술이고 핵분열기술을 이용하면 원자도 쪼갤 수 있습니다.

지구생명체 입장에서 보면 무한시간을 산다는 게 과연 가능할 것인가 생각해 봅니다. 왜냐하면 《금강경》에서 말씀하신 일합상一合相에서 보면, 우리는 여든 살을 살고, 아흔 살을 살고, 또 더러는 백 살을 살지만 세포의 입장에서 보면 매순간 묵은 세포가 죽으면서 죽는 세포만큼이나 새로운 세포가 계속 갈마들고 있지요.

세포는 우리 몸에 216가지나 되며 이들 세포를 다 합하면 약 100조 개 이쪽저쪽이 됩니다. 이쪽저쪽이니까 100조 개가 채 안 될 수도 있지만 넘을 수도 있다는 얘기가 되겠습니다.

그런데 한 가지 재미있는 것은 세포가 모두 다 그렇게 작은 것만은 아니라는 것입니다. 이를테면 부화하기 전에는 메추리알도 한 개의 세포고, 달걀도 한 개의 세포입니다. 달걀보다 30배나 큰 타조의 알마저도 세포는 하나일 뿐입니다. 남자의 몸에서 나오는 정자가 한 번에 2~3억 마리 배출되는데 그들 하나하나가 하나의 세포며 가임여성이 매달 배출하는 난자도 정자의 몇 만 배 크기이나 세포는 단 하나일 뿐입니다.

그러고 보면 세포라고 해서 다 작은 건 아닌가 봅니다. 하지만 일반적으로 작기는 정말 작습니다. 세포를 찾아보았더니 작은 방이라는 뜻의 셀cell입니다. 요즘은 어떤지 모르나 내가 1997년 1월 초, 불교방송 인도 성지순례 팀과 부처님의 유적지에서 느낀 것이지만 부처님께서 머무셨다는 룸room도 비구 교수아사리들에게 배정되었던 연구실cell들도 생각보다 훨씬 작은 방이었던 것으로 기억합니다. 지금으로부터 1,500여 년 전에 쓴 《왕오천축국전》이라는 혜초의 기행문에서도 나란타 대학 비구 교수들의 방이 벌집처럼 작았다고 하고 있습니다.

로버트 훅R.Hooke(1635~1703)이 처음으로 현미경을 만들어 내면서 그는 옆에 놓여 있는 코르크 마개cork-stopper를 우연히 들여다보다가 거기서 죽은 세포를 발견했습니다. 코르크 병마개가 구멍이 숭숭 뚫렸고 그 사이마다 죽어 있는 세포들을 보면서 외쳤지요. "와! 셀cell이다 셀"이라 고요.

그 후 네덜란드에 살던 미생물학자 레벤후크Antonie van Leeuwenhoek. 그는 로버트 혹보다 세 살 많았지만 그보다 20년이나 늦게 세상을 떠난 제2의 무량수無量壽였습니다. 바로 이 레벤후크에 의해 모든 생물의 기본 단위는 동물이든 식물이든 미생물이든 간에 세포라는 사실을 밝혀냅니다.

양치하다가 긁어내는 혓바닥에도 우리나라 전체 인구보다 많은 세포가 포함되어져 있는데 그는 또한 미생물이기도 합니다. 목욕탕에서 밀리는 때도 세포가 죽은 것이고, 스님들은 그다지 없겠습니다마는 머리를 긁적일 때마다 날리는 비듬도 죽은 세포들입니다. 그런데 그 숫자가 몇억에서 몇 십억까지 된다는 것이지요.

세포는 늙으면 죽고 계속해서 새로운 세포로 바뀝니다. 다만 한 번 죽으면 그걸로 끝인 세포들이 있습니다. 바로 신경세포, 기억세포들입니다. 따라서 한 번 신경세포가 죽으면 그 세포가 저장하고 있던 내용도 함께 사라지기 때문에 나이가 들면 자연히 기억력이 떨어집니다.

또 죽지 않는 세포가 있습니다. 죽지 않는다는 것은 끊임없는 번식을 의미하기도 합니다. 암癌세포cancerous cell입니다. 암세포는 쉽게 죽지 않습니다. 쉽게 죽지 않는 게 아니라 건강한 세포를 숙주로 삼고 건강한 세포를 먹이로 삼아 마음껏 휘젓고 다닙니다. 그들은 물귀신작전의 대명사입니다. 그들을 죽이려면 다른 건강한 세포들까지 죽이게 되지요.

극락세계의 설주 아미타 부처님과 그 나라 시민들이 장수한다는 것은 어쩌면 일단 우리 지구촌 생명들과는 전혀 다른 독특한 세포를 가졌거나 컨트롤타워control tower 역을 맡은 특별한 세포가 있을 것입니다. 지구촌 생명들은 누구나 거의 성인병을 비롯하여 모든 질병에 대해 매우 취약한 점들을 갖고 있습니다.

그런데 극락세계는 생로병사生老病死 가운데 어느 것 하나 걸릴 게 없습니다. 지옥·아귀·축생이 없고 인간의 욕정으로 몸을 받지 않으니 태생胎生·난생卵生·습생濕生은 당연히 있을 수 없는 일입니다. 따라서 극락세계는 오직 화생化生만이 가능합니다.

이성지합二姓之合으로 생긴 생명이 아니라고 한다면 늙음이 없고 질병이 없습니다. 당연히 죽음도 있을 수가 없겠지요. 따라서 극락세계에는 세포를 가진 생명이 아닌 또 다른 생명으로 살아갈 것이라고 가정해 볼 때, 저 유명한 영화 '아바타'에서 판도라의 대기가 지구대기 약 600배에 해당하는 이산화탄소를 함유했다 하더라도 판도라의 나비 족에게는 문제가 전혀 없는 것처럼 극락세계도 전혀 문제가 없겠습니다. 그러나 이는 어디까지나 내 개인적인 생각일 뿐입니다. 극락세계는, 서방정토 극락세계는 인간의 상상을 초월하는 세계입니다.

050

세포 이야기 - 2

스템셀stem-cell이 무엇일까요? 오래전부터 우리에게는 '줄기세포'로 잘 알려져 있습니다. 줄기세포가 있다면 뿌리세포·가지세포·잎사귀세포·꽃잎세포·열매세포도 있어야 하는 거 아닙니까?

이런 질문은 내 얘기가 아니고 '줄기세포' 하면 많은 분들이 추측하는 용어들입니다. 우리 몸에는 216가지 세포가 있는데 그 중에서 크게 10여 가지로 묶을 수 있지 않을까 싶습니다.

(01) 줄기幹세포stem cell   (02) 혈액血液세포blood cell
(03) 신경神經세포nerve cell   (04) 근육筋肉세포muscle cell
(05) 뼈骨세포bone cell   (06) 피부皮膚세포skin cell
(07) 간肝세포hepatocyte   (08) 위胃세포stomach cell
(09) 장腸세포enterocyte   (10) 면역免疫세포immunocyte

(01) 줄기세포 : 줄기세포에 대한 장점은 나와 같은 문 밖 사람門外漢일지라도 하루 종일 떠들라면 떠들겠습니다. 그만큼 나는 줄기세포에 관

심이 많습니다. 줄기세포에는 크게 성체成體줄기세포와 배아胚兒줄기세포로 나뉩니다. 성체줄기세포란 어른의 몸을 이루는 100조 개의 세포가 죄다 해당될 수 있습니다.

줄기세포는 세포가 각자의 조직으로 분화되기 이전의 세포로서 어떤 조직이 되더라도 상관이 없는 상태지요. 그리고 그것을 어떤 조직에 가져다 놓더라도 부작용이 없는 세포를 뜻합니다. 내 몸에서 추출한 나의 성체줄기세포라면 그를 다시 내 몸에 이식하는 데는 무리가 없거니와 부작용도 없습니다. 이는 반생명反生命·반윤리反倫理와도 전혀 상관이 없습니다. 다만 배아줄기세포만큼 만능의 역할을 하기가 어렵다는 데 단점이 있다면 있겠습니다.

줄기세포의 원 뜻은 배아줄기세포에 있습니다. 예를 들면 흙으로 무엇인가를 만들 때, 진흙과 물이 반죽인 상태가 배아줄기세포라면 찻잔이 되고 항아리가 되었다면 이는 성체줄기세포입니다.

한 번도 어떤 모양으로 이루어져 본 적이 없는 흙이라면 도공의 손끝에서 생각한 대로 갖가지 작품이 나올 수 있겠지요. 그러나 한 번 항아리가 되고 찻잔이 되었던 흙이라면 재활용하는 데 어려움이 따를 것입니다.

배아줄기세포를 얘기할 때, 어디서부터 언제쯤부터 생명으로 볼 것인가는 중요합니다. 반죽한 상태만을 놓고 작품으로 볼 것인가와 같은 논리이겠지요. 붓에 먹물을 묻힌 것만 가지고 서예로 볼 것인가도 같은 맥락에서 보아야 할 것입니다. 단 반죽한 흙이나 먹물 묻힌 붓은 어디까지나 비유일 뿐 생명이 지닌 세포는 아니며, 사람이 지닌 세포는 더더욱 아니니까요. 나는 종교인이기는 하지만 개인적으로는 배아줄기세포는 정부에서, 그리고 국회에서 제도를 만들고 통과시켰으면 합니다. 미국처럼 기독교가 국교인 나라에서도 배아줄기세포연구를 위해 단서를 단 뒤, 법안을 통과시키고 정부에서 지원을 하고 있습니다. 제발 선거 때 표 의식하지 말고 소신껏 밀어붙였으면 합니다. 줄기세포는 아래로 펼쳐질 다른 세포들에게는 어미세포와 같은 것입니다.

　(02) 혈액세포 : 세 가지가 있는데, 빨간 혈액세포가 있고, 하얀 혈액세포가 있으며, 혈소판 세포가 있습니다. 적혈구인 빨간 혈액 세포들은 산소를 전달하는 일을 맡으며 백혈구인 하얀 혈액 세포들은 몸의 침입자들을 물리치는 일을 맡고 있습니다. 그리고 혈소판은 상처 난 곳을 아물게 하곤 하지요.

　(03) 신경세포 : 신경이 하는 일이 좀 많습니까? 두뇌의 뇌세포, 뇌신경세포는 인체의 컨트롤타워처럼 온갖 신경을 다 쓰는 세포입니다. 이렇게 몇 마디로 적게 다루어도 신경질내지 않는 게 신경세포입니다.

　(04) 근육세포 : 이 세포에도 세 가지가 있는데, 가로무늬근세포와 민무늬근세포와 심근세포입니다. 가로무늬근은 순간적인 힘을 내고, 민무늬근은 심장을 뺀 위와 장 · 폐 등에 붙어 있으면서 끊임없이 움직이지요. 소화를 돕고 숨을 쉽니다. 심장이 심근세포지요.

　(05) 뼈세포 : 만약 우리 몸에서 뼈를 무시하면 어찌 되겠는지요? 뼈를 이루는 세포가 뼈세포입니다. 사람들은 그럴 겁니다. "뼈는 단단하잖아. 그런데 무슨 세포야"라고. 질기고 튼튼한 세포가 곧 뼈세포지요.

　(06) 피부세포 : 세상은 세균과 미생물로 가득합니다. 그렇기 때문에 피부세포가 필요하지요. 피부세포가 없다고 생각해 보십시오. 질긴 밧줄 같은 콜라겐 단백질이 듬뿍 든 엘라스틴 등은 얼마나 소중한 세포인지

모릅니다.

(07) 간세포 : 사람의 몸에서 화학을 맡은 게 간이지요. 간이 없으면 알코올뿐만 아니라 모든 식품은 나름대로의 영양소와 함께 자기 보호본능의 독소도 지니고 있는데 어찌할까요. 이를 간세포가 처리하고 있습니다.

(08) 위세포 : 위세포는 사흘살이입니다. 하루살이에 비해 3배는 더 살지만 위는 주로 단백질로 되어 있으면서 단백질들을 소화시키는 세포입니다. 제 아무리 질긴 고기도 위에 들어가면 물이 되지요.

(09) 장세포 : 장세포가 하는 일은 소화된 영양소들이 빠져나가는 것을 막고 동시에 지방을 소화시킵니다. 특히 장에서 분비되는 소화액은 위와 다른데요. 음식물을 보다 잘게 쪼개고 영양소를 걸러내는 데 있어서는 최고의 기능을 갖고 있습니다.

(10) 면역세포 : 세포 중에 뭐 이런 것도 다 있느냐고요? 그럼요. 당연하지요. 우리는 매일 수많은 세균과 바이러스에 노출되어 있습니다. 감기에 한 번 걸리고 나면 면역세포들은 "아하, 요런 녀석들이었네" 하면서 그에 대응할 수 있는 항체를 만들어냅니다. 면역세포들은 질병으로부터 몸을 보호하는 매우 소중한 세포입니다.

그런데 아미타 부처님과 극락세계에 머무는 중생들에게 이런 세포들이 필요할까요? 네, 그것은 단지 그들의 이야기라고 치부하더라도 우리가 만약 극락세계에 갔을 때, 우리의 몸이 사바세계 지구촌에 맞게 길들여져 있었으니까 미리 알고 대비하는 것도 왕생극락을 위한 여행준비가 아니겠는지요.

우리가 아프리카 등 제3세계에 나가기 위해서는 국립의료원에서 발급한 황열병접종확인서黃熱病接種確認書가 필요합니다. 마찬가지로 극락세계가 너무 깨끗하기 때문에 여행준비가 필요합니다.

건강한 사람이 무균실無菌室에서 쉽게 살 수 있을 것 같습니까? 오히려 숱한 먼지들, 숱한 생명의 무기질들과 함께 할 때, 살기가 편할 것입니다. 왜냐하면 우리의 몸이 그런 데에 적응되어 있으니까요.

깨끗한 땅에서는 곡식도 채소도 자랄 수 없습니다. 아름다운 꽃도 피워내지 못합니다. 지렁이·굼벵이들이 사는 흙에서 생명이 자라듯이 하늘나라, 극락세계에는 여기 사바에서 길들여진 몸으로는 장담하건대 가서 쉽게 살 수 없지요.

그렇다고 가만히 있겠습니까? 이왕에 갈 거라면 하늘나라나 극락세계에 가야겠지요. 거기에 적응하려면 마치 우주인이 적응훈련을 하듯 미리미리 준비해야 할 것입니다.

극락세계, 하늘나라 태어나기 준비로는 우선 일차적으로 염불을 많이해야 하고, 염법과 염승도 빼먹으면 좀 그렇겠지요. 그러나 특히 빼놓을수 없는 게 있습니다. 선업善業을 많이 닦고, 마음을 예쁘게 쓰고, 정말이지 욕심慾心을 좀 덜 내야 합니다. 말이 너무 쉽지 않습니까? 그런데 말이라고 하는 것은 세 살 어린애도 곧잘 합니다. 그러나 실천은 여든 살 어르신도 어렵다더군요.

우주윤회설

장로비구 사리불아 아미타불 여래께서
세자재왕 부처님전 법장으로 출가하여
사십팔원 원력세워 도를닦고 정진하여
부처님이 되신지가 십여겁이 되느니라

(1) 성불

아미타 부처님은 처음부터 부처님이 아니셨습니다. 그러므로 선천적으로 이루어진 부처가 아니라 열심히 도를 닦아 마음속에 자리했던 온갖 번뇌가 다한 뒤에 마침내 부처님이 되신 것입니다.

여기 《불설아미타경》에서는 단호하게 말씀하십니다.

"아미타불 성불이래 어금십겁阿彌陀佛 成佛已來 於今十劫.
아미타불이 성불하신 지 지금까지 10여 겁이 지났다."

이 말씀 속에는 겁이라는 시간이 결코 짧지 않음을 보여줌과 동시에 선천적 성불이 아니라 후천적 성불임을 보여주고 있습니다. 성불成佛을 '이루어진 부처님'으로 볼 것인가, '부처님이 되시다', '부처를 이루시다'로 볼 것인가에 따라 의미가 약간씩 달라지게 마련이지요.

이루어진 부처님으로 본다면 선천적 성불의 입장이라 돈오頓悟요, '부처님이 되시다'와 '부처님을 이루시다'라는 자동사로 볼 것이냐, 타동사로 볼 것이냐의 차이일 뿐, 후천적 성불은 점수漸修에 해당할 것입니다.

결국 불교의 가르침은 철저한 자기수행을 통해 마음을 닦고, 번뇌를 다한 뒤 깨달음의 세계로 나아가는 것 말고는 궁극이 없습니다. 옛 어른 스님들 말씀에 이오위칙以悟爲則이라는 게 있습니다. 깨달음으로써 궁극을 삼으라는 뜻인데 그만큼 깨달음을 이루지 않고는 무위열반이든 왕생극락이든 쉬운 게 아니라는 거겠지요.

"성불하라. 반드시 부처를 이루어라."
"깨달으라. 반드시 마음을 깨달으라."

목숨이 다한 뒤 극락세계까지 10조 불국토를 지나서 가느니보다 마음을 깨달아 번뇌가 다하면 시공을 초월할 것입니다. 그때 가서 축지법縮地法을 쓰든, 워프항법을 쓰든 가면 되는 것입니다. 그런데 정말 마음을 깨달아 번뇌가 다하면 시공을 초월할까요? 초월하고 나면 신통변화를 부릴 수 있을까요? 축지법이 가능할까요?

물리적으로도 10조 불국토를 거쳐서 가려면 그 많은 나라들을 경유할 비자visa를 다 받기도 어렵거니와 지나가는 동안 생애가 다할 것입니다. 우주반야선宇宙般若船 내에서 수없는 생사 곧 나고 죽음을 거듭해야 할지도 모르는 일입니다. 극락세계에 이르기까지 냉동되어 있으면 된다고요?

따라서 10조 국가들로부터 낱낱이 비자를 받았다 하더라도 10조 국토를 한 나라 한 나라 지날 때마다 1분씩을 잡더라도 10조 분이 걸릴 것이니 이를 시간과 날짜로 햇수로 환산하면 과연 얼마나 걸릴까요? 1분에 어떻게 평균 한 개 나라를 거칠 수 있느냐고요? 어차피 우주반야선을 타고 갈 때 매 국토마다 내려서 방문하는 것은 아니니까요.

시간으로는 자그마치 1,666억6,666만6,660시간이고, 날짜로는 약 69억4천일입니다. 그리고 햇수로는 천구백 이만오천 팔백칠십오 년입니다. 이 모두는 지구시간을 모델로 한 것입니다. 스쳐 지나가는 우주공간에서 매순간마다 현지시간local time을 적용한다면 지구시간으로는 비록 19,025,875년이 걸리겠지만 우주시간으로는 많이 단축될 것입니다.

경전에 의하면, 도리천은 향수해발 8만 유순 높이인 수미산 정상에 자리하고 도솔천은 도리천으로부터 다시 12만 유순을 더 벗어난 곳에 위치한다고 합니다. 1유순을 20km로 잡는다고 가정할 때 수미산의 높이와 같은 도리천은 지표면으로부터 160만km이고 도솔천은 지표로부터 400만km입니다.

지구표면으로부터 400만km 거리에 놓인 도솔천의 하루가 지구의 4천년에 해당한다고 보았을 때 도솔천의 1년은 지구의 146만년과 맞먹습니다. 지금 도솔천 내원궁에서 대기 중이신 미륵보살이 도솔천 시간으로 4천년이 지난 뒤 이 세상에 출현하시어 미륵부처님이 되신다고 합니다. 그 기간이 지구 시간으로 58억 4천만년이지요. 이를 1겁이라 하고요.

도솔천이 지구로부터 400만km라면 빛의 속도로 13초밖에 걸리지 않습니다. 지구에서 가장 가까운 금성까지의 거리 5천만km에 비하면 12분의 1도 안 되고 화성까지의 거리 8천만km에 비하면 20분의 1밖에 안 되는 데도 시간의 속도개념은 많은 차이가 있습니다.

그런데 우주선을 타고 가면 1km, 곧 하나의 국토를 지나는데 1분씩이나 걸릴까요? 훨씬 빠르겠지요. 보통 우주선이 지상에서 출발할 때, 초속

11.2km 이상의 속도가 있어야 지구의 중력으로부터 벗어날 수 있다고 합니다. 그것도 지구의 중력 외에 기상조건이 어떠한 문제도 없을 때에 한해서입니다.

만약에 초속 11.2km로 계속 달릴 경우, 1분 동안에 672km를 달릴 수 있으니, 그렇게 계산하면 천구백 만년은 잘라버리고 28,186년이면 충분하겠습니다. 게다가 우주에 올라가면 진공이기 때문에 공기의 저항을 받지 않으므로 좀 더 속도를 많이 낼 수도 있겠습니다. 게다가 도솔천의 시간 대입이 아니라 아인슈타인의 상대성이론에 따른 우주의 나이를 대입시키면 많이 가까워질 것입니다. 그래도 10조km를 우주선으로 달린다는 것은 결코 가까운 거리가 아닙니다.

시간 날짜 햇수만이 아니고 거기에 들어가는 천문학적 경비는 또 어찌할 것입니까? 그거 아시는지요? 교통비를 포함하여 모든 여행 경비는 거리에 시간을 곱한다는 공식 말입니다. 같은 거리를 가더라도 4시간이 걸려 가는 버스요금보다 1시간 만에 날아가는 항공료가 더 비싸지요. 왜냐하면 3시간을 단축시켜 주니까요. 당연히 시간을 단축하는 대신 그에 따른 경비는 올라가지 않겠습니까?

그러기에 차라리 아무리 어렵고 또 힘들더라도 이 사바세계에 머물때, 열심히 도를 닦고 공덕을 쌓아 불보살님들의 크신 원력을 빌어 우주 반야선을 타고 가는 것이 가장 경제적일 수 있을 것입니다.

아니면 앞에서도 언급했지만 확철대오確徹大悟, 곧 크게 깨달아 자기 자신의 힘으로 시공을 뛰어넘어 가는 게 좋겠습니다. 깨달음이라는 게 비록 이루기 어렵다 하나 그래도 역대 큰스님들께서 닦아 가신 길이 있습니다. 또 그에 따른 상세한 로드맵이 있고요. 그 많은 경비를 들여 극락세계까지 간다고 하더라도 분명한 것은 서방정토 극락세계에는 깨달은 사람들이거나 공덕을 많이 지은 이들만 살고 있습니다.

자기 실력이 모자라는데 뒷거래로 부정입학을 한다거나, 학력을 위조하고 교수자리를 힘으로 차지하거나, 전문이 아니면서도 부정으로 그 자리를 꿰어 차고 앉으면 불안하기도 하려니와 따라갈 수가 없습니다. 그러니 깨달음이라는 실력과 공덕과 복을 쌓고 베푼 사랑의 힘으로써 가야 당연하지 않겠는지요?

(2) 10겁

아미타 부처님께서 깨달음을 이루어 부처님이 되신 지 10겁劫이라고 말씀하십니다. 겁은 대단히 긴 시간입니다. 한 겁도 아니고 두서너 겁이나 또는 대여섯 겁도 아닙니다. '10'이라는 숫자는 단 하나도 모자람이 없는 꽉 찬 숫자입니다.

화엄華嚴체계가 십진법으로 된 게 결코 우연이 아닙니다. 화엄은 곧 만족滿足의 다른 뜻입니다. 열은 숫자의 열이기도 하지만 만족을 반연하여 얻는 기쁨悅입니다. 우리 속담에 보면 "열悅일 제쳐 놓고"라는 말이 있습니다. 열 가지 일, 나아가서는 아무리 기쁜 일이라도 다 제쳐두고 이 일을 위해 발 벗고 나섰다는 나름대로 생색 좀 내는 말이지요.

"아따, 씨껍했네!"
"씨껍 무따 아이가!"
"야야, 니 씨껍 했데이?"

이 때 씨껍은 비속어가 아닙니다. 매우 놀랐을 때 가슴을 쓸어내리며 쓰는 경상도 지방어地方語(사투리)입니다. 내《동아새국어사전》제4판 (2004)에는 씨껍이라는 단어가 나오지 않는데, 인터넷에 의하면 식겁食怯으로 표기되고 있습니다. 겁을 먹는다는 뜻입니다. 그런데 이 식겁이 식겁食劫에서 왔고 식겁은 십겁十劫에서 온 말입니다. 이《불설아미타경》이 어원이지요. 워낙 긴 시간이다 보니 사람들은 놀라면서 되묻습니다.

"뭐라고?"
"십겁이라고!"
"세상에 그리 엄청난 시간이?"

하도 긴 시간이라 겁을 먹을 수밖에 더 있었겠습니까? 해서 엄청 긴 시간에 놀란 십겁이 나중에 겁을 먹는다는 식겁이 되고 지금은 "씨껍했데이!" "와, 씨껍했다 아이가?" "야야, 내사 씨껍무따 안카나?" 등으로 표현되고 있습니다.

이처럼 긴 시간 십겁은 과연 얼마나 긴 시간일까요? 물론 항하사겁恒河沙劫이니, 미진수겁微塵數劫이니 하는 말들에 비하면 솔직히 아무 것도 아니지요. 그러면 겁은 얼마나 긴 시간일까요? 잘라 말하면 지구령地球齡입니다. 곧 지구의 나이가 1겁입니다. 경전의 기록에 의하면 58억 4천만 년이니, 56억 7천만년이니, 또는 5억 8천4백만년이니 합니다만, 도솔천 미륵보살 대기설에 따라 58억 4천만년설을 택하고 있습니다.

지구 나이가 몇 살이냐고요? 지금까지 밝혀진 바에 따르면 46억 5천만년 쯤이라고 합니다. 이는 천문학자들의 이야기입니다. 결코 성서 등에 나오는 신화적·종교적 얘기가 아닙니다.

만일 십겁이라면 지구 나이의 10배가 되는데, 지금까지 학자들의 설에 의하면 우주의 나이는 지구 나이의 꼭 3배입니다. 137억 년으로 잡으니까요. 뭐가 맞지 않는 게 있지요?

우주의 나이는 137억 년인데 아미타불이 성불하신 지는 465억 년, 극락세계는 누가 뭐래도 우주 안에 들어 있어야만 합니다. 우주를 떠나 또 다른 우주 이른바 다중우주로 얘기하자고요? 거기서 말하는 다중우주는 거시적 전체적 우주가 아닙니다. 금강경에서 말씀하신 일합상一合相의 우주가 아닙니다.

그런데 어떻게 불교에서는 입만 열면 "겁, 겁, 겁"이냐고요? 단 불교에서는 우주를 1회성으로 보지 않고 우주윤회설을 주장합니다. 생명이 육도윤회六道輪廻하는 것을 생주이멸生住異滅로 표현한다면 우주윤회는 성주괴공成住壞空이라는 용어로 나타내고 있습니다. 즉 빅뱅big bang에서 우주가 생겨나 지금처럼 팽창하는 것을 성成과 주住로 본다면 언젠가 이 우주는 팽창을 멈추고 마침내 수축壞하다가 다시 빅뱅 이전의 특이점空 singularity으로 돌아간다는 것입니다.

그리고 다시 빅뱅이 일어나고, 생성·팽창·유지되다가 빅 크런치big crunch로 해서 특이점으로 돌아가고, 이런 상황이 끊임없이 반복되는 게 바로 우주윤회설이며 성주괴공으로 설명하고 있습니다.

052

극락세계 성문들의 학문과제

또한다시 사리불아 저부처님 회상에는
한량없고 가이없는 성문들이 모였는데
그들모두 아라한의 높은경지 오른이로
산수로써 알수있는 그정도가 아니니라

어찌성문 뿐이리오 보살들도 마찬가지
한량없고 가이없어 헤아릴수 없느니라
사리불아 이와같이 극락국토 저세계는
공덕으로 장엄으로 이루어져 있느니라

성문聲聞이란 어떤 이들일까요? 부처님 가르침을 듣고 그대로 닦아 실천하는 수행자입니다. 그러니까 경전을 통해서 공부하는 수행자라기보다 부처님 곁에서 부처님을 직접 뵙고 부처님께서 말씀하시는 음성을 듣고 마음을 닦아가는 자들이지요.

그럴 경우 신분에 국한되지 않습니다. 그렇다면 성문의 류類는 출가·

재가를 떠나 부처님의 말씀을 직접 들은 이들입니다. 부처님께서 열반에 드신 지 오래인 요즘은 성문이 없다고 해야겠지요. 마치 "1,250명 비구 대중은 부처님 재세시在世時에 있었던 상수제자常隨弟子들"이었던 것처럼 말입니다.

따라서 정직하게 얘기하면 요즘 성문은 없고, 부처님께서 남기신 경전을 통해 공부하는 비구가 있고 비구니가 있고 우바새 · 우바이가 있고 연각이 있고 보살이 있을 뿐입니다.

그런데 극락세계에는 성문이 있습니다. 그것도 한두 명이 아닙니다. 어찌하여 극락세계에는 성문들이 있을 수 있단 말입니까. 요점은 아미타 부처님께서 성불하신 지가 10여 겁, 곧 지구령의 10배인 465억년을 훌쩍 넘겼지만 아직도 생존해 계시면서 설법하고 계시기 때문입니다.

부처님이 설법하시는 한 거기가 어디든 성문은 있을 수 있지요. 이 점이 우리 석가모니 부처님 당시에는 여기 지구촌도 가능하였으나 부처님께서 대열반에 드신 이후 사바세계에서 성문은 사라졌습니다. 그렇습니다. 여기서는 성문이 사라졌으나 극락세계는 지금도 설법하시는 아미타 부처님이 계신 까닭에 성문이 어디든 있을 수 있습니다

이 《불설아미타경》에 의하면 이 경을 설하실 당시 극락세계에서는 아미타 부처님께서 법을 설하시는 중이라 하셨는데 지금 겨우 2,600년쯤 지났으니까 아직은 설법 중이라서 성문이 있을 수 있겠습니다.

아미타 부처님께서 예나 이제나 늘 설법중이시라면 설법의 내용이 무엇일까요? 정토淨土에 관한 법문일까요, 예토穢土에 관한 것일까요, 아니면 정토와 예토에 관한 것일까요?

또는 《시가라월육방예경》(일명 《선생경》)처럼 국가와 국민, 부모와 자녀, 스승과 제자, 남편과 아내, 벗과 벗, 고용주와 직장인의 관계라든가, 불교와 과학 · 정치 · 경제 · 사회 · 문화 · 복지 · 건축예술 등에 대한 법문들도

있을까요? 이미 불퇴전의 아비발치이며 일생보처에 오른 이들에게 번뇌에 대한 얘기일까요? 어쩌면 인간세계에서 제왕학帝王學이 있듯이 포교학·교수학에 관한 것들일 수도 있겠습니다.

정토에 관한 것이라면 이미 그곳은 워낙 깨끗한 곳이라 더럽다, 깨끗하다는 상대적 개념을 초월하였을 터인데 과연 극락세계 중생들에게 정토법문이 필요하겠습니까? 중생이라는 용어가 경전에 나옵니다만, 이는 번뇌가 아직 남아 있기 때문에 중생은 아닐 것입니다. 중생衆生이란 글자그대로 더불어 어울려 살아가는 이들이겠지요.

깨끗하다고 하는 말에는 상대적인 언어로서 더러움이 있어야 하는데, 무유중고無有衆苦 단수제락但受諸樂 곧 고통이란 고통은 전혀 없고 다만 즐거움만 느낄 뿐이라 하셨습니다. 더러움이라는 것이 생각이나 언어로 남아 있겠습니까? 아무리 생각해도 정토법문은 아니실 듯싶습니다.

그렇다면 경전에 나오는 대로 사념처四念處, 사정근四正勤, 사여의족四如意足, 오근五根, 오력五力, 칠보리분七菩提分, 팔성도분八聖道分일까요? 아비발치無退Avinivartaniya와 일생보처一生補處 경지에 이른 성문들에게 이런 법문이 필요할까 생각해 봅니다.

그러나 한편 생각해 보면, 우리 지구와 직접적 관련이 없는 우주 저 먼곳, 어느 행성의 이야기나 신화에 우리가 관심을 갖는 것처럼 비록 더럽다, 깨끗하다, 추하다, 아름답다, 슬프다, 기쁘다와 같은 상대적 개념을 초월했다 하더라도 "우리 극락정토도 아미타 부처님 이전에는 저렇게 오염되어 있었어"라고 가르칠 수는 있을 것입니다.

아미타 부처님께서는 극락세계와 사바세계를 자유롭게 오가시는 분이시니 사바세계에 대해서도 지극히 전문가 수준이실 것입니다. 극락세계에 태어난 중생들은 사바세계에 대해서는 단군 신화나 그리스·로마 신화를 접하는 느낌 아마 그 이상도 그 이하도 아니겠지요. 그러나 그들이 누구입니까? 부처님의 으뜸가는 성문제자들이지요.

이 사바세계에서는 정토행자들이 많이 배출되어 정토를 연구하고, 아미타불에 대해 연구하고, 정토여행사를 운영하고, 정토행 우주반야선을 만들고, 사바와 정토의 외교 핫라인을 만들고, 무역회사를 만들어 물자 교류를 확대하여 가듯이 정토세계에서도 사바세계 연구가 진행되겠지요?

아미타 부처님과 관세음보살님, 대세지보살님은 사바세계 중생들을 교화하시고자 매 순간순간을 정토를 떠나지 않으신 채 사바세계에 오신다고 합니다. 어떻게 그게 가능하냐고요? 미타삼존彌陀三尊을 비롯하여 부처님의 경지에 오르신 분이라면 얼마든 가능합니다.

우리 사바세계 중생들이 극락세계까지 10조 개의 불국토를 거쳐 가려면 거리도 거리려니와 시간과 경비가 보통이 아니겠지만 시간과 공간을 뛰어넘고 물리의 질량을 모두 초월한 아미타 부처님 경지시라면 으레 가능합니다.

그래서 정토세계 아미타 부처님의 모든 성문제자들은 아미타 부처님과 양대보처존兩大補處尊 곧 관세음보살님과 대세지보살님을 지도교수로 모시고 열심히 사바학娑婆學 또는 예토학穢土學에 관심을 기울일 것입니다. 어쩌면 우리 사바세계 예토에서 진행하는 정토학이나 정토프로젝트보다 훨씬 앞선 그런 연구가 진행되고 있을 것입니다.

교류가 일방적인 게 없듯이 학문연구도 일방적인 것은 없습니다. 교류가 일방적이라면 수입이냐 수출이냐 어느 한쪽에 국한되겠지요. 그러나 무역의 세계에서는 상호간 물자교류가 이루어질 것이고, 연구도 우리가 정토를 연구하듯이 정토의 성문들은 우리가 정토를 연구하는 것보다 훨씬 더 진척된 사바세계 예토를 연구해 나갈 것이라 보고 있습니다.

따라서 아미타 부처님께서 지금 설법 중이신 설법의 내용이 과연 무엇일까? 이에 관한 것이라면 우리 정토학자들의 연구과제로는 충분하지 않겠는지요? 그러나 아직까지 밝혀진 바는 거의 없는 것으로 알고 있습니다.

더욱이 수를 셀 수 없이 많은 성문들, 아비발치와 일생보처의 높은 경지에 오른 극락세계 성문들이 아미타 부처님으로부터 어떤 과제를 부여받고 사바세계에 대해 어느 정도나 연구하고 있는가를 밝힌 우리의 정토행자/학자/교수들의 논문은 모르기는 해도 아마 거의 전무한 상태일 것입니다.

그래서 나는 제안합니다. 저토록 많은 극락세계 성문들이 어떤 학문을 어떻게 연구하고 있는지 그에 대한 연구가 활발해졌으면 어떻겠느냐고요? 나처럼 재야학승 말고 대학에 적을 둔 불교학자 내로라하는 교수들과 스님들을 위해 연구지원이 가능한 대형사찰이나 종단 차원에서 연구비를 지원하고, 연구방향을 놓고, 고민할 생각은 없는 것이냐고요?

053

극락세계 보살들의 미션

"스님, 지예, 아까 갔던 젊고 이쁘장한 보살 기억 나시지예?"

"젊고 이쁘장한 보살이라?"

"거 머라카노. 허리 늘씬하고 피부 뽀얗고예~ 키는 170이 좀 넘어예~."

"네에에~."

"보시믄 아실낌더. 그건 그라고예."

"네 말씀하세요, 보살님. 뭐 하실 말씀이라도~."

"땅 게 아니고예 거~? 아참! 아까 지한테 거스름 주셨어예?"

"네, 드렸는데요. 천 원."

"그란디 우짜 받은 기억이 없능교?"

"분명히 드렸습니다, 보살님. 잘 살펴보십시오."

"그란디 없어예. 아무리 찾아도 혹 지가 보살이라꼬 우습게 보신 건 아니지예?"

"아이구 아닙니다, 보살님. 그럴 리가 있겠습니까? 나중에 절에 오시면 거스름돈은 꼭 챙겨드리겠습니다."

"됐고요, 됐어예."

뚜두둑!

일방적으로 전화가 끊겼습니다. 그리고 잠시 후 다시 벨이 울렸습니다. 그분이었는데 조금 전과는 사뭇 달랐습니다.

"지라예. 아까 간 보살이라예!"
"아 네, 보살님. 더 하실 말씀이라도?"
"돈 있어예. 받아서 지갑에 안 옇고 주머니에 집어 옇어예."

뚜둑둑!

이쪽에서 말할 틈도 주지 않고 그냥 끊어버렸습니다. 이런 보살은 극락세계에는 없겠지요? 아닙니다. 그 많은 보살들 중에 어떤 보살인들 없겠습니까? 액수가 많고 적고를 떠나 일단 계산은 분명해야 한다는 것을 가르치려 짐짓 몸을 나타내신 진짜 큰 보살님의 화현이겠지요? 관세음보살님이 맞으실 것입니다. 극락세계에서 10조 개 불토를 지나 이 곳 사바에 오시어 경제의 기본 틀을 가르치신 것입니다.

꽤 세월이 흘렀습니다. 30년도 훨씬 넘은 80년대 초 종로 대각사에 머물 때이니 참 좋은 때였지요. 당시 시조시인이자 주지이셨던 효경 큰 사형님으로부터 불교의식佛敎儀式의 전반적인 것을 모두 배우고 익혔습니다. 뿐만 아니라 사무를 배우고, 회계를 배우고, 스님들과 신도님들을 대하는 법, 언어의 기본예절까지도 효경 큰사형님에게서 익히고 배웠습니다.

스님께서 특별히 습의習儀를 따로 가르치시기보다 워낙 반듯하게 살아가시는 분이었기에 스님의 갈피갈피 손쓰심—擧手과 걸음걸음 자욱 자욱이—投足 그대로 율의律儀이셨고 고스란히 의범儀範이셨습니다.

내 기억으로는, 그 보살님은 그 이후로 단 한 번도 대각사를 다시 찾지 않았습니다. 그래서 효경 큰사형님 말씀처럼 회계를 가르치고 경제의 기본 틀을 가르치고자 짐짓 사바세계에 몸을 나타내신 극락세계 아미타 부처님의 좌보처 관세음보살님이셨습니다.

극락세계에 그토록 헤아릴 수 없는 많은 보살들이 머물면서 과연 어떤 보살행을 닦으실까? 많이 궁금하기도 합니다. 내가 궁금해 하는데 페이스북의 한 벗님이 느닷없이 전화를 걸어 왔습니다. 안부를 묻기에 근황을 얘기하며 아울러 극락세계 보살들의 보살행에 대해 얘기했더니 그 벗이 대뜸 답을 했습니다.

"간단하지요. 극락세계에 보살이 왜 그렇게 많이 필요하겠어요. 우리 사바세계에 미셔너리布敎師missionsry로 파견하시려면 한두 분 가지고 되겠어요, 스님?"

그야말로 정곡正鵠을 찌르는 명답 중 최상의 명답이었습니다. 이 글은 그래서 이처럼 쓰여지게 된 것입니다. 페이스북의 벗님이 누굴까요? 관세음보살님의 화현이십니다. 관세음보살님이시라면 여자냐고요? 보살은 남녀를 떠나고, 시니어senior와 주니어junior를 떠나 어떤 신분에도 얽매여 있는 분이 결코 아니십니다.

극락세계에는 사실 보살이 필요하지 않습니다. 왜냐하면 중생들이 있기는 있되 결코 사바세계 중생들과 다릅니다. 그들에게는 보살의 손길이 전혀 필요하지 않습니다. 삼악도가 없으며 삼악도라는 이름조차 찾아볼 수 없는 세계가 다름 아닌 극락세계인 까닭입니다.

따라서 위로는 깨달음을 구하고 아래로는 중생을 교화할 보살이 극락세계에서는 전혀 필요가 없습니다. 그렇다면 그분들이 갈 곳은 으레 사바세계 예토입니다. 극락세계 성문들은 너 나 할 것 없이 다 아라한들입니다. 그러므로《불설아미타경》에서도 이에 질세라 1,250명 비구승들이 죄다 아라한이라 말씀하신 것이지요.

그런 면에서 볼 때 우리 서가모니 부처님께서도 당신의 제자들을 한껏 높이셨습니다. 그리하여 1,250명의 사바세계 당신의 성문제자들과 극락세계 아미타 부처님의 성문제자들을 서로 비교하여 같은 수준에 올려놓고 싶으셨을 것입니다.

그리고 보살들 역시 불퇴전의 경지에 오른 이들입니다. 전에 탄자니아에 있을 때 아루샤Arusha에서 2시간 남짓 버스를 타고 나망가Namanga에 이르렀습니다. 나망가는 탄자니아와 케냐의 국경border 지대입니다.

그런데 정작 국경에는 금線line 하나 없습니다. 그저 양쪽으로 게이트gate 하나씩 2개의 게이트가 전부입니다. 우리나라 남북한처럼 철조망이 이중삼중으로 쳐져 갈라놓은 게 아닙니다. 우리는 같은 민족이면서도 서로 오가지 못하는데 그들은 나라가 완전히 다른데도 불구하고 버스와 승용차 심지어 택시까지 입국 비자 한 장으로 간단하게 오가는 것이었습니다. 6년 동안 살면서 가장 부러웠지요.

비자를 받고 국경을 넘어서면 그는 상대국 국법에 따라야 합니다. 그리고 뒤로 물리고 싶다 해서 바로 비자를 물려주지도 않습니다. 극락세계 성문들과 보살들도 마찬가지입니다. 아라한의 경지가 무엇이고 불퇴전의 경지가 또 무엇입니까?

일단 그 경지에 오르면 쉽게 물러나지 않으므로 불퇴전의 경지라 할 것입니다. 바로 이들이 미셔너리 자격으로 사바세계에 올 때, 사바세계 세상살이에 물들지 않고 주어진 임무mission를 차질 없이 수행할 수 있을 것입니다.

따라서 극락세계 성문들과 보살들의 사명과 임무가 더 없이 소중한 것은 사실이지요. 그런 가운데서도 성문들은 주로 극락세계 국내파로 아미타 불법을 연구하고 특별한 경우 사바세계까지 교환학생이나 교환교수로 오겠지만 극락세계 보살들은 관세음보살님을 필두로 주로 당신들의 손길을 필요로 하는 삼천대천세계 곳곳에 파견되어 보살로서의 임무를 다할 것입니다.

이 《불설아미타경》에서 귀중한 단어 하나를 건집니다. 이는 산수算數라는 수학언어입니다. 셈하고 계산한다는 뜻의 산算과 숫자를 뜻하는 수數가 합하여 '산수'라는 말이 경전에 등장합니다.

예로부터 계산을 할 때, 산算가지를 이용했습니다. 막대기 하나를 일一이라 하고, 막대기 둘을 이二라 했지요. 막대기 셋은 삼三이라 하고, 열은 막대기를 가로와 세로로 겹쳐놓아 卄 표현했고, 스물은 열 개 두 개를 가로로 붙여 卅 놓아 표현했습니다. 서른은 열 개 세 개를 역시 가로로 붙여 卅 놓아 표현하였습니다. 이 《불설아미타경》에 수학자들의 관심이 몰렸으면 하는 소박한 바램을 가져봅니다.

054

아버지 발치에서

또한다시 사리불아 분명하게 알지니라
극락국토 중생으로 몸을받아 생한자는
누구든지 한결같이 보리심서 퇴전않는
높은경지 뛰어오른 아비발치 성자니라

그가운데 대부분은 일생보처 보살인데
그숫자가 너무많아 산수로는 알수없고
한량없고 가이없는 아승지겁 지나면서
헤아릴수 있을따름 다른방법 없느니라

'아비발치avinivartaniya' 하면 불퇴不退보살이나 무퇴無退보살이
떠올라야 하는데 그게 아니고 아버지의 발치가 떠오릅니다.

내가 어렸을 때입니다. 아버지는 내게 많은 사랑을 주셨는데, 내가 하
는 것은 다 좋다고 하시며 힘과 용기를 주셨지요. 한 번은 누워 계시는 아
버지를 보고 가까이 다가가 장난삼아 다리를 주물렀는데 아버지께서는

너무 좋아하셨지요. 그게 계기가 되어 가끔씩 아버지 다리를 주무르고 허리까지 주물러 드리는 게 거의 일과이다시피 했습니다. 완전 무주상보시無住相布施였지요. 아닙니다. 그때마다 칭찬 한 마디는 꼭 하셨으니, 그렇게 완전 무주상보시는 아니었습니다.

그 후 아버지는 내게 허리 좀 주물러라, 다리 좀 주물러라시며, 주문을 참 많이도 하셨지요. 그런데 문제가 있었습니다. 아버지 발에서 나는 고린내였습니다. 내가 열두서너 살 때니 아버지는 40대 중반이셨을 터 아버지의 고린내는 정말이지 지독했습니다. 아마 당신께서는 발을 내어놓는 게 아니니까 냄새가 좀 나더라도 대수롭지 않게 여기셨겠지요.

도저히 더는 견디지 못하고 말씀을 드렸는데 아, 효과가 있었습니다. 발을 항상 깨끗하게 씻으신 뒤 다리를 주무르게 하셨습니다. 그 대신 시간이 길어졌지요. 그래도 그게 어딥니까. 지독한 고린내로부터 벗어날 수 있었으니까요. 나는 《불설아미타경》을 읽을 때, 꼭 이 대목에 이르면 아버지의 발치를 떠올립니다.

1990년 7월 20일, 점심식사 후 혼자 팔을 베고 누우셨다가 나중에는 다시 어머니 무릎을 베고 누워 조용히 눈을 감으셨지요. 내가 절에 들어온 지 열 다섯 해를 훌쩍 넘긴 뒤라 나는 운명을 지키지 못했지만 더는 아버지 발치에서 다리를 주물러 드릴 수 없으니 '아버지 다리 주무르기' 정규직 계약이라도 했어야 했는데~. 만일 그랬더라면 나를 당신의 '다리 주무르기'에서 그토록 일방적 해고통지를 할 수는 없으셨겠지요. 왜냐하면 부당해고이시니까 말입니다. 물론 아들이 절에 들어가 수행한답시고 자리를 오래 비웠으니 해고사유는 되겠지만 말입니다. 나는 그 이후로 불퇴의 의미를 실감합니다만 어찌하겠습니까? 때 늦은 후회만이 밀려올 뿐입니다.

요즘은 예전과 달리 대학에 들어가는 것을 그다지 걱정하지 않습니다. 널린 게 대학이고 또 대학을 좀 나왔다(?) 해서 그다지 큰 혜택도 없기 때문일까요? 오히려 대학 3.4학년이 되면 진로를 놓고 고민해야 합니다.

공부를 계속할 것인가? 직장을 잡을 것인가? 직장을 잡자니 대외적으로 어깨 펼 만한 괜찮은 직장이 기다리는 것도 아니고, 그렇다고 좀 거시기 한 데는 아예 들어가기가 싫고, 대학원에 진학하자니 뒷받침해 줄 만큼 집안 살림이 넉넉하지 못하고, 스스로 벌어서 공부하자니 제대로 된 직장도 어려운데 공부하는 대학원생을 정규직으로 받아 줄 일터도 없고, 아, 어찌해야 하겠는지요? 그야말로 갑갑이 아닌 깝깝입니다.

대학을 졸업하고 대학원에서 석사·박사까지 다 마쳤는데 사회에서 받아 줄 자리가 없습니다. 있어 보았자 비정규직이고 그저 시간강사 자리가 고작입니다. 정식으로 임용고시를 치르거나 공채에 합격한 게 아니라면 어디 가서 이름 석 자 내놓겠는지요.

아비발치는 어떤 경지일까요? 다시는 뒤로 더 물러설 수 없는 불퇴전不退轉의 자리입니다. 불퇴전의 경지는 거저 얻어지는 자리가 아닙니다. 화엄華嚴에서는 보살이 수행하는 데 있어서 모두 53위 단계가 있다고 합니다.

첫째로는 믿음의 열 단계十信요
둘째로는 머묾의 열 단계十住며
셋째로는 실행의 열 단계十行고
넷째로는 회향의 열 단계十回向며
다섯째는 경지의 열 단계十地입니다

여기서 믿음의 단계 중 제 6위가 불퇴심不退心이고 이어서 머묾의 단계 중 제 6위가 불퇴주不退住입니다. 다시 말해서 확고한 믿음과 확실한 진제眞諦의 자리에 머물 수 있다면 물러서진 않지요. 믿음이 약하거나 지식이 부족하거나 하면 언제든 다시 밀려 내려올 수 있습니다. 그러기에 수행이 쉬운 게 아닙니다.

지금까지 내가 말한 아비발치에 관한 것이라면 이는 어디까지나 사바세계 현실이고, 극락세계라면 좀 다르지 않겠는지요. 극락세계에 태어난 것 자체가 불퇴전의 경지 아니겠습니까?

믿음의 아비발치
머묾의 아비발치
행동의 아비발치
회향의 아비발치
언어의 아비발치
생각의 아비발치
사바의 아비발치
극락의 아비발치
경지의 아비발치

이런 것은 컨트롤이 가능합니다. 뒤로 물러서지 않을 수 있습니다. 그냥 생각 정도로는 가능합니다. 그런데 정말 깨달음을 향해 나아가는 수행자의 그 경지의 아비발치는 사바세계에서는 쉽지 않습니다.

평생을 오직 '이뭣꼬' 하나로 쌓고, 쌓고, 또 쌓아올린 정진의 탑이 아주 자그마한 물질 앞에서, 빛깔 좋은 화려함 앞에서 무너져 내리는 아픔을 보면서 '진짜 이게 무슨 뭘까?' 하고 생각합니다. 30여 년 전, 존경하는 일붕—鵬 스님께서 조계종을 벗어났을 때만 해도 잘 몰랐습니다. 그리고 80년대와 90년대 조계종 분규를 겪으면서 종단이 찢어지는 아픔을 맛보아야 했습니다.

그런데 요 근래까지 조계종 수선납자들의 기둥이고 대들보였던 망구望九의 한 노스님께서 조계종을 벗어났다는 기사가 인터넷에서, 신문에서, 각 언론에서 회자膾炙되는 것을 보면서 도대체 도를 깨달았다는 스님네가 물질 앞에서 이렇게 쉽게 무너질 수 있을까를 생각하니 억장이 무너져 내립니다.

언론에서는 탈종의 동기를 종단에 돌리고 있습니다. 언론 말대로 종단이 잘못할 수 있습니다. 실제로 요즘 마음에 안 드는 게 한두 가지가 아니지요. 종단에서도 잘 알고 있습니다. 그렇지만 가령 종단에서 100번 잘못했다 하더라도 꾸짖고 나무라고 바로잡아가는 게 종단의 어르신으로서 할 일이 아니겠는지요? 자식이 말 좀 안 듣는다고, 어버이가 또는 조상이 성姓을 갈아치우는 일은 일반 세간에서도 잘 하지 않습니다.

구한말에는 조계종이니 무슨 종이니 하는 구분이 거의 없었다 하더라도 스승께서 조계종의 큰 어른스님이셨고, 당신도 조계종을 바탕으로 살아오셨는데 구십을 바라보시는 위대한(할) 망구스님께서 하루아침에 이게 무슨 일이랍니까? 어떤 경우라도 아비발치의 경지에 오르신 분이 취할 행동은 아니었다고 봅니다.

장삼이사張三李四라면 뭐 좀 어떻겠습니까? 그런데 한 때, 정신세계가 우주를 다 덮고도 남았던 이가 아니셨습니까? 삶을 마감하고 떠날 때에 있어서 우리의 뒷모습은 얼마나 아름다울까 하는 것은 많은 이들을 생각하게 하지요. 몇 년 전 열반하신 법정 큰스님의 무소유의 행적을 보면서 저 분이 곧 사바세계의 아비발치이셨노라며 나는 홀로 눈물을 삼켰습니다.

염분비 일정의 법칙이 있지요. 전 세계 어느 바닷물도 염분비는 동일하다는 것입니다. 아무리 끌어 모아도 결국 대기권 내 지구에서의 일이고, 아무리 자신의 이름으로 뭘 가지고 있다 하더라도 지구 밖 다른 곳으로 어느 것 하나 가져가지 못합니다.

아비발치는 불퇴전입니다. 동시에 무소유입니다. 아무 것도 어느 누구의 소유가 아닌 사람을 비롯한 지구촌 모든 생명이 함께 아껴가며 쓸 생태환경입니다. 이 생태환경을 벗어나서 우리는, 우리 모두는 단 한 발짝도 옮길 수 없고 단 한 걸음도 물러설 수 없습니다.

비니바르타니야(비발치)vinivartaniya가 '물러나다'의 뜻인데 부정사 '아 A'가 앞에 오면서 아비니바르타니야(아비발치)avinivartaniya, '물러나지 않는 경지'가 되었습니다. 이왕 부처님 법 만났으니 우리 여기서 더는 물러서지 말자고요.

055

레임 덕 없는 일생보처

레임 덕lame dusk=오리걸음

뒤뚱거리며 걷는 오리의 걸음걸이는 언제 보아도 참 재미있습니다. 펭귄penguin은 오리와 같은 과科family가 아닌 데도 불구하고 더러 걸음걸이가 비슷하게 느껴집니다. 내 관찰력이 다소 부족한지 모르나 펭귄의 걸음걸이는 때로 모둠발로 깡총깡총 뛰는데 오리는 모둠발로 뛰는 것은 없더군요.

그들은 같은 동물계, 같은 척삭동물문脊索動物門, 같은 조강鳥綱에서 오리는 기러기목目 오리과科로 가고, 펭귄은 펭귄목 펭귄과로 갔습니다.

지구 생명의 세계는 근본적으로 원핵생물계原核生物界에서 시원세균류始原細菌類와 진정세균류眞正細菌類로 나뉩니다. 그리고 원생原生생물계를 거쳐 동물계動物界, 식물계植物界, 균계菌界가 벌어집니다.

균계는 접합균류接合菌類, 담자균류擔子菌類, 자낭균류子囊菌類로 분류되고, 식물계는 원생생물계에서 규조류硅藻類, 갈조류褐藻類, 쌍편모조류雙鞭毛藻類, 홍조류紅藻類, 녹조류綠藻類를 거쳐 선태식물(이끼)蘚苔植物, 양치식물兩齒植物, 겉씨식물, 속씨식물로 분포되지요.

그리고 사람이 속한 동물계는 원생생물계에서 섬모류纖毛類, 포자류胞子類, 위족류僞足類, 편모류鞭毛類를 거쳐 해면海綿동물, 강장腔腸동물, 편형扁形동물, 윤형輪形동물, 선형線形동물, 극피棘皮동물, 척삭脊索동물이 있고 연체軟體동물, 환형環形동물, 절지節肢동물이 있습니다.

사람은 어디에 속할까요? 으레 척삭(색)동물입니다. 오리도 척삭동물인 것은 맞습니다. 그런데 왜 오리를 얘기하고 이런 생물계를 들먹이느냐고요. 세상은 어느 것 하나도 서로 연계되지 않은 것이 없습니다.

오리의 뒤뚱거리는 걸음걸이가 우리 인간들의, 특히 정치인들의 임기 말년을 놓고는 꽤 자주 회자膾炙되곤 하는데 듣는 오리로서는 상당히 기분이 나쁠 것입니다.

극락세계에는 누구나 할 것 없이 다 일생보처一生補處 보살이시며, 그 수를 헤아릴 수 없다고 하시니 역시 극락세계라는 생각이 듭니다. 그럼 일생보처란 어떤 분이실까요?

쉽게 얘기하면 서가모니 부처님 다음 후보로, 도솔천Tusita 내원궁內院宮에서 대기 중이신 예비 부처님인 미륵보살님과 같은 분을 가리킵니다. 미륵보살님이 장차 성불하시면 바야흐로 미륵 부처님이 되시지요.

'부처님 후보'라 하였는데 그렇다고 선거를 통해 부처님을 뽑는 제도가 아닙니다. 직선제든 간선제든 투표로 부처님을 뽑지는 않습니다. 왜냐하면 부처님은 힘power이 아니라 사랑이고 자비이고 지혜이고 원력이고 진리이고 공덕이신 까닭입니다.

그런 뜻에서 나는 조계종정을 원로들이 모여서 표로 선출하는 데 찬성하지 않습니다. 교황을 선출하는 방법인 콩클라베concllave 제도에서 가져왔는가는 잘 모르겠으나 부처님을 뽑는 마당選佛場에 견주어 보아서는 그리 어울리는 것은 아닌 듯싶습니다.

어찌 되었거나 도솔천 내원궁의 미륵보살을 일컬어 대표적인 일생보 처라고 합니다. 한 번 더 생사를 거친 뒤 다음 생에는 이 세계에 오실 것 입니다. 그러나 미륵보살이 사바의 부처님으로 오실 시기는 아직 1겁이 나 남았으니 지구의 나이만큼 지나가야겠지요. 단 서가모니 부처님과 똑 같이 인간의 모습으로 인간 부모를 의지하여 태어나 결혼하고 아이 낳고 출가하여 고행하고 대도를 깨달으시되 후천적으로 부처가 되는 과정을 하나하나 고스란히 보여 주실 것입니다.

그런데 나는 어느 날 이《불설아미타경》을 읽다가 급기야 고민에 빠지 고 말았습니다. 극락세계에는 일생보처 보살이 너무 많다는 것입니다. 어 차피 여기 사바세계에는 미륵보살이 오셔서 부처님이 되실 게 불을 보듯 훤한데 나중에 부처님 후보들이 너무 많아 혹여 불미스러운 일이라도 벌 어질까 걱정이 되었습니다. 그래서 걱정도 팔자라 하나 봅니다.

어떤 벗이 내게 묻더군요.

"일생보처라면 마지막으로 한 번은 생사生死를 겪는다고 하는 뜻 아니 겠습니까? 그렇다면 극락세계에도 나고 죽음이라는 게 있을까요? 만약 나고 죽음이 있다면 삼악도가 없다는 말씀에는 뭔가 앞뒤가 맞지 않는 듯싶습니다. 스님 생각은 어떠신지요?"

나는 속으로 뜨끔했습니다. 날카로운 지적이다 싶었습니다. 결론부터 말씀드리면 이《불설아미타경》은 내용이 전혀 잘못되지 않았습니다. 일 생보처 보살이 머무는 도솔천이 어디 있습니까? 삼계三界에서도 색계色 界나 무색계無色界가 아닌 욕계欲界에 있으며 욕계에서도 마지막 하늘인 타화자재천他化自在天이 아니고 네 번째 하늘입니다.

욕계에 머무는 일생보처 보살과 온갖 욕망을 완벽히 떠난 극락세계에 머무는 일생보처 보살은 대기실 자체가 다릅니다. 그러나 중생들을 위하는 마음과 차후 부처님이 되신다는 데에는 완벽한 싱크로율을 갖고 있습니다.

욕계에 머무신다 해서 미륵보살에게 욕망이 있을까요? 게다가 생사까지 있을까요? 그렇지 않습니다. 나고 죽음을 초월하셨으며, 욕망을 모두 뛰어 넘으셨습니다. 다만 중생들에게 욕망과 생사를 가르치시고자 방편으로 보여주실 따름이지요. 극락세계가 아닌 도솔천을 대기실로 삼은 것은 서가모니 부처님이 가신 길을 그대로 밟아감으로써 사바세계 중생들에게 안심을 주도록 하기 위함입니다.

극락세계에는 생사가 없습니다. 한 번 극락세계에 태어난 자는 어떤 경우에서도 나고 죽음에 휘둘리지 않습니다. 다만 스스로 원할 때는 예외입니다. 그러나 생사라고 해서 사바세계의 생사처럼 요란스러운 게 전혀 아닙니다. 조용히 모습을 감출 뿐이며, 조용히 모습을 드러낼 뿐입니다. 그래서 같은 생사生死라 하더라도 일생보처의 생사는 생명의 나고 죽음이 아니라 모습의 드러냄生과 모습의 감춤死일 따름입니다.

그리고 그 많은 일생보처들이 나중에 어느 세계에 가서 부처님이 되실까요? 경전에서는 말씀하십니다.

"예서 서쪽으로 10만 억 불토를 지나 한 세계가 있으니 극락이니라."

"그 나라 중생들은 이른 새벽에 타방의 10만 억 부처님을 공양하고 본국으로 돌아와 식사하고~."

10만 억 불국토에는 10만 억 부처님이 계시겠지요. 그렇다면 10만 억의 예비부처님이신 일생보처 보살이 필요할 것입니다. 10만 억이 과연 얼마일까요?

(1) 10만×억=10조

(2) 10×만×억=10조

(3) 10×만억=10조

이렇게 저렇게 계산하더라도 억이 10만 개 모인 10조가 맞습니다.

어떤 이들은 말합니다.

"그건 십이고 만이고 억이야."

그렇다면 어찌하여 중간에 백과 천은 왜 생략했을까요? 그리고 요즘 천문학이 발달하면서 밝혀진 바에 따르면 하나의 은하계 내에도 수천 억의 별들이 있다고 합니다. 천문학에서 말하는 별은 태양계의 태양처럼 붙박이별인 항성star만을 가리키고 있습니다.

거기에 행성과 위성을 더한다면 하나의 은하계 내에도 10조 개가 넘는 천체가 포진해 있다고 보아야 합니다. 부처님께서는 이미 2,600여 년 전에 알고 말씀하셨는데 지금 21세기에 와서 축소하자고요? 말이 안 되는 게 아니라 논리적으로 전혀 맞지 않습니다. 극락세계에 일생보처 보살들이 왜 그리 많은지, 그리고 어떻게 생사를 보여 주는지 조금은 이해가 되시겠는지요?

일생보처를 더 쉽게 말씀드릴까요? 곧 부처님 후보로서의 임기 말년의 보살이십니다. 그렇지만 그 분들에게서는 레임 덕 현상이 나타나지 않는다는 게 사바세계 중생들의 임기 말년과 다르다면 다른 것입니다. 지금도 저 극락세계에서는 일생보처 보살들이 끊임없이 갈마들고 있습니다.

아미타불십대인상阿彌陀佛十大人相

볼수없는 정수리의 거룩한상 지니옵신
아미타불 넓은품에 지성귀의 하사옵고
정수리위 살상투위 거룩한상 지니옵신
아미타불 넓은품에 지성귀의 하나이다

보랏빛의 유리보석 빛난머리 지니옵신
아미타불 넓은품에 지성귀의 하사옵고
눈썹사이 밝은광명 미간백호 지니옵신
아미타불 넓은품에 지성귀의 하나이다

버들가지 드리운듯 가는눈썹 지니옵신
아미타불 넓은품에 지성귀의 하사옵고
마음의눈 육신의눈 청정하게 지니옵신
아미타불 넓은품에 지성귀의 하나이다

온갖중생 모든소리 다듣는귀 지니옵신
아미타불 넓은품에 지성귀의 하사옵고
원만하고 높고곧은 우뚝한코 지니옵신
아미타불 넓은품에 지성귀의 하나이다

큰소라의 법라같은 광장설상 지니옵신
아미타불 넓은품에 지성귀의 하사옵고
다시없는 순금피부 거룩하게 지니옵신
아미타불 넓은품에 지성귀의 하나이다

056

유심정토관은 시험문제

지혜로운 사리불아 장로비구 사리불아
이회상의 중생들로 가르침을 듣는자는
모두함께 원세우고 부지런히 정진하여
저나라에 태어나길 발원해야 하느니라

왜냐하면 이와같이 한량없고 가이없는
뛰어나신 성문들과 훌륭하신 보살들로
같은곳에 함께모여 언제든지 정진하고
원세우고 탁마하며 닦아가기 때문이라

이제 원왕생願往生입니다. 왕생이란 우리가 사는 이승이 아니라 저승彼國에 가서往 나는生 것입니다. 이제나 저제나의 '제'가 시간이듯 이승·저승의 '승'은 공간입니다. 저승은 꼭 명부冥府만도 아니고 또 명부로 가는 저승길冥路만을 가리키는 것도 결코 아닙니다.

이승에서의 삶도 사람의 삶인 인생길이었습니다. 저승도 마찬가지입니다. 이승에서의 숨이 멎는 순간부터 저승은 곧바로 시작되고 바야흐로 인생은 인생으로서의 길을 벗어나 영혼의 삶인 영생靈生으로서의 저승길로 접어들게 됩니다.

혹자或者는 말합니다.

"유심정토唯心淨土를 얘기하면 신심도 나고 좋을 텐데 어찌하여 유심정토는 접어 두고 천문학까지 들먹이면서 극락이 멀리 있음을 강조하십니까?"

유심정토는 다른 경에서는 모르나 분명 《불설아미타경》에서는 아닙니다. 내가 지어서 하는 얘기가 아닙니다. 부처님께서는 말씀하셨지요.

"내 말을 듣는 중생은 마땅히 원을 세워 저 나라에 태어나길 원할지니라."

조선시대 고승이셨던 서산휴정 큰스님도 유심정토를 말씀하시며 아울러 실유정토도 함께 얘기하셨지요. 나는 부인하지 않습니다. 유심정토도 인정하지만 일차적으로는 누가 뭐라고 하든 불제자라면 부처님의 경전 말씀이 우선이라는 뜻이지요.

앞에서도 늘 강조했지만 마음이 열리지 않고 극락에 가면 극락이 극락으로 보이겠습니까? 마음이 열리지 않으면 극락에는 들어갈 수가 없습니다. 필기시험, 논술시험, 실기시험에 면접까지도 잘 통과해야 입사가 되고 취직이 되는데 그것도 한 번씩이 아니라 필기에서 면접까지 각기 몇 번씩 치러 합격한 뒤에라야 하겠지요. 그러므로 마음이 열리지 않고 극락에 간다는 일은 으레 있을 수도 없고 또 있어서도 안 됩니다. 어림 반푼어치도 없습니다.

유심정토, 그렇습니다. 마음이 곧 정토지요. 극락세계에 가려는 정토 행자라면 마음이 곧 정토가 되지 않으면 극락에는 갈 수가 없습니다. 말로만 이론으로만 유심정토가 아니라 몸과 말과 마음 세 가지가 모두 유심정토가 되어야 합니다. 공부는 하지 않은 채 시험에 합격하기를 바라고 몸소 훈련을 쌓지 않고 대회에 나가 우승하기를 바란다면 그게 가능하겠습니까? 언어가 훈련되지 않고 연기 한 번 해 본 적 없이 아나운서 announcer가 되고 훌륭한 연기자가 되겠다고요?

그러나 아무리 준비를 철저히 했다 하더라도 시험이라는 관문은 반드시 거치지 않으면 안 됩니다. 비록 시험을 통과했더라도 직장이나 학교는 내가 쉬고 잠자는 가정이 아니고 엄연한 다른 공간空間입니다.

공간空間이라고 하면 '비어 있는 틈'이니까 차지하는 사람이 임자라고 생각할 수 있겠지요? 그러나 비어 있는 틈이 공간空間인 줄 알지만 비어 있는 그대로가 모두의 틈, 공간公間입니다. 다시 말해서 개인적인 틈 곧 사간私間이 아닙니다. 더욱이 학교나 직장처럼 사바세계도 극락세계도 나만의 개인적 틈이 아닌 모두의 틈이니까요. '모두의 틈'에 들어가기 위해서는 반드시 공적public 절차를 밟아야 합니다.

현실은 어디까지나 현실입니다. 유심정토를 이룬 뒤에 가야 할 극락세계는 몸소 가야지요. 부처님께서는 진어자眞語者시고, 실어자實語者시며, 여어자如語者십니다. 불광어자不誑語者시고 불이어자不異語者십니다. 그런 부처님께서 빈 말씀을 하셨을까요?

"여기에서 서쪽으로 10만 억의 불토를 지나가면 한 세계가 있으니 극락이라 한다. 거기에는 아미타불이 계시며 지금도 설법 중이시다."

누차 얘기하지만 《불설아미타경》의 이 말씀은 그냥 무시해 버려도 좋을 만큼 별 볼 일 없는 그런 말씀이실까요? 어떤 경우라도 직장은 가정이 아니고 일터는 집안에 있지 않습니다. 세계적 굴지屈指의 그룹이나 국내 굴지의 그룹이 아니더라도 그래도 내로라할 직장이라면 가정과 직장이 한 곳에 묶여 있지는 않습니다.

극락세계가 굴지의 기업보다 못하진 않겠지요? 마찬가지로 유심정토를 통해 행동·언어·마음을 잘 다듬었다면 몸소 극락세계 왕생시험에 응해서 관문을 통과해야 합니다. 그리고 서쪽으로 10만 억의 불토를 지나 아미타 부처님의 극락세계에 가도록 목표를 보다 확고히 정하는 것이 원생피국願生彼國의 뜻일 것이라고 나는 생각합니다.

그런데 왜 하필이면 꼭 극락세계에 가야 하느냐고요? 유심정토만 가지고 안 되느냐고요? 그 먼 거리를 그 엄청난 관문을 거쳐야 하는 그런 극락세계 말고 좀 가깝고 쉬운 데는 없느냐고요?

윤회의 갈래 길은 다양합니다. 꼭 극락세계가 아니라 하더라도 하늘세계가 있고, 아수라세계가 있고, 인간세계가 있습니다. 축생세계가 있고, 아귀세계도 있거니와 심지어 지옥세계도 있습니다. 어디든 가면 됩니다.

그런데 왜 극락 세계·하늘 세계, 나아가서는 지옥 세계처럼 띄어 쓰지 않고 극락세계·하늘세계·지옥세계와 같이 붙여 쓰느냐고요? 이는 극락과 하늘과 지옥과 세계가 분리된 개념이 아니라 같은 개념이고 하나이기 때문입니다.

그렇게 얘기하면 이렇게 되물을 수 있습니다. 아무 직장이나 들어가면 되는데 왜 꼭 최고의 기업을 고집하고, 구글Google을 선호하고, 유명한 항공사에 들어가고 싶어 하고, 마이크로 소프트웨어·뉴욕타임즈 기자·영국 BBC·알 자지라·소프트뱅크·KBS 등에 입사하려 하나요? 이름 있는 대학병원 교수나 간호사는 왜 고집하나요?

무엇 때문에 5년 뒤면 놓고 내려올 자리인데 그토록 욕 먹어가면서 대통령이 되려 하고, 힘들고 어려울 터인데도 불구하고 단체장이 되려 하고, 국회의원이 되려 하나요? 왜 진급하고 왜 승진하는데요? 다른 회사보다 더 뛰어난 직장, 더 괜찮은 직장으로 가꾸어간다면 그게 꼭 회사 임직원이나 단체장에게만 좋은 것인가요?

내가 몸담은 직장이 나로 인해 더욱 빛나고 인세티브incentive마저 주어진다면 서로서로 좋은 것이지요. 그래서 진급도 하고 승진도 하고 더욱 열심히 일해서 보다 일할 맛 나는 직장을 만들고 다 그런 것 아닌가요?

극락세계가 서쪽으로 10만 억 불국토를 지나간 곳에 있다고 해서 지레 겁먹고 유심정토만 내세우려 한다면 그게 어디 우리 부처님께서《불설아미타경》을 설하시면서 마음에 품으셨던 것이겠는지요?

정직하게 원왕생願往生하는 것입니다. 바르고 곧음正直이야말로 정토 행자가 당당히 걸어갈 길입니다. 왜 이런 말씀을 하느냐 하면, 극락세계는 누구나 갈 수 있으면서 동시에 또한 아무나 갈 수 없는 곳이기 때문입니다. 아무나 갈 수 없음은 돈이나 지위나 힘 따위를 필요로 하지 않고, 누구나 갈 수 있음은 활짝 열려 있는 사회인 까닭입니다.

이《불설아미타경》을 강설하면서 중간정리 한 번 할까요? 극락세계는 멀리 떨어져 있습니다. 극락세계는 무한의 빛과 헤아릴 수 없는 수명을 사시는 아미타 부처님과 뛰어난 성문들, 아비발치 일생보처 보살들이 함께 머무시는 찬란한 곳입니다

나고 죽음이 없고, 삼악도가 없고, 고통이 없고, 오직 즐거움만 있기에 극락입니다. 그 곳에 가려면 몇 가지 준비가 반드시 필요합니다. 그 중에서 빼놓을 수 없는 것이 유심정토관唯心淨土觀입니다.

유심정토관은 생각만 먹는다 하여 그 자체가 정토가 되는 게 아닙니

다. 유심정토관은 시험입니다. 행정고시든 사법고시든 임용고시든 운전면허시험이든 공인중개사든 면허증을 따고 자격증을 취득하려면 시험 준비가 필요합니다.

시험문제에 유심정토관이 한 과목 착실하게 들어 있을 뿐입니다. 유심정토가 생각에서 그치는가? 삶에서 계속 이어지고 있는가? 행동은 극락세계에 갔을 때, 주위에 문제를 일으키진 않겠는가? 언어는 유심정토에서 말하는 고운 언어만을 쓰는가? 마음가짐은 어떠한가? 시험을 치르기위한 일회성은 아닌가? 과목에 십념왕생원十念往生願도 당연히 함께 들어있습니다.

시험을 통과하여 자격을 얻은 뒤엔 어찌할까요? 우주반야선에 오르면됩니다. 극락세계가 멀든 가깝든 그런 것은 걱정하지 않아도 됩니다. 해외 나갈 때 항공기에 탑승하고 나면 먼 길 걱정하지 않더라도 탑승한 항공기는 목적지까지 잘 모시고 갑니다. 하물며 사바와 극락을 오고 가는 우주반야선이야 더 말할 게 있겠습니까?

유심정토관은
시험의 한 문제입니다.
유심정토관은
달을 가리키는 손가락입니다.
시험문제 정답을 알더라도
아무리 손가락으로
달을 가리킨다 해도
정답이 극락은 아니고
손가락이 달은 아닙니다.

057

카피라이터로서의 부처님

극락세계에 가기만 하고 되돌아오는 이가 없다면 사바세계가 좀 비참하지 않겠습니까? 사바세계가 비록 예토라고는 하나 인간과 축생과 어패류와 곤충과 미생물들과 온갖 초목과 이끼류를 비롯하여 수많은 생명들이 살고 있지 않습니까?

앞에서도 언급하였지만 우주반야선은 왕복선입니다. 우리가 사는 사바세계에서 극락세계로 가기도 하지만 극락에서 사바로 되돌아오기도 합니다. 교통수단은 항상 오가는 것이지요. 만일 우주반야선이 가기만 하고 다시 되돌아오지 않는다거나 극락에서 사바로 오기는 하는데 다시 극락으로 가지 않는다면 우주반야선의 효율은 거의 제로입니다.

적어도 10조 불국토를 오가는 우주반야선이라면 건조비가 한두 푼 드는 것도 아니고 천문학적일 터인데 한 번 가는 것으로 끝이고, 또는 한 번 지구에 오는 것으로 그 할 일을 다한다면 아마 성능이 엉망일 것입니다.

만일 그것도 아니라면 극락세계 선호도가 생각보다 많이 낮을 수도 있고 사바세계로 교화하러 오는 미셔너리 보살들이 거의 없다는 얘기는 아니겠는지요. 만의 하나 그것도 아니라면 우주반야선의 성능을 의심할 수밖에 없을 것입니다. 편도 한 번 가는 것으로 끝이라면 도대체 그런 우주선을 뭘 믿고 탈 수 있겠습니까?

아니면 우주반야선 없이 깨달음을 이룬 자만이 깨달음의 법력으로 축지법을 쓰든 워프항법을 쓰든 홀로 가는 곳이라면 열린 세계로 알려진 극락세계가 되레 폐쇄적인 곳이 아닐까요? 사바세계나 극락세계나 원리는 다 같을 것 같은데 만일 가는 모습이 있다면 반드시 돌아오는 모습도 있어야 하지 않겠습니까?

계속되는 의문이기는 한데, 서가모니 부처님 말씀대로 만약 극락세계가 가볼 만한 곳이라고 한다면 우주반야선만큼은 정말 제대로 만들고 많이 만들어야 하지 않겠습니까? 그리고 우주반야선을 띄울 때 매일 띄울 것인가, 매주 몇 편을 띄울 것인가 하는 것도 이용객들에 따라 달라져야겠지요.

그리하여 서방정토 극락세계와 사바세계, 사바세계와 서방정토 극락세계가 사람만이, 그것도 한 방향one-way street으로 가기만 하는 것이 아니라 사람과 물자가 넉넉하고 자유롭게 오가는 그런 교통체계가 좀 이루어져야 하지 않겠습니까?

지금이야 일본이나 유럽, 미국 등지를 시간과 여유만 있으면 마음대로 오고 가지만 30년 전까지만 하더라도 종로 미국대사관 앞이나 일본대사관 앞에서 비자를 받기 위해 긴 줄을 서곤 했지요.

난 아직 미국은 물론 캐나다도 남미 여러 나라도 호주도 가지 못했거니와 비교적 비자제도가 까다롭지 않다는 유럽도 밟아 보지 못했습니다. 미국비자는 십년짜리를 받아놓고도 제 3세계 아프리카 다닌답시고 지금도 서랍 안에서 발효醱酵만 잘 시키고 있습니다.

요즘은 미국비자 예전처럼은 아니겠지요? 그 옛날 뙤약볕 아래, 또는 귀가 얼어 떨어져 나갈 것 같은 매서운 추위에도 줄을 서서 미국비자 신청하는 그런 마음으로 극락세계 입국비자를 신청했더라면 지금쯤 우리나라는 온통 정토행자로 야단법석일 듯싶은데요.

그리고 그런 추세로 정토에 관심을 가졌더라면 극락세계를 알리는 관광 상품도 꽤 인기를 끌 터인데요. 2,600여 년 전에 부처님께서 알린 극락세계 관광 상품 말고는 아직까지 극락 쪽에 눈을 돌리지 않는 게 안타깝다 못해 신기하기만 합니다.

이 《불설아미타경》을 보십시오. 극락세계는 이러이러한 공덕장엄으로 이루어져 있다고요. 부처님께서 하신 말씀이 얼마나 솔직하신가요. 눈높이를 낮추시고 중생들 편에 서서 중생들이 보석 좋아하는 것 아시고 칠보장엄과 팔공덕수 등으로 극락세계를 알리셨는데 아직도 우리는 2,600여 년 전 부처님의 관광마케팅전략 하나만으로 극락세계를 얘기하고 있지는 않나요?

광고廣告가 무엇입니까? 상품의 좋은 점들을 널리 알려 함께 나누고 함께 느끼려는 것이 아닌가요? 애드버타이징advertising에 캠페인까지 곁들인다면 더욱 좋지 않겠는지요. 부처님 말씀이 광고이십니다.

"내 얘기 듣는 중생들이여, 저 나라에 갈 것을 발원하라! 왜냐하면 중생들이여, 이처럼 매우 멋진 사람들과 늘 함께 할 수 있기 때문이니라."

카피라이터로서의 부처님의 광고 문안은 단순하고 명쾌하십니다. 군더더기가 없습니다. 앞에서 극락세계의 좋은 점들을 구체적으로 말씀하시고 여기에 이르러서 툭 던지시는 한 마디 말씀.

"보라! 멋지지 않느냐? 멋진 이들과 함께 한다는 것이!"

라는 말씀이십니다. 그렇습니다. 좋은 벗을 가까이 한다는 것은 더없이 좋은 것이지요. 따라서 좋아질 가능성 때문입니다. 벗의 언어가 순화되고 벗의 행동거지가 반듯하고 벗의 마음이 곧고 정갈하다면 그에게 다가가는 사람도 덩달아 순화된 언어를 쓰게 되고, 반듯한 행동을 하게 되고, 곧고 정갈한 마음을 쓰게 될 것입니다

극락세계에는 이처럼 멋진 벗들, 위대한 석학들이 그 수를 헤아릴 수 없이 많습니다. 나는 《불설아미타경》을 읽으면서 이 대목이 가장 가슴에 와 닿더군요. 이렇게 멋진 벗들과 학자들과 평생을 그리고 세세생생 함께 할 수 있다니 아! 생각만으로도 좋고 행복합니다.

아니군요. 극락세계에는 생멸이 없으니 세세생생이라는 말 자체가 성립될 수는 없겠습니다. 그렇다면 더없이 좋은 일이겠지요. 우리 사바세계에서는 평생을 좋은 도반으로 지내다가 그냥 헤어지기가 아쉬워 내생에 다시 만나기로 기약합니다. 그렇지만 죽음 · 환생 · 윤회라는 갈림길에서 반드시 다시 만난다는 보장이 없으니까요.

그래도 희망은 필요합니다. 내생에 보다 멋진 도반으로 만나 함께 부처님 가르침을 배우고 터득하여 깨닫고 널리 전하여 나와 도반만이 아니라 도반이 도반을 만나고 다시 그 도반이 다른 도반을 만나 제망찰해帝網刹海 중중무진重重無盡의 효과로 번져나간다면 멋지지 않겠는지요.

이참에 아주 정토행자淨土行者님들에게 제안 겸 부탁 하나 할까 합니다. 특히 통신사에 근무하시는 벗이라면 더욱 좋겠는데, 우리 사바세계와 극락세계를 직통으로 연결하는 핫라인협정hot-line agreement을 앞장서서 주선할 분 혹 없으신가요?

058

소선근小善根은 단지 모자랄 뿐

장로비구 사리불아 분명하게 알지니라
자그마한 선근으론 저나라에 날수없고
또한다시 자그마한 복덕이나 인연으론
저부처님 나라에는 왕생할수 없느니라

절에 들어온 지 몇 해가 흘렀지만 아직은 이십대 중반이었습니다. 십대, 이십대 때만 해도 한창 때라고 할 수 있습니다. 열과 스물은 리을(ㄹ)받침이니까요. 그러나 서른부터 아흔까지는 받침이 니은(ㄴ)입니다. 리을 받침의 이십대 중반, 지금 되돌아보면 참 좋은 때입니다.

어느 노스님이 물으셨습니다.
"니는 우짜다가 중이 되었누?"
나는 거침없이 대답했습니다.
"저는 전생부터 중이었는데요."
"햐, 요놈 보래이. 대답 한븐 야무지데이. 그나즈나 니 멧살이고?"

"네, 스님. 이제 네 살입니다."

"야 이누마야 니 나 말이다."

"네, 스님. 이제 겨우 네 살입니다."

　노스님께서는 고개를 갸웃하시더니 옆을 지나쳐 가버리셨습니다. 내가 전생에 중이었는지는 나도 잘 모릅니다. 솔직히 자주 듣는 질문이라서 대답할 말을 몇 가지 준비했었거든요.

　전생에 심은 선근이 있어야 금생에 부처님도 만나고, 좋은 도반도 만나고, 중도 되는 법이라고 합니다. 그런데 아무리 생각해도 나는 아니라는 생각입니다. 일타 큰스님은 집안에서 몇 십 명이 출가를 했다는데, 그리고 내 도반 가운데도 형제와 남매에 이어 아버님까지 출가한 스님이 있는데 그런 스님들은 전생에 많은 선근을 심었겠지요? 그런데 나는 달랑 나 혼자이니 아무래도 명함 내밀기는 좀 그렇습니다.

　불교의식집 《석문의범》 하권 173쪽 〈동종선근설同種善根說〉에 의하면 이름도 모르고 성도 모르지만, 한 나라에 태어난 것 자체가 자그마치 1천 겁 동안 한가지로 선근을 심은 까닭이랍니다. 참으로 대단하지 않습니까?

　1겁도 아니고, 10겁이나 100겁도 아닌 무려 천 겁 동안 선근을 함께 심은 공덕으로 한 나라에 태어난다는 것이 말입니다. 같은 나라에 태어나도 지역이 다르고, 신분이 다르고, 삶이 다르고, 문화가 다르고, 심지어는 종교마저도 같지 않은데 부처님께서는 말씀하셨지요. 천겁 동안 선근 공덕을 함께 심었기 때문이라고 말입니다.

　경에서는 말씀하십니다.

'불가이소선근不可以少善根'이라고요. 소선근을 어디서 끊는가는 매우 중요합니다. 자그마한 선少善의 뿌리인가? 선의 뿌리善根가 작은 것인가는 글자 한 자를 앞 뒤 어느 쪽으로 붙이느냐에 따라 해석을 달리합니다. 이에 대해서는 조용히 그리고 곰곰이 생각해 보십시오.

선善을 얘기할 때 선의 반대 개념으로 보통은 악惡을 떠올리곤 합니다. 그런데 선의 반대 개념은 악이 아니라 불선不善입니다. 악은 글자 그대로 버금亞마음心입니다. 그러니까 악이란 다만 으뜸이 아닌 버금마음인 셈이지요.

그렇다면 으뜸 마음은 무엇일까요? 맞습니다. 첫初 마음心입니다. 초심을 으뜸 마음이라 함은 바로《화엄경》에서 비롯됩니다. 첫 마음 낼 때가 곧 바른 깨침이지요. 원문은 '초발심시변성정각初發心時便成正覺'입니다. 이 초심, 곧 첫 마음, 으뜸 마음이 버금 마음으로 자리를 바꿔 앉을 때가 악惡입니다. 따라서 악은 초심에서 이어질 뿐, 결코 선의 반대 개념이 아니지요. 반대란 전혀 다른 몸이 아니라 같은 몸 다른 기능입니다. 따라서 불선과 선은 같은 손의 손등과 손바닥입니다.

부정사 불不자의 있고 없음입니다. 선근이 있다면 반대로 악근惡根이 아닌 불선근不善根이 있을 뿐인데, 사람들은 무조건 악을 생각하여 나쁘다고 판단해 버립니다. 악도 그저 버금 마음일 뿐인데 말입니다. 선이 '보기 좋음'이라면 불선은 다만 '보기 싫음'일 뿐입니다. 극락세계에 태어나려면 작은 선근으로는 안 된다고 하십니다. 평소 선근에 대해서는 무심하면서 이렇게 중얼거립니다.

"나중에 '나무아미타불' 열 마디면 극락에 갈 텐데 뭘 벌써부터~."

아미타 부처님의 48가지 원력 가운데 열여덟 번째 십념왕생원十念往生願 하나만 믿고 선을 닦지 않는 것 그런 게 곧 자그마한 선근입니다. 그런 사고로는 왕생하기 어렵지요.

단언하건대, 그런 마음가짐을 가지고 있으면서 열 마디 염불만으로는 극락세계에 갈 수는 없습니다. 운전을 하다 보면 더러 얌체족이 눈에 띄곤 합니다. 들길進入路이나 날길進出路에서 남들은 오랫동안 줄을 선 채 차례를 기다리는데 들길 또는 날길 바로 가까이에서 그냥 들이미는 차량들이 있습니다. 참으로 얄밉기 그지없지요. 생각 같아서는 차에서 내려 한 마디 해 주고 싶지만 그럴 수 없습니다. 만의 하나 차에서 내리는 중에 정체가 풀리기라도 한다면 여간 난감한 게 아닐 터이니까요.

그런 마음이라면 남에게 좋은 느낌을 줄 수 있을까요? 그런 생각으로 운전한 자가 기분이 상큼할 수 있겠습니까? 생판 모르는 남들에게 손가락질 받기에 앞서 본인 스스로가 좀 꺼림칙하겠지요.

초행길이라서 늦게 차선을 발견하고 부득이하게 끼어들 수는 있습니다. 그런 경우 대개의 운전자들은 손을 들어 몇 번이고 부탁하고 고마워하곤 합니다. 사람의 느낌은 섬세하기에 그런 드라이버들을 위해 양보도 곧잘 합니다.

염불도 그렇습니다. 평소 선근을 쌓던 사람이 염불을 하는 것과 십념왕생원 하나만 믿고 평소 선근을 쌓을 수도 있고 염불할 기회도 많았는데 짐짓 놀다가 벼락치기로 염불하는 것은 어디가 표가 나도 나겠지요?

극락세계 가는 길은 바르고 곧음正直을 요합니다. 순수한 마음이라야 가능합니다. 선근의 그림씨 '자그마함'이란 바르고 곧음의 부족이고 순수한 마음의 모자람입니다. 아예 없음이 아니고 부족함이고 모자람일 뿐입니다.

운전면허 시험에도 커트라인cut line이 있어서 그 점수에 미달하면 불합격이고 장대높이뛰기에서도 폴 바울트 바pole vault bar를 건드리면 점수를 얻지 못하듯 안 하는 것이 아니라 조금 모자라고 부족한 것입니다.

물이 끓는 임계점이 100℃라면 99℃에서는 액체의 물이 기체로 변하지 않습니다. 끓거나 뜨겁지 않은 게 아니라 임계점에 못 미쳤을 뿐입니다. 자그마한 선근도 선근이긴 하지만 다만 극락세계 입국허가 크로스바를 건드렸을 뿐입니다.

물이 100C°까지 끓었다 하더라도 가열을 멈추면 기화도 곧 멈춥니다. 스위치를 연속가열에 놓아야 물이 모두 수증기가 되듯이 극락에 왕생하기 위해 선근을 닦는 것도 '계속정진'에서 단 한 순간도 결코 마음을 놓아서는 안 됩니다. 따라서 자그마한 선근은 선근이 작아서이기도 하지만 지속성의 모자람 때문이기도 합니다. 부처님께서는 바로 선근의 지속성이 있느냐 없느냐로 작으냐 아니냐를 말씀하신 것입니다.

그러고 보면 선근을 심는 일이 생각보다 조금은 어렵지요?

알갱이 물리학과 초超끈이론

 어느 날 날아 온 일방적인 통고 한 마디.

"인연因緣이 다한 듯싶네."

인연이 다했다니 그게 무슨 말입니까? 인연도 닳았다 떨어졌다 하나요? 이어지다가 끊어지다가 있다가 또는 없다가 합니까? 결론적으로 말하면 인연은 시공時空space-time이고, 세포細胞cell입니다. 원자原子atom 알갱이며 초끈super-string입니다. 우리는 인연을 벗어날 수 없지요. 인연이라는 세계를 떠나 단 한 순간도 살 수가 없습니다.

20세기 말까지 물리학의 세계를 이끌어 온 것은 거시세계와 미시세계가 사이좋게 보조를 맞추었고, 그 미시세계는 당연히 알갱이粒子 물리학이었습니다. 그러던 것이 21세기로 접어들면서 알갱이 물리학의 세계를 뒤흔들며 끈이론string theory이 등장합니다. 끈이론은 1차원의 개체인 끈과 이에 관련된 막膜brane을 다루는 물리학 이론이지요. 지금까지 알갱이 물리학 이론이 기본입자를 점입자點粒子라 했다면 끈이론에서는 기본입자를 1차원의 끈으로 표현한 게 다릅니다.

끈을 기술하는 변수가 보손boson인 끈이론을 보손끈이론, 초대칭fermion

쌍을 도입한 초대칭 끈이론을 초끈이론superstring theory이라 하지요.

그런데 여기서 나는 이런 알갱이 물리학과 끈이론이 아니라 인因이라는 알갱이와 연緣이라는 끈이 어떤 것이며 어떻게 연결되어 있는지를 밝히고자 하는 것입니다. 생각해 보십시오. 예수님이 오시기 600여 년 전, 부처님께서는 인연법을 설하셨습니다. 산스크리트어의 헤투 쁘라트야야hetu-pratyaya를 옮긴 말인데 헤투가 결과에 앞선 직접적 원인의 뿌리로서 인因을 말한다면 쁘라트야야는 원인의 뿌리를 도와 결과를 이끌어내는 간접적 원인으로서의 연緣이 될 것입니다.

그런데 솔직히 이 말도 나는 어렵습니다. 그런 거 보면 학자들은 솜씨가 참 다양하고 대단하지요? 쉬운 내용을 어렵게 쓰는 솜씨 말입니다. 인연因緣, 한문으로 풀어볼까요. 인因은 개체며 원소입니다. 그리고 연緣은 다름 아닌 관계입니다. 릴레이션relation이며 커넥션connection입니다. 마이크로micro세계에서 보면 세상은 온통 원소뿐입니다. 지금까지 밝혀진 112가지 원소 외에도 아직 못 밝혀낸 원소들도 많이 있겠지요.

불교에서는 말씀하십니다.

"세상은 네 가지 원소로 되어 있다."

네 가지 원소가 무엇일까요? 흙과 물과 불과 바람입니다. 다른 말로는 흙은 암석권이고 물은 민물과 바닷물이며, 불은 에너지와 빛이고, 바람은 지구를 둘러싼 대기입니다. 112가지 원소는 이들 네 가지에서 나뉜 것이지요. 아닙니다. 더 정확하게 얘기하면 이들 네 가지는 원소가 아닙니다. 그냥 물질입니다.

부처님보다 약 150년 정도 나중에 태어났던 고대 그리스의 철학자이자 실험 물리학자였던 엠페도클레스Empedocles(기원전 493년경~기원전 430년경)는 부처님의 영향을 받아서일까. 세상은 네 가지 원소로 이루어졌다고 했습니다. 북인도와 그리스는 지리적으로도 먼 거리가 아닙니다.

이솝우화의 저자 이솝처럼 부처님의 영향을 받았을 수 있습니다. 그가 주장한 것은 부처님께서 말씀한 사대원소설四大元素說 그대로이니까요. 어쨌든 이들 원소가 바로 인因입니다.

매크로의 세계, 곧 거시적인 세계에서 보면 사람을 비롯하여 지구상에는 많은 생명이 살아갑니다. 소, 말, 양, 돼지, 개, 닭 등 기르는 가축들과 길짐승, 날짐승, 물짐승 등 온갖 야생동물과 갖가지 미생물virus들과 꽃과 열매, 뿌리 식물들, 더 나아가서는 예컨대 지구환경으로부터 태양계·은하계에 이르기까지 모두가 개체며 인因입니다.

이들 개체와 개체 사이에 놓여 있는 것이 관계입니다. 관계라는 것은 연결되어 있을 때만이 아닙니다. 떨어져 있음도 또 다른 관계지요. 관계는 그물코와 그물코 그 짜인 씨줄·날줄만이 아니지요. 씨줄·날줄 사이의 비어 있음 그 자체도 바로 관계이고 연緣입니다.

우주는 상식을 뛰어넘습니다. 눈에 보이는 별들의 세계가 우주에 있어서 얼마를 차지할까요? 우리가 얼핏 보기에는 별들의 세계가 대부분일 것 같지만 눈에 보이지 않는 세계에 비하면 겨우 1%도 채 안 된다고 합니다. 별 하나 크기가 어떤 것은 지구의 몇 백억 배 넘는 것들이 수두룩하다는데도요. 그리고 눈에 보이지 않는 암흑세계에서도 암흑물질이 암흑에너지에 비해 1% 이쪽저쪽이니까 별들의 세계만이 천체가 아닙니다. 그물을 한 번 생각해 보십시오. 그물코와 그물코 사이의 공간이 그물 그 자체가 차지하는 것보다 훨씬 많지 않던가요? 따라서 관계라고 하는 것은 개체보다 더 많은 영역을 갖습니다.

인연이 닿았다고들 합니다. 그런데 언제 한 번이라도 인연이 떨어져 본 적이 있었습니까? 인연은 닿았다고 볼 때도 결코 떨어져 본 적이 없었고, 떨어져 있다고 볼 때도 늘 인연이지요. 왜냐하면 전체가 인연이니까요.

너와 내가 인이라면 너와 나 사이에 보이지 않는 고리는 그것이 끈

string일 수도 있고 막brane일 수도 있습니다. 스트링이든 브레인이든 개체와 개체라는 인을 연결시키는 끈이고 막입니다. 그러나 보이지는 않습니다. 나와 너 사이의 연결이 눈에 보이던가요? 귀에 들리던가요? 코에 맡아지던가요? 혀에 느껴지던가요?

개체와 개체는 질량이 있지만 관계는 질량을 갖고 있지 않습니다. 그래서 검은 막black brane입니다. 블랙브레인은 본디 고차원 중력이론에 존재하는 개체로 블랙홀black hole처럼 사건 지평선을 가지지만 블랙홀과 달리 공간적으로 국한되어 있지 않습니다. 사람과 사람 사이의 연緣이라는 관계도 블랙브레인 곧 검은 막이고, 블랙스트링 곧 검은 끈입니다. 빛깔이 검어서가 아니라 표현이 불가능하기 때문입니다.

하늘천天 땅지地 검을현玄 누를황黃에서 '하늘은 검고 땅은 누르다'고 하지요. 하늘은 보이지 않으므로 검다고 보았고, 아득하다 보았고, 가물가물하다고 보았습니다. 알 수 없기에 가물가물하다는 것이 맞습니다. 검은 빛만이 아니라 알 수 없는 것도 검다고 하니까요.

보통 '속이 시커멓다'고 하면 속을 알 수 없다는 뜻입니다. 그렇지만 천자문 번역에서는 "하늘이여 가물하고 땅은 누르고"로 표현하는 것이 좋습니다. 〈인터넷 부처님 터 '천불동'〉에 산승이 사사오송四四五頌으로 옮긴 《천자문》 전문이 다 실려 있습니다.

인연, 아 인연因緣입니다.
인은 지구촌과 극락의 중생들이고 연은 두 곳을 연결하는 끈이며
인은 사바세계와 극락세계고 연은 두 곳을 연결하는 막입니다.
인은 개체와 개체 원소와 원소이고 연은 이들을 연결시키는 관계입니다.
인은 알갱이 물리학의 근간이고 연은 초超끈이론의 뿌리입니다.

060

좋은 남자 좋은 여자 1

지혜로운 사리불아 선남자나 선여인이
아미타불 찬탄하는 이말씀을 듣고나서
아미타불 그명호를 마음속에 지닌채로
혹은하루 동안이나 혹은이틀 동안이나

혹은사흘 동안이나 혹은나흘 동안이나
혹은닷새 동안이나 혹은엿새 동안이나
혹은다시 이레동안 오롯하게 생각하되
한마음을 유지하여 산란하지 않는다면

🌿 "장차 왕생극락을 희망하는가
그렇다면 그대여!
우선은 착한 남자가 되라.
정토세계를 갈구하는가?
그렇다면 그대여!

무엇보다 착한 여자가 되라.
그런 뒤 내가 설한 바에 귀 기울이라.
그대가 곧 아미타불이리니."

2001년 부산국제영화제를 온통 들뜨게 만든 영화가 있었지요. 김기덕 감독의 〈나쁜 남자〉. 한기 분의 조재현, 선화 분의 서원, 정태 분의 김윤태, 은혜 분의 김정영 등이 열연했습니다. 제목이 〈나쁜 남자〉라서 좀 특이하다 했는데, 역시 김기덕 감독은 관객의 기대도 기대려니와 사회고발 영화로서의 내용을 나름대로 날카롭게 표현해 냈지요.

단 한 가지, 아내가 남편에게 받은 배신감을 아들에게 대신 표현한 부분은 표현 방법에 있어서 또 다른 분노를 야기하는 점이 영화 내내 나를 힘들게 했습니다. 또한 아내에게 끼친 죄책감을 아들에게 보상하려는 아버지의 마음은 잘 알겠으나 역시 방법에 있어서는 고개를 갸웃하게 만든 영화였습니다.

나쁜 남자 나쁜 여자에 어울리는 제목만큼 '나쁜 영화'니, 버즈 마케팅 buzzmarketing 곧 노이즈noise 마케팅으로서는 성공한 영화였다고 할 것입니다. 참고로 말씀드리지만, 비위가 약한 여성들에게는 인터넷 영화도 보지 마시길 권합니다.

나쁘다, 좋다는 개념 구분이 종교에 따라 다르지요. 기독교적 관점에서는 하나님을 믿느냐, 믿지 않느냐로 나뉠 것이고, 불교적 관점에서는 다섯 가지 계율을 잘 받는 것도 좋지만 받은 계율을 몸소 닦고 실천해서 자신은 물론 가족과 이웃에게 도움이 되느냐, 도움이 되지 않느냐로 가름하지 않을까 싶습니다. 선남자 선여인이 받아 지니고 닦을 다섯 가지 계율은 어떤 것인지요?

(1) 첫째 불살생입니다

불살생은 아니 불不 죽일 살殺 생명 생生, 이는 생명에 관한 계율이니
만치 아무리 중요성을 강조하더라도 결코 지나친 게 아닐 것입니다. 이
불살생不殺生을 살생하지 말라는 말씀과 산목숨을 죽이지 말라는 말씀
외에 달리 번역할 수도 있을까요?

생명은 죽지 않습니다. 죽일 수 있는 것은 생명이 아니지요. 우리가 볼
수 있는 몸은 죽일 수 있을지 모르나 생명 그 자체는 죽일 수 없습니다.
생명은 옥죈다고 해서 옥죄어지거나 하지 않습니다. 불살생의 '살'은 죽
인다는 뜻 외에 얽맨다는 뜻도 들어 있는데 이 때는 '살'이라 발음하지 않
고 '억누를 쇄'로 읽습니다. 불쇄생, 생명은 억눌러지지 않지요.

삶은 옥죌 수 없습니다. 불살생의 생은 목숨이라는 뜻 말고도 태어나
다, 설다, 삶이다, 사랑하다 따위의 뜻이 듬뿍 들어 있습니다. 일본어로
'生'을 읽는 데 200여 가지를 훌쩍 넘는다고 합니다. 다시 말해서 날 생生
자 글자 한 자에 담긴 의미가 많은 게지요. 영어의 테이크take 한 단어에
도 정말로 많은 의미가 들어 있듯이 말입니다.

죽지 않는 생명입니다. 죽지 않는 영원한 삶입니다. 생명은 죽이려 하
나 죽지 않습니다. 생식 중일 때는 죽이지 않습니다. 짝짓기 중의 생명은
어떤 경우라도 방해해서는 안 됩니다. 바로 무간지옥에 떨어질 죄입니다.

어릴 때 나는 홀레붙는 개에게 찬물을 끼얹어 방해했다가 어머니에게
호된 꾸지람을 받았지요.

"애야, 너 무간지옥에 가고 싶은 게냐? 짝짓기 하는 일을 방해함보다
큰 죄가 없단다."

그리고 또 생명을 놓고 죽였다 살렸다 하지 않습니다. 생명이란 아무
리 보잘 것 없어도 사람의 노리갯감은 될 수 없습니다. 낚시질하면서 짓
는 죄가 무엇일까요? 잡아서 먹기보다 오히려 잡았다가 놓아주기를 반복

함입니다. 생명은 노리갯감이 아닙니다.

남을 죽이지 않을 때 내가 삽니다. 죽이지 마십시오. 그래야 그대가 살 것입니다. 내가 남을 죽이지 않는데 어떻게 남이 나를 죽이겠습니까? 불교를 믿는 사람은 곧 영원을 살아갑니다. 생명 있는 것을 죽이지 않으면 그 생명이 내게 패악을 주지 않으니 영원히 살아갈 수가 있습니다.

생태계를 죽이지 말라는 것입니다. 특히 《불설아미타경》에서는 이 말씀 한 마디가 경전의 꽃이고 생명입니다. 생태계는 생명이 주인입니다. 그렇다고 생태계가 생명보다 덜 소중하다는 게 아니라 똑같이 소중합니다. 생명을 위해 생태계가 필요하듯 생태계를 위한 생명 역할도 더없이 소중하다는 것이지요.

이 경전은 생태계 바이블입니다. 이 《불설아미타경》을 뛰어 넘는 생태계 바이블Bible은 지구촌은 물론, 우주 어디에도 없습니다. 이 경전이 생태계 바이블이라면 우리는 《불설아미타경》의 말씀대로 반드시 실행해야 하지 않겠는지요?

(2) 둘째는 불투도입니다.

이 불투도不偸盜는 아니 불不 훔칠 투偸 도둑 도盜인데, 훔치지 말라는 말씀 외에 달리 번역할 수도 있습니까? 훔치지 않는 도둑입니다. 도둑이 훔치지 않다니 가능한 얘기인가요? 훔치지 않는데 도둑이라는 이름이 붙을 수 있겠는지요? 있습니다. 훔치지 않는 도둑이야말로 큰 도둑입니다.

남의 물건을 훔치고, 주머니를 털고, 핸드백·숄더백을 날치기 하고, 벽 타고, 가스관 타고, 은행을 털고 하는 것은 도둑 중에서도 좀도둑이지요. 법망에 걸려들고 잡혀가는 이들은 죄다 좀도둑이지 정작 큰 도둑은 잘 잡히지 않습니다.

좀도둑보다 큰 도둑이 있다면 탈세하는 재벌이나 혹세무민하는 사이

비 종교인들일 것입니다. 세상에 할 일이 없어 노동자들의 피땀으로 얻은 이익을 세금까지 포탈해 가며 독식하겠다고요? 재벌들은 그렇다 쳐도 서민들을 등 쳐서 주머닛돈·쌈짓돈까지 갈취하는 사이비 종교인이라면 돈의 액수를 떠나 좀도둑보다 훨씬 더 나쁜 도둑이지요.

그러나 정말 큰 도둑은 나라를 훔치는 도둑이고, 그보다 큰 도둑이 있다면 지구를 훔치는 도둑일 것입니다. 지구를 훔치는 도둑보다 더욱 큰 도둑이 있다면 누구일까요? 우주를 훔치는 도둑이며, 그보다 더 큰 도둑은 놓아주는 도둑입니다. 작용·반작용의 법칙에 따라 모두를 놓아버릴 때 모두를 얻는다는 깨달음을 얻은 부처님이 인류사에 있어서 가장 큰 도둑이십니다.

우리 부처님께서는 놓아버리기를 통해서 모두를 얻으셨습니다. 보이는 중생들만 얻은 게 아니라 중생들의 마음까지도 얻으셨으니 실로 엄청난 도둑이시지요.

그리고 부처님께서 중생들의 마음을 빼앗기로는 한 순간 한 세대에서 멈추지 않고 2,600여 년이 지난 오늘날까지도 꾸준히 이어오고 있습니다. 아마 앞으로도 먼 훗날까지 중생들의 마음 훔치기는 이어지겠지요.

그러나 보다 중요한 것은 아무리 도둑질盜을 한다 하더라도 훔쳐지지偸 않는 것不이 불투도라고 하는 두 번째 계율입니다. 도둑질盜이란 버금次의 장소로 공간만 이동皿할 뿐 내 소유가 되는 게 아닙니다. 버금의 장소로 이동할 때 과연 무엇이 필요한가요? 바로 그릇입니다. 그것이 자루일 수도 있고 가방일 수도 있습니다.

061

좋은 남자 좋은 여자 2

(3) 셋째, 불사음입니다.

불사음不邪淫은 아니 불不 간사할 사邪 음란할 음淫 사음하지 말라고 풀이됩니다. 사음이란 옳지 않은 관계·부적절한 관계를 말합니다. 아니 불不 자의 뜻을 더 볼까요? 아니다, 아니하다, 못하다, 없다, 말라, 않느냐, 크다, 불통(불합격), 꽃받침, 꽃자루, 이르지 아니하다 등이 있습니다.

상형문자로 꽃의 씨방 모양인데, 씨방이란 암술 밑의 불룩한 곳으로 열매가 되는 부분입니다. 《설문해자說文解字》에 의하면, 불不자의 일一 위에 있어야 할 새가 하늘로 날아 올라가 내려앉지 않았다 하여 부정사로 쓰였다고 합니다만 왠지 모르게 설명 부분이 좀 빈약합니다.

간사할 사邪자도 더 보겠습니다. 간사하다, 사악하다, 사사롭다, 기울다, 비스듬하다, 바르지 않다, 품행이 바르지 않다, 요사스러운, 나쁜 기운, 사사로운 마음 등이 있습니다. 발음이 '사'가 아니라 '야'일 경우 그런가, 어조사, 땅이름, 어여차, 나머지, 느릿하다 등이 있습니다.

음란할 음淫자는 어떠하던가요? 음란할 음, 장마 음, 요수 요, 강이름 염, 음란하다, 탐하다, 욕심내다, 지나치다, 어지럽다, 도리에 어긋나다,

빠지다, 어지럽히다, 미혹시키다, 깊다, 심하다, 정도가 지나치다, 크다, 대단하다, 사치하다, 윤택하다, 오래다, 머무르다, 제멋대로 하다, 진실하지 못하다 등의 뜻이고, 간음姦淫, 색정色情, 정욕情慾으로도 풀이됩니다. 형성문자로 보며 뜻을 나타내는 삼수변에 음𡌈은 소릿값에 해당합니다만 물에 축축하게 적시다의 뜻으로 정도가 지나치다의 뜻을 지닙니다.

왜 이렇게 길게 쓰느냐고요? 한문 번역에 있어서도 폭의 넓이와 갈래의 다양성을 놓고 고민하지 않으면 좋은 번역이 나올 수 없음을 함께 공부하기 위해서입니다. 그래도 길기는 좀 긴 편입니다.

다시 불사음으로 가볼까요? 불사음에 대해서는 문밖사람門外漢이라서 잘 모릅니다. 일본의 유명한 역사소설가 진순신Chin Shunshin(1924~)의 사진미술집 중에 《은밀한 미술》인가 뭔가가 있었던 것으로 기억합니다. 페루, 페르시아, 인도, 그리고 이집트였는지 기억은 잘 나지 않습니다만 성性과 관련된 미술을 소개하면서 책의 앞글에서 과감하게 그가 '성즉성性即聖'이라 표현했던 것으로 기억합니다. "성sex 그 자체는 성스러운 것이다. 다만 수반되는 문제가 문제다"로 이해했던 듯싶습니다.

그 책을 본 게 벌써 25년이 넘은 듯싶은데, 인터넷에서 찾기가 어렵습니다. 책 이름이 잘 기억나지 않기 때문입니다. 행위로 인해 집착을 갖게되고 나중에 여러 가지 복잡한 문제들이 따라서 일어나는 것이 문제이지만 성행위 그 하나만을 놓고 볼 때 아름답다 못해 더 나아가서는 성스럽기까지 하다는 말을 접했을 때 나는 당시 충격을 받았습니다.

불사음不邪淫, '사음하지 말라'는 풀이 외에 아름다운 사랑의 결실에서 건강한 부부생활에는 사邪하지 않은 음淫이 있나니, 음淫 그 자체는 사邪한 것이 아니나니 등 여러 가지 풀이도 가능하겠지요?

(4) 넷째 불망어입니다.

불망어不妄語는 아니 불不, 망령될 망妄, 말씀 어語, 망언하지 말라고 표현합니다만, 계율에서는 그리고 십선법에서는 '거짓말하지 말라'로 풀이되고 있지요. 그런데 그 말이 누구의 말입니까? 바로 나吾에게서 나가는 말言입니다. 이 두 뜻이 합하여 말씀 어語가 됩니다.

달리 번역하면, 부정사 불不을 어디서 해석할까? 앞으로 붙일까? 마지막으로 붙일까? 부정사로 볼까? 금지사로 볼까가 중요합니다.

예를 들면 망령된 말·망령되지 않은 말, 속이는 말·속이지 않는 말, 어그러진 말·어그러지지 않은 말, 허망한 말·허망하지 않은 말, 잊은 말·잊지 않은 말, 제멋대로의 말·제멋대로 아닌 말, 함부로 하는 말·함부로 하지 않는 말, 대체적인 말·대체적이지 않은 말 등 이들 다양한 단어에서 부정사를 어디에 붙이느냐에 따라 뜻이 달라지겠지요?

가정에서는 여자가 중심이 될 때 '안정되다'라는 뜻인 안安자가 있듯이, 이와는 반대로 가정에서 여자의 역할女이 사라질亡 때, 결국 제멋대로 妄가 되어 버립니다. 객관적 말言은 말할 것도 없지만 나吾에게서 나간 말言은 바로 내가 책임을 져야 하는 것이지요.

그럼 나吾란 누구일까요? 다섯 가지五 감관口을 지닌 자입니다. 이는 누구에게나 적용되는 것으로 각자에게 있어서는 다 나吾입니다. 내 말語은 거짓되지 않아야 하고, 거짓되지 않은 말이 곧 내 말이라는 당당한 자부심이 있다면 그는 좋은 남자 좋은 여자입니다.

(5) 다섯째는 불음주입니다

불음주不飮酒는 아니 불不, 마실 음飮, 술 주酒입니다. '술 마시지 말라'는 금지사도 좋지만 술을 마시지 않겠다는 약속의 말은 더 없이 좋습니다.

술 마시는 행위가 나쁜가요? 술 마시는 행위 그 자체를 놓고 문제를 삼는 경우도 있습니다. 그러나 뒤따라오는 문제가 완벽하고 깔끔하다면 나름대로 괜찮지 않겠는지요?

왕생을 권하는《권왕가》에 따르면 팔을 뻗어 손가락으로 술집 한 번 가리키고도 오백생에 걸쳐 손手 없는 과보를 받았다고 합니다. 또《범망경》〈보살계본〉에 보면 술 한 번 마실 때, 바로 거기 그 자리에서 36가지 허물이 생긴다고 합니다. 물론 나중에 일어나는 문제까지 포함해서지요. 아마 나중에 일어나는 문제까지 열거한다면 36가지가 아니라 360가지, 3만 6천 가지 허물이 일어날 것입니다.

불음주, 이렇게 풀 수도 있습니다. 술酒은 마시는飮 게 아니라 음미吟味하는 것입니다. 마시는 행위는 입을 크게 벌려欠 벌컥벌컥 들이키食는 것이지요. 그러니 끝내 술이 사람을 삼킵니다. 그래서 마시지飮 않는不 술酒 곧 음미하는 술이면 어떨까요?

진정한 애주가愛酒家는 폭음하지 않는다고 하더군요. 술을 사랑하는 사람이라면 풍류와 예술과 멋으로 안주를 삼습니다. 술이 무슨 천적이라도 되는 양 마구 마셔 없애는 게 아니라 삶이 있고 예술이 있고 정이 있고 철학이 곁들일 때, 진정한 술 마심이 되지 않을까요?

내가 1983년에 번역하여 홍법원에서 낸《미증유인연경未曾有因緣經》에 오계를 받아 지닌 자들에게만 술 마시는 것을 허락하신 부처님 말씀이 있습니다. 나는 그를《비유의 바다》(賢愚經)에 함께 묶어 내었었는데, 지금은 품절되어 구할 수가 없고 어쩌면 2015년 4월쯤, 이른바 〈올제 Olje〉라는 인문학 관련 출판사에서 다시 빛을 보게 될 것입니다.

이처럼 다섯 가지 금계禁戒를 다양하게 생각해 보기는 했지만 보다 부처님 말씀에 의거해, 그리고 지금까지 스님네가 해석한 대로 바르고正 곧게直 얘기한다면,

첫째 살생하지 말라.

둘째 훔치지 말라.

셋째 사음하지 말라.

넷째 속이지 말라.

다섯째 술 마시지 말라.

가 될 것입니다.

　이와 같이 오계를 통해 자기 삶에 철저할 때, 그는 좋은 남자 좋은 여자로서 아미타 부처님 명호를 온 마음으로 받아 지닐 것이고, 극락세계 입경入境 비자를 손에 받아 들게 될 것입니다. 좋은 남자 좋은 여자의 '좋다'는 그림씨는 오계를 받아 지님으로써 얻어지는 아름다움beauty이며, 행복幸福happy이며, 순수純粹purity입니다.

　행동 · 언어 · 마음이 아름답기 때문에 뷰디풀 랜드beautiful land 곧 아름다운 세계에 어울리고, 행동 · 언어 · 마음이 참으로 평화롭기 때문에 해피 그라운드happy grounds 곧 행복한 세계에 조화롭고, 행동 · 언어 · 마음이 순수하기 때문에 퓨어랜드pure land 곧 순수한 세계에 들어맞습니다.

062

집지명호執持名號

"넌 이름이 무엇이드냐?"

"저요? 네걸인데요."

"뭐. 네걸이라고? 그런 이름도 다 있었더냐? 한문으론 어찌 쓰는고?"

"한문이 없는데요. 한문으로 제 이름은 보배진珍 고를균均인데요."

"그렇다면 네걸이가 호號고 진균이가 명名이로구나!"

"어떻게 구분하는데요?"

"도민증에 오른 게 명이고 집에서 부르는 게 호란다."

🐰 1966년~67년 두 해에 걸쳐 한문서당에서 청강聽講을 했습니다. 가정 형편상 서당에서 책만 읽을 수 없었으니까요. 14~15살 어린 나이에 한 녘으로는 농사를 지으며, 일주일에 하루씩은 서당에 나가 배우고 익힌 것을 훈장님과 학동들 앞에서 하나하나 토해냈습니다.

그때 나는 《명심보감》을 통째 외웠고 번역까지 외웠더니 당시 이재훈 훈장님께서 옥은玉隱이라 호를 주셨습니다. 땅 속에 묻힌 옥이니 언젠가는 드러날 것이라고 하시면서요.

그 후《효경》《소학》《맹자》와 중국 역사《자치통감》도 좀 읽긴 하였으나 특히《중용》과《대학》이 깊이 가슴에 와 닿았지요. 무엇보다 한여름날 그늘에서 외우는 율시, 〈오언〉〈칠언〉 등은 어린 내게 서정을 심어주었습니다. 어찌 되었거나 한문은 무조건 외워야 했습니다.

그래서일까, 공부study를 중국어로는 뻬이쑤背書라 합니다. 뻬이쑤의 본 뜻은 외움誦이지요. 뻬이쑤의 뻬이背가 북쪽을 가리키는 상형문자 뻬이北와 사람의 육신을 뜻하는 육달월月이 합하여 된 글자인데 등배背자로 새깁니다. 뻬이北자를 보면 두 사람이 등을 지고 앉아 있습니다. 그래서 뻬이쑤背書도 같은 뜻으로 책을 덮은 채 읽는다 해서 외운다는 의미가 있고, 그것이 어쩌면 한문文語에서, 그리고 중국어口語에서 공부의 뜻이 되었을 것입니다.

1968년 가을부터 이듬해 가을까지 농사짓는 틈틈이 검정고시를 준비했습니다. 대입까지는 치르지 않았지만 중등과정을 모두 이수했습니다. 같은 또래 다른 아이들은 6년 동안 배워야 하는 것이었지요.

그리고 나서 1971년 봄부터 74년 여름까지 사법시험을 준비했습니다. 1974년 제천시 금성 한 양잠 농가에서 머슴살이를 하고 있을 때였는데 시간을 내주어 시험을 치렀습니다. 그런데 웬걸요, 보기 좋게 낙방했지요. 그때 받은 충격은 참으로 컸습니다. 나는 헌법 관련 서적들을 마당에 쌓아 놓고 불을 질렀습니다.

그를 본 주인집 큰아들, 나보다 한 살 위인 각원이 형(1952)이 "야, 소서燒書로구나, 소서야!"라며 고함을 질렀고 그게 내 별명이 되었습니다. 분서焚書에서 따온 소서, 각원이 형이 지어준 아호雅號였지요. 그리고 그는 그 후 내가 절에 들어온 지 그리 오래지 않아 스스로 삶을 마감했다고 들었습니다.

1975년 3월 29일(음력으로 2월 17일) 집을 나와 치악산 구룡사에 들어와 이튿날 머리를 깎았습니다. 그리고 당시 주지스님에게서 법명을 받았으니 진수眞修였지요. 행자에게 붙인 이름이었습니다.

그 후 몇 달 뒤 해인사 용탑선원에서 고암 대종사를 친견하고 받은 법명이 정휴正休였습니다. 쉴 때도 반듯하게 쉬라시면서 큰스님께서 지어주신 것입니다. 그 뒤 정휴로 사미계를 받고, 보살계와 구족계를 받았으며, 아울러 해인승가대학을 졸업한 뒤, 1979년 3월 큰스님에게 받은 호가 펜 네임pen name으로 쓰고 있는 동봉東峰입니다.

펜 네임은 필명筆名이기도 하지만 소위 아호雅號라고도 부릅니다. 네걸이를 비롯하여 옥은 · 소서 · 진수가 모두 필명이기는 하였으나 1982년도까지 이들 이름으로 글을 쓴 적이 없습니다. 그러니 이들은 다 별명이고 아호지요. 필명은 동봉과 일원입니다.

1982년 여름, 첫 책이 나오면서부터 56권이 다 동봉으로 되어 있으니까요. 곤지암 지역에 와서 산 지 20년이 다 되어 가는데 효경 큰사형님이 지암智嚴이라 호를 주셨고, 사언절로 된 의식집 어록 경전들을 엮어 내면서 책이름을 《일원곡》이라 붙였는데 같은 《일원곡》 14책이 나오도록 일원一圓이라는 자호自號를 썼습니다.

그 후 2005년, 동아프리카 탄자니아Tanzania 킬리만자로Kilimanjaro에 있을 때, 그곳에 사는 현지인들이 나를 환영하며 내게 붙여준 이름이 다름 아닌 키포Kipoo입니다. 요즘은 서구인들에 의해 킬리만자로 산 정상을 키보Kibo라고 부르지만 그곳 현지인들은 수천 년 전부터 지금까지도 키포로 부르고 있습니다.

키포Kipoo의 포poo에서 모음이 2개인 것은 스와힐리어Kiswahili에서는 장음으로 표시됩니다. 그러니까 kipoo를 키푸로 읽는다면 스와힐리어가 아닌 영어 발음이지요.

나는 나의 아프리칸 네임 키포Kipoo에 한문으로 기포起泡를 곁들였습니다. 《금강경》〈제 32 응화비진분應化非眞分〉 사구게에서 의미를 가져왔습니다. 우리네 삶이란 게 뭘까요? 거품 한 방울 일으키는 것이지요. 인생이 대단한 것 같지만 거품 한 방울보다 나을 게 없습니다. 거품은 물이 솟아오른 것이지요. 가라앉으면 마침내 다시 물입니다.

김구 선생은 이름이 구九고, 아호가 백범白凡입니다. 흰 옷의 범부이거나 범부 중 맏이/으뜸이라는 뜻이었을까요? 윤봉길 선생은 이름이 봉길이고, 아호가 매헌梅軒이지요. 매화의 절개를 생각했을 것입니다.

이와 같이 많은 사람들이 평생 살면서 이름 외에 호를 얻습니다. 불교에 입문하면 법명을 받지요. 이 또한 법명이면서 아호입니다. 서가모니 부처님께서는 명名이 구담실달타이시고, 호는 많습니다. 우선 10가지가 있습니다.

(01) 여래如來Tathagata

(02) 응공應供Arhat

(03) 정변지正遍知Samyaksambuddha

(04) 명행족明行足Vidyacarana-Sampanna

(05) 선서善逝Sugata

(06) 세간해世間解Lokavid

(07) 무상사無上士Anuttara

(08) 조어장부調御丈夫Purusa-damya-sarathi

(09) 천인사天人師Sasta-devamanusyanam

(10) 불세존佛世尊Buddha-lokanatha

그렇다면 명과 호는 반드시 다른가요? 꼭 그렇지는 않습니다. 명도 이름 명名이고 호도 이름 호號이듯 명호를 한데 묶어서 이름이라는 뜻으로 사용하고 있습니다. 아미타 부처님의 명호는 어찌 되느냐고요? 아미타불 염불할 때는 '나무아미타불' 여섯 글자만 염송念誦하면 됩니다. 따라서 육자염불六字念佛이라 일컫기도 합니다.

염불念佛은 부처님을 생각한다는 뜻도 있고, 부처님의 거룩한 명호를 왼다는 뜻도 함께 들어 있습니다. 염불의 '염念'을 생각 염 외에 읽을 염, 욀 염, 배울 염, 때時 염 등으로 새기기도 하니까요. 역시 중국어에서는 공부study의 뜻으로 뻬이쑤 외에 니엔쑤念書를 쓰기도 합니다. 뚜쑤讀書라는 말도 독서 외에 공부의 뜻이 있습니다. 영어에서도 공부의 뜻으로 스터디study, 러닝learning, 워크work 등으로 쓰고 있듯이 말입니다.

'나무아미타불'은 염명念名이고, '나무무량수불'이나 '나무무량광불'은 염호念號 아니냐고 묻는 분도 있던데 어떤 것이라도 다 아미타 부처님의 명호이십니다. 중요한 것은 명호에 있다기보다 명호를 얼마나 일념으로 집지執持하느냐일 것입니다.

063

용맹정진

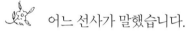 어느 선사가 말했습니다.

"내가 얘기한 대로 이레만 하라. 그런데도 도를 깨닫지 못한다면 나는 거짓말을 한 죄를 받아 '혀를 뽑는 지옥拔舌地獄'에 떨어지리라."

이레면 충분합니다. 그것도 상중하 근기根機 중에서 중하근기를 두고 한 말입니다. 상근기라면 하루 만에도 가능하고 좀 여유를 주더라도 이틀이고 길어야 사흘이라는 것입니다.

어찌 참선뿐이겠습니까? 염불도 마찬가지입니다. '나무아미타불' 열 마디에도 서방극락정토에 왕생할 수 있는데 하물며 사흘이고 이레겠습니까? 다만 하지 않을 뿐 가능하지 않은 것은 아닙니다. 이레라면 어떻습니까? 도전해 볼 생각이 문득 들지요. 까짓 거 인생 뭐 있습니까? 이래 죽으나 저래 죽으나 한 번 왔다 가는 것 아니던가요? 목숨 줄 떼어 놓고 제대로 공부 한 번 하는 것입니다.

절이 익숙한 경우라면 하루에 오천 배씩 삼칠일을 할 수도 있습니다. 나는 1976년 여름, 해인사 팔만대장경각 법보전에서 삼칠일(만 20일) 동안 매일 오천 배씩 10만 배를 했습니다. 하긴 그때만 해도 내 나이 스물네 살, 몸으로 하는 것은 그게 어떤 것이든 자신이 있었지요.

나는 아홉 살에 국민(초등)학교를 들어갔고 가정형편이 어려워 4학년 수료를 끝으로 정규교육은 그만 두어야 했습니다. 13살 어린 나이에 농사일을 배우기 시작하면서 절에 들어오기 전까지 꼭 10년 동안 농사를 지었지요.

그러면서 낮에는 밭 갈고 밤이면 책을 읽는다는 소위 주경야독晝耕夜讀으로 틴에이지teenage를 보냈습니다. 농사일도 소홀히 하지 않았지만 무섭게 책을 읽었습니다. 그렇지 않고서는 끝내 죽을 것만 같았습니다. 한 번도 써보지 못한 교모, 입어보지 못한 교복, 들어 보지 못한 가방이 부러워 죽을 것만 같았지요. 난 농사일이 싫지는 않았습니다. 공부만 부러운 게 아니라 교모·교복·교련복·책가방 같은 외형적인 게 더 부러웠으니 틴에이저가 맞긴 맞았나 봅니다.

한문서당 정규생도 못 되는 청강생으로, 검정고시로, 사법시험 공부로, 공부란 공부는 그게 뭐든 닥치는 대로 다 주워 삼켰습니다. 그만큼 배움에 굶주려 있었지요. 절에 들어와서도 눈까풀을 받치고 책을 읽었습니다. 한문서당 청강생으로 이태 정도 죽어라 공부한 덕분에 클래스메이트classmate들보다 한문경전을 읽는 게 빨랐습니다. 읽는 게 빠르다면 으레 이해도 빠르지 않을까 싶은데 맞나요?

1979년 2월, 해인사 강원(승가대학) 4년 과정을 마치고 잠시 해인사 도서관을 맡았습니다. 그리고 3월, 해인사를 떠나기까지 한 달 동안 구족계가 설해진 《사분율四分律》 60권을 독파했습니다. 지금은 번역본이 나왔는지 모르나 나는 한글 읽는 속도보다 한문 읽는 속도가 조금은 더 빨랐으니 문제될 게 전혀 없었지요.

한문에는 크게 나누어 일곱 가지 체가 있는데 다음과 같습니다.

갑문甲文oracle bone script

금문金文epigraph

전서篆書seal character

예서隸書ornamental seal characters

해서楷書printed style of writing

초서草書cursive character

행서行書semi cursive style of writing

이 가운데서 나는 해서나 행서로 바꾸어주면 모르나 전서 · 예서 · 초서는 물론 갑골문과 금석문은 지금도 잘 못 읽습니다. 배우질 않았거든요.

나는 배움에만 굶주린 게 아니라 농사일에도 배가 고팠기에 몸으로 하는 것이라면 뭐든 최선을 다했습니다. 단 달리기나 수영 같은 겨루기 종목이나 운동이 아니라면 말입니다.

그러니 해인사 팔만대장경각 법보전法寶殿에서 매일 12시간에 걸쳐 오천 배씩 하는 걸 견딜 수 있었습니다. 어쩌면 10만 배 공덕으로 오늘날까지 큰 무리 없이 부처님 시봉하며 사는지 모르지요. 부처님 전에 절하는 것으로 깨달음을 얻었다는 얘기는 없으나 참선하면서 주력하면서 경을 읽으며 염불하는 가운데 깨닫기도 합니다. 그렇다면 용맹정진이 참선에만 붙이는 전문용어는 결코 아닐 것입니다. 나는 상근기가 아닙니다. 그렇게 마음먹는 게 편하지요. 하루나 이틀 · 사나흘에는 안 될 수도 있습니다. 아니면 대엿새인데 아주 이레를 꼭 채워가며 육자염불공부 좀 해보는 것입니다.

옛 선사들도 거짓말이 아니라며 호언장담豪言壯談하셨는데 불광어자不誑語者이신 부처님께서 빈 말씀을 하시진 않으셨겠지요? 세상에 태어나지 않은 셈 치고 염불 드잡이 한 번 제대로 하는 것입니다.

하느님은 천지를 창조하실 때, 엿새 동안 열심히 만들고 이레 째 되던 날은 쉬셨다 하십니다. 이레라고 하는 기간이 짧다고도 하겠지만 그리 보면 짧은 것만도 아니네요. 그러니 부처님께서도 이레 동안 일심불란一心不亂으로 간절하게 염불하고 정진하라고 가르치시는 게 아니겠는지요. 선방의 구참납자久參衲子가 되면 이력履歷도 있고 요령도 생기고 해서 그런 대로 잘 견뎌 나갑니다. 해인승가대학 시절, 그때는 비록 나이는 젊어도 일주일 168시간이 참 길더군요.

학인學人 시절이었습니다. 학인이라면 배우는 사람이지요. 달리 해석하면 학인學人이란 글자 그대로 '사람人을 배우學는 것'입니다. 학생學生이 배우는 생도이기도 하지만 '삶生을 배우學는 것'이라고 해석하더라도 괜찮은 것처럼 말입니다. 그 학인시절에 매년 음력 7월 8일~해제 날과 섣달 초하루~성도절 날까지 2번에 걸쳐 하는 용맹정진을 4년 동안 한 번도 거르지 않고 참여했지요.

난 절에 들어오던 해부터 좌골신경통 때문에 고생이 이만저만이 아니었습니다. 좌골신경통의 고통은 같은 자세로 몇 분을 못 버틴다는 것입니다. 좌선한다고 앉았는데, 늘 다리를 고쳐 앉을 수는 없었지요. 정진 첫날, 처음에는 어른스님들이 포진해 계시니 긴장도 되고 해서 제대로 못 느꼈는데, 시간이 흐르고 긴장이 풀리자 엉덩이부터 발뒤꿈치로 끊임없이 흐르는 통증은 와우! 참으로 죽을 지경이었습니다.

좌골신경통 통증보다 몇 배나 무서운 게 있었습니다. 바로 졸음이었습니다. 나는 졸음이 반가웠습니다. 조는 동안에는 통증을 못 느끼니까요. 그래서 속으로 기도했습니다.

부처님, 부처님이시여!
간절히 원하나이다.

그저 쫓겨나지 않은 정도로만
계속해서 제게 졸음을 주십시오.
아으, 부처님이시여!
저의 이 좌골신경통坐骨神經痛
이 지긋지긋한 고통에서 벗어나게 하소서.

부처님께서는 졸음을 주셨는데 매rod까지 함께 주시더군요. 기다란
장군죽비將軍竹篦가 제 양쪽 어깨를 만나면서 드럼 치는 소리로 바뀌었지
요. 열중悅衆 소임을 맡은 스님이 신이 났습니다. 내 앞에 다가서는 순간
이 오면 사물놀이를 연주하듯 했습니다.

이레 동안 죽비를 맞고 나면 깨달음은 내 두 어깨를 붉게 물들이는 것
으로 마감합니다. 그러나 문제는 일심불란一心不亂입니다. 168시간 가운
데 과연 몇 초 몇 분이나마 일심불란의 경지가 되었던 적이 있었을까 하
고 말입니다. 이레 동안 정진보다도 일심불란이 더 소중합니다.

064

외롭지 않은 죽음이여

염불하는 그사람은 그의삶이 다할때에
서방정토 극락세계 아미타불 여래께서
관음세지 비롯하여 성중들을 대동하고
임종하는 사람앞에 문득현신 하시리니

죽음은 외롭습니다. 죽음의 길은 쓸쓸합니다. 가까운 가족들 중 누구도 함께하지 않는 길입니다. 남편은 남의 편일 따름이고, 아내는 "아, 내는 못 갑니더" 합니다. 딸은 따로 놀고, 아들은 그야말로 아들입니다. 사위는 사위만 두리번거릴 뿐 안으로 들어오지 않고 자부는 그냥 자버립니다. 벗은 상황에서 벗어나려 하고, 친구는 친하게 구는 척일 뿐, 아무도 가까이 다가오지 않으니 외롭고, 외롭고 또 외롭게 혼자 가는 길입니다. 평소 함께 뒹굴던 친구에게 '같이 가자' '함께 가자' 사정해 보지만 지중해 연안의 가자Gaza지구인 듯 다만 바라만 볼 뿐입니다.

배신감이 하늘을 찌르겠지요. 그러나 어쩌겠습니까. 죽어가는 자의 말이 들리지 않는 듯싶습니다. 문상 온 선배들은 선배이기에 앞서 갔거나 어울리려 하지 않고, 후배들은 후배라면서 뒤로 한 발짝 물러섭니다. 모시던 사람들도 제각각입니다.

이럴 때는 어찌 할까요? 죽음이 두렵습니다. 죽음이 두려운 게 아니라 두려움이 두렵습니다. 두려움이 두려운 게 아니라 외로움이 두렵습니다. 외로움이 두려운 게 아니라 배신감이 외롭게 합니다. 지구를 벗어나나 갈 곳이 없습니다. 중력의 법칙은 육신을 떠나고, 질량마저 벗어 던진 세계, 달랑 영혼만 남았더라도 집착이라는 중력으로 끌어당깁니다. 중력보다 수천만 억 배나 더 센 게 바로 다름 아닌 집착력입니다.

손을 내밀 곳이 있습니다. 다른 데는 모르나 내가 쏟은 정 때문에 '이 아이들은 외면하지 않겠지' 하는 반가운 마음으로 다가갑니다. 손자 손녀들입니다. 눈에 넣어도 아프지 않을 천하에 가장 소중한 내 핏줄 손자 손녀들입니다. 평소 자식보다도 더 귀여워했으니 여기는 안전빵입니다. 그런데 어찌합니까? 스마트폰으로 게임만 하고 있습니다.

기댈 곳이 있습니다. 건강할 때, 살아 있을 때, 내가 가진 내 머릿속 지식을 통째로 전해 받은 제자들입니다. 그런데 이 녀석들 '제자'라고 제자리에서 한 발자국도 움직이려 하지 않는군요. 그래서 제자란 걸 알게 되니 더욱 씁쓸한 따름입니다. 마지막입니다. 더는 기대할 데가 없으니까요. 내게 신세진 사람들을 둘러봅니다. 평소 내 피 같은 돈 떼어 먹고 입 다물던 작자들이니, 그들마저 모른 척하진 않겠지요? 부처님 말씀인가, 예수님 말씀인가, 죽음 앞에 이르니 기억력이 거의 제로 상태입니다.

"뿌린 대로 거두리라."

그런데 이들은 문상조차 오지 않았습니다. 돈 떼어먹었다고 인과응보설이 무서워서였을 수도 있지요. 아예 발걸음조차 하지 않습니다.

염불이 생각나네요. 게을리 하던 염불입니다. 절에 가면 주지스님이 그토록 간곡히 권하던 염불입니다. 그때마다 나는 피했습니다. 바쁘다는 핑계 하나로 피해 왔습니다. 아이들 데리고 박물관·영화관에 가고, 축구장·야구장에 가고, 친구들과 골프 모임 가고, 등산 가고, 낚시 모임 가고, 고깃집은 가면서도 스님이 권하는 염불 한 자락 제대로 외지 않았고, 단 한 번이라도 스님의 법문에 귀 기울여 본 적이 없습니다.

누가 물으면 불자입니다. 서식의 종교란에는 불교입니다. 그럼에도 불구하고 정작 나는 불교를 잘 모릅니다. 열심히 절에 다녔지만 경전 한 번 제대로 읽지 않았고 삼천 배 한 번 한 적이 없습니다.

나는 시주는 하지만 매년 초파일에 10만 원 내고 등 하나 밝힌 게 전부입니다. 교회 다니는 사람들 십일조 얘기 나오면 대단하다면서도 정작 나는 십일조는 고사하고 백일조도 하지 않습니다. 그러면서 입만 열면 중들이 돈만 밝힌다고 거품을 뭅니다. 나는 내 가족, 내 아들 딸, 내 손자 손녀들을 부처님 전에 인도하지 않았습니다. 아이들은 그것도 내 아이들은 '종교의 자유'라는 미명하에 일체 간섭하지 않았습니다.

문득 염불이 생각납니다. 이제라도 간절히 염불하고 싶지만 다만 생각뿐입니다. 죽음이라는 외로움 앞에서 염불은 자리를 잡지 못합니다. 죽음이라는 을씨년스러움에 염불은 온 데 간 데 없습니다. 평소 낚시질이나 하고 게임하는 시간의 만 분의 일이라도 염불해 둘 걸 후회할 뿐입니다.

우리 부처님께서는 마흔 여덟 가지 원력에 대해 언급하시면서 이어 말씀하셨습니다.

누구든지 일심불란 염불하라. 이레 동안 열심히 염불하라.
그러면 아미타 부처님과 관세음·대세지 보살마하살께서
염불하는 사람 앞에 현신하시리라.

아미타 부처님이 뉘십니까? 과거·현재·미래불 가운데 으뜸이 아미타 부처님이십니다. 사람들은 보석으로 장엄하고 옷으로 단장하고 메이크업으로 꾸미지만 아미타 부처님은 지혜와 자비 복덕이 본바탕이 되어 저절로 찬란하게 드러나시는 분이십니다. 자마금색으로 빛나는 몸이시며, 무한한 빛과 수명으로 저절로 꾸며지신 분이십니다. 혹자或者가 묻더군요.

"아이고! 겨우 48가지 원력입니까? 우리 서가모니 부처님께서는 500가지 크나크신 원력을 세우셨는데요."

48가지 원력은 48가지에서 끝나지 않지요. 만약 48가지 원력을 48번 제곱한다면 그 숫자는 얼마쯤 될까요? 자연수 뒤에 동그라미가 몇 개쯤일까요? 우주에 있는 모든 은하, 그들 모든 은하에 들어 있는 별들, 그 별들과 함께하는 행성들, 그 행성들 옆에 있는 위성들, 그 모두를 합하더라도 48가지 원력을 48번 제곱한 것보다 더 적을 것입니다.

아미타 부처님의 원력은 그래서 48대원에서 멈추지 않고, 만화경에 비치면서 입사각入射角을 달리하는 모습처럼 거듭하고 거듭해서 끝없이 끝없이 번져나갑니다. 이것이 중중무진重重無盡입니다. 아미타 부처님의 우보처 대세지보살님이 누구십니까? 세력勢力으로 위엄威嚴으로 장엄한 분이시지요. 생명이 모여 사는 데는 반드시 질서가 필요합니다. 그것이 세력이고 위엄입니다.

회사에는 저변底邊에 평범한 직원들이 있고, 그 위로 팀이 구성되고, 팀 위에 계가 만들어지고, 계가 모여 과가 생기고, 그 과가 모여 국이 되고, 그 위로 계속 오르다 보면 사장이 되고 회장이 되겠지요. 차관이 되고, 청장이 되고, 장관이 되고, 총리가 되고 마침내 국가원수가 되겠지요. 이들 하나하나 단체 단체가 인因이고 인디비주얼individual이라면 이들 사이를 연결시키는 것이 연緣이고 커넥션interconnection입니다. 이 인과 연의 관계는 질료인質料因과 보조연補助緣에서 끝나지 않지요.

만의 하나 인연이라는 말을 우리가 평소 생각해 온 언어로만 이해하려

한다면 이 두 글자가 갖고 있는 뜻을 만분의 일도 모르는 것입니다. 인류가 지상에 발을 디딘 이래 가장 완벽한 단어 두 가지를 고르라면 나는 인연과 함께 중생衆生/中生/重生을 들 것입니다. 이 두 단어는 아무리 첨단과학이 발달하고, 언어가 그 시대를 따라간다 해도 계속해서 빛을 발할 것입니다. 아미타 부처님의 좌보처 관세음 보살님이 뉘십니까? 이 보살님에 대해서는 수미산으로 붓을 삼고 바닷물로 먹물을 삼아 쓰더라도 다 표현하지 못할 것입니다.

관세음보살님
단어가 주는 맛깔스러움,
관세음보살님
음성이 주는 부드러움,
관세음보살님
느낌으로 다가오는 자애로움,
관세음보살님
뭔가 향기가 있고
빛이 있고
따스함이 있는 이름이십니다.

아미타 부처님, 대세지보살님, 관세음보살님 이 세 분의 거룩하신 성자께서 더 많은 성중들을 대동하시고 염불 공덕을 쌓은 임종자臨終者에게 환한 미소로 다가오십니다.

그러기에 결코 외롭지 않습니다. 염불 공덕을 잘 닦은 이는 죽음의 길이 쓸쓸하지 않습니다. 아미타 부처님과 함께 하고 대세지보살님과 함께 하고, 관세음보살님과 함께하기에 왕생하기 전에 이미 그는 극락을 느낄 것입니다.

정토다라니

발일체업장근본득생정토다라니發一切業障根本得生淨土陁羅尼

나무 아미다바야 다타아다야 다지야타 아미리 도바비 아미리다 싣담
바비 아미리다 비가란제 아미리다 비가란다 가미니 가가나 기다가례
사바하

065

마음이 뒤바뀌지 않는다면

그로인해 이사람은 그의생명 마치면서
여러가지 임종장애 눈앞에서 사라지고
그마음이 편안하고 뒤바뀌지 아니하여
아미타불 극락국토 바로왕생 하게되리

태어난 자는 반드시 죽습니다. 이 말씀은 있던 것은 반드시 없어지는 것과는 다른 문제지요. 있다가 없어지는 것, 생겨난 것이 사라지는 것은 있고 없음의 문제입니다. 그리고 이는 물리 현상입니다. 하나의 생명이 세상에 태어난다고 하는 것은 곧 육체를 일컬을 수도 있습니다. 그러나 죽음을 놓고 당장 육신이 사라졌다고 생각하지는 않습니다. 왜냐하면 육신은 숨을 쉬지 않을 뿐, 시신으로 그렇게 누워 있으니까요. 그렇다면 죽음은 육신의 떠남이라기보다 영혼의 떠나감일 것입니다.

태어난 자는 반드시 죽고, 만난 자는 언젠가는 헤어집니다. 핀 꽃은 시들게 마련이고, 올라가면 내리막도 있습니다. 내려간 자 언젠가 오를 것이고, 꽃이 시들어야 열매를 맺습니다. 헤어짐의 아픔 속에 또 다른 만남을 잉태하고, 죽음으로 해서 기나긴 윤회가 이어집니다.

평생 부부의 인연을 맺고 살아도 막상 임종을 지키는 게 쉽지가 않습니다. 자식이 되어서도 마찬가지입니다. 부모님 임종을 쉽게 보지 못합니다. 5분 아니라 1~2분 사이로 잠시 곁을 비운 사이 운명을 하기도 하니까요. 그렇더라도 외롭기는 똑같지요. 옆에서 아내가 또는 남편이 자식들이 손자 손녀들이 모두 지켜보는 가운데 임종하는 것은 엄청난 복이지요. 식구들이 한 둘도 아니고 다들 있는 데서라면 말입니다.

그러나 마음이 열리지 않고 생사에서 해탈하지 못하였다면 어떤 경우라 하더라도 저승길은 외롭고 어둡고 쓸쓸합니다. 비록 지켜보는 이 없어도 마음이 열반의 경지에 머문다면 혼자 죽음을 맞이한들 그게 뭐 대수이겠습니까? 이미 생사를 초월하였으니 죽음의 두려움이 무슨 상관이며 염라대왕이 뭐 무서울 게 있겠는지요. 평소 공부 좀 했다 하더라도 죽음 앞에서 초연하기는 쉽지 않습니다. 심부전도心不顚倒, 마음이 뒤바뀌지 않는 경지는 생사로부터 벗어날 때 가능하지요.

피할 수 없는 것inevitable이 임종의 시간입니다. 죽음을 궁극의 마침으로 보지 않고 지나가는 현상으로 본 것은 동서양이 비슷하다고 여겨집니다. 임종을 패싱passing으로 본 게 곧 그런 뜻이 아닐는지요?

미신迷信이라는 말이 있습니다. 수퍼스티션superstition이지요. 잘못된 믿음을 뜻합니다. '미'가 무슨 의미일까요? 물질米이 모든 것을 해결해 준다고 보고 그를 전체로 알아 집착하며 그렇게 걸어가는 현상입니다. 그런 현상을 믿는 것이 곧 미신이라 할 것이고요. 수퍼스티션이 바로 그런 것입니다.

우리는 미신이라 하면 샤머니즘shamanism을 가장 먼저 떠올릴 것입니다. 그러나 샤머니즘은 수퍼스티션과는 차원이 다릅니다. 샤머니즘은 주술을 통해서 신과 접근을 시도하는 이른바 무속巫俗이지만 수퍼스티션은 물질만능입니다. 영원히 죽지 않는 삶을 추구하는 게 미신입니다. 돈이면 죽음까지도 피해 가게 할 수 있다는 믿음이 곧 다름 아닌 미신입니다.

그렇지만 말입니다. 나고 죽음을 벗어날 수 있는 길이 부처님 법에는 있습니다. 나고 죽음을 벗어난다면 육신의 생사해탈을 생각하겠지만 아닙니다. 결코 아닙니다. 육신만큼은 결코 아닙니다. 육신은 곧 제행무상 諸行無常이지요. 만일 육신이 영원히 산다면 제행무상의 원리를 어기는 것입니다.

부처님께서 제행무상을 말씀하셨지만 이 법칙은 부처님과 상관없이 자연 본연의 이치입니다. 우리 지구 대기에는 대부분이 질소窒素와 산소 酸素입니다. 78%의 질소와 21%의 산소입니다. 산소는 물질을 산화酸化 시킵니다. 다시 말해 발효시키는 성질이 들어 있다고 보면 됩니다.

청동이 산화되면 빛이 바래어 푸르스름해지고 쇠붙이도 산화되면 붉어지지요. 우리 몸속의 피도 철분을 담고 있습니다. 백혈구와 함께하는 적혈구의 피, 상처가 나서 피부를 비집고 분출할 때, 피의 빛깔이 붉은 색입니다. 피가 솟아오르면서 옥시겐oxygen, 곧 산소와 만납니다. 산소와 만난 피가 본디 적혈구가 맞기도 하지만 산소와 부딪혀 붉은 빛깔을 띠는 것입니다.

만약 지구상에 산소만 없어진다고 가정하면 제행무상의 이치를 거스를 수 있을지 모릅니다. 그렇다면 또 문제가 생기겠군요. 산소가 없으면 산화작용이 없고, 풍화작용이 없어 쇠가 녹이 슬지 않을 것이고, 청동이 푸른빛으로 변하지 않겠지만 생명은 호흡할 수 없습니다.

호흡이 안 된다면 모든 사람, 모든 생명의 장기부터 바꿔야 할 것입니다. 당장 심장도 할 일이 없어지고, 적혈구도 필요가 없겠고, 콩팥도 폐도 간도 없어져야 하지요. 하여간 모든 게 바뀌어야 됩니다. 지구상의 동식물이 사라지고, 균류菌類fungi마저 사라지겠네요.

어디 그뿐이겠습니까? 동식물이 모두 없다면 계속해서 산소는 생기지 않을 것이고 산소가 없다면 불이 없어지겠지요? 불이 없으면 난방은 둘째 치고 당장 식사를 준비할 수 없겠습니다. 지구는 지진을 일으키지 못하고, 화산이 터지지 않고, 판이 움직이지 않고, 바다가 파도를 잃어버리고, 아무려나 아무 것도 생성과 소멸을 거듭하지 못합니다. 어쩌면 산소 하나 없는 관계로 지구가 공전·자전을 멈출 것입니다. 얼마나 끔찍하겠는지요.

이처럼 내 얘기들은, 이 지구상 모든 얘기들은 모두 부처님 말씀으로 귀결시킵니다. 따라서 제행무상의 법칙을 거스르는 일은 있을 수 없거니와 결코 그래서도 안 된다는 것이지요.

아미타 부처님의 본원에게로 돌아가길 희망합니다. 마흔 여덟 가지 크신 원력이 임종에 직면한 불자들을 고르게 만져 주실 것이라 믿습니다. 대세지보살님의 세력과 위엄, 관세음보살님의 자비와 지혜가 임종하는 이들을 데리러 지금 현장으로 달려오실 것입니다.

뒤바뀐 마음이 없다면 그가 처한 자리와 그가 살아가는 시간대가 통째로 서방정토 극락세계일 것입니다. 그 세계가 곧 10만 억 불국토입니다. 이 불토를 지나지 않고 극락세계에 이를 수 있는 길은 어디에도 없을 것입니다.

염불에는 이익이 있습니다.
염불에는 도덕이 있습니다.
염불에는 기쁨이 있습니다.
염불에는 행복이 있습니다.
염불에는 임종의 두려움이 없고
전도되지 않는 마음만 있을 뿐입니다.

066

아견시리我見是利

장로비구 사리불아 염불이익 이러함을
나는분명 보는고로 이와같이 설하나니
만일어떤 중생이든 가르침을 듣는자는
저국토에 왕생하길 응당발원 할지니라

맹가孟軻의 《맹자孟子》〈양혜왕장구상梁惠王章句上〉에 맹자孟子께
서 양梁의 혜왕惠王을 알현하였다. 왕이 기뻐하면서 말했다.

"어르신叟께서 천리를 멀다 않고 이리 오셨으니 앞으로 우리나라吾國
에 어떤 이익이 있겠습니까?"

맹자께서 대답하였다.

"왕께서는 하필 이利라 하십니까? 역시 인의仁義가 있을 뿐입니다."

이 짧은 대화에 《맹자孟子》에서 설하려는 게 다 들어 있습니다. 어린
나이에 이 책을 접하며 첫머리에서 이미 감동을 받았지요. 글보다도 글
을 해설하시는 이재훈 훈장님 말씀이 더욱 일품이었는데 안경을 살짝 아
래로 내리고 "알겠지들?"이라고 하는 그 한 마디 말씀과 훈장님의 그 강

럴한 눈빛은 반백년 가까이 시간이 흘렀지만 아직도 머릿속에서 지워지지 않습니다.

지난 한가위 때였습니다. 희수喜壽의 노신사 한 분이 찾아오셨습니다. 한 손에 《맹자孟子》를 들었는데 얼핏 보아도 고본이었습니다. 난 긴장했지요. 이런 어르신들은 내 얼굴이나 한 번 보려고 오시거나 하진 않으시니까요. 게다가 고서까지 들고 오셨으니 말입니다.

차茶를 내면서 얘기가 무르익었을 때, 아니나 다를까, 맹자와 양나라의 혜왕 이야기를 끄집어내시는 거지 뭡니까? 난 그 무렵《불설아미타경》의 강설을 집필 중이었는데, 여기 '아견시리我見是利'와 정확하게 연결시키시는 거였습니다.

"보세요, 스님. 여기 좀 보세요. 여 뭐라 했습니까? 왜 하필이면 이利라하냐고요? 그런데《불설아미타경》에서는 부처님이 '아견시리'라시며 이익을 내세우지 않으십니까?"

나는 차를 권했습니다. 역시 차는 좋은 것입니다. 한문의 차다茶자를 보면 풀艹과 나무木라는 대자연과의 사이에 사람人을 연결시키는 게 차니까요. 그래서일까, 어디서 본 듯싶은데 초인목艹人木이라는 찻집도 있는 걸로 기억하고 있습니다. 차 자리에 앉자마자 바로 본론으로 들어가신 노신사께서도 다소 마음을 가라앉히셨습니다. 내가 물었습니다.

"어르신 여기가 처음이시지요?"

노신사가 답하셨습니다.

"그렇습니다, 스님. 처음입니다."

"그러시군요, 어르신. 차 좀 드시지요."

노신사께서 차를 드셨습니다. 그제야 진정이 되셨는지 계면쩍어하시며 말씀을 이으셨습니다.

"스님, 제 나이가 일흔 일곱입니다. 아마 노망인 듯싶습니다."

"아유 어르신. 무슨 그런 말씀을!"

"그렇지 않고서야 초면에~."

"절도 처음이시고요?"

"예, 스님 처음입니다. 제 이름이 송도입니다. 소나무 송松 자에 물결 도濤 자 이송도입니다. 하! 이런 실례를 이거, 이거~."

"어르신, 차 한 잔 더 드십시오. 송도라시면 그냥 송도로 읽어야 하나요? 아니면?"

"일본인이냐고요? 내가 송도라고 하면 혹 마츠나미松濤로 발음하느냐고 물어오는 이들이 더러 있어서. 맞습니다. 나는 일본인인데 오래 전에 귀화했지요."

난 요즘 깜빡깜빡합니다. 지금은 기억이 났지만 한 때 노신사와 통성명을 해 놓고도 그 분의 이름이 기억나지 않았습니다. 다만 주고받은 내용과 남자분이었음은 아주 확실합니다. 지구상에는 오직 두 종種species의 사람이 있을 뿐이지요. 남자라는 종과 여자라는 종이오. 시간이 흘렀다 하더라도 그의 이름·얼굴·목소리·나이 다 기억하지 못하지만 그가 남자였는지 여자였는지는 정확히 기억합니다. 그의 음성·지방억양까지 잊었더라도 남자인지 여자인지는 압니다.

노신사께서는 일본 하나조노花園 대학에서 잠시 동안 후학들에게 종교학을 가르치셨다 하셨습니다. 그러면서 이利에 대해 말씀하셨지요. 그때 우린 장장 3시간 반에 걸쳐 많은 이야기를 나누었습니다.

이利가 무엇입니까? 자구字句부터 볼 필요가 있습니다. 이는 경제의 논리입니다. 재화財貨 분배의 원칙입니다. 인의仁義와 재화를 높낮이로써 평가하려는 것은 그런 이들에게 그냥 맡기면 됩니다. 예나 이제나 동녘이나 서녘이나 북반구나 남반구나 또는 사람이거나 아니거나 간에 재화禾를 놓고 가름刂하는 행위는 원초적 본능에 속합니다. 맹자께서 사람의 본성은 착하다는 성선설性善說을 주장했듯이 생명의 본질은 이익을 가름에서도 성선설만큼이나 앞서지요.

다만 사람이 동물들과 다른 점이 있다면 이성일 것입니다. 여기서 이성理性은 진리의 본성이라 풀이할 수 있지만 나는 '다스리다'라는 동사로 보아 사람은 본성을 다스릴 줄 아는, 요즘 많이 쓰는 말로 마음을 컨트롤할 줄 아는 그런 기능 있는 존재로 생각합니다. 사람에게서 이성을 빼면 결국 동물들과 같은 것이지요.

이利란 재물禾에 있어서 지위와 노력 여하에 따라 알맞게 분배刂하는 법칙입니다. 사람이 사람으로서 자격을 갖는 것은 다른 게 아닙니다. 재물의 독식이 아니라 나눔이며, 물질의 나눔에 대해 무지하면 아무리 인의를 입에 올린다 해도 그것은 공염불일 따름이지요. 불교에서는 이利를 얘기합니다. 그러나 이利만이 아니라 나눔이 강조되며 대승불교의 덕목인 육바라밀 가운데 가장 먼저 거론되는 이른바 보시布施바라밀입니다.

양의 혜왕과 맹자 사이에 오간 대화에서 거론된 이利는 같은 이利지만 뉘앙스가 다르지요. 전쟁을 하기 위해서는 군량미禾와 무기刂가 필요했을 것입니다. 양혜왕이 군사를 기르고 나라를 키우기 위해 국고禾와 무기刂가 필요해 이利를 얘기하자 맹자가 한 방 날립니다. "왜 어째서 꼭 이를 말씀하십니까? 인과 의도 있지 않습니까?"라고요.

국가의 수반이 되면 무엇이 가장 먼저 거론되겠는지요? 나라와 국민들의 경제가 우선이고 국가의 안위도 더 없이 소중합니다. 지나친 비약일 수도 있지만 만일 맹자께서 국가의 최고책임자가 되었다면 그도 이利를 생각하지 않았을까요? 공자孔子라도 국가의 경제와 국민들의 안위, 백성들의 일자리와 먹고 입고 쉴 것을 생각했을 것입니다.

나는 어렸을 때 《맹자孟子》를 읽으며 생각에 생각을 거듭했습니다. 왜 첫머리부터 이利가 거론될까? 그것이 양의 혜왕이 품은 이利든 맹자가 품고 답한 이利든 이利가 가장 앞서 다루어졌다는 것은 세상은 정신세계 못 지않게 물질도 중요하다는 것 아니겠느냐며 많은 생각을 했습니다.

글쎄요. 어떤 스님, 혹 일부 불교학자들은 불교를 인식론이라고 단정 짓더군요. 불교가 소위 인식론이라는 카테고리category 속에 갇힐까요? 정토경전《불설아미타경》에서 말씀하시는 이익이 물질이던가요? 양의 혜왕과 맹자가 주고받은 그런 이利던가요? 설령 그렇다 하더라도 불교는 인식론에서 유물론까지 모두 포함하고 있는 가르침인데 물질적 이利를 얘기했다 해서 안 될 게 무엇이 있겠습니까? 부처님께서는 방편을 설하 십니다. 열 가지 바라밀 가운데 일곱 번째가 방편바라밀입니다.

염불의 이익은 큽니다. 저 드넓은 우주를 가득 채우고 있는 것은 결코 별이 아닙니다. 별과 별 사이를 채운 텅 빈 공간이며 어둠입니다. 그 어둠 이 99%라네요. 그 어둠을 암흑dark의 세계라 하는데 어두워서 암흑이기 도 하지만 표현이 불가능하므로 암흑이지요. 그들 암흑세계에서도 암흑 물질과 암흑 에너지의 비율이 역시 1% 대 99%라 합니다. 그 99%의 암 흑에너지에서도 도저히 풀리지 않는 세계가 또 99%나 된다고 하니 우주 는 정말 알 수 없는 세계입니다.

그와 마찬가지로 우리가 부처님의 세계 그 가르침을 일컬어 종교다, 밀교다, 철학이다, 과학이다, 경제론이다, 인식론이다, 유물론이다, 인과 론이다, 허무주의다, 공사상이다, 선이다, 명상이다, 중도사상이다, 유심 사상이다, 정토사상이다, 보살사상이다, 사회교육이다, 윤회사상이다, 오 직 수행사상이다, 반야지혜사상이다, 해탈사상이다 따위로 포장하지만 부처님의 가르침은 그 어떤 틀 속에도 갇히지 않습니다.

이《불설아미타경》에서 부처님께서는 오직 모든 중생들이 일심불란 으로 염불한다면 서방극락세계에 왕생할 수 있음을 설파하시며 염불의 공덕과 염불의 이익을 설하실 뿐입니다.

067

큐브가 아니라 코스모스

장로비구 사리불아 내가이제 이곳에서
서방정토 극락세계 미타여래 부처님의
부사의한 크신공덕 찬탄하는 것과같이
타방세계 부처님도 찬탄하고 계시니라

육면체六面體, 여섯 개의 면으로 이루어진 입체 도형을 육면체라
부릅니다. 육방과 육면체는 같은 것일까요? 우리가 우주를 애기하지 않
더라도 육면체 이야기는 많이 합니다.

동남서북 아래 위가 육방인데 아미타 부처님의 부사의한 공덕을 천하
모든 부처님께서 이구동성으로 찬탄하고 계심을 구체적으로 표현하신
것입니다. 불교에서는 동남서북 아래 위고, 우리나라는 동서남북상하인
데 영어에서는 북north, 동east, 서west, 남south, 사방에다가 위upperward
direction와 아래downward direction를 합하여 여섯 방위라 하는데 사방의
머리글자만 따서 소식의 뜻을 지닌 뉴스news라 하고 있습니다.

그렇습니다. 뉴스란 사방으로부터 들어오는 갖가지 소식을 뜻합니다.

소식 중에서 가장 좋은 소식은 사랑이 담긴 말씀 복음福音이고, 조화circle 의 말씀 원음圓音이며, 아름다운 말씀 묘음妙音입니다. 전하러 오심이 아니라 내 얘기에 귀를 기울이러 오시는 관세음觀世音입니다. 아미타 부처님의 좌보처左補處 관세음보살님이 하시는 일은 당신의 얘기를 전하는 게 아니라 우리들 얘기에 귀를 기울이고, 중생들 소리에 마음 기울이고자 어디든 찾아오시는 보살이십니다.

인류 역사상 가장 훌륭한 상담자 카운슬러counseler를 찾는다면 관세음보살님이실 것입니다. 카운슬러의 첫째 덕목은 자신의 얘기를 전하는 자가 아니라 상대방이 털어 놓는 얘기에 얼마나 귀를 기울이는가에 있습니다. 관세음보살님께서는 얘기를 듣는 수준이 아니라 아예 얘기를 관하는 수준이니까요.

이토록 아름답고, 이토록 멋지며, 이토록 사랑스럽고, 이토록 복되고, 이토록 조화로우신 인류 최고의 카운슬러를 놓치고, 엉뚱한 데서 상담하는 법을 찾아 헤매고 있는 것은 아닌지요?

지난 해 이맘 때였습니다. 하루는 동국대 대학원에서 상담심리를 전공한다는 후배 서너 명이 찾아왔습니다. 셋이 다는 아니고 그 가운데 가장 젊은 친구였습니다. 그는 박사과정을 끝내고 학위논문만 남겨 둔 채 훌륭한 모델을 찾고 있는 중이었지요. 그는 내게 추천할 만한 분, 또는 심리 상담을 원하는 사람, 곧 내담자來談者는 없겠느냐는 거였는데 그때 내가 추천한 분이 누구겠습니까? 바로 관세음보살님이셨습니다.

최고의 상담자는 내 얘기를 전하려는 자가 아니라 남의 얘기를 들어주는 자이니, 그가 누구이겠느냐 했더니 이 친구 당황하더군요. 관세음보살님은 만날 수가 없는데 어떻게 조언을 받겠느냐는 겁니다.

직접 대화는 어렵습니다. 관세음보살을 만난다 하더라도 그가 곧 관세음보살님이심을 알아볼 수 있는 눈을 지니지 못했다고 했을 때, 어떻게 직접적으로 조언을 받겠느냐는 걱정은 당연한 것입니다.

관세음보살님의 왕성한 상담활동이 담긴 경전으로서 《천수경》이나 《관음경》 등이 있지요. 특히 관음경에는 33응신으로 몸을 나타내시는 장면들이 하나하나 구체적으로 표현되어 있는데 우리는 주마간산走馬看山 격으로 지나치지는 않는지요?

내 얘기를 끝까지 들은 젊은 친구 후배는 매우 행복한 표정이었고, 그리고 자신감에 차서 돌아갔습니다. 그런데 그 후 아직까지 소식이 없어 학위논문을 잘 썼는지, 제출하고 심사는 통과되었는지, 학위는 잘 받았는지 모르겠습니다.

카운슬러로서의 두 번째 덕목은 칭찬입니다. 칭찬은 고래도 춤추게 만든다고 하지요. 같은 상황을 놓고도 어떻게 얘기를 이끌어 가느냐 하는 것은 말하는 자의 기술일 것입니다. 절에 들어온 지 얼마 안 될 때, 나는 흰 양말을 즐겨 신었는데 은법사恩法師이신 고암 큰스님께서 해인사 용탑선원에 오셨습니다.

나는 내 행자 도반이며 교대를 나온 내 사제師弟 정화正和 스님과 같이 인사를 드렸습니다. 그러고 나서 정화당이 먼저 나간 뒤 큰스님께서 나를 앉히신 뒤 당신 곁으로 다가오라 하셨지요. 나는 무릎을 끌며 다가갔습니다. 그때 큰스님께서는 손수 내 발을 만지시면서 작게 말씀하셨습니다.

"자네 흰 양말이 참 잘 어울리네. 그런데 만약 물든 양말이었다면 얼마나 더 잘 어울렸을까 싶구먼."

그 뒤로 지금까지 흰 양말을 신어 본 적이 없습니다. 흰 양말은 다 좋은데 때 묻은 게 바로바로 보이지요. 그때도 양말을 보자시기에 너무 죄송스러웠거든요. 양말 바닥에 때 묻은 게 보이니까요.

그리고 또 하나, 열여섯 살이었나 열일곱 살이었나 나는 일찍 담배를 배웠습니다. 절에 들어와서도 행자기간 내내 숨어서 담배를 피웠는데 입산 초기에는 죄의식 때문에 들키지 않으려 했습니다만 나중에는 그런 것도 없었습니다.

용탑에서 행자생활을 할 때인데 큰스님께서 손짓해 부르셨습니다. 큰스님께서는 칭찬할 때는 간접적이거나 큰소리로 부르셨고, 충고하실 말씀이 있을 경우에는 작은 목소리로 혹은 손짓으로 살며시 부르시곤 하셨습니다. 잔뜩 긴장하며 달려갔지요. 난 아차 싶었습니다. 그러나 큰스님의 부르심인데 지체할 수는 없었지요. 내가 송구스러워하자 큰스님께서는 내 어깨에서 벌레라며 떼어내는 시늉을 하시면서 말씀하셨습니다.

"어이쿠, 이 자벌레 좀 봐라. 크기도 크네."

나는 얼른 고개를 반대쪽으로 돌렸습니다. 그렇지만 워낙 가까이다 보니 냄새가 나지 않을 리 없었습니다. 큰스님께서는 내게 귓속말로 소곤거리셨습니다.

"자네는 혹시 냄새를 없애는 데는 버드나무 가지가 좋은 걸 아는가? 입에 넣고 몇 번 씹어 보게."

그 후 담배를 끊었습니다. 만약 큰스님께서

"하얀 양말은 때가 많이 끼니 앞으로 흰 양말은 신지 마라."

하시고 또 만의 하나, "너 이 녀석, 너 담배 피우는구나? 냄새가 너무 역하다. 앞으로는 피우지 마라"라고 하셨다면 오히려 반발심으로 바로 고치지 않았을 수도 있습니다.

부처님께서는 말씀하십니다.

"내가 지금 아미타 부처님의 불가사의한 공덕을 찬탄하듯이~."

타방의 부처님들도 각기 그분들이 머무시는 곳에서 아미타 부처님의 불가사의한 공덕을 찬탄하고 계신다는 것입니다. 그래서 나는 감히 잘

라 말합니다. 부처님께서는 당신의 마음을 깨닫고 중생들의 마음까지 깨
달으신 분, 온갖 번뇌를 다 놓아버리신 분, 윤회의 굴레에서 벗어나신 분,
연기의 도리를 깨달으신 분, 그리고 칭찬하시는 분, 연대칭찬하시는 분이
시라고요.

이 《불설아미타경》에서는 여섯 방위에서 모든 부처님들이 연대하여
칭찬하시는 것으로 표현되고 있습니다. 동남서북과 아래 위를 가리켜 큐
브cube라는 표현이 맞는 것인지는 잘 모르겠습니다. 하지만 육방이 아니
라 전방위全方位omnidirectional에서 울려 퍼지는 연대칭찬 아무리 곱씹어
생각해 보더라도 정말 멋지지 않습니까?

3만 관중, 8만 관중, 10만 관중 또는 백만 관중 더 많은 관중들이 지역
에 모여 시청 앞에 모여, 주경기장main stadium에 모여, 한꺼번에 부르짖
던 월드컵 응원 열기는 잊을 수 없습니다. 그와 같이 삼천대천세계에서
온 우주 곳곳에서 '나무아미타불'을 연대하여 구호하고, 연대하여 칭찬
한다고 한 번 가정해 보십시오. 월드컵 응원단의 숫자를 넘어 각 방위마
다 갠지스 강변 모래알보다 더 많은 사자좌의 부처님들께서 연대하여 칭
찬하는 모습들을요.

068

존재냐 환경이냐

🐰 아미타 부처님께서는 열 가지 상相을 갖추셨으며(쉬어가기-06참조), 불가사의한 공덕을 지니셨습니다. 그렇다면 불가사의한 공덕이란 얼마나 많은 것일까요? 문자 그대로 상상초월로 풀이할까요? 아니면 수의 단위로 풀까요? 어느 쪽이든 다 대단합니다. 나는 '수의 단위송'을 칠언절구로 만들어 가지고 다니며 외웁니다.

일십백천만억조 一十百千萬億兆
경해시양구간정 京垓秭穰溝澗正
재극항사아승지 載極恒沙阿僧祇
나유불가무량수 那由不可無量壽

여기서 보면 무량수 이전이 불가사의입니다. 1불가사의는 10^64승이고, 10불가사의는 10^65승이며, 100불가사의는 10^66승이고, 1,000불가사의는 10^67승입니다. 따라서 무량대수는 10^68승이지요.

불교에서 많이 쓰는 수의 단위가 무엇일까요? 항하사恒河沙, 아승지阿

僧祇, 나유타那由他, 불가사의不可思議, 무량대수無量大數입니다. 이해를 돕기 위해 그 앞에서부터 좀 보겠습니다.

1만은 10^4승이고, 1억은 10^8승입니다. 그러니까 1만은 1뒤에 0이 4개 붙고 1억은 0이 8개가 붙는 것이지요. 1조는 10^12승이고, 1경은 10^16승이며, 1재가 10^44승이고, 1극이 10^48승입니다. 따라서 1,000극(10^51승) 다음이 비로소 항하사가 되는데요. 1항하사는 10^52승이 됩니다. 10^52승은 자연수 뒤에 0이 52개가 붙는다는 것이지요.

이 정도면 얼마쯤 되는 숫자일까요? 지구를 부수어 가루를 내되 1g을 100억 조각으로 쪼갠 상태의 숫자라면 1항하사쯤 될까요? 그것 가지고는 안 됩니다. 그 먼지를 다시 100조각으로 쪼개어 계산한다 할지라도 1항하사에는 미치지 못합니다. 그런데 하물며 1항하사의 1조 배인 10^64승, 곧 '불가사의'이겠습니까. 부처님께서는 말씀하십니다.

모습으로 판단하지 말라
눈에 보이는 게 다가 아니다
소리로써 판단하지 말라
귀에 들리는 게 다가 아니다

바로 저《금강경》〈법신비상분 26〉에서 부처님이 하신 말씀이십니다. 참고로 큰 수를 더 든다면 무량대수가 얼마쯤일까요? 10^68승이지요. 구골googol이 10^100승이며, 센틸리온centillion은 10^600승. 뭐라고요? 10의^600승이라고요? 구골플렉스googol plex는 10^구골승이 됩니다. 어찌 되었거나 무량대수(10^68~10^71)도 쓸 일이 거의 없는데, 과연 구골 센틸리온이나 구골플렉스를 쓸 일이 있겠습니까?

아미타 부처님께서 지니신 공덕은 불가사의이십니다. 워낙에 큰 공덕이라 불가사의이시고 상상초월입니다만, 어떻게 보면 상상초월이라는 말보다 불가사의라는 수에 담긴 뜻이 더 크게 느껴지지 않습니까?

와우, 세상에나 항하사(10^52) 수도 너무나 엄청나서 벌어진 입이 다 물어지지 않는데 그의 1조 배나 되는 10^64승 '불가사의'라니요. 아미타 부처님께서 쌓은 공덕이 유루의 공덕이 아니라 무루의 공덕이기 때문에 더욱 가치 있고 빛나는 것이지요. 그렇다고 유루의 공덕이 전혀 가치가 없는 것은 아닙니다.

유루와 무루, 유위와 무위를 가름하는 것은 그가 어떤 위치에 있느냐에 따라 가치가 달라집니다. 범부들에게 있어서는 비록 무루와 무위의 공덕일지라도 다 유루와 유위로 떨어지지만, 아미타 부처님과 같이 무량광이며 무량수의 복덕을 갖추신 분은 유루와 유위가 모두 무루와 무위로 승화되지요. 그냥 범부들이 하는 말과 똑같은 말이라도 링컨 대통령이나 세종대왕이 하는 게 느낌이 다르지 않겠습니까?

한 젊은이가 묻더군요.

"이름 있는 서예가가 되고 싶은데 어찌하면 되겠는지요?"

내가 되물었습니다.

"젊은이, 이름 있는 서예가야? 글씨를 잘 쓰고 싶은 거야? 글씨를 잘 쓰고 싶다면 노력과 시간이 해결해 주지만 이름 있는 서예가가 되고 싶다면 우선 세상이 깜짝 놀랄 만큼 성공부터 하게."

젊은이가 실망한 듯 내게 되물었습니다.

"스님께서 성공을 애기하시니 전혀 어울리지가 않아요."

"자네는 누굴 가장 좋아하지?"

젊은이가 서슴없이 답했습니다. "호날두요. 축구선수 호날두."

"그럼 그 호날두에게서 싸인이라도 한 장 받지 그랬어."

"아이구, 그게 어떻게 가능해요?"

"그렇겠지. 그토록 유명하고 또 성공한 사람이니까 말이야. 그 사람 싸인 하나가 웬만한 보물급 골동품보다 더 가치가 있을 걸?"

"당연하지요. 스님!"

젊은이는 그제야 내 뜻을 알아차린 듯했습니다.

지난 8월 중순, 방한한 교황 프란치스코 1세가 한 말은 누구나 다 하는 얘기들입니다. 그렇지만 100만 군중이 참석한 큰 집회에서 던진 프란치스코 교황 1세의 한 마디 한 마디는 대단한 파워를 갖습니다.

그가 보여준 미소는 평범한 사람들에게서도 시골의 할아버지 할머니들에게서도 다 볼 수 있는 미소입니다. 유치원 원생들에게서도 매일 여러 차례 볼 수 있습니다. 그런데 교황이 보여준 미소가 돋보이는 것은 위치 때문입니다. 백 명도 아니고 천 명도 아닙니다. 바티칸에서도 기껏해야 몇 만 관중이 모일 뿐입니다. 그런데 백만 군중 앞에서 만약 그런 미소가 나오지 않으면 그는 정상이 아닐 것입니다.

그만큼 존재의 법칙은 처한 위치가 가치를 만든다는 것을 말하려는 것입니다. 아미타 부처님은 또 다릅니다. 아미타 부처님은 존재 자체에 가치가 있습니다. 예수님도 마찬가지로 존재 자체에 무게가 있습니다. 상황에 따라 가치가 오르내리는 게 아닙니다. 환경이 가치를 결정하는 보통 사람들과 다릅니다. 환경이 존재의 가치를 따르지요.

그래서 예수님이 가시는 길과 부처님이 가시는 길은 그분들의 움직임을 따라 시대환경이 변하고 주변 환경이 따라 변하는 것입니다. 아미타 부처님이 본디 지니신 공덕을 따라서 부처님께서 가시는 곳, 오시는 곳, 머무시는 곳이 더불어 업그레이드되는 것입니다.

시대가 혼탁하고, 견해가 혼탁하고, 번뇌가 혼탁하고, 중생이 혼탁하고, 생활이 혼탁하더라도 우리 서가모니 부처님께서 한 번 지나가시면 모두가 한꺼번에 깨끗이 정화됩니다.

069

다중우주 평행우주

동방으로 묘희세계 아촉비불 비롯하여
수미상불 대수미불 수미광불 묘음불과
그와같이 나아가서 항하사수 모래처럼
한량없고 가이없는 거룩하신 부처님이

모두각기 그분들이 머무시는 국토에서
길고넓은 혀의모습 광장설상 내미시어
삼천대천 너른세계 남김없이 덮으시곤
진실하신 말씀으로 간곡하게 설하시되

너희모든 중생들은 한마음을 다기울여
추호라도 의심없이 믿어야만 하느니라
이와같이 찬탄하는 불가사의 공덕이며
일체모든 부처님이 호념하는 이경전을

내가 서 있는 자리가 어디일까요? 동쪽인가요? 남쪽인가요? 서쪽인가요? 북쪽인가요? 아래쪽인가요? 위쪽인가요? 그냥 여기인가요? 그렇다면 여기란 또 어디인가요? 가끔이 아닙니다. 영화관에서 나오면 방향감각을 잃어버리듯 나는 자주 이런 현상에서 갈피를 잡지 못하곤 합니다. 그래서 어떤 때는 생각합니다.

'내 달팽이관에 문제가 있는 걸까?'

이는 내 몸의 문제가 아닙니다. 내 대부분의 사유가 그렇습니다. 수선납자들이 화두를 챙기듯 요즘 내 생각은 온통 많은 시간, 많은 부분이 철학으로 점철되어 갑니다. 좋은 현상일 수도 있겠지만 어떤 때는 내가 서 있는 자리를 놓고 사색하기 한두 시간씩 흐르기는 보통입니다.

나는 내 인생을 사는가? 내가 살아가고 있는 게 정말 내 인생이 맞기는 맞는 걸까? 그렇다면 나는 누구지? 승복을 걸치고 사는 나라고 느끼는 나는 과연 누구지? 나는 이 우주의 어느 지점을 유영遊泳하고 있는 거지? 지금 글을 쓰는 순간에도 온통 그 생각뿐입니다.

과학의 미래는 밝습니다. 나와 같이 이름 없는 재야학승도 미래 물리학에 관심을 갖습니다. 요즘 우리는 과학을 '최첨단과학'이라 얘기하는데 최첨단은커녕 첨단도 아닙니다. 과학은 이제부터가 시작입니다.

불교도 마찬가지입니다. 지금으로부터 2,600여 년 전, 우리 부처님께서 인류와 생명의 세계를 밝히고자 마음의 지평을 여시고, 생명 활동의 지평을 열어제치신 그 위대하신 가르침의 불교가 그동안 뿌리를 내리고 줄기를 위로 숫구치면서 가지와 잎사귀를 피워 냈습니다. 그러다가 때로는 꽃을 피우고 때로는 된서리를 맞으며 여기까지 내려 왔습니다. 그러나 불교도 이제 시작일 뿐이지요. 다시 한 번 얘기합니다. 불교는 이제 시작이며 부처님의 가르침은 순수pure 그 자체입니다.

김치는 원래 이름이 침채였는데, 중간에 딤채로 불리다가 지금은 김치라고 합니다. 그리고 그 김치가 일본으로 건너가 기무치가 되었는데 요즘 서양에서는 김치는 모르고 기무치만 알고 있다고 합니다. 경제와 문화가 지배하는 세상에서 당연한 결과라고 보아야겠지만 한편 착잡하기도 합니다.

　김치를 담그는 방법도 지역마다 사용하는 양념에 따라 만드는 방법이 조금씩 다르지요.

　첫째, 절이기입니다. 배추는 겉잎사귀들을 뗀 뒤 밑동에 칼집을 내어 반으로 쪼개지요. 그리고 소금물에 대여섯 시간 절인 다음 깨끗이 씻어 물기를 뺍니다.

　둘째, 양념 준비입니다. 마늘과 생강 등을 곱게 다지고 고춧가루를 준비합니다. 절에서는 쓰지 않지만, 일반 가정에서는 젓갈을 넣는데 국물은 짜내고 건더기만 다집니다.

　셋째, 김칫소 만들기입니다. 무를 채썰기로 가늘게 썰고 파, 미나리, 갓을 일정한 길이로 썹니다. 그런 다음 미리 준비한 양념들과 한 데 넣고 잘 버무립니다.

　넷째, 김칫소 넣기입니다. 물기를 뺀 배추의 잎사귀 사이사이에 적당량의 김칫소를 채워 넣습니다. 말처럼 생각처럼 쉽지는 않지만 음식은 정성이 주재료이지요. 따라서 정성이 깃든 음식이 소화도 잘 되고 건강에도 좋습니다.

　다섯째, 저장하기입니다. 배추의 겉잎으로 최대한 감싼 후 항아리나 김치 통 안에 차곡차곡 넣어 김치 냉장고나 또는 시원한 곳에 저장하든가 땅을 깊게 파고 항아리를 묻습니다.

　서가모니 부처님께서 마음의 세계를 설하신 것이 불교라고 한다면 이제는 그 마음의 세계를 여러 가지 재료로 김치를 담그듯 다양하게 엮어 나가야 할 것입니다. 아닙니다. 부처님께서는 이미 처음부터 완벽한 맛의 김치를 담그셨는데도 후대로 내려오면서 재료가 개별적으로 분리되면서 김치가 지닌 종합예술의 맛을 놓쳐 버린 것이라 할 수 있습니다.

소금, 파, 마늘, 생강, 미나리, 고춧가루, 무, 젓갈 등이 각기 자기 자리로 돌아간 것이지요. 소금은 소금의 자리로 가고 파와 마늘과 생강과 미나리가 자기 고유의 맛과 향기는 지니나 고춧가루·무와 어울리지 않고 젓갈과 배추와도 따로 노니 김치라는 맛이 지닌 종합의 맛을 낼 수가 없습니다.

부처님은《불설아미타경》에서 육방제불의 찬탄을 들고 나오십니다. 이들 육방의 모든 부처님께서 이구동성으로 아미타불의 공덕을 찬탄하신다시며 그 부처님들이 지닌 명호들과 머무시는 방향을 말씀하십니다. 나는《불설아미타경》을 읽을 때 이들 육방제불의 찬탄에 이르면 우리 서가모니 부처님께서 다중우주를 설하시는 것 아닌가 하는 생각을 일으키곤 합니다.

내가 머무는 이 공간·이 시간이 절대적일까요? 아닐까요? 공간과 시간이 상대적이라면 우주는, 시간과 공간이라는 것은, 한 녘에서는 계속해서 빅뱅을 일으켜 생겨나고, 한 녘에서는 팽창하고 있으며, 또 한 녘에서는 수축되고, 또 다른 녘에서는 빅크런치로 인해 특이점으로 되돌아가 완전한 빔空이 되는 것 아닐까요?

마치 지구상에 70억 가까운 많은 사람들이 살다보니 한 녘에서는 태어나는데 한 녘에서는 늙고 병들어 신음하고, 또 다른 한 녘에서는 죽고…. 그러나 이런 현상에 대해서는 특별한 관심을 갖지 않습니다. 지극히 당연한 것이니까요. 그래서 옛날 어르신들이 하신 말씀,

"사람 하나하나가 다 소우주야."

하신 말씀들이 허투가 아닌 게지요. 그런데 소우주 하나하나가 따로 제소리만 낼 게 아니라 때로는 서로 어울려서 대합창을 이루고 심포니를 이룰 때, 보다 장엄한 오케스트라가 되지 않겠는지요.

육방의 제불이 한꺼번에 내는 대합창의 찬탄을 생각해 보십시오. 불교의 꽃이 이런 것이지요. 서가모니 부처님께서는 사바에 계시면서 동시에 육방제불의 몸으로 나타내십니다.

동남서북 아래 위의 부처님들, 평행우주, 다시 말해서 페럴렐우주 parallel worlds와 다중우주 곧 멀티버스mutiverse의 그분들이 곧 서가모니 부처님의 다른 모습일 거라는 상상을 나는 한 번도 떨쳐버린 적이 없습니다. 서가모니 부처님을 천백 억의 화신이라 하지 않던가요? 그렇다면 육방제불이 다른 분이 아닌 서가모니 부처님이시고, 서가모니 부처님이 육방제불로 몸을 나타내신 것이지요.

가족 간에 쓰는 말 중에
"네가 곧 나다."
"아들딸이 누구냐? 나의 분신이다."
"나는 곧 당신이다."

등으로 많이들 쓰고 있습니다. 이 또한 허투로 하는 말이 아니지요. 아내가 아프면 남편이 아픕니다. 자녀가 힘들어 하는데 마음 편할 엄마 아빠가 어디 있겠습니까. 모두 DNA를 나눈 가족이니 당연한 거 아니겠습니까? 우리 중생들은 육신의 DNA를 나누었지만 불보살님들께서는 무엇을 나누셨을까요? 곧 불가사의 공덕의 DNA이십니다

공덕의 유전자를 나누신 육방의 제불과 서가모니 부처님은 '한 몸'이

아니라 '한몸'이십니다. 한몸—體이시기에 모든 중생들을 동질성으로 대하실同觀 수밖에 없지요. 그래서 부처님 사상은 평행사상 곧 패럴랠리즘parallelism이십니다. 중생과의 높낮이를 맞추어 같은 높이로 보시되 또한 중생들의 다양성을 그대로 인정하시는 다중세계관 곧 멀티버스multiverse 입장에서 바라보기도 하십니다.

나는 아미타 부처님이 지니신 불가사의의 크신 공덕이 불가사의의 공덕이 될 수 있음에는 서가모니 부처님의 이러한 평행우주관과 다중우주관 때문에 가능하다고 여겨집니다.

이제 우리는 따로따로 떨어진 양념이 아니라 배추와 함께 버무려져서 맛있는 김치를 만들어내듯 불교가 불교라는 배추에 과학과 경제 · 생물 · 화학 등 다양한 양념들을 버무려 아름답고 감칠맛 나는 불교의 멋진 맛을 제대로 만들어 냈으면 싶습니다.

070

너비와 같이

광장설상廣長舌相은 부처님의 서른두 가지 대인상大人相에서 부처님 혀가 일반인들의 혀보다 유달리 넓고 또 길다는 것입니다. 요즘은 말 잘하는 사람의 말을 장광설長廣舌이라 하는데 광장설의 광장을 장광으로 바꿔 놓은 것뿐입니다. 그렇다고 의미가 바뀐 것은 아니고요.

국어사전에 광장설은 나오지 않습니다. 표제어든 해설이든 장광설만 있습니다. 길고도 세차게 잘하는 말솜씨, 쓸데없이 장황하게 늘어놓는 말을 얘기한다고 합니다. 골든벨이 아니라 하더라도 많은 사람들은 '장광설' 하면 혀 설舌 자가 아닌 말씀 설說 자로 알고 있습니다. 그래서 생각지 않은 데서 오답誤答이 나오곤 합니다.

재미있지 않습니까? 부처님의 혀가 얼마나 넓고 길기에 삼천대천세계를 두루 다 덮을까요? 광장설의 광廣은 집广의 가로넓이黃에서 왔지요. 《한서漢書》에 의하면 동서왈광東西曰廣이요, 남북왈무南北曰袤라 했습니다. 동서는 가로가늠緯度이고 남북은 세로가늠經度입니다. 혀의 너비와 길이가 삼천대천세계를 두루 덮는다면 한 은하계를 덮는 것입니다.

우리 태양계가 속해 있는 은하는 그리 큰 은하도 아닙니다. 은하계 너비와 길이가 각기 10만 광년쯤이라니까요. 10만 광년이 작다고요? 그렇습니다. 작은 편에 속한다 할 것입니다. 현재까지 밝혀진 바에 따르면, 우리 지구에서 10억 7천만 광년이나 떨어진 IC-1101은하는 아벨 2029 갤럭시 클루스타Abell 2029 Galaxy Clustar 중심에 있는데 은하계 지름이 우리 은하의 55배로 자그마치 550만 광년입니다. 그렇다면 질량이 어느 정도일까요? 우리 태양계의 100조 배입니다. 놀라지 마십시오. 우리 은하의 100조 배가 아니라 태양계 크기의 100조 배니까요.

지구에서 가장 가까운 별이 프록시마 센타우리라는 적색왜성인데 태양계 바깥에서는 가장 가깝지요. 그럼, 얼마나 가까울까요? 네, 4.2광년이 걸린다고 합니다. 빛으로 4.2년 가는 거리니까요. 만약 시속 4만km(지구 한 바퀴)의 비행기를 타고 화성까지 간다면 1년이면 충분합니다. 음속의 33배 빠르기의 비행기니까요. 그런데 그렇게 빠른 비행기도 4.2광년(빛의 속도로 50개월) 거리를 가려면 7만 5천년이 걸립니다.

그런데 우리 은하계 지름이 10만 광년이라면 그 빠른 비행기로도 얼마 동안이나 달려야 하겠는지요? 그다지 큰 은하계도 아닌데 말입니다. 어찌 되었거나 삼천대천세계는 우리 은하계 크기입니다.

한 은하계를 두루 덮는 혀의 소유자, 부처님은 또 어떤 능력이 있으실까요? 왜냐하면 광장설상은 모든 부처님이 갖추고 계신 32대인상에 반드시 들어가니까요. 모든 부처님들은 광장설상을 갖고 계십니다. 이 말이 무엇을 의미할까요? 상상초월의 부처님 능력입니다. 혀 하나만 해도 그 능력이 이토록 엄청나다면 구태여 나머지 다른 상相이겠습니까?

절에 들어온 이래 삼천대천세계에 대한 말씀들은 참으로 많이 접했지만 무심코 지나친 게 사실입니다. 깊이 좀 생각한다 하더라도 "아, 그냥 꽤 큰 세계인가 보다" 그냥 그 정도였습니다. 우리가 살아가는 바로 이 세상인 지구세상 1,000개가 소천세계, 소천세계 1,000개가 중천세계, 중천세계 1,000개가 대천세계이니 대천세계는 지구 10억 개 크기가 되겠습니다. 그래도 그렇게 느낌이 잘 와 닿지 않았습니다. 나만 그러한가 하고 옆 스님들에게 물어보았지만 어느 누구도 반응은 별로였습니다.

"뭐, 경전에 나온 것이니까." "삼천대천세계라." "뭐, 좀 크다는 뜻이겠지." "그걸 알아서 뭐하게."

학인은 '왜?'라는 물음이 '예!'라는 긍정적 답변보다 우선합니다. 대관절 왜 그럴까? 어째서 그렇게 말씀하셨을까? 어떤 스님이 말했습니다.

"스님, 육방제불에 대해 범위를 너무 크게 잡으셨어요."

내가 물었습니다. "크다니? 한 은하계 정도는 되어야 얘기가 될 듯싶어서였는데. 그러면 육방제불을 모두 지구촌에 계시는 분들로 얘기를 풀어 가면 좋겠다는 뜻?"

"네, 그럼요 스님. 제 생각은 그래요. 은하계까지 범위를 넓히면 누가 이 말을 믿겠습니까?"

"믿지 않는다면?" "뻥이라고 하지요. 아이고, 스님!"

내가 정색을 하고 되물었습니다.

"수좌 생각에는 내가 뻥 같아? 아님 부처님이 뻥 치신 것 같아?"

그가 '아차' 하는 생각이 들었던 듯 내게 정중히 사과했습니다. 부처님 말씀은 허언이 아닙니다. 아니, 말씀에 허언은 없습니다. 부처님 말씀 어디에서도 허언을 발견한 기록이 없습니다. 그렇다고 축소하거나 늘려서 말씀하시지도 않습니다. 따라서 나는 부처님 말씀을 단 한 번도 의심하지 않습니다만, 왜 그런 말씀이 나왔을까 그 말씀이 나오게 된 데에는 어떤 배경과 동기가 있지 않았을까 깊이 사색하고 또 사색합니다.

사람 몸에서 혀가 차지하는 크기는 참 작지요. 오죽하면 세 치 혀라 했겠습니까? 혀는 평소 입 속에 들어 있어서 잘 보이지도 않습니다. 크기에 비해 혀의 기능은 생각보다 대단하지요. 음식의 맛을 보고 언어를 구사驅使하게 합니다.

세 치 혀로 인해 사람을 살리기도 하고 죽이기도 합니다. 중생이 짓는 업 가운데 몸으로 짓는 업, 말로 짓는 업, 생각으로 짓는 업이 있습니다. 몸과 말과 마음 중에 몸으로 짓는 업의 많은 부분이 동기는 말로 짓는 업에서 기인합니다. 마음으로 짓는 업도 많게는 말이 원인이 되지요. 그래서 입은 재앙의 문이랍니다.

육방제불이 찬탄하실 때 몸과 말과 마음 중에서 어떤 업을 가장 많이 사용하시겠는지요? 바로 말입니다. 말은 입에서 나오며 입술을 움직이기도 하겠지만 혀를 가장 많이 움직이곤 합니다. 그 혀를 길게 밖으로 빼시면 부처님의 혀는 특수합니다. 스페셜 스킬special skill입니다. 몸의 비율을 따르지 않고 쭉 뽑으면 삼천대천세계를 한 쾌에 두루 덮어버립니다.

내 혀의 너비와 길이는 그야말로 세 치 쯤이나 될까요? 육방제불이 각자 모두 그분들이 머무시는 세계에서 광장설로써 아미타 부처님의 불가사의 공덕을 찬탄하신다고 한다면 일단은 어느 부처님이 계시든 거기에는 공기에 매질이 있습니다. 그래서 언어가 전달됩니다.

매질이 있다면 진공은 아닙니다. 만의 하나 매질이 있다면 공기는 78%의 질소와 21%의 산소가 주를 이룬다고 보시면 됩니다. 질소와 산소가 있다면 분명히 부처님과 여타 중생들은 세포로 구성된 생명체입니다. 단백질과 탄수화물과 지방과 칼슘과 필수아미노산과 각종 비타민 따위가 꼭 필요합니다.

육방세계 부처님과 거기에 함께 하는 숱한 권속들은 식사가 끝나면 화장실도 다녀와야 합니다. 차를 많이 마시면 내놓아야 합니다. 섭취하고 배설하지 않으면 그가 기다리는 것은 화장실이 아니라 화장장입니다.

071

아미타 부처님, 당신이 부럽습니다

동녘은 묘희妙喜세계입니다.
아름다움과 기쁨으로 가득한 세계지요.
묘妙는 순수입니다.
청순함입니다.
깨끗함입니다.
묘는 길吉함입니다.
묘는 상서로움입니다.
묘妙를 파자하면
소녀少女인 까닭에 순수입니다.

수미상불, 수미광불, 대수미불, 묘음불, 묘희세계, 동방은 온통 아름다운 부처님뿐이십니다. 수미산의 수미에 담긴 뜻은 아름다움이며, 착한 조짐이며, 아름답고 높음이며, 아름답고 길함입니다. 아름답고 향기로움입니다. 그래서 번역도 길상이고, 묘길상이고, 묘고며, 묘향입니다. 수미산을 묘고산·묘향산이라 합니다.

묘희세계의 아촉비불이 누구십니까? 움직이지 않는 부처님, 움직임이 없는 부처님, 움직일 수 없는 부처님, 노여움을 모르는 부처님, 화를 내시지 않는 부처님이시지요. 어떤 것에도 어떤 상황에서도 마음에 동요가 일어나지 않기에 재물에 대해 마음이 움직이지 않고, 이성의 아름다움에 끌리지 않고, 먹을거리에 유혹되지 않고, 명예에 이끌리지 않고, 수면에 이르기까지 다 조절할 수 있는 부처님이십니다.

아촉비불을 부동여래不動如來 · 무동無動여래로 의역하니까 어떤 학자가 풀이하기를 공간적으로 자신의 위치에서 움직이지 않은 부처님이라 했는데 내용이 잘못되었다기보다 나는 마음의 동요가 일지 않는 그런 부처님으로 풀이하고 싶습니다. 만약 공간적 부동을 얘기한다면, 여기《불설아미타경》의 육방제불이 모두 당신들이 머무는 그 자리에서 한 발자국도 옮기지 않고 광장설상을 내어 삼천대천세계가 들썩들썩하도록 갈채를 보내고 공덕을 찬탄하십니다.

마치 방송실에서 한 발자국도 움직이지 않은 채 전국으로 내보내는 방송을 하듯이 그렇게 육방제불께서는 아미타 부처님의 공덕을 찬탄하십니다. 그렇다면 이미 부처님 당시에 매스미디어massmedia를 활용하셨을까요? 그래서 일중다一中多의 기능을《불설아미타경》에서 유감없이 설명하고 계시는지도 모릅니다. 또 아미타 부처님께서도 다중일多中一의 매스컴masscom을 제대로 맛보고 계실 것이고요.

그런 의미에서 그 학자의 풀이가 아촉비불에게만 국한된 게 아쉽기는 하지만 모든 부처님에게 적용된 풀이였다면 더 없이 좋지 않았을까 생각합니다. 커뮤니케이션스communications 누구나 원하는 삶이지요. 대화가 없는 삶은 죽은 삶입니다. 그래서 묵언수행黙言修行하는 이들은 정말 대단하다고밖에는 다른 할 말이 없습니다. 내 이 표현은 한 쪽에 치우쳐서 하는 게 아닙니다. 묵언이 참 좋다는 쪽도 아니고 잘못 되었다는 쪽도 아닙니다. 그냥 대단하다는 것이지요.

　매스 커뮤니케이션스에 있어서 앞서 달리는 이가 어쩌면 육방제불이 아니실까요? 그 육방제불 중에서도 부동不動·무동無動·무노無怒라 번역되는 아촉비 부처님이십니다.

　동방은
　하루에 있어서는 새벽이고
　오행에 있어서는 목木이고
　사계절에 있어서는 봄이고
　오음에 있어서는 각角이고
　오미에 있어서는 신맛이고
　오장에 있어서는 간肝이고
　인생에 있어서는 젊음이고
　오색에 있어서는 파랑입니다

《불설아미타경》에서 동쪽은 소녀처럼 순수함이고, 티 없이 맑음이며, 아름다움이고 기쁨입니다. 길하고 상서로움吉祥이고, 아름다운 길상妙吉祥이며, 아득히 높아 묘고妙高요, 표현할 수 없는 향, 묘향妙香입니다. 아름다운 음성을 지니셨기에 묘음불이라 하십니다.

　저 유명한《묘법연화경》〈관세음보살보문품 25〉 앞품이 〈묘음보살품 24〉이던가요. 묘법연화경의 묘음보살과 불설아미타경의 육방제불 가운데 동방의 묘음불은 같은 분이냐고요? 같은 공덕을 심으신 다른 분으로 보는 게 좋겠습니다. 한 분은 보살님이시고 한 분은 부처님이시니까요.

　미륵보살님과 미륵부처님, 보살님이 현재의 모습이라면 부처님은 미래의 모습이지요. 마찬가지로 법화경의 묘음보살은 현재의 모습이시고,

여기《불설아미타경》의 묘음불은 미래의 모습이십니다.

그래서 나는 영화〈터미네이터Terminator〉에서 미래의 종결자 터미네이터가 미래에서 떠나 현재에 와서 현재에서 미래결과의 원인이 되는 사건들을 하나하나 바꾸는 것처럼 나는《묘법연화경》의 묘음보살과 이《아미타경》의 묘음불을 몇 번이고 비교해 보곤 하였습니다.

동방은 이처럼 아름답고 매우 순수하며 깨끗한 세계입니다. 나는 지난 2014년 3월 15일 오전, 90분간에 걸쳐 방영된 '세계 최초의 우주생방송'을 생생히 기억합니다. 물론 본방은 못 보고 다운로드로 내려 받았다가 나중에 보기는 했습니다.

지표면으로부터 400km 높이에서 초속 7.9km의 속도로 이동하는 천억 달러 규모의 스튜디오 라이브 프롬 스페이스LIVE From Space 전 세계 170개국에 NGC를 통해 생방송된 프로그램을 보면서 난 잠깐이지만 아미타경에서 육방제불이 동시에 방송하시는 찬탄미타의 현장을 떠올렸습니다.

그렇게 시작된 나의 코스모스 사랑은 석 달간이나 쭉 이어졌습니다. 병원에서 넉 달 동안 투병하느라 보지 못했던 우주 다큐 프로그램을 한꺼번에 보려는 듯 내셔널 지오그래픽 채널 속으로 무한정 빨려 들어갔지요.

1980년대 칼 세이건의 전설적인 과학 다큐멘터리 코스모스Cosmos는 전 세계 7억 5천만 명이 시청했지요. 우주 다큐 코스모스에 450억 원을 다시 투자해 만든 리메이크 코스모스는 학문 앞에서 한없이 순수한 내 혼을 통째로 앗아가 버렸습니다.

특히 칼 세이건으로 인해 천체물리학의 길을 택한 닐 타이슨, 내가 동아프리카 탄자니아 킬리만자로에 머물 때 내 일을 도와준 현지인 친구

모데스트Modest와 정말 닮았습니다. 걸음걸이에서 손동작까지요. 그리고 닐 타이슨을 좋아하게 된 또 하나의 매력은 어려운 내용도 그에게서는 너무나 쉽게 전달된다는 것입니다.

경전을 읽을 때면 당연히 글을 통해서입니다. 문자반야는 관조반야나 실상반야보다도 우선합니다. 그러기에 정보전달의 기호인 문자와 언어가 정보에 우선한다는 것입니다. 나는 이 시간 서방정토 극락세계에 계시는 아미타 부처님이 매우 부럽습니다.

계시는 곳이 극락세계이시기 때문일까요? 쌓으신 공덕이 불가사의이시기 때문일까요? 아니면 함께하는 대중들이 일생보처고 아비발치인 까닭일까요? 황금으로 땅이 되고 온갖 게 칠보로 장엄된 까닭일까요? 그 몸이 화려하기 때문일까요? 무한한 빛의 부처님이시고 영원한 생명을 지니셨으며, 관세음과 대세지 같은 거룩하고도 위대한 보살들을 제자로 두신 까닭인가요?

아닙니다. 내가 지금 아미타 부처님이 한없이 멋지고 부럽게 느껴짐은 육방의 부처님들로부터 한꺼번에 엄청난 박수갈채를 받고 엄청난 찬탄을 받되 그 갈채와 그 환호가 끝없이 끝없이 이어지고, 그리하여 시간적으로 영원히 갈수록 더욱 커진다는 데 있습니다.

아으, 부럽습니다. 여섯 방위 우주 전체에서 항하사(10^52)보다도 더 많은 부처님들의 찬송을 듣는 아미타 부처님, 당신이 부럽습니다. 나도 오늘은 당신의 찬송에 한 옥타브를 더 높이도록 하겠습니다.

072

남방이여, 빛과 에너지여!

사리불아 남방에도 일월등불 명문광불
대염견불 수미등불 무량정진 부처님과
그와같이 나아가서 항하사수 모래처럼
한량없고 가이없는 거룩하신 부처님이

모두각기 그분들이 머무시는 국토에서
길고넓은 혀의모습 광장설상 내미시어
삼천대천 너른세계 남김없이 덮으시곤
진실하신 말씀으로 간곡하게 설하시되

너희모든 중생들은 한마음을 다기울여
추호라도 의심없이 믿어야만 하느니라
이와같이 찬탄하는 불가사의 공덕이며
일체모든 부처님이 호념하는 이경전을

남방은 하루에 있어서는 한낮이고, 오색에 있어서는 홍색이고, 오행에 있어서는 화火고, 사계에 있어서는 여름이고, 오덕에 있어서는 예禮고, 오음에 있어서는 치徵고, 오미에 있어서는 쓴맛이고, 인생에 있어서는 장년이고, 오장에 있어서는 심장입니다. 해와 달과 등불의 세계입니다. 휘황찬란하게 밝은 빛이며 뜨겁게 타오르는 불꽃의 세계입니다. 뜨거운 열정으로 끊임없이 닦는 무량정진 부처님이 머무시는 곳, 남방입니다.

여기서 든 다섯 부처님이 남방 부처님의 전부가 아닙니다. 몇 분을 거명했지만 도저히 다 들 수가 없습니다. 부처님의 수가 자그마치 항하사(10^52)나 되니까요. 그러나 부처님 명호 속에 부처님들의 화구化具가 나타납니다. 일월등불은 태양처럼 뜨거우신 정열과 달처럼 차고 분명하심과 어둠을 태우는 등불로 다가오십니다. 동방의 부처님이 수미산처럼 우뚝하여 움직이지 않는 성정이시라면 여기 남방의 부처님들은 태양처럼 달처럼 등불처럼 불꽃처럼 그렇게 다가오십니다. 무명無明의 어둠을 태우십니다. 무명이 무엇입니까? 밝음이 없는 것입니다. 연기연멸緣起緣滅에 대해 어두워 알지 못하고 인간의 실질적 모습인 사제에 대해 밝지 못함입니다. 가능하다면 교리에 대해서는 언급하지 않으려 했는데 연기연멸이 나오고 네 가지 진리四諦가 나오는군요.

어둠이란 밝음이 없는 것입니다. 그렇다면 밝음은 무엇일까요? 어둠이 없는 게 밝음이지요. 생명이 살아가는 데는 밝음만 있으면 다 될 것 같지만 실은 어둠도 있어야 합니다. 부처님께서 말씀하시는 어둠은 지혜에 대한 어둠입니다. 별빛이 총총한 밤이 아니고, 반딧불이 하나 없는 어둠이 아니고, 진리에 대한 어둠이고, 인간 실상에 대한 무지입니다.

무명은 밝지 못함이지요? 열두 가지 연기 가운데 첫째에 해당합니다. 진리에 대해 밝지 못함에서 중생의 삶이 시작되었다면 중생이 중생된 까닭을 밝힐 때, 비로소 중생의 각질인 무명으로부터 벗어날 것입니다.

태양계에서는 태양이 중심이지요. 태양으로부터 나오는 빛과 별 전문 용어로 풀면 전자기파와 복사열입니다. 우선 수소와 헬륨이 부딪히면서 일으키는 전자의 불꽃電光과 옛날 부싯돌에서 반짝하고 빛 발하는 불꽃石火처럼 서로 끌어당기는 힘重力 그 파란 전자기파가 없다면 사랑하는 사람의 얼굴도 가족들의 모습도 보지 못할 것입니다. 태양에서 오는 복사열이 없다면 추위를 많이 타는 사람은 어떻게 살까 하고 걱정하지만 추위에 잘 견디는 사람이라도 태양이 없다면 어떨 것 같은가요?

다른 행성들이야 생명이 없으니까 일단 접어두기로 하고 생명을 살리는 우리 별 지구 자체가 햇빛을 받고 햇볕을 먹으며 삽니다. 다른 행성에 비해 지구는 가임행성可姙行星이지요. 생명을 잉태할 뿐만 아니라 잘 낳아서 기르고 가르치고 취직시키고 결혼해서 다음 세대를 이어가도록 도와주는 행성이 지구입니다.

세상에나! 수천만에서 수억 킬로미터, 심지어 수십억 킬로미터를 단숨에 날아가 밝은 빛을 주고 따스한 볕을 주었는데 오직 지구만이 태양의 힘을 받아 생명을 배다니, 지구는 참으로 놀라운 행성입니다. 가임행성이기 때문에 더 그렇습니다. 모든 도로가 중앙선에서부터 1차로가 시작되듯이 태양계도 태양이 중심이니까 거기에서부터 살펴나가야 하겠지요.

(00) 태양太陽 선Sun

(01) 수성水星 머큐리Mercury

(02) 금성金星 비너스Venus

(03) 지구地球 어쓰Earth

(04) 화성火星 마르스Mars

(05) 목성木星 쥬피터Jupiter

(06) 토성土星 새턴Saturn

(07) 천왕성天王星 우라너스Uranus

(08) 해왕성海王星 넵튠Neptune

전에는 명왕성冥王星이 9번째 행성으로 당당하게 이름을 올렸는데 이유는 여러 가지가 있었겠지요. 어쩌다 행성의 지위마저 잃었는지 명왕冥王이 누구인가요? 저승의 염라대왕이지요. 이 명왕성이 플루토Pluto입니다. 핵무기를 만드는 데 주원료가 플루토늄이고요. 우라늄이 핵변환을 해서 만들어지는 초우라늄 원소입니다.

우라늄과 플루토늄은 모두 원소주기율표 가운데 악티늄 족의 원소들로서 우라늄은 원자번호가 92번이고, 플루토늄은 94번입니다. 다시 말해서 우라늄은 원자에 들어 있는 양성자 개수와 전자 껍데기가 각기 92개씩 들어 있고 플루토늄은 94씩 들어 있는 꽤나 무거운 원소들입니다.

다시 말해서 원자로 안에서 알파선을 방사하면 우라늄 238이 중성자를 흡수하고 베타가 붕괴하지요. 반감기가 24,360년이라니 플루토늄 방사능 위력이 얼마나 엄청난지 대충은 알겠습니다. 우라늄이 천연원소인데 비해 플루토늄은 화학원소지요.

머리가 지끈거리지 않습니까? 물리학 얘기라면 복잡하니까요. 게다가 원자물리학까지요. 그 명왕성이 지금은 134340 플루토로 바뀌었지요. 우리말로는 소행성 134340입니다. 명왕성을 처음 발견한 사람이 별이 작아 눈에 잘 띄지 않는다 하여 '플루토!'라고 외쳤다 하는데 플루토늄을 잘못 쓰면 지구상의 모든 인류가 파멸하여 눈에 보이지 않을 거라는 뜻일까요?

아마 그럴 것입니다. 아니면 죽은 자들을 심판하는 염라대왕이 무서워서 눈이 멀어지기라도 한다는 뜻일 지도 몰라요. 그도 아니면 저승세계가 우리 현실에서는 보이지 않기에 명부전의 대왕별 명왕성이라 했을까요? 누가 그러더군요.

"명왕성이 저승세계 명부전의 대왕인 염라대왕을 일컫잖아요. 아마 불교 냄새가 난다고 해서 탈락시켰을 겁니다."

하지만 나는 그 말을 믿지 않습니다. 꼭 그렇다면 천왕성天王星도 불교의 사천왕에서 따온 이름이라고 할 수 있는데도 불구하고 천왕성은 그대로 행성으로서의 지위를 지키고 있으니까요. 지구는 태양계 중에서도 제역할을 가장 잘하고 있습니다.

식물이 광합성작용을 통해 끊임없이 산소를 만들어내지 않으면 지구생명이 살 수 있을까요? 광합성은 말 그대로 햇볕의 화학적 합성작용이지요. 우리가 졸려서 낮잠을 자는 동안에도 초록의 식물은 끊임없이 화학활동을 계속하고 있으니까요.

1억 5천만km를 8분 동안 달려 온 빛의 알갱이를 붙잡아 이산화탄소와 물을 산소와 다당류로 바꿉니다. 그렇다면 다당류가 무엇인가요. 카보하이드레이트carbohydrate, 곧 탄수화물입니다. 우리가 섭취하는 삼대영양소 중 단백질protein, 지방fat과 더불어 영양의 기반이 됩니다. 포도당grape sugar이기도 하고요.

매일 광합성작용에서 활용되는 에너지 양이 얼마쯤이나 될 것 같은가요? 놀라지 마십시오. 자그마치 100테라와트가 넘습니다. 1테라와트가 1조 와트이니 100테라와트라면 100조 와트지요. 이를 킬로와트로 환산하면 1,000억 킬로와트니까 전 세계 인구가 쓰는 에너지의 6배가 넘는양입니다. 세계시민 1인당 하루 에너지 소비량을 2.5kw로 계산했을 때의 수치입니다.

그러니 인간에게 있어서 열량을 제공하는 게 태양과 식물 외에 또 있을까요? 하긴 식물들도 먹고 살아야지요. 식물의 광합성작용이 오로지

인간을 위해서만은 아니니까요. 그렇다 하더라도 우리는 태양과 식물과의 아름다운 조화의 메카니즘을 경이롭게, 사랑스럽게, 고맙게 받아들여야 할 것입니다.

보십시오. 지구를 제외한 다른 행성에서 햇살과 햇볕을 받아 제대로 활용하는 행성이 있는지를. 수성, 금성, 화성, 목성, 토성 이름들이 얼마나 근사한가요. 머큐리, 비너스, 마르스, 쥬피터, 새턴, 그리고 천왕성과 해왕성 다들 이름이 멋지지 않습니까?

그렇다고 너무 뻐길 것까지는 없습니다. 예를 들어 태양계에서 우리와 멀리 떨어져 있는 목성 하나쯤 없으면 안 될까요? 지구에서 목성까지 거리가 얼마나 되느냐고요? 평균거리가 6억 2,873만km입니다. 행성들이 공전하는 데는 타원형을 그리며 돌기 때문에 평균을 잡아야 합니다. 지구와 태양의 거리도 언제나 1억 5천만km는 아니듯이 말입니다.

내 대답은 "안 됩니다." 순망치한脣亡齒寒이거든요. 입술이 없으면 으레 이가 시리지요. 목성의 중력이 붙잡아 주니까 헤아릴 수 없이 많은 운석들의 피해를 입지 않습니다. 난 가을이 되면 동녘 하늘에 반짝이는 밝은 별 목성을 바라보며 "목성이여 고맙다!"를 연발합니다.

토성은 아름다운 고리가 있으니 없어지면 안 되겠지요. 그럼 멀리 있는 천왕성이나 해왕성 하나쯤 없으면 안 될까요. 결론부터 말하면 역시 "다 안 됩니다." 그들 행성 밖으로부터 밀려올 수많은 위험 요소들도 이들이 하나하나 다 막아주니까요. 그래도 그 중에서 가장 고마운 것은 해와 달입니다.

073

새로운 삼보, 해 · 달 · 지구

초기경전에 《선생경》이 있습니다. 달리 《시가라월육방예경》이라 하기도 하고, 줄여서 《육방예경》이라고도 하지요. 동방은 부모와 자녀, 남방은 스승과 제자, 서방은 남편과 아내, 북방은 친구와 친구, 하방은 주인과 하인, 상방은 출가와 재가이던가요. 워낙에 유명한 경전이라. 동부남제東父南弟, 서남북우西男北友, 하하상출下下上出이라고 한 동안 외고 다녔습니다.

동쪽이 부모와 자식의 관계라면 남방은 스승과 제자의 관계입니다. 스승과 제자의 관계, 이는 《육방예경》의 말씀이실 뿐 여기 《불설아미타경》과는 아무런 상관이 없습니다. 왜 이런 얘기를 하느냐 하면, 이 육방제불을 강설하는 중에 어느 젊은 스님이 "오행·오음 등과 관련이 없는데 어찌하여 연결하십니까? 차라리 육방이니 《육방예경》이 맞지 않을까요?"라고 하기에 붙입니다.

다시 얘기하지만, 육방예경 말씀과는 전혀 맞지 않지요. 오행·오음 등 설이 그나마 낫겠지만 엄격히 따지면 이 설도 딱 들어맞는 것은 분명 아닙니다. 그러나 나는 《불설아미타경》을 세간의 언어로 설명하고 싶습니다.

예로부터 내려오는 중국 고전을 현대 중국어 백화체로 해설하는 것, 일본 고전을 일본어로 해설하는 것, 모두 다 바람직합니다. 그렇다고 우리나라 고문헌이 대개 한문으로 되어 있다 해서 한학에 능통한 학자들이 한문으로만 해설한다면 한문을 모르는 오늘의 세대들은 어떻게 이해해야 할는지요.

마찬가지로 나는 부처님의 가르침을 불교만이 지닌 독특한 언어로써 해설하는 것을 나무라지 않습니다. 우리나라 고전이야 대부분 한문으로 되어 있으니까 한글로 강설하는 게 맞겠지요. 하지만 이를 다시 우리말을 버려두고 한문으로 강설한다면 좀 그렇지 않겠는지요.

그런 까닭에 불교 경전을 재가자의 입장에서, 과학자 · 생물학자 입장에서 이들의 언어로 푸는 것도 나는 나름대로 가치가 있다고 봅니다. 왜냐하면 과학이나 생물은 기본적으로 초등학교에서부터 배우니까 익숙한 언어들이잖습니까? 게다가 오행 · 오음 · 오미 · 사계절 따위를 양념으로 넣는다면 불교라는 주재료에 불교를 소재로 한 양념들로만 버무려 만든 음식보다 좀 더 맛이 다양하지 않겠는지요?

달은 태양 못지않게 중요합니다. 달에는 생명이 살지 못합니다. 왜냐하면 달에는 산소가 없습니다. 그러면서 기압이 지구에 비해 겨우 6분의 1밖에 안 됩니다. 지구에서 몸무게가 90kg이었다면 달에서는 고작 15kg입니다. 기압의 문제만 아닙니다. 기압과 중력을 한 데 섞어 계산한 게 지구의 6분의 1이니 중력과 기압 어느 쪽이 더 영향을 미치는지는 봐야 하겠지요.

달에 사람이 살 수 없는 것은 산소가 없기도 하지만 표면온도가 낮이면 100C°가 되고 밤이면 영하 153C°까지 내려갑니다. 대기층이 있어야 열을 가두는데 달에는 열을 가두어 둘 그 어떤 것도 없는 까닭입니다. 따라서 찌는 더위가 없고 살을 에는 추위가 없습니다. 대기층이 없기 때문에 습도가 없고 공기가 없어 기온이 없고 어떤 바람도 없기 때문이지요.

우리 생각에 산소가 없다면 풍화작용이 없을 터, 제행무상이 통하지 않겠구나 하겠지요. 하지만 그 대신 낮과 밤의 온도 차가 253℃나 되니까 달의 암석들이 뜨거워졌다 식기를 반복하면서 바위에 틈이 생겨 쉽게 부수어집니다. 이것이 달의 풍화작용입니다.

달과 사람, 사람과 달은 멀어지려야 멀어질 수 없는 매우 가까운 관계에 있습니다. 중국 사람들은 이미 수천 년 전부터 달과 사람의 관계를 생각했습니다. 그게 바로 그들의 정보기호인 문자에 담겨 있습니다.

몸의 언어를 보십시오. 피부·뼈·근육·지방조직·입술, 여러 가지 내장, 호흡 기관(코·기관·폐), 소화기관(소화·입·식도·위·십이지장·작은창자·큰창자·간·이자), 배설기관(신장·땀샘·혈액·눈·귀·코·혀·뇌·림프 호르몬), 생식기관 등 사람의 몸 어떤 부위도 한자의 육달월月이 들어갑니다. 달월 자든 육달월 자든 일단 '月'자가 들어간 한문 글자는 달 아니면 거의가 사람의 몸입니다.

왜일까요? 인간을 비롯한 모든 생명은 모두 달로 인해 태어났고 늘 달로 인해서 살아가고 있습니다. 앞서도 말씀드렸듯이 달에는 대기가 없습니다. 이 말은 무슨 말일까요? 대기가 없다는 것은 공기가 없고, 습기가 없고, 기온이 없고, 산소가 없고, 이산화탄소가 없고, 바람이 없고, 비가 내리지 않고, 물이 없고, 자기장도 없지요.

생명의 생명활동과 관련해서 어느 하나도 건질 게 없습니다. 그런데도 중력이 있습니다. 그렇지만 지구의 6분의 1입니다. 중력이 약하기 때문에 대기를 붙들어 두지 못합니다. 영어로는 그래비티gravity인데 지구 위의 물체가 지구로부터 받는 힘이라 정의합니다.

그런데 달에 중력이 있습니다. 약하지만 바로 이 달의 중력 때문에 지구 위 바다가 조수로 밀려가고 밀려오며 바다가 움직이면서 산소가 공급되고 그렇게 해서 때로는 지구 생명 전체에 영향을 미칩니다. 바로 생식의 문제입니다. 달의 힘 때문에 가임여성이 생리를 하고 아기를 갖습니다. 아이를 갖고 낳는 데서 그치지 않고 산모가 모유를 내는 데에도 달의 힘이 작용합니다.

사람뿐만 아닙니다. 지구의 생명체는 달과 밀접합니다. 포유류, 파충류, 어류, 갑각류, 양서류, 조류, 곤충, 심지어는 미생물에 이르기까지 다 그렇습니다. 만약에 달이 없으면 개 한 마리, 물방개 한 마리도 지구상에 태어날 수가 없습니다. 그만큼 달은 태양과 함께 우리 지구 생명에 없어서는 안 되는 매우 소중한 보물입니다. 정말 소중한 삼보는 불법승佛法僧이기도 하지만 나는 앞서 얘기한 것처럼 너·나·우리와 함께 지구와 태양과 달이라고 봅니다. 이들 세 가지가 없다면 우리가 아무리 부처님을 찾고, 부처님의 가르침을 찾고, 스님네를 찾아 법을 구하려 해도 있을 수 없는 일입니다. 하나님도 예수님도 알라도 모하메드도 이들 세 가지 소중한 보석을 뒷전으로 하고는 있을 수 없습니다.

해와 달과 지구
이들 세 가지 보석이야말로
영원한 빛이요, 에너지요, 생명입니다.

이십사락정토장엄 二十四樂淨土莊嚴

서방정토 극락세계 아미타불 계시는곳
누구든지 마음닦아 그나라에 태어나면
스물하고 네가지의 즐거움이 충만하니
이를일러 이십사락 정토장엄 이라하네

일곱겹의 난간이며 일곱겹의 가로수가
방해물을 차단하니 첫째가는 낙이고요
일곱겹의 보배그물 허공중에 드리워져
차양막이 되어주니 둘째가는 낙이로다

나무그늘 사이사이 곧은길과 오솔길이
자연스레 나있으니 셋째가는 낙이고요
일곱가지 보배로된 아름다운 연못에서
몸담그고 목욕하니 넷째가는 낙이로다

여덟가지 공덕수가 아름다운 연못안에
언제든지 찰랑대니 다섯번째 낙이고요
팔공덕수 연못바닥 금모래가 깔려있어
너무나도 황홀하니 여섯번째 낙이로다

온갖보배 합성으로 이루어진 연못계단
찬란하게 빛발하니 일곱번째 낙이고요
모든하늘 선신들로 도를닦는 벗이되어
더불어서 생활하니 여덟번째 낙이로다

청황적백 연꽃에서 가지가지 광명놓고
그향기가 그윽하니 아홉번째 낙이고요
극락세계 너른국토 어딜가나 황금이라
찬란하고 쾌적하니 열번째의 낙이로다

금석사죽 박토혁목 팔음으로 이루어진
종과경쇠 현악관악 질나팔과 생황이며
북과축어 어우러진 장엄스런 음악들을
마음대로 듣게되니 열한번째 낙이로다

주야밤낮 언제든지 아름다운 만다라꽃
허공에서 뿌려주니 열두번째 낙이고요
싱그러운 새벽마다 극락세계 선지식을
찾아뵙고 정진하니 열세번째 낙이로다

아름다운 꽃을따서 바구니에 담는기쁨
타방세계 부처님께 문안공양 하는기쁨
극락정토 돌아와서 산책하는 기쁨이여
열네번째 열다섯째 열여섯째 낙이로다

백학공작 앵무사리 가릉빈가 공명조가
화음이뤄 지저귀니 열일곱째 낙이고요
주야밤낮 언제든지 그마음을 활짝열면
대승정법 듣게되니 열여덟째 낙이로다

부처님과 가르침과 스님네를 생각하고
공경하는 마음내니 열아홉째 낙이고요
지옥아귀 축생으로 삼악도가 없거니와
이름마저 있잖으니 스무번째 낙이로다

극락세계 부처님이 중생들을 위하시어
변화신을 나투시니 또하나의 낙이고요
아름다운 기화요초 높이솟은 수목에다
맑은공기 그윽하니 스물두째 낙이로다

동서남북 위아래의 타방세계 부처님이
이구동성 찬탄하니 스물셋째 낙이고요
그언제든 어디서든 고요하게 법을듣고
기쁜마음 일으키니 스물넷째 낙이로다

074

불을 꺼라 등을 밝혀라

가정에서는 거의 쓰지 않고 절에서만 쓰는 게 몇 가지 있습니다. 그게 무엇일까요? 초와 기름등잔 등입니다. 등잔까지는 아니라도 매일 불전에 촛불을 밝히고 향을 피웁니다. 그에 따라 성냥도 필요하고요.

고전을 읽다 보면 고전의 성립연대가 옛날이다 보니 그 속에 담긴 이론이 맞지 않는 게 꽤 많은 편입니다. 문제는 맞지 않는 그런 이론들을 맞는 것으로 설명하려다 보니 더러 무리수가 생깁니다. 폐기된 이론들이 과학의 세계에서는 종종 있으니까요.

1980년대 초, 서울 종로 대각사에서였습니다. 불교계에서는 꽤나 알려진 스님이셨는데 특별법회 법문을 하러 오셨습니다. 내 기억으로는 그때 스님께서 하신 말씀이 영혼에 관한 것이었고, 촛불 연소燃素에 비유하였기에 오랜 시간이 지났지만 아직도 머릿속에 남아 있습니다. 이미 고인이 되신 스님께서는 영혼은 육신의 소멸과 함께 사라진다는 논리였는데 그때 왜 연소燃素phlogiston를 비유로 이끌어왔는지 지금도 알쏭달쏭합니다. 어떤 물질이든 불에 탈 수 있는 가연성이라면 그것이 섶이든 장작이든 성냥, 양초, 기름, 연탄, 심지어 사람의 몸까지도 그 물질의 내면에 이미 연소가 저장되어 있기 때문에 연소한다는 것입니다. 스님의 말씀은 대충 "연소가 내재되어 있고, 그 연소는 질량을 갖고 있다는 것, 따라서 물질이 불에 타면 연소는 빠져나가고 재만 남는데 그 재가 왜 가벼워졌을까? 가벼워진 무게의 다른 쪽이 연소의 무게였다는 것"이었습니다.

그러나 지금은 연소燃燒의 연소내재설燃素內在說에 관심을 갖는 이들은 거의 없습니다. 현대 화학의 아버지 라부아지에(1743~1789)가 산소oxigen 설을 들고 나오면서 플로지스톤설은 자취를 감출 수밖에 없었으니까요.

요즘 와서 연소내재설을 일깨워 준 그 스님의 말씀이 어쩌면 그리 고마운지 모르겠습니다. 사실을 사실로 일깨워주는 것은 그것이 전혀 다른 설일 때 기인하는 경우가 있지요. 이를테면 긴 것이 긴 것임을 깨닫고 깨끗한 것이 깨끗한 것임을 제대로 알게 되는 것은 긴 데, 깨끗한 데 있기보다는 오히려 짧은 데, 더러운 데서 발견하듯이 말입니다.

공자[孔丘]님 말씀에 "세 사람이 길을 갈 때 그 중에 반드시 스승이 있다" 했지요. 불교는 세 사람 가운데 한 사람이 아니라 세 사람 모두가 스승이라 가르칩니다. 내가 부처님 경전을 읽으며 문자반야 사이사이로 언뜻 언뜻 비치는 말씀의 행간을 읽기 시작한 것이 그 스님 말씀을 들은 뒤였으니까요. 그래서 그 스님에게 언제나 감사한 마음을 가집니다.

절에서는 촛불을 켭니다. 요즘은 전기 초를 켜기도 하지만, 그래도 아직은 진짜 양초를 켭니다. 촛불은 자신의 몸을 태워 주위를 환하게 밝힙니다. 결혼식장에서 촛불이 빠질 수 없는 것도, 또는 결혼을 다른 말로 화촉을 밝힌다고 하는 것도 초의 덕에서 기인한 것이겠지요?

이왕 말이 나온 김에 화촉동방華燭同房을 볼까요. 화촉이란 촛불의 덕과 함께 그간의 솔로蜀solo를 축하火하고 같은 공간同房에서 멋지고 화려華하게 시작한다는 뜻이지요. 화촉동방, 또는 동방화촉의 뜻입니다.

촛불은 생각보다 온도가 높습니다. 양초 심지에서 위로 오르면서 불꽃

심은 400~900℃, 속불꽃은 1,200℃, 겉불꽃은 1,400℃나 되기 때문에 좁고 밀폐된 공간에서는 한두 개 촛불로도 아쉬운 대로 몸의 온도를 유지할 수 있습니다.

연소의 조건이 세 가지가 있는데, 첫째 탈 물질이 있어야 하고, 둘째 산소가 있어야 하며, 셋째 발화점 이상이어야 합니다. 그리고 소화消火의 조건도 세 가지가 있습니다. 첫째 탈 물질을 없애야 하고, 둘째 산소를 차단해야 하며, 셋째 발화점 미만으로 온도를 낮춥니다. 연소도 마찬가지이지만, 소화도 세 가지 조건 중에서 한 가지만 제거해도 불은 꺼집니다. 예를 들어 불이 났을 때 물을 뿌리는 것은 수화상극水火相剋, 물과 불이 상극인 점도 있겠지만 물과 불이 반드시 상극인 것만은 아니지요.

전기나 기름 때문에 난 불은 물을 부으면 더 크게 번지지요. 기름은 물과 섞이지 않으므로 물의 흐름을 따라 번져가고, 전기도 물이 있으면 더 잘 통하므로 물을 붓거나 뿌리면 안 됩니다. 불이 난 곳에 물을 뿌리는 것은 일단 물체의 온도를 낮추어 더 이상의 연소를 막고, 뿌린 물이 열기로 인해 수증기로 증발하게 되면 무슨 효과가 있을까요? 산소 공급에 차질을 빚는 현상이 일어나게 되지요. 그렇게 해서 불은 꺼집니다.

일반적으로 불을 끔에 있어서 물을 이용합니다. 그런데 물의 원소가 무엇입니까? 수소와 산소라는 기체입니다. 수소나 산소 둘 다 불을 만나면 최고의 파트너가 되지요. 수소가 불을 만나면 엄청난 폭발을 일으키고, 산소가 없으면 불은 곧바로 꺼져버립니다. 그런데 수소와 산소가 만나 이루어진 물이 불을 끕니다.

남자 또는 여자 혼자서는 화학작용이 일어나지 않지만 결혼해서 아름다운 가정을 꾸려갈 때 사랑이라는 화학반응이 일어나 가족이 생기고 행복이 영글어갑니다. 중생과 부처도 마찬가지입니다. 부처님만 존재하거나 중생들만 있으면 그냥 부처일 뿐이고 그냥 중생일 뿐입니다. 이들이 만났을 때, 깨달음을 향한 구도의 열정과 진리를 함께 나누고자 하는 사랑과 자비가 솟아나는 것이지요. 화학의 세계는 그래서 재미있습니다.

그건 그렇고요. 해인사 대적광전에서 바라다 보이는 산이 남산南山입니다. 남산은 어디나 다 화산火山입니다. 해인사 있을 때인 1970년대 중후반 해인사에 주석하는 스님들은 으레 진화훈련을 받았습니다. 나도 몇 년 잘 임했습니다. 들리는 바에 따르면, 옛날 어른 스님들은 더 자주 더 혹독하게 훈련을 받았다더군요.

서울의 남산도 조선조 말엽까지는 글자 그대로 남산이었지만 산이 낮아서 책상 산 곧 안산案山으로 치고, 대신 관악산을 남산으로 여겼습니다. 화산인 관악산이 바라다 보이니, 도참설圖讖說에 의거해 궁궐의 중심 경복궁 앞 광화문에 해태상을 세우게 되었다는데, 해태는 옳고 그름과 선과 악을 알아서 판단하고 사자와 비슷하지만 머리에 뿔이 있다고 합니다. 상상의 동물인데 일설에서는 바다 동물로서 불을 누르는 힘을 지니고 있다지요.

이《불설아미타경》에서는 말씀하십니다.

남방에 해와 달과 등불처럼 어둠을 밝히시는 일월등불을 비롯하여 이름만 들어도 저절로 빛이 나서 주위를 환하게 하시는 명문광불, 커다란 양쪽 어깨에서 중생들의 번뇌를 사를 불꽃이 붉게 타오르는 대염견불, 수미산 높이에서 어둠을 몰아내는 거룩하신 수미등불, 무량대수(10^{68})의 공덕으로 정진하시는 무량정진불 등이 항하사(10^{52}) 부처님들과 함께 아미타 부처님의 불가사의(10^{64}) 공덕을 찬탄하고 계신다고 말입니다.

번뇌의 불꽃을 꺼라.
지혜의 등을 밝혀라.
무명의 어둠을 깨트리고
자비의 불꽃을 피워 올려라.

075

극락세계는 하나가 아니다

서방정토 극락세계에는 아미타 부처님이 몇 분쯤 계실까요? 놀라지 마십시오. 같은 이름, 같은 호를 쓰시는 아미타 부처님이 실로 엄청납니다. 앞은 뭉텅 잘라 먹고 뒤에 나오는 분만 보더라도 360만억 11만 9,500분이나 됩니다. 이를 요즘 숫자로 계산하면 360만×1억+119,500이니까 360조 11만 9,500분이나 되십니다.

지구촌 인구가 아직 70억이 안 되니, 어림잡아 지구 인구의 5만 배를 훌쩍 뛰어 넘습니다. 뭉텅 잘라 먹은 게 뭐냐고요? 불가설 불가설전 불가설입니다. 이게 무슨 말이냐고요? 10^68승인 무량대수 윗수가 불가설이니 이는 10^72승입니다. 10^72승을 그대로 10^72승으로 곱한 것이 불가설전이라는 이름입니다. 한문의 전轉은 승乘과 더불어 곱한다는 의미를 지니고 있습니다. 그 불가설전을 다시 불가설로 곱한 숫자가 최종 불가설이니 대단한 숫자지요. 게다가 10^52^승인 항하사 부처님 나라의 먼지 숫자이니 상상이 가시나요? 그것이 국토라 하더라도 엄청난데 그들 국토의 먼지 숫자라니요. 그리고 그토록 많은 먼지 숫자에서 끝나는 게 아닙니다.

그들 국토에서 살아가는 중생들이 섭취할 벼이삭 알갱이와 볏짚의 대공 수, 그 많은 중생들의 입을 거리의 원료인 삼麻 숲의 대공 수, 그 많은 중생들이 쉴 때 필요한 대자리·갈 자리의 원료 대나무 섶과 갈대 섶 대공 수처럼 무한극수無限極數지요. 무한극수가 수의 단위 중 대관절 어디쯤이냐고요. 그건 솔직히 나도 잘 모릅니다.

이는《불설아미타경》의 설이 아니고, 불교의식집《석문의범》상권 89쪽에 기록된 말씀 중 일부입니다. 소위 〈아침송주〉에 나옵니다. 그렇다면 서방정토 극락세계에는 아미타불이라는 명호를 쓰는 부처님이 한두 분이 아니라는 것인데 불설아미타경의 말씀과는 다르다고 보아야겠지요. 왜냐하면 불설아미타경에서는 동명이불同名異佛을 들지 않습니다.

같은 명호를 쓰는 부처님이 이토록 많다는 데에는 크게 두 가지 뜻이 있을 듯싶은데 첫째 극락세계가 지구와 비례하여 그만큼 크다는 뜻이고, 둘째 극락세계는 모두 같은 닉네임으로 아미타불이라는 호를 쓰니까 아미타불의 불가사의 공덕을 어느 부처님이든 다 지니셨다는 뜻이겠지요. 그러나 이렇게 저렇게 생각해도 극락세계가 지구촌보다 크다는 데는 다른 견해가 없습니다. 아미타불에게는 32상 외에 10가지 상이 더 있는데 (쉬어가기-06 참조), 그 가운데 첫째가 곧 무견정상상無見頂上相입니다.

다시 말해 아미타 부처님은 그의 키가 하도 커서 정수리를 볼 수 없다는 것입니다. 모든 것에는 비율이 있습니다. 황금비율이지요. 가령 키가 164cm인데 팔 다리가 160cm라면 어울릴까요. 사람의 키는 180cm인데 옷이 160cm에 맞는 크기라면 균형이 이루어질까요? 마찬가지로 아미타 부처님의 키와 동일한 이름을 지닌 부처님이 그렇게 많은 극락세계라면 아무리 작게 잡더라도 지구의 5~6만 배는 되겠지요.

그런데 여기는 또 하나의 변수가 있습니다. 360만 억의 부처님, 곧 360조의 부처님들이 같은 이름·같은 호를 쓰시지만 다들 아미타 부처님의 분신이거나 만화경 속 이미지처럼 질량을 갖고 있지 않다면 국토의 크기와는 상관이 없습니다. 또 극락세계에는 삼악도가 없으니 삼악도가 없다면 삼선도도 없겠지요. 모든 것은 상대적이니까요. '상대적'이라는 말도 극락세계에는 없는 말이지요. 그런 개념 자체가 없습니다.

생명을 가진 존재라 하더라도 그들은 아미타 부처님의 화신입니다. 따라서 삼악도가 없는데도 불구하고 축생을 나타내고, 아귀를 나타내고, 곤충을 나타내고, 미생물을 나타내지 않습니까? 맞습니다. 극락세계 중생들은 물론이려니와 부처님들마저도 한결같이 화신이기에 숫자를 초월해 있습니다. 화신 또는 분신은 질량이 없습니다. 질량을 갖고 있지 않으므로 어떤 화신을 어떻게 얼마만큼 나타낸다 하더라도 시공을 차지하지 않습니다. 시공을 차지하지 않는다면 거리와 시간에 구애받지 않습니다.

따라서 육방에서 동시에 불가사의한 아미타 부처님 공덕을 찬탄한다 하더라도 지척咫尺에서 하듯이 매우 가까이 들릴 것입니다. 지척은 여덟 치咫고 한 자尺입니다. 우리 보통 사람들이 책을 읽을 때 취하는 눈과 책과의 거리가 지척입니다. 질량을 갖고 있지 않다면 산소도 질소도 전혀 필요 없습니다. 설령 매질이 없다고 하더라도 소리 전달에 전혀 무리가 없습니다. 질량이 없으므로 속도에도 구애를 받지 않습니다. 육방의 모든 부처님들의 싱크로나이즈드 토킹이 이루어지지요.

여기에 필요한 기술이 일음원음一音圓音시스템입니다. 이게 무슨 말일까요? 이 말은 인도의 고전인 산스크리트 문학의 최초 서사시인이자 불교시인인 아슈바고샤Asvaghosa馬鳴의 유명한 저서《대승기신론》에서 말씀한 이른바 '말씀과 들음의 법칙'입니다.

어느 제자가 부처님 말씀을 들으면서 환희에 차서 홀로 중얼거렸습니다.

"아, 우리 부처님께서는 어찌 이리도 내게 맞는 말씀을 하실까."

그러면서 주위를 둘러보니 모두들 표정이 자신과 같았습니다. 그래서 또 중얼거립니다.

"아, 그렇구나! 어쩜 부처님께서는 어떤 중생들에게나 다 어울리는 말씀을 하고 계시는구나."

이 독백에서 앞의 말씀은 일음一音의 법칙이고, 뒤의 말씀은 원음圓音의 법칙입니다. 나는 이 두 가지를 한 데 묶어 자호를 만들었으니 곧 '일원一圓'입니다. 그리고 불교의식집의 하나인《석문의범》을 한국불교 최초로 사언절로 완역하여 내놓은 게 이른바《일원곡》총 14책입니다.

물론 이《일원곡》14책 중에는 불교의식집을 비롯하여 증도가證道歌, 신심명信心銘, 좌선의坐禪儀, 심우도尋牛圖 등 선종사부록禪宗四部錄과 계초심학인문誡初心學人文, 발심수행장發心修行章, 자경문自警文, 그리고 금강경金剛經, 천수경千手經, 지장경地藏經, 부모은중경父母恩重經, 사미율의沙彌律儀 등과 천자문千字文, 계몽편啓蒙篇, 동몽선습童蒙先習, 사자소학四字小學 등 세간의 서적 등 60여 권의 경서經書들을 사언절로, 또는 사사오송으로 옮겨서 실었습니다.

다시 본주제로 돌아와서 보겠습니다.

항하사의 부처님들, 곧 10^52승의 1조 배를 다시 1조 배로 곱한 것도 모자라 그를 다시 1억 곧 10^8배로 곱한 불가설 불가설전 불가설의 부처님들이 머무시는 그들의 장소에서 한 발짝도 옮겨가지 않은 채, 찬탄의 말씀을 하시되 일음과 원음으로 듣는 게 아니라 일음과 원음으로 설하고 계십니다. 아미타 부처님도 한 분이 아니라 그처럼 많다는 것은 동명동호同名同號에서 증명이 되었습니다. 가령 본불은 한 분이고, 나머지가 다 화신불이라 하더라도 많은 것은 역시 많은 것입니다. 육방의 부처님도 항하사수 곧 10^52승을 뛰어넘는 부처님들이 계신다고 할 때 극락세계와 거의 같은 규모를 지니고 있다고 보아야 할 것입니다.

그리고 묻습니다. 극락세계가 몇 개쯤일까요? 하나인가요? 아니면 여럿인가요?《석문의범》아침송주에 의하면, 극락세계는 항하사 수를 넘습니다. 수의 단위에서 항하사가 어느 단계인지 짐작했을 테고요. 극락세계를 비롯하여 모든 세계가 그토록 많다고 한다면 필경 다중우주일 것입니다.

그러므로 나는 제안합니다. 불교를 하는 학자들, 특히 정토행자라면 극락세계를 유심정토설 입장에서만 설명하려 하지 말고 정직하게《불설아미타경》을 비롯하여 정토삼부경에 근거하여 극락세계를 다양한 각도에서 연구해 보면 어떻겠느냐고요.

극락세계의 구조와 규모, 그 세계 중생들의 식생활, 문화생활, 도시설계에서부터 상하수도 시설이며, 화장실을 비롯하여 위생시설, 그들의 언어생활, 그들의 도로시설과 교통수단, 복지정책, 경제활동, 종교분포도, 모두가 연구대상이지요.

그런데 극락세계에 웬 종교분포도요? 맞습니다. 우리는 극락세계 하면 불교만 있을 것으로 생각할 수 있습니다. 어쩌면 극락세계에는 다양한 종교가 고르게 분포되어 있을 것이라 봅니다. 나는 기독교에서 얘기하는 하나님이 계시는 하늘나라에도 예수님이 계시고 부처님이 계시고 모하메드도 계실 것이라고 봅니다. 그러니 당연히 극락세계에도 부처님의 가르침만 있지는 않을 것입니다. 잘 사는 나라일수록 먹고 입고 쓰고 하는 모든 상품이 고르게 갖추어져 있지 않던가요. 종교도 생각의 상품이라고 볼 수 있으니까요.

그건 그렇고요. 극락세계 중생들의 신체적 특징과 건강문제라든가, 그들의 교육과 학문의 세계, 우주적인 문제에 이르기까지 폭넓게 연구할 필요가 있겠지요. 이제 지구에서 벗어나 우주로, 극락으로 한 걸음 또 한 걸음 내딛자고요.

076

극락세계십종장엄 - 1

사리불아 서방에도 무량수불 무량상불
무량당불 대광불과 대명불과 보상불과
정광불을 비롯하여 항하사수 모래처럼
한량없고 가이없는 거룩하신 부처님이

모두각기 그분들이 머무시는 국토에서
길고넓은 혀의모습 광장설상 내미시어
삼천대천 너른세계 남김없이 덮으시곤
진실하신 말씀으로 간곡하게 설하시되

너희모든 중생들은 한마음을 다기울여
추호라도 의심없이 믿어야만 하느니라
이와같이 찬탄하는 불가사의 공덕이며
일체모든 부처님이 호념하는 이경전을

서쪽은 해가 지는 곳입니다. 작열하는 뙤약볕 아래서 고통스런 하루를 살아온 사람들, 그들은 해질녘을 좋아했지요. 해가 서쪽 지평선으로 넘어갈 때, 고단한 하루를 마감할 때, 일을 마치고 가족들 품으로 돌아갈 때, 석양을 바라보며 걷는 그들의 마음속에서 뜨거운 해를 받아주고 시원한 바람을 보내주는 서쪽 그들에게는 퍽 고마웠을 것입니다.

'극락세계' 하면 서방정토 극락세계입니다. 아미타 부처님이 머무시는 세계, 여기에서 서쪽으로 10만 억(10만×억=10조)의 부처님 나라를 지나서 있는 곳 열 가지로 장엄된 세계입니다.

(01) 법장서원수인장엄法藏誓願修因莊嚴

아미타 부처님께서 성불하시기 전 신분이 비구이셨고, 그 비구 이름이 법장法藏이셨지요. 스님께서는 원력을 세우셨으니 마흔여덟 가지였습니다. 수인修因이란 바로 그 원력을 닦음입니다.

어떤 도시건축가가 있습니다. 그는 역사에 남을 세기적인 작품을 구상합니다. 그는 구상했던 작품을 설계합니다. 도면으로 그리고, 지우고 또 그리기를 수없이 반복한 끝에 완벽한 디자인을 내놓습니다. 그러나 처음부터 완벽이란 없습니다. 주위 전문가들에게 설계도면을 공개하여 다듬고, 또 다듬습니다. 이것이 곧 수인이며 수인 자체가 그대로 장엄입니다.

(02) 사십팔원원력장엄四十八願願力莊嚴

설계도면은 건축이 이루어진 뒤에 곧바로 폐기하는 게 아닙니다. 반드시 보관해야 하지요. 그래야 문제가 있을 때, 문제가 있는 곳을 찾아 고치고, 보완해 나갈 수가 있듯이 법장 스님께서 당신이 세우신 원력대로 극락세계를 완벽하게 건설하시고, 아미타 부처님이 되셨다 하더라도 원력의 항목公約集과 설계도를 늘 유지하심이 바로 원력의 장엄입니다.

원력의 '원願'이 무엇입니까? 가장 근원根源적으로 염두에 두고 가장 먼저頁 신경 써야 할 것입니다. 앞의 서원誓願이 공약이라면 여기 원력은 공약의 이행입니다. 그래서 서원의 '서誓'는 거두절미去頭截尾의 뜻이며, 단호한折+말씀言=誓의 의미입니다. 서약이 담긴 마흔 여덟 가지 공약문을 아미타 부처님께서는 잊지 않고 실천해 가십니다(쉬어가기-01 참조).

(03) 미타명호수광장엄彌陀名號壽光莊嚴

아미타 부처님의 아미타는 범어 아미타바Amitabha를 옮긴 말입니다. 한문으로 번역하면 무량수無量壽며, 무량광無量光입니다. 우리말로는 헤아릴 수 없는 목숨이고 헤아릴 수 없는 빛입니다.

목숨壽이 무엇일까요? 매우 쉬운 질문이면서도 또 매우 어려운 답입니다. 우리말로 목숨은 목으로 숨을 쉬고 있는 상태 즉 맥박이 뛰고 숨이 들고 남이지요. 그래서 목숨인데, 한자漢字에서 가져 온다면 목숨 수壽 자보다 목숨 명命 자가 되겠네요. 목숨命이란 사람人에게 있어서는 하나一밖에 없는 소중한 것이지요. 본능적으로 음식을 섭취口하며 끊임없이 맥박口이 뛰어야 합니다.

또한 목숨壽이란 머리를 쓰는 관리인士이거나 몸으로 부딪히는 기능인工이거나 결국은 먹고口 사는 문제가 가장 절박寸한 문제입니다. 이런 문제를 해결하며 사는 게 사람의 목숨이고 생명활동이지요. 그런데 아미타 부처님은 물론, 극락세계 모든 중생들은 이러한 삶壽命의 문제에 있어서 골몰하지 않아도 된다니 우리에게는 부러운 일일 수밖에요.

헤아릴 수 없는 빛이란 건강과 관련된 문제라고 생각합니다. 얼굴에서 빛이 나고 몸에서 피부에서 빛이 난다면 질병이 없다는 것이고 건강하다는 반증입니다. 그곳 중생들은 생로병사가 없으니 건강한 것은 당연합니다.

(04) 삼대사관보상장엄三大士觀寶像莊嚴

삼대사가 누구누구입니까? 본존이신 아미타 부처님과 좌보처 관세음 보살님, 우보처 대세지보살님이십니다. 그런데 왜 선비 사士 자를 썼느냐 고요. 일반적으로는 선비 사로 새기지만 절에서는 보살 사로 새깁니다.

그렇다면 어찌하여 아미타 부처님은 부처님이신데 보살로 격하시켰 느냐고요? 좋은 질문입니다. 보살은 부처를 겸하지 못하지만 부처는 보 살을 겸하기 때문입니다. 따라서 보살에게는 부처라는 칭호를 쓸 수 없 으나 부처님에게 있어서는 보살이라 부르더라도 괜찮습니다.

아직까지 한 번도 대통령을 지낸 적이 없는 이에게 대통령이라는 호칭 을 쓸 수는 없지만, 단 한 때라도 대통령을 지낸 전직 대통령에게는 원칙 적으로 '전직'이라는 접두어를 붙여서 불러야 하겠지만 영어권에서와는 달리 우리나라 같은 경우에서는 '몇 대 대통령'도 아니고, 그냥 '대통령' 이라 부릅니다. 또 그게 허물도 아니고요.

한 번 선임하사는 영원히 선임하사, 한 번 국회의원을 하고 나면 의원 이라는 호칭은 평생 따라다니지요. 마찬가지로 부처님은 보살의 단계를 거쳐 오르셨기에 보살이라 칭해도 허물이 없지만 부처의 경지에 오르지 못한 보살에게 부처님이라 부를 수는 없습니다. 거룩하신 삼대사, 곧 세 분의 보살들께서는 보배로운 모습을 나타내심으로써 한량없는 중생들에 게 경모敬慕의 마음을 내게 하시니 그 자체가 그대로 장엄입니다.

(05) 미타국토안락장엄彌陀國土安樂莊嚴

아미타 부처님의 국토는 안락합니다. 안락은 편안하고 즐거움이지요. 그래서 극락을 다른 이름으로 안락국이라고도 하고 안양국安養國이라고 도 합니다. 안양이란 그 마음을 편안히 잘 키워간다는 뜻이겠지요.

장엄을 우리말로 풀이하면 꾸미기가 될 것입니다. 물질로 꾸미는 것도 중요하지만 이처럼 평화로운 마음의 상태, 즐거움으로 가득 채우는 꾸밈이 어떤 꾸밈보다 값지지 않겠는지요.

아미타 부처님의 극락세계는 괴로움苦이 없습니다. 괴로움이 없다 함은 즐거움만이 가득하다는 것입니다. 예로부터 마음이 괴로우면 신이 화禍를 준다고 보았고, 마음이 즐거우면 신의 돌봄助이라 여겼지요. 그래서 화도 복도 모두 신이 준다고 생각했습니다. 그래서 복福이나 재앙禍처럼 보일 시示 변이 들어간 자는 신神과 관련되어 있지요. 그리고 보니 신神 자에도 시示가 들어 있습니다. 즐거움을 뜻하는 낙樂 자도 제사장이 나무木로 단을 만들고 단 위 중앙에 하얀 시루떡白을 올리고, 양쪽에는 오색실·오색천幺 등, 번으로 장엄하고 굿을 올린 데서 기인한다고 봅니다. 따라서 즐거움조차도 신이 내리는 것이라 생각했지요. 아미타 부처님의 국토는 이처럼 아미타 부처님께서 안락으로 장엄한 세상입니다.

(06) 보하청정덕수장엄寶河淸淨德水莊嚴

생명이 살아가는 데 있어서 무엇보다 소중한 복을 찾으라면 신선한 공기와 맑은 물입니다. 요즘은 캠페인 덕인지는 모르나 예전보다 물이 맑아졌지요. 내 어릴 적만 해도 시골 도랑물에 가축들의 분뇨는 말할 것도 없고, 심지어 인분까지 둥둥 떠 다녔습니다. 그 대신 화학오염물질은 적었지요. 지금은 가축으로 인한 오염은 전보다 줄었지만 오히려 산업쓰레기들로 몸살을 앓고 있습니다. 앞뒤를 따져 보면 요즘이 더 많이 오염되어 있는 게 맞습니다.

극락세계는 보배로 된 냇물이 아니라 흐르는 냇물이 하도 맑고 맑아 냇물 자체가 보석처럼 값진 것이지요. 그리고 고여 있는 물은 여덟 가지 공덕수로 찰랑댑니다. 흐르는 물이든 또는 고여 있는 물이든 마음 놓고 마실 수 있다는 것은 그만큼 법장 비구의 도시설계가 완벽하다는 것이고 극락세계 시민들의 시민의식이 깨어 있다는 반증이 아니겠는지요?

077

극락세계십종장엄 - 2

(07) 보전여의누각장엄寶殿如意樓閣莊嚴

아름다움에는 크게 두 가지가 있지요. 첫째는 자연의 아름다움이고 둘째는 꾸밈의 아름다움입니다. 두 아름다움 사이에는 사람의 생각과 손길이 있습니다. 사람의 생각과 손길이 자연을 훼손할 수도 있겠지요. 그러나 깨어 있는 예술적 감각이라면 자연을 어떻게 가꾸느냐에 따라 훨씬 아름다워질 수 있습니다.

서가모니 부처님을 모신 법당을 대웅전/대웅보전이라 합니다. 아미타 부처님을 모신 곳 또한 극락전/미타전 또는 극락보전으로 편액을 걸고 있습니다. 대웅보전·극락보전 하듯이 보전이라 할 때 그 보전寶殿은 형용사가 하나 더 붙었으니만치 소중함을 강조한 것입니다.

위대한 영웅 서가모니 부처님, 왜 위대한 영웅이실까요? 서가모니 부처님께서 칼을 잘 쓰셨을까요? 병법에 능하셨을까요? 군대나 조직을 잘 통솔하셨을까요? 부처님은 그런 쪽에서 영웅이 아니라 마음을 잘 다스리시고, 마음을 잘 항복받으신 분입니다. 그러니까 영웅 가운데 영웅이시고 히어로hero 중의 히어로이십니다.

아미타 부처님도 영웅이시지요. 최초의 도시건축설계디자이너 아미타 부처님, 국가설계의 최초 설계사, 위대한 장인이신 아미타 부처님, 극락세계를 설계하시되 마흔여덟 가지 원력만으로 완벽하게 세계를 꾸미셨습니다. 자연 그대로도 아름다운 극락이지만 제대로 다듬을 줄 아시는 장인의 생각과 손길이 닿음으로써 아름다운 세계를 펼치신 것입니다. 따라서 아미타 부처님은 자연 그대로의 아름다움에다가 아미타 부처님만이 지니신 고유의 완벽한 예술성을 얹어 꾸미신 그야말로 예술인 중의 예술인이십니다.

비록 우주에 내재된 아름다운 소리가 있더라도 훌륭한 장인의 솜씨에 의해 만들어진 여러 가지 악기들이 있고, 그 악기를 다룰 줄 아는 솜씨 있는 뮤지션musician들이 잘 설계된 장중한 음악당에서 훌륭한 지휘자의 지휘로 장엄한 오케스트라를 연주한다면 인위적 꾸밈이 얼마나 멋질까요?

흙이 있을 때 훌륭한 도예가陶藝家는 그 평범한 흙에 생명을 불어 넣어 아름다운 작품을 만들어 냅니다. 그릇을 만들고 도자기를 만들고 항아리를 만듭니다. 자연으로 두면 그냥 흙일뿐이지요.

그런데 거기에 예술적 감각을 더해 멋진 작품을 만들어 낸다는 것은 자연적 아름다움이 최고요, 인위적 아름다움은 그 다음이라는 생각을 바꿀 수 있다는 것입니다. 그러기에 참된 예술은 자연의 아름다움에 또 하나의 자연을 더함입니다. 그런 의미에서 아미타 부처님이야말로 장인 솜씨가 뛰어난 대단한 예술가시며, 생명의 역사에서 최고의 건축가시며, 넉넉한 문화애호가이십니다. 그러기에 보전을 설계하시고 누각을 지으시되 여의보주 가치에 해당하는 예술 감각으로 꾸며내신 것입니다.

(08) 주야장원시분장엄晝夜長遠時分莊嚴

낮과 밤은 길고 지루합니다. 이를, 시와 분으로 또는 때時로 나누는分

작업을 하신 분 그가 누구일까요? 바로 아미타 부처님이십니다. 극락세계에도 낮晝과 밤夜이 있었군요. 그렇다면 일단 극락세계는 지구처럼 행성이거나 달처럼 위성이겠습니다. 낮과 밤이 있다면 스스로 빛을 내는 항성star은 아닙니다. 그러니까 우주 내 어디에 있더라도 아미타 부처님의 극락세계는 결코 항성은 아니라는 게 확실합니다.

시계가 처음 만들어진 게 언제부터였을까요? 그것은 적어도 6,000년 정도는 거슬러 올라가야 할 것입니다. 우리나라는 세종 때 장영실의 앙부일구를 비롯하여 물시계·해시계와 중종 때 자격루가 있고, 현종 때 송이영이 만든 혼천의는 나름대로 과학성을 엿볼 수 있습니다.

그런데 극락세계는 시계의 설계가 일찍이 시작되었지요. 이미 10겁(1겁은 지구령) 이전에 아미타 부처님께서 성불하시기 전 법장비구로 있을 때였으니까 465억년이 넘었겠습니다. 지구 시계의 역사 6,000년에 비해 극락세계 시계의 역사가 참으로 많이 앞선 편입니다. 극락세계의 도시설계와 생활설계에 이미 들어 있던 항목이 때를 나누는 시작이었으니 이른바 시간 나눔의 장엄입니다. 이런 점을 놓치고 경전을 읽는다면 글쎄요. 시간이 아깝지 않겠습니까? 낮과 밤은 길고 지루합니다. 지구에는 70억 인구가 살지요. 지구는 70억 인구가 살아가는 데에도 비좁아서 포화상태라 합니다.

그렇다면 앞서 살펴보았듯이 서방정토 극락세계에는 동일한 아미타불이라는 이름을 쓰는 부처님 숫자만 하더라도 360만억, 곧 360만×억=360조로 지구 인구의 5만 배나 됩니다. 그렇다면 행성 크기와 질량도 지구의 5만 배는 되어야 극락세계 식구들을 다 수용할 수 있지 않겠습니까.

지구의 5만 배 질량이라면 모두가 그에 비례해야 할 것입니다. 낮과 밤의 길이도 대기도, 산과 들과 숲과 냇물과 바다도, 강우량과 기후도, 곡물의 생산량도, 심지어 기압과 중력까지도 모두 그에 비례해야 할 것입니다. 지구 질량의 5만 배나 되는 극락세계 구체球體가 자전하는 데는 아무래도 지구보다는 훨씬 많은 시간을 요하겠지요. 그러니 주야가 장원하지 않겠는지요.

낮 주晝 자를 살펴보니 지평선一 위로 태양日이 떠오르면 농부들은 논밭土에 나가 일손丰이 바쁘도록 일하는 모습이고, 밤 야夜 자를 들여다보니 사람人들은 해가 지고 난 뒤 캄캄한 어둠과 함께 늦은 저녁夕이 찾아오면 지붕亠 아래 깃들어 쉬는 겁니다. 그 낮과 밤이 지나치게 길고 또 지루하다 보니 실생활에 있어서는 시와 분으로 나눌 필요가 있었겠지요.

그런데 나는 시분장엄의 시분을 둘 다 시와 분이라는 명사로 보기보다는 시는 명사로, 분은 동사로 읽는 것도 괜찮다는 생각입니다. 다시 말해서 시분을 '시로 분으로' 외에 '때로 나누다'로도 풀이하고 싶습니다. 낮과 밤이 길고 지루하므로 때를 나누어 장엄하였다고요. 뭐 이렇게 하나 저렇게 하나 길고 지루한 하루 낮 하루밤을 때時로, 조각分으로 쪼개고 나누는 작업은 필요했을 것입니다.

(09) 이십사락정토장엄二十四樂淨土莊嚴(쉬어가기-08 참조)

(10) 삼십종익공덕장엄三十種益功德莊嚴(쉬어가기-09 참조)

078

극락세계 광학기술

노안老眼이 오기 시작한 것은 40대 고개에 올라서면서였습니다. 어느 날부터인가 갑자기 눈이 흐려지더니 가까이 있는 글자들이 자꾸만 겹쳐 보이는 것이었습니다. 가까운 안과에 들렀더니 의사가 "노안입니다" 하더군요. 하이퍼메트로피아hypermetropia, 시력이 좋던 사람이 노안이 오고 원시가 되는 것입니다.

'아하, 인생이란 움직이는 보도식步道式 소위 무빙워크시스템moving walk system이 아니라 아무래도 계단식, 곧 스테어 시스템stair system인가 보다!' 하고 생각했습니다. 왜 그런 거 있지 않습니까? 평소에는 잘 몰랐는데 감기 한 번 된통 앓고 나서 보니 피부가 눈에 띄게 푸석푸석해지고 주름살이 한두 개 더 늘어난 것이 발견되지는 않던가요?

6조 대감혜능 선사가 행자 시절 어느 두 사미의 대화에 끼어들지요. 깃발이 펄럭이는 것을 보고 한 사미는 깃발이 움직인다 하고, 한 사미는 바람이 움직인다 하자 선사가 끼어들어 한 마디 던집니다.

"실례지만, 내 생각으로는 깃발이 움직이는 것도 바람이 움직이는 것도 아니라 두 분 마음이 움직이는 것입니다."

이때 선사는 이미 청년이었고 두 사미는 아직 어린 소년이었지요. 두 사미는 승려 신분에 경전은 좀 읽었다 하더라도 아직 경험이 부족한 편이었고, 선사는 시골무지렁이였지만 나이도 들만큼 들었고 게다가 경험도 풍부하지 않습니까? 경험은 매우 소중합니다. 바로 그러한 까닭에 단지, 들은 풍월을 옮기는 것과 자기 내면으로부터 나오는 푹 곰삭은 경험의 세계는 전혀 차원이 다르겠지요. 나는 요즘 이런 생각에 잠깁니다.

'내가 시력이 나빠진 것일까? 그게 아니라면 혹시 시대가 혼탁하고 견해가 혼탁하고 번뇌가 혼탁하고 중생이 혼탁하고 생활이 혼탁하여 글씨가 흐려진 것일까? 내 시력과는 상관이 없는 거겠지?'

나는 대감혜능 선사가 아니라 두 사미의 마음이 되어갑니다. 공부가 익어갈수록 수행기간이 길어지면 길어질수록 혜능 선사처럼 모든 문제를 안에서 찾고 안에서 풀어야 하는데 그게 아닙니다. 두 사미가 문제를 밖에서 찾듯 바깥 세계에 미루는 버릇이 생깁니다.

일부 사람들은 '나는 아무 문제가 없는데 주위에서 나를 인정하지 않는다. 나의 정결한 시민의식을 정치인들이 혼탁하다 보니 따라와 주지 못한다고 투덜댄다. 자기 자신은 잘하고 있는데 자기의 기여도만큼 혜택을 주지 않는다'라고 생각합니다. 무엇이든지 내게는 문제가 없고 이 나라 정치입안자들과 정부에만 문제가 있다고 둘러댑니다.

헤아릴 수 없는 수명의 부처님이시여,
무량수불無量壽佛이시여!
헤아릴 수 없는 이미지 부처님이시여,
무량상불無量像佛이시여!
헤아릴 수 없는 깃대의 부처님이시여,
무량당불無量幢佛이시여!

시간상에 있어서 영원의 생명을 사시는 부처님, 바로 아미타 부처님 아니시던가요? 공간상에 있어서 무한의 이미지를 지니신 부처님, 곧 아미타 부처님이 아니시던가요? 무한의 깃대를 세우시는 부처님, 두루 원융한 가운데서도 질서를 가다듬고자 깃대를 세워 위엄을 보이시는 분, 아미타 부처님 아니시던가요?

대광불大光佛이시여,
크신 빛으로 오시는 부처님이시여!
대명불大明佛이시여,
태양日과 달月을 한 데 합明한
위대한 밝음의 부처님이시여!
보상불寶相佛이시여,
보석처럼 그 지혜가 영롱하시지만
실제로 그 피부가 자마금빛으로
너무나 아름다우신 부처님이시여!
아으, 정광불淨光佛이시여,
정갈한 빛을 지니신 부처님이시여!

빛에도 큰 빛이 있고, 밝은 빛이 있고, 정갈한 빛이 있으시다니 그렇다면 역시 내 시력에 문제가 있는 게 아니라 글씨가 작아졌거나 아니면 공기가 흐려졌거나 그런 것은 아니겠는지요? 그런데 말입니다. 참 신기한 일도 있습니다. 시력에 맞게 안경을 만들어 끼고부터는 글씨가 제대로 보입니다. 흐릿하던 글씨가 다시 또렷해지고 겹쳐 보이던 대상이 완전하게 하나로 보이기 시작합니다. 역시 문제는 내게 있었습니다.

옛날 옵티칼光學optical 기술이 발달하기 이전에는 어찌 살았을까 생각하곤 합니다만, 한편 다른 생각으로는 광학기술이 고도로 발달한 세계가 극락세계이며 동시에 바로 육방제불이 계시는 곳, 그중에서도 특히 서방이 아닐까 생각합니다. 큰 빛이 있다면 작은 빛도 있을 것이고 중간의 빛도 있을 것이며 반드시 섬세한 빛도 있을 것입니다. 밝은 빛이 있다면 약간 흐린 빛도 있고, 아주 어두운 빛도 있을 것입니다. 어디 그뿐이겠습니까? 정갈한 빛이 있다면 오염된 빛도 있을 것입니다.

스펙트럼을 통과한 빨·주·노·초·파·남·보의 가시광선이 긴 파장에서 짧은 파장까지 우리의 삶을 보다 아름답게 만들고 편리하고 건강하게 만듭니다. 그래서 극락세계에서는 이미 천문학에서 쓰는 텔레스코프 telescope 곧 망원경이 발달했을 것이고 의학이나 미생물학에서 쓰는 현미경도 최첨단의 길을 걷고 있지 않을까 생각하곤 합니다.

육방의 부처님들께서 어떻게 아시고 아미타 부처님의 공덕을 찬탄하실까요? 천안통天眼通을 얻으셨으니 신통력으로 보고 아실까요? 아나율존자는 지나치게 눈을 혹사하여 실명을 하였지만 동시에 천안통을 얻었다 했습니다. 그렇다면 천안통은 생명이 갖고 있는 육안과는 아무런 상관이 없을 것이니 나처럼 시력이 약해진 사람도 천안통을 얻는 데에는 전혀 문제가 없겠네요. 그러나 모두가 천안통을 얻을 수는 없습니다. 누구나 다 얻을 수 있는 게 아니라면 과연 어떤 문제가 생길까요? 빈곤에도 상대적 빈곤이 있듯이 천안통에도 어쩌면 상대적 천안통이 있지 않겠는지요. 바로 거기서 광학기술이 최첨단으로 발달했을 것입니다.

어찌 되었거나 극락세계와 육방제불의 부처님 나라들이 지구촌보다는 훨씬 앞선 광학기술이 이루어졌을 거라는 게 나의 솔직한 생각입니다.

"광학은 빛의 학문입니다."

079

당신 그거 말이 돼?

육방의 제불들께서 말씀하십니다.

믿으라. 마땅히 믿으라.
모든 중생들이여, 여래의 말씀을 믿으라.
아미타 부처님이 닦으신 저 엄청난 공덕으로 이루신 극락,
저 극락에 대한 여래의 칭찬을
그대들이여, 당신當信하라.

언어의 변천을 느낄 수 있습니다. 발음은 같고 뜻은 달리하는 당신이라는 말을 많이 쓰지요. 가장 가까운 사람, 남편이 사랑하는 아내에게, 아내가 신뢰하고 의지하는 남편에게 자연스럽게 던지는 호칭, 당신. 그 당신當身이 바로 이 당신當信에서 온 말임을 아는 이는 많지 않습니다.

당신當信이라는 단어와 글자에는 경제의 원리와 함께 생명의 관계에 대한 철학이 담겨 있습니다. 땅田은 사람을 속이지 않습니다. 땅에서 살아가는 낱낱— 생명口들에게 있어서 땅이 무엇입니까? 곧 삶의 터전이고

경제입니다. 그러기에 실물경제는 땅을 벗어나서는 논할 수 없고, 사람을 얘기할 수 없고, 생명을 존중尙할 수 없습니다. 그것이 '으레'의 뜻 '당當'이며 넉넉함畐을 추구하는 생명들의 근원적 본능입니다. 그런 넉넉함은 사람의 삶을 여유富롭게 합니다. 그 여유를 사람들은 신示의 선물畐이라 생각하지요. 그것이 복福입니다.

사람의 세계나 신들의 세계나 불보살의 세계나 심지어 동물의 세계, 아주 작은 곤충들에 이르기까지 생명을 가진 존재들人의 자기 의사표현言은 믿음信에서 시작합니다. 그것이 당신當信입니다. 그 당신을 주는 사람이 누구입니까? 으레當 사랑하는 아내고 믿음직信한 남편입니다.

우리는 흔히 "말도 안 돼!"라고 합니다. 더러 이 말을 접할 때면《불설아미타경》을 떠올립니다. "어, 말 되네!"라는 말을 들을 때도《불설아미타경》이 생각납니다. 말에는 말이 되는 말이 있고 말이 안 되는 말이 있습니다. 여래의 말씀은 말이 되는 말이니 그 뜻이 바로 성실誠實에 있습니다. 말言이 되는成 말이 성誠입니다. 따라서 정성이 있는가, 없는가는 어떠한 사실을 놓고 볼 때 납득과 이해의 가불가可不可로 가늠합니다.

공자孔子님 말씀에 일이관지一以貫之가 있지요. 이는 실實과 관련이 있습니다. 스승인 공자와 제자인 자공子貢 사이의 대화입니다.

"자공아, 너는 내가 많이 배워서 다 안다고 생각하느냐?"

"네, 선생님. 사실이 그렇지 않습니까?"

"그렇지 않느니라. 나는 하나를 가지고 끝까지 관철하는 것이다."

제자 증삼曾參에게 어느 날 말씀하셨습니다.

"삼아, 나의 도는 하나로써 꿴다."

공자님께서 자리를 뜨시자 이에 대해 증삼이 설명하지요.

"선생님의 도는 자기의 정성을 다하며 자기를 용서하는 것처럼 남을 용서하는 데 있다."

처음부터 끝까지 성誠을 다하는 삶이 공자님의 실다움입니다. 실다움
實이란 무엇입니까? 우리 인류가 살아가는 세상⼧에 있어서 재물貝은 초
월적⼸이지만 경제貝에 대해서만큼은 명확⼭한 자세를 취하는 것입니다.
바로 공자님의 경제관입니다. 그래서인지《명심보감》에 나오는 말씀인
데 이런 말이 있습니다.

 "취중에 횡설수설하지 않음이 참으로 군자다운 모습이라면
 재물 앞에서 분명한 것은 대장부로서 가져야 할 자세다.
 (酒中不語眞君子 財上分明大丈夫)."

 재물 앞에서 분명하다는 말은 공자님께서는 재물 욕심이 없으시기에
재물에 휘둘리지 않는다고 하지만, 나는 그를 포함해 공자님의 보다 명
확한 경제관을 표현한 말이라 생각합니다. 아미타경에서는 말씀하십니
다. 육방의 항하사수 부처님들이 각기 그들의 국토에서 광장설상을 내어
삼천대천세계를 두루 덮으시고는 성실하게 말씀하신다고요. 다시 언급
하지만 성誠이 마음과 언어의 세계라면 실實은 경제며 현실입니다. 말이
안 된다면 성誠이 모자람이고, 경제를 모른다면 거기에는 알맹이實가 없
습니다. 물론 육방의 모든 부처님께서 성실한 말씀으로 칭찬하신다는 그
'성실'이라는 단어는 지금 우리가 일반적으로 쓰고 있는 성실입니다. 그
러나 그 어원을 꼼꼼히 살펴보면 당신이니 칭찬이니 성실이니 하는 말이
모두 다 이《불설아미타경》에서 나온 말씀이지요.

 여래의 말씀은 성誠 말이 되고
 여래의 말씀은 실實 알차며
 여래의 말씀은 정正 올바르고

여래의 말씀은 직直 올곧습니다.
여래의 말씀은 감甘 달콤하고
여래의 말씀은 로露 영롱하며
여래의 말씀은 진眞 참하고
여래의 말씀은 여如 같습니다.

여래는 비방을 모릅니다.
오직 칭찬만이 있을 따름입니다.
여래는 속이지 않습니다.
오직 진솔함이 있을 따름입니다.
여래는 일음으로 말씀하시고
여래는 원음으로 말씀하십니다.

그리고 이《불설아미타경》에는 다른 이름이 있는데요. 곧《일체제불소호념경》입니다. 이는 이 육방의 모든 부처님이 이구동성으로 아미타 부처님의 불가사의한 공덕을 칭찬함과 함께 "나를 포함한 모든 부처님들이 호념하시는 이 경을 믿으라"고 하신 데서 붙여진 경의 이름이지요.

호념護念이란 중생들의 믿음에 대한 불보살님의 가호를 뜻하는 말입니다. 이는 불교뿐만 아니라 다른 종교에서도 마찬가지입니다. 신은 믿음을 가진 자를 보호하고 염려함으로써 지켜주시지요. 그것이 호념입니다. 동남서북 아래 위쪽 항하사수 모든 부처님들께서 호념하시는 경전이《불설아미타경》입니다.

"그런데 정말 당신 그거 말이 돼?"

080

그물로 세상을 밝히다

장로비구 사리불아 북방으로 무우세계
염견불을 비롯하여 최승음불 난저불과
일생불과 망명불등 항하사수 모래처럼
한량없고 가이없는 거룩하신 부처님이

모두각기 그분들이 머무시는 국토에서
길고넓은 혀의모습 광장설상 내미시어
삼천대천 너른세계 남김없이 덮으시곤
진실하신 말씀으로 간곡하게 설하시되

너희모든 중생들은 한마음을 다기울여
추호라도 의심없이 믿어야만 하느니라
이와같이 찬탄하는 불가사의 공덕이며
일체모든 부처님이 호념하는 이경전을

어젯밤 꽤 늦은 시간 벗에게서 전화가 걸려 왔습니다. 처음 보는 전화번호라서 받을까 말까 한참을 망설였지요. 그러는 사이 이미 전화는 끊어졌고 고요~고요가 이어졌습니다. 어차피 받을까 말까 생각했다면 구태여 스마트폰 모니터에 번호가 뜨거나 말거나 상관이 없겠지요. 그런데 그게 아닙니다. 받지 않은 상태에서는 상대가 누구인지 알 수가 없고 만일 전화를 받았다면 소중한 궁금증이 사라졌겠지요.

슈뢰딩거 방정식을 비롯하여 양자역학에 대한 기여로 1933년 노벨물리학상을 받은 오스트리아의 물리학자가 있었지요. 내가 특별히 좋아하는 물리학자인데 이름이 에르빈 슈뢰딩거(1887~1961)입니다. 그의 '슈뢰딩거 고양이'가 생각났습니다.

어차피 받지 않은 전화인데 무엇 하러 궁금해 해야 하는 걸까요? 그 이후 내내 궁금했습니다. 번호가 찍혀 있으니 그대로 통화 버튼만 누르면 되는데 궁금해 하면서도 정작 전화를 걸지 않는 복잡한 심리의 세계는 또 뭘까요? 나는 그 전화로 인해 한참 동안을 생각에 잠겼습니다.

"내가 만약 '머뭇돌이'가 아니라 '콕돌이'로 태어나 살아왔더라면 나는 어떤 인생을 살고 있을까? 내가 만일 내가 아니고 다른 누구였다면 그때도 나는 지금처럼 수행자일까?"

알 수 없는 일입니다. 내가 내 자신을 알 수 없습니다. 온 전화번호가 찍혀 있으니 그대로 눌러 보면 될 터인데 끝내 스마트폰 화면만 힐끔거립니다. 그냥 눌러 보면 되는 것도 하지 못하는 내가 받지 않은 상대에 대해 마음 써야 할 이유가 없지 않습니까. 끼루룩~ 짧은 소리를 내면서 문자 메시지가 떴습니다. 보나마나 그 친구일 듯싶었습니다. 시간은 이슥한 밤 11시 오후 내내 글을 썼지만 글이 마음에 들지 않아서 그랬는데.

"스님, 너무 늦은 시간입니다. 한 가지 여쭤보고 싶은 게 있어서 전화 드리다 말고 바로 끊었습니다. 저 곧 구족계具足戒 받습니다. 그런데 스님, 저 구족계 받아도 되겠는지요? 제가 아직 계율에 대한 정의를 잘 모르겠습니다. 지킬 자신이 있을 것 같기도 하고 어쩜 없을 것 같기도~선배스님, 도대체 계가 뭘까요?"

아는 친구였습니다. 스리랑카 친구였는데 여태껏 예비승려 사미로 지내다가 이제 구족계를 받으면 비로소 정식 승려가 되는데 한편 두려움이 앞서기도 하겠지요. 나는 계율학자가 아닙니다. 그런 나에게 계율의 정의를 묻다니, 전국에는 훌륭한 율사스님들이 수두룩합니다. 그리고 이론계율학자가 아니라 몸소 닦는 실천율사들이 많습니다. 그런 율사들을 찾아 물어야 할 것을 내게 묻다니요. 계율의 정의를 안다고 해서 수행이 더 잘된다는 그런 보장은 해 줄 수 없습니다. 다만 나의 계율에 대한 정의는 일반 계율학자 스님들이 바라보는 계율관과 다를 수는 있지요.

계율이란 그냥 계율입니다. 계율은 단지 계율戒律일 뿐, 그 이상도 그 이하도 아닙니다. 그러나 수행자든 아니든 계율은 필수적이고 계율을 떠나서는 단 한 순간도 살 수 없습니다. 왜냐하면 계율은 그물이니까요. 계율은 인연의 그물이요, 관계의 그물입니다. 공생共生의 그물입니다. 내가 지어서 하는 얘기가 아니라 우리 부처님 말씀이십니다.

부처님 가르침을 요즘 언어로 번안한 게 아니라 이미 2,600여 년 전에 생각하신 최첨단의 논리며 가르침이십니다. 그게 바로 그물의 원리고 이른바 범망梵網의 말씀이시지요. 세상은 그물입니다. 보이지는 않지만 촘촘한 그물로 이루어져 있습니다. 계율도 그물입니다. 오계五戒면 오계, 십중대계十重大戒면 십중대계, 48경계輕戒면 사십팔경계, 250계면 이백오십계, 348계면 삼백사십팔계, 계율 하나하나를 낱낱이 이어 놓으면 인연입니다. 이는 떨어져 있는 것보다 서로서로 연결되어 있을 때 계율의 가치가 드러날 수 있지요.

8살 어린이용 티셔츠 한 장을 만드는데 어느 정도 길이의 실이 필요할까요? 놀라지 마십시오. 약 6,400미터입니다. 한라산 높이의 3배 하고도 550미터가 남는 길이이지요. 이런 긴 실이라 해도 그냥 실로 남아 있으면 다만 실일 뿐, 몸을 따스하게 하지는 못할 것입니다.

계율은 계와 율이 각기 따로따로 노는 게 아니라 함께 어울려 공생의 관계를 가질 때 비로소 계와 율이 지닌 역할을 수행할 수 있습니다. 아무리 좋은 기둥 재목이고 대들보감이라 해도 벽과 어울리지 않고 서까래와 공생을 이루어내지 못하면 그냥 하나의 목재일 따름입니다.

훌륭한 사윗감, 참한 며느릿감, 멋진 신랑감, 조신한 신붓감이라 해도, 제 아무리 큰스님 재목이라 해도, 더 나아가지 못하면 그냥 감으로만 남을 뿐입니다. 나는 《불설아미타경》을 읽다가 육방제불 중 망명불網明佛에서 그만 꽂히고 말았습니다. '아하! 이런 부처님도 계시는구나!'

그물로써 세상을 밝히시는 부처님, 망명 부처님은 바로 지금 21세기 소셜 네트워크 서비스 시대에 걸맞게 이미 2,600여 년 전에 오신 분이시지요. 네트워크 시스템, 그물구조網構造라고도 부릅니다. 유비쿼터스 ubiquitous에 어울리는 다양한 그물구조입니다. 그물로 세상을 밝힙니다.

유비쿼터스 컴퓨팅Ubiquitous computing
노매딕 컴퓨팅nomadic computing, 입는 컴퓨팅wearable computing
편재형 컴퓨팅pervasive computing, 일회용 컴퓨팅disposable computing
엑조팅 컴퓨팅exoting computing, 옵티칼光컴퓨터optical computer
양자 컴퓨터quantum computer, 신경 컴퓨터neuro-computer
디엔에이 컴퓨터DNA-computer

그리고 마침내 그리드 컴퓨팅grid computing으로 이어지는 시대를 예고한 것일까요? 계율 한 조목 한 조목이 수행자의 삶을 얽어매는 게 아닙니다. 그물 구조가 복잡하면 복잡할수록 이를 가닥지어 주는 시스템은 다시 없이 필요합니다. 계율 항목이 많다는 것은 좋은 것이지요. 수행자가 계율의 보호를 받을 가능성이 그만큼 더 높아진다는 것이니까요. 마치 실로 티셔츠를 뜰 때, 실이 넉넉하면 넉넉할수록 무게야 아무래도 좀 나가겠지만 보온성은 그만큼 뛰어나지 않겠는지요? 사람이 많이 사는 세상에서 필요한 게 있다면 그것은 법이고 질서입니다.

그래서 우리 종단에도 종회宗會라는 입법부가 있고, 호법護法이라는 사법부가 있지요. 종도들의 알 권리를 위해 언론이 있습니다. 그리고 입안된 종책을 꾸려가는 총무원이 있습니다. 국가에서도 마찬가지입니다. 국민을 위해 법을 만들고 법질서를 위해 검경檢警이 있고, 법원이 있으며, 입안한 정책들을 수행하는 행정부가 있겠네요.

육방제불 가운데 북방의 근심 없는 무우無憂세계, 부동존不動尊 여래께서 머무시는 그 세계에 그물로 세상을 밝히시는 망명불이 계신다는 것은 너무나 벅찬 감동이고 행복입니다.

경經이 무엇입니까? 날줄이고 세로줄입니다. 이 날줄, 세로줄에 한 올 한 올 씨줄, 가로줄을 엮는 일, 이는 바로 수행자들의 몫입니다. 부처님께서 만드신 날줄 세로줄을 날줄 세로줄 그대로만 두고 읽기만 하는 것은 기둥감·대들보감을 한 녘에 재어 놓고 감상만 하는 것과 같은 격입니다. 그 좋은 대들보감·기둥감을 두고 보는 것으로 썩힐 것인가요?

그물은 세로줄 날줄에
씨줄을 가로로 넣어 엮은 것
그물로써 세상을 밝히는 것입니다.
아으, 망명불이시여!

081

처갓집이라니?

동방은 보름달 세계고 남방은 기쁨의 세계며
서방은 쾌적한 세계고 북방은 편안한 세계입니다

북방은 부동존불不動尊佛이 주불主佛이시며 근심을 떠난 세계입
니다. 생로병사의 고통을 떠나고, 좋은 사람과 헤어지고, 싫은 사람과 부
딪히고, 뜻대로 잘 안 풀리는 고통과 몸과 마음의 고통으로부터 떠나 있
는 세계가 무우세계無憂世界입니다.

북방은 하루에 있어서는 밤중이고
사계에 있어서는 겨울이고 오미에 있어서는 짠맛이고
오장에 있어서는 콩팥이고 인생에 있어서는 늙음이고
오색에 있어서는 검정이고 오기에 있어서는 추위이고
오상에 있어서는 슬기이고 오성에 있어서는 목소리고
오음에 있어서는 웃소리고 오행에 있어서는 물입니다.

근심憂은 어디로부터 올까요? 당연히 머리頁로부터 오며 그 근심이 마음心을 짓누르지요. 앞으로 잘 나아가는 발길을 머뭇거리게夊 하고 삶을 뒤처지게夊 만들어 갑니다. 근심에는 여러 가지가 있습니다. 감기 몸살에서부터 암, 당뇨, 고혈압, 비만, 고지혈증, 협심증, 뇌졸중, 심근경색, 동맥경화, 심장질환, 퇴행성관절염, 알코올성 간질환 등 성인병에 이르기까지 모두가 다 근심이고 걱정이며 고통입니다. 가족의 상을 당했거나 속을 태우거나 우울해 하거나 고생하거나 두려워하거나 가엾거나 문상하거나 하나같이 근심이며 슬픔입니다.

생로병사 중에 생生은 자동사로 태어남이기도 하지만 타동사로서 임산부가 아기를 갖고 낳기까지의 그 조심스러움과 출산의 힘든 고통도 포함됩니다. 아기를 낳으면 그것으로 끝인가요? 그렇지 않습니다. 그때부터가 시작입니다. 옛날에는 위생이 엉망이었고 의학이 발달하지 않아 갓난아기가 백일을 넘기고 첫돌을 넘기는 게 쉽지 않았습니다. 백일잔치, 첫돌잔치를 해 주는 것이 바로 여기에서 비롯된 문화입니다. 그것이 나중에 어르신이 세상을 뜨시면 49재를 올리고 백재를 지내드리는데 49재는 불교의 문화이지만 100재를 지내는 것은 백일잔치에 대한 보답으로 생긴 우리 고유의 문화이고 풍습입니다.

백일과 첫돌이 지나고 나면 가장 위험한 시기입니다. 하루 종일 저지레를 하고 다니는 아이, 그 아이의 뒤를 쫓아다니다 보면 온몸이 쑤십니다. 애 보는 게 쉽지 않습니다. 아이는 움직이는 빨간 신호등이지요. 잠깐 아주 잠깐 사이에 저지레하고, 넘어지고, 다칩니다. 결국 아이를 잘못 본 것이지요. 그러니 속담에 "애 본 공과 새 본 공은 없다"고 하지 않던가요?

어린이집에 보내고, 유치원에, 초등학교에 보냅니다. 중학교에 들어가게 되면 뭐가 오나요? 사춘기가 옵니다. 아주 민감한 때입니다. 이 사춘기를 잘 넘기는 것은 아이가 항문기를 지나고, 반항기를 지날 때와는 또 다릅니다. 참으로 조심스러운 때지요.

고등학교를 졸업할 때면 진로를 놓고 고심합니다. 대개는 대학에 진학하지만 원하는 대학을 놓고 시험을 치르고 졸업을 앞두고 또 고민입니다. 취업인가, 창업인가, 가업을 물려받을 것인가, 아니면 계속 공부할 것인가, 그렇다면 학비는 어떻게 할 것인가?

대학까지 가르쳤다면 이제는 어엿한 성인成人입니다. 성인이란 사람이 되었다는 뜻입니다. 성불成佛이 '부처님 되시다'로 풀이되듯 성인은 사람이 된 것이지요. 그렇다고 그 전에 사람이 아니었던 게 아니지요. 사회적으로 이제는 부모의 도움이 없어도 완전히 독립할 수 있다는 것입니다. 따라서 대학원부터는 학비를 스스로 조달하게 하는 게 부모로서 자녀에게 또 다른 키움의 의무를 다하는 것입니다. 만의 하나 아이子에게 한 수레輿의 책을 읽게 했다면 배움學을 만족시킨 것이며, 새가 날갯짓羽을 시작白했다면 이미 익힘習입니다.

학비는 그렇다 하나 혼인을 시켜 짝을 맺어주는 것은 부모가 할 일입니다. 장가가고 시집가는 게 아닙니다. 장가丈家를 보내고 시집을 보내는 것입니다. 왜냐하면 거기까지는 부모로서 치러야 할 의무니까요.

여기서 우리가 알아야 할 것은 먼저 장가를 보낸다는 말입니다. 장가는 처갓집이 아닙니다. 장인·장모님의 집입니다. 처갓집이라는 말은 본디 없습니다. 나중에 만들어진 신조어입니다. 아내의 친정이라는 말은 맞지만 처갓집은 옳지 않은 말입니다. 왜냐하면 아내 된 사람의 집은 장가든 사위가 나중에 장가에서 아내를 데리고 본가로 돌아오거나 독립된 집을 마련했을 때, 다시 말해 아내가 시집을 오면 그 남편의 집이 곧 처갓집입니다. 아내의 집妻家은 곧 시집이고 내 집이 그대로 아내의 집입니다.

고려 조만 해도 장가에서 첫아이가 태어나 서너 살 쯤 되어 혼자 걸을 수 있을 때 아내와 함께 아이를 걸려서 본가로 돌아왔지요. 그러던 것이 조선시대에 들어 가부장으로 가정이 꾸려지다 보니 장가는 먼저 들되 사흘쯤 지나 본가로 오거나 아니면 요즘은 신혼여행에서 돌아올 때 바로 장가에 들러 인사드리고 집으로 돌아오지요. 다시 한 번 강조해서 말하지만 처갓집은 없습니다. 다만 장인 장모님 집이 있을 뿐입니다. 구태여 얘기한다면 내 집이 곧 처갓집입니다. 그렇게 해서 가정을 이루고, 아이를 낳고, 그 아이를 키우고, 그리고 또 가르치고 하는 일련의 일들은 새 가정을 꾸민 부부의 몫입니다. 생각해 보면 모두가 큰일大事입니다.

삶은 근심의 연속입니다. 아버지 어머니께서 겪은 근심을 새로운 가정에서도 고스란히 겪어 나아갑니다. 대물림입니다. 조상님에게서 부모님에게로, 부모님에게서 내게로 성씨만 물려받는 게 결코 아닙니다. DNA에는 근심걱정까지도 가족력으로 함께 들어 있습니다. 대물림이 무슨 뜻입니까? 대代를 물림한다는 것인데, 사람人이 제 유전자代를 자손에게 이어가는 보이지 않는 끈입니다. 유전자는 나선형으로 되어 있지요. 사람人이 이어가는 주살代도 줄(끈)이 달린 화살입니다. DNA가 나선형인 게 밝혀진 것은 지금으로부터 겨우 60년 남짓, 1953년 크릭과 왓슨에 의해서지만 사람人이 이어가는 주살代에 줄이 달렸다는 것은 이미 수천 년 전에 유전자 코드가 나선형인 것을 알고 있었다는 걸까요? 영어에 제너레이트 generate도 아이를 낳는다는 뜻이 들어있지요. 주살, 곧 오늬처럼 탯줄을 달고 아이가 태어납니다. 나선형의 DNA도 탯줄처럼 꼬였지요.

어찌 되었거나 사바세계에서 태생으로 탯줄을 달고 태어나는 이상, 근심걱정도 탯줄처럼 달고 나옵니다. 그러니 북방의 무우無憂세계는 태생이 아닐 것입니다. 신들의 세계처럼 화생化生이겠지요. 화생이라면 어찌 북방뿐이겠습니까? 서방극락세계도 걱정 근심이 없고 오직 즐거움만 있으니 태생 아닌 화생일 것이고, 남방은 환희歡喜세계니 당연할 테고, 동방도 묘희세계, 또는 유리세계琉璃世界니, 기쁨이요 투명함이라 화생이겠지요. 동방은 또 만월滿月세계, 곧 보름달 세계라고도 하니 거기에 무슨 근심 걱정이 있겠는지요?

일단 근심과 걱정은 태생·난생·습생들만이 지닌 고유의 유전법칙입니다. 그런데 문제는 또 있습니다. 지옥을 비롯하여 명부(저승)·아귀·아수라·귀신들은 다 화생입니다. 그렇다면 그들에게는 혹시 근심이나 걱정이 없을까요? 그럴지도 모릅니다. 그들은 차라리 고통은 있을지언정 근심걱정은 없을 수도 있겠습니다.

만해 한용운 시집《님의 침묵》에 '꿈과 근심'이라는 시가 있습니다.

밤 근심이 하 길기에
꿈도 길 줄 알았더니
님을 보러 가는 길에
반도 못 가서 깨었구나.

새벽꿈이 하 짧기에
근심도 짧은 줄 알았더니
근심에서 근심에로
끝 간 데를 모르겠다.

만일 님에게도
꿈과 근심이 있거든
차라리
근심이 꿈 되고
꿈이 근심 되어라.

082

하늘의 북소리, 최승음불最勝音佛

소리를 잡아냅니다. 우주 어딘가에서 잡아냅니다. 이미 우주에 꽉 차 있는 소리이지만 그 소리를 잡아내어 예술藝術로 승화昇華시킵니다. 예술로 승화시키다니요? 예술은 무엇이며 승화는 무엇인가요? 예술 이란 기예와 학술을 뭉뚱그려 부르는 말입니다. 독특한 표현양식에 의해 의식적으로 아름다움을 창조해 내는 활동이지요. 다시 말해 정신적·육체적 활동을 빛과 소리와 글 등으로 아름답게 표현하는 일들입니다.

조형造型plastic arts으로는 건축建築architecture · 조각彫刻stature · 회회繪 畵painting 등이 있고, 표정表情expression으로는 무용舞踊dancing · 연극演劇playacting · 스포츠sports 따위가 있으며, 소리sound/voice로는 음악音樂 music이 있고, 글writing로는 시詩poem · 소설小說novel · 희곡戱曲play · 평론評論review 등 다양한 갈래가 있습니다.

특히 요즘에 와서는 옷clothes이나 신발shoes은 물론, 음식飮食에도 예술성을 담고 자기가 하는 일도 예술로 표현합니다. 삶 속에서 예술을 찾는 것은 지극히 자연스러운 현상입니다. 왜냐하면 예술이란 곧 예술藝術이니까요. 예술의 '예藝'자를 한번 볼까요. 어떻습니까? 싱그러운 자연 그대로이지 않습니까? 파릇파릇한 풀艸잎과 낮게 드리워진 구름云을 보십시오. 구름이 땅土보다 아래 있다면 구름이 아니라 안개이겠군요. 이들이 때로는 흩어八지기도 하고, 때로는 한 데 뭉쳐丸가면서 또 다른 자연을 만들어냅니다. 이것이 대자연의 기예技藝입니다. 그리하여 눈으로 보고, 귀로 감상하고, 코로 향기 맡고, 혀끝으로 느끼고, 몸으로 부딪히고, 의식意識의 세계에서 마음껏 느낄 그 어떤 아름다움이지요.

지난 5월 8일 오후였습니다. 연파 신현철 선생의 도자기전을 보러 서울 서초 예술의 전당을 찾았습니다. 그런데 와우! 한 마디로 표현하면 '와우!'였습니다. 이 친구가 아니고서는 솔직히 이 세상 어느 누구도 도저히 흉내조차 낼 수 없는 작품들이었습니다.

어떻게 흙에서 이런 빛깔을 잡아낼 수 있을까? 어떻게 사람의 손에서 이토록 섬세함이 탄생될 수 있을까? 누가 자연 그대로의 미가 최고라고 연파의 도자기를 앞에 두고 논하랴! 태양으로부터 자그마치 1억 5천만 km를 달려와 뿌려 준 빛깔, 눈에 다 보이지 않는 빛깔들을 하나하나 찾아내고 또 끄집어내어 그리 아름다운 세계로 엮어가다니 말입니다.

예술의 '예藝'도 중요하지만 예술의 '술術'은 더없이 아름답지요. 술術이란 길을 만드는 행위입니다. 오솔길朮을 만들고, 그 길을 몸소 조심彳하고, 또 조심亍하면서 걷는 걸음行입니다. 누군가에 의해, 다른 힘에 의해, 뻥 뚫린 큰 길大路이 아니라 아직 아무도 가지 않은 작은 길, 꼬불꼬불한 길朮입니다. 차 몰고 휘익 지나가는 길이 아니고 쉬엄쉬엄 쉬어가며 얘기하며 걷는 길朮입니다.

예가 이름씨名詞라면 술은 움직씨動詞입니다. 예가 만들어진 아름다움의 주체라면 술은 그 아름다움을 아름다움으로 지속시켜 나아가는 행위입니다. 이들 이름씨와 움직씨가 조화를 이루는 속에서 좋다, 멋지다, 우아하다, 아름답다와 같은 그림씨形容詞를 만들어가는 겁니다. 이것이 곧 승화昇華입니다.

시각적·공간적 예술만이 아닙니다. 청각적이고 시간적인 예술, 음악도 예외는 아닙니다. 흙의 마술사 연파 선생이 흙 속에서 1억 5천만km 떨어진 광원光源인 태양에너지 불 속에서 이토록 아름다운 모습과 함께 표현할 수조차 없는 색의 세계를, 조형의 세계를 그릇으로 담아내었듯이 이 우주에서 그토록 장중하고 아름다운 소리를 잡아내는 명기의 명장들, 그 명기를 통해 조화로운 질서를 표현해 내는 음악예술가들, 나는 지금 그들의 소리를 듣습니다.

우주에는 소리가 없습니다. 매질媒質이 없기 때문입니다. 정말 우주에는 소리가 없을까요? 진공이기 때문에 소리가 없을까요? 하늘 북天鼓이 있습니다. 치지 않아도 저절로 아름다운 소리妙音를 내는 하늘 사람天人들의 북입니다. 부처님 설법을 이르기도 합니다. 어떤 연주도 하늘 북이 한꺼번에 내는 하늘 북의 장중한 오케스트라를 흉내 낼 수가 없습니다. 그런데 이 북이 하는 일은 음악을 연출해 내는 악기로서의 역할 외에 신문고申聞鼓로서의 역할이 더 크다고 합니다. 수미산 정상에 있는 도리천, 이 도리천 선견 법당에 걸려 있는 북, 곧 하늘 북이 말입니다.

현장玄奘 역《칭찬정토경》에서는 최승음불最勝音佛을 무량천고진대묘음여래無量天鼓震大妙音如來로 표기하고 있습니다. 가장 뛰어난 음성의 거룩한 부처님이 계시니 이 분이 누구신가요? 헤아릴 수 없이 많은 하늘 북들이 도리천 선견 법당에 동시에 울려 퍼질 때, 그 장중하고 아름다운 선율을 듣고 수많은 중생들이 다함께 기쁨을 얻는다는 것입니다. 아울러 그 하늘 북과 같은 거룩하고 아름다운 음성의 부처님이 곧 〈무량천고진대묘음여래〉이십니다.

한 번 상상해 보십시오. 도리천 선견 법당에서 하늘 북이 울면 천정에 있는 그물코마다 그 북소리를 받아 공명으로 온 누리에 전해주고 있음을요. 도리천 법당이 수미산 정상에 있다면 지상으로부터 8만 유순由旬 높이지요. 유순에 대해서는 여러 가지 설이 있습니다만, 대유순 80리 32km이고, 중유순 60리 24km이며, 소유순 40리 16km입니다. 그냥 1유순을 20km로 잡더라도 그다지 무리는 없을 듯싶습니다.

그렇다면 사천왕천은 수미산 중턱에 걸쳐 있고 4만 유순이니 향수해香水海 해발 80만km입니다. 옛 불교 우주관에 의하면 해와 달이 수미산 허리쯤에 있다고 생각했으니 천동설 입장에서라면 당연한 사고思考의 도출이겠지요. 그도 그럴 것이 육안으로 보면 해와 달의 크기가 비슷하니까요. 그러나 해와 달은 반지름의 차이가 400배이고, 지구로부터의 거리도 400배 차이이니, 같은 크기로 보일 수밖에요.

도리천은 향수해발 8만 유순입니다. 지구와 달의 거리 4배가 넘는군요. 먼 거리도 먼 거리이지만 수미산이 꽤나 높은 산이군요. 부처님께서는 바로 이 도리천에서 어머니를 위해 법문을 하셨습니다. 이 도리천 선견 법당에서 누리에 울려 퍼지는 하늘 북 이야기는 비유로 가져왔을 뿐입니다.

하늘 북의 북소리처럼 장엄한 음성의 최승음 부처님께서 아미타 부처님의 무량공덕을 찬미할 때 그 어떤 예술음악보다도 이 찬미곡을 들은 많은 중생들은 왕생에 대한 생각을 바로바로 내게 될 것입니다.

삼십종익공덕장엄三十種益功德莊嚴

서방정토 극락세계 아미타불 계시온곳
누구든지 마음닦아 그나라에 태어나면
서른가지 이익으로 아름답게 장엄하니
이를일러 삼십종익 공덕장엄 이라하네

쾌적하온 서방정토 극락세계 수용하니
첫째가는 이익으로 공덕장엄 한것이고
극락세계 태어나서 대승법락 얻게되니
둘째가는 이익으로 공덕장엄 한것이고

성스러운 부처님과 회중들을 뵙게되니
셋째가는 이익으로 공덕장엄 한것이고
시방세계 다니면서 부처님을 공양하니
넷째가는 이익으로 공덕장엄 한것이고

부처님께 법문듣고 수기받아 지니오니
다섯째의 이익으로 공덕장엄 한것이고
복과지혜 자량들을 속히얻어 원만하니
여섯째의 이익으로 공덕장엄 한것이고

무상정등 보리도를 순식간에 증득하니
일곱째의 이익으로 공덕장엄 한것이고
덕높으신 선지식과 더불어서 생활하니
여덟째의 이익으로 공덕장엄 한것이고

물러남이 없는자리 영원토록 머무나니
아홉째의 이익으로 공덕장엄 한것이고
한번세운 그행원을 계속증진 닦아가니
열번째의 이익으로 공덕장엄 한것이고

앵무사리 온갖새들 부처님법 펼쳐가니
열한번째 이익으로 공덕장엄 한것이고
보배나무 바람불면 하늘음악 울리나니
열두번째 이익으로 공덕장엄 한것이고

마니수가 고와공과 무상무아 들려주니
열세번째 이익으로 공덕장엄 한것이고
가지가지 악기들이 교향곡을 연주하니
열네번째 이익으로 공덕장엄 한것이고

사십팔원 원력으로 삼악도가 끊어지니
열다섯째 이익으로 공덕장엄 한것이고
보랏빛이 어려있는 진금색의 몸이루니
열여섯째 이익으로 공덕장엄 한것이고

사바세계 추루한몸 영원토록 벗어나니
열일곱째 이익으로 공덕장엄 한것이고
다섯가지 신통들을 모두얻어 자재하니
열여덟째 이익으로 공덕장엄 한것이고

정정취에 들어서서 언제든지 머무르니
열아홉째 이익으로 공덕장엄 한것이고
삼악도와 십불선이 이름조차 없는세계
스무번째 이익으로 공덕장엄 한것이고

한량없는 수명으로 건강하게 오래사니
스물하나 이익으로 공덕장엄 한것이고
입는일과 먹는일이 자연스레 이뤄지니
스물두째 이익으로 공덕장엄 한것이고

다만오직 여러가지 즐거움만 받게되니
스물셋째 이익으로 공덕장엄 한것이고
삼십이상 하나하나 빠짐없이 구족하니
스물넷째 이익으로 공덕장엄 한것이고

억압하고 차별받을 여인없고 성없으니
스물다섯 이익으로 공덕장엄 한것이고
작은탈것 소승법은 찾아볼수 없는세계
스물여섯 이익으로 공덕장엄 한것이고

문법장애 삼도팔난 일체모두 떠났으니
스물일곱 이익으로 공덕장엄 한것이고
세가지의 법인얻어 나고죽음 초월하니
스물여덟 이익으로 공덕장엄 한것이고

언제든지 그믐에서 자마광명 빛이나니
스물아홉 이익으로 공덕장엄 한것이고
나라연의 건장하고 견고한힘 얻게되니
서른번째 이익으로 공덕장엄 한것이라

083

표면장력과 물의 힘

저지沮止하기 어렵습니다. 집채만 한 파도波濤가 밀려옵니다. 도저히 인간의 힘으로 이 파도를 막는다는 것은 어렵습니다. 그냥 파도가 아니라 쓰나미律波tsunami입니다. 물은 무엇으로 이루어져 있나요? 전자현미경으로 들여다보면 수소 분자 2개와 산소 분자 1개로 구성되어 있습니다.

이들 분자들을 하나하나 따로 떼어 놓는다면 힘을 쓸 수 있을까요? 사람의 입장에서 보면 힘이 없습니다. 그리고 어떤 역할도 하지 못합니다. 목이 마르다 해서 물 분자 알갱이로 목을 축이겠습니까? 몸이 근질근질하다고 해서 몸의 때를 벗길 수 있겠습니까?

처음부터 물이 목마름을 없애고 때를 벗기고 요리하는 등 생명이 살아가는 데 쓰이고자 특별히 만들어진 것은 아닙니다. 생명이 물에서 시작했기에 물을 필요로 합니다. 어디 물뿐이겠습니까. 흙도 공기도 불과 에너지도 우리가 바로 그들에게서 왔으므로 그들을 필요로 하는 것이지요.

물 분자들이 조금씩 뭉쳐 우리 눈에 비친 것이 물방울입니다. 그러니까 샘물이나 산골물이나 도랑물·개울물이나 하천을 흐르는 물도 유유히 흘러가는 강물도 고여 있는 바가지 속의 물도 잔잔한 호수물이나 드넓은 바닷물도 따지고 보면 물방울의 모임입니다. 그런데 왜 이렇게 물방울들이 한 데 모이려 하는 것일까요? 표면장력表面張力의 작용 때문입니다. 계면界面장력이라고도 하는데 표면장력이 무엇일까요? 액체일 경우 겉넓이를 작게 하려는 힘을 안으로 지니고 있습니다. 표면장력이 강해지는 것만큼 더욱 야무져지는 힘, 그래서 밀도가 높은 동전이나 부력이 없는 바늘 쇳가루도 물갈퀴가 없는 소금쟁이도 띄웁니다.

물방울을 보십시오. 어떻게 그 작은 분자들이 공 모양으로 뭉칠 수 있을까요? 그 작은 물방울들이 서로서로 몸을 섞을 때 그들 고유의 공 모양을 고집하지 않고 상대와 하나 되는 모습에 감탄하지 않을 수 없습니다.

몇 년 전 태안 앞바다가 기름유출사건으로 꽤 큰 곤욕을 치른 적이 있었지요. 그때 어떤 사람이 한 말이 아직도 머리에서 떠나질 않습니다.

"그거 뭘 그렇게 걷어내고 그래? 에탄올 몇 통이면 깨끗해질 텐데."

에탄올이 어떤 것입니까? 메탄올과 함께 알코올 성분이며 술을 만드는 데 꼭 필요한 것이지요. 용매로도 쓰이는데 표면장력을 감소시키는 것으로는 비누보다 훨씬 강력합니다. 나중에 안 사실이지만 만약 에탄올과 같은 용매제溶媒劑solvent를 이용하여 기름과 물을 섞어버렸다면 바다가 얼마나 더 오염되었을까 하고 생각하니 지나가는 말이었다 해도 심하기는 심한 말이었습니다. 당연히 해서는 안 되는 말이요, 생각도 해서는 안 되는 것이었습니다.

표면장력은 온도가 오르면 낮아지고 온도가 내려가면 높아집니다. 우리 몸에는 기름기가 있어서 그냥은 때가 잘 지지 않습니다. 물로 씻는 것만으로는 때에 배어 있는 기름기와 물이 겉돌아 때가 잘 빠지지 않지요. 이때 필요한 것이 바로 계면활성화제 비누입니다. 비누는 물과 기름이 겉도는 것을 하나로 섞어주는 용매이므로 피부에 묻은 때나 옷에 묻은 기름기도 말끔하게 제거해 줍니다. 표면장력을 갖고 있는 물, 그 물이 비록 전자현미경으로 보면 수소와 산소 분자로 되어 있더라도 그 분자들이 서로 끌어당겨 물방울을 만들고, 그러면서도 밀도는 높이되 분자와 분자 사이의 표면장력과 계면활성화를 통해 소금쟁이도 떠 있게 합니다. 아울러 물고기들, 수중 동물들이 마음껏 헤엄칠 수 있게도 해 주고요.

그러면서 이것이 엄청난 파도로 해일로 쓰나미로 밀려올 때, 감당할 수 없는 재앙을 불러옵니다. 그러나 자연재해는 반감기가 없습니다. 비이온화 방사선이나 이온화 방사선처럼 지수함수적 붕괴를 얘기하듯이 수천 년에서 수십만 년씩 지나가야 절반씩 또 절반씩 없어지는 반감기半減期half-life라는 게 없습니다.

그러나 여기서 피폭 못지않게 우리를 무겁게 짓누르는 게 곧 지수함수적 붕괴가 너무나 지루하게 이루어진다는 것입니다. 반감기라고 하는 게 있는 한 우리 후손들은 피폭의 두려움에서 쉽게 벗어나지 못하겠지요. 우리가 반핵을 부르짖는 것이 단순히 우리 세대만을 위해서가 아닌 수천 년 또는 수만 년 뒤 후손들까지 위한 것임을 깊이 생각해야 합니다.

몇 년 전이었습니다. 우리 지도자 중 한 사람은 미국·인도·중국도 다 갖고 있는 핵을 북이 좀 가지면 안 되겠느냐며 북핵을 두둔하는 듯한 발언을 하여 말이 많았지요. 나중에는 "남북이 통일되면 그 핵은 결국 우리의 것이 아니냐?"는 얘기까지도 술자리에서 오갔다고 하더군요. 북핵만이 아닙니다. 지구상에서 무기로 쓰이는 핵은 영구히 사라져야 한다는 게 그때나 지금이나 그리고 앞으로도 일관되게 이어질 내 생각입니다.

자연재해에는 이런 게 없습니다. 거대한 혜성 하나가 우리가 사는 지구에 떨어졌을 때 그 위력이 TNT 얼마로서 히로시마 원폭의 몇 십만 배니 몇 백만 배니 하지만 거기에는 방사능 원폭피해가 없지요. 반감기라고 하는 것도 없습니다.

저지하기 어려운 엄청난 쓰나미가 밀려옵니다. 육방제불 중에서 북방

에 계시는 난저불이십니다. 저지하기 어려운 부처님이시지요. '저지하다'
할 때의 저沮가 밀려오는 물을 막는다는 뜻입니다. 따라서 그냥 막을 저
沮자가 아니라 물 막을 저沮자로 풀이해야 합니다. 물 막을 저沮자는 주체
가 물氵입니다. 그 물을 막는 것沮은 무엇인가요? 곧 또且 다른 물입니다.

그래서일까. 영화에서도 물은 물로써 막습니다. 몇 년 전 쓰나미를 주제
로 만든 재난영화를 몇 편 본 적이 있습니다. 우리나라 영화로 〈해운대〉가
있고요. 〈일본침몰〉도 나름대로 성공한 작품이라 할 것입니다. 서양영화
로 〈베이트Bait〉와 〈더 임파서블The Impossible〉이 있지요. 특히 윤제균 감
독의 영화 〈해운대〉는 설경구, 하지원, 박중훈, 엄정화 등 쟁쟁한 거물들
이 출연해 만든 꽤 괜찮은 영화였습니다.

"한국영화가 이 정도 수준까지 된 거야?"

영화를 보고 난 뒤 나는 후한 점수를 매겼지요. 이들 영화에서도 어마
어마한 쓰나미를 막는 법에 물길을 돌리는 방법이 동원됩니다. 북방세계
의 난저불은 과연 어떤 쓰나미를 갖고 오실까요?

첫째는 도저히 거부할 수 없는 지혜의 쓰나미입니다.
둘째는 안 받고는 못 배기는 자비의 쓰나미입니다.
셋째는 어떤 중생도 막을 길 없는 공덕의 쓰나미입니다.
넷째는 어떤 생명에게도 필요한 소원 성취의 쓰나미입니다.
다섯째 삶에 있어서 필요한 방편의 쓰나미입니다.
여섯째 자비희사慈悲喜捨 사무량심의 쓰나미입니다.
일곱째 나눔을 비롯한 여섯 가지 바라밀의 쓰나미입니다.

난저불이시여!
환영하나이다.

084

하루살이 부처님

어느 날 하루살이가 한숨을 푹푹 내쉬며 탄식합니다.

"뭐야! 메뚜기는 한 철을 사는데 난 겨우 하루살이라고?"

옆에 있던 때살이가 부러워합니다.

"그래도 너는 나보다 오래 살잖아. 난 끽해야 한 시간이라고."

옆에서 분동이가 소리를 지릅니다.

"너희들 나 약 올리는 거야 뭐야! 난 겨우 1분밖에 못 사는데."

하루살이, 때살이, 분동이, 이들의 대화를 짧은 순간이나마 들은 초순이가 끼어듭니다. 그러나 그는 끼어들기 무섭게 한 마디도 못하고 숨을 거둡니다.

🐰 올해 여름부터 글쓰기를 시작했습니다. 지금까지 50여 권이나 출간되었지만 이렇다 할 책이 별로 없지요. 여태껏 판판이 놀다가 때늦게 철이 들어가는가 싶습니다. 앞서《금강경》강설을 쓰고 지난 9월부터 이《불설아미타경》강설을 씁니다. 그러면서 나는 출가자들이 바라본 경전이 아니라 재가자들 입장에서 본 부처님의 가르침을 쓰고 싶었습니다.

요즘은 생각합니다. '하루日가 참 짧네!'라고요. 하루하루日 살아가노라면 한 달月이 가고, 한 해日를 돌고, 한 삶生을 마감하겠지요. 그 하루하루에는 때時가 들어 있고, 그 때는 60개의 퍼즐分로 되어 있습니다. 그 60개의 퍼즐은 무엇으로 되었을까요? 60개의 미세한 까끄라기秒입니다.

벼禾의 까끄라기입니다. 까끄라기는 밀과 보리에도 있다고요? 당연하지요. 예로부터 농경사회에서는 밭田에서는 보리麥를, 논畓에서는 벼禾를 거두었습니다. 벼禾의 까끄라기는 눈에 보이지 않을 정도少로 작습니다. 그래서 초秒는 미세하다는 뜻이지요.

우리말은 밭논이 아니라 논밭인데, 한자로는 '전답田畓'입니다. 순서를 놓고 보니 밭田에서 논畓이 갈래지어 나왔네요. 밭은 밭인데 그 밭田에 물水을 끌어들여 물을 필요로 하는 벼禾를 재배하면서 논畓이라 부르게 되었습니다. 우리 발음에도 '밭'은 건조한데 '논'은 촉촉한 느낌이 들지 않나요? 선입감 때문이라고요? 느낌이 그냥 그렇다는 것입니다.

거리에서는 미터m가 기준입니다. 거기에서 천진법千進法으로 올라가고, 십진법 또는 천진법으로 내려갑니다. 그래서 10센티미터, 1센티미터, 1밀리미터까지 내려가서는 소수점 이하로 표기하고 설명합니다. 무게의 단위로는 영어로 그램g인데 우리말로 표현이 안 되고 시간의 단위는 세컨드second초秒입니다.

요즘은 과학기술의 발달로 미시세계微視世界를 다루고, 초고속 현상에 대한 측정기술이 날로 진보하다 보니 백만분의 1초라는 마이크로micro초는 애들 수준이지요. 십억 분의 1초인 나노nano초, 일조분의 1초인 피코pico초, 천조분의 1초인 펨토femto초, 백경분의 1초인 아토atto초, 십해분의 1초인 젭토zepto초, 일시분의 1초인 욕토yocto초까지 나누고 있습니다. 그러나 아직 과학계에서는 아토초까지만 다루고 있습니다. 아토초만 하더라도 일조분의 1초인 피코초를 다시 백만 조각으로 나눈 초단위이니까 대단하지요. 욕토초나 젭토초까지는 아니라 하더라도 말입니다.

원자보다 십억 배나 작은 전자나 양자·중성자의 움직임까지도 아토초를 다룰 수 있는 광학기술이면 가능하니까요. 그렇다면 젭토초·욕토초는 잠시 접어두고라도 아토초만 해도 소숫점 이하로 동그라미를 몇 개나 붙여야 하는지요? 10^{-18}이니 18개가 붙는군요.

초순이보다 평균수명이 60배를 사는 분동이, 분동이보다 60배를 사는 때살이, 때살이보다 24배를 사는 하루살이, 그러고 보면 하루살이도 초순이에 비하면 많이 사는 거네요. 사람은 하루살이에 비해 겨우 3만 배 정도 사는데, 하루살이는 초순이에 비해 8만 6천 배 이상을 사는 편이니까요. 그렇지만 아토미나 펨토미·피코미보다는 초순이가 오래 사는 게 아닌가요? 나노미보다 10억 배 마이크로미보다 무려 100만 배나 더 살지 않나요? 마이크로미는 초순이가 얼마나 부러울지 생각만 해도 그냥 상상이 갑니다.

'아토초' 하니까 생각이 납니다. 6세기 무렵 중국에 선禪을 전한 위대한 고승 보리달마 대선사, 부처님으로부터는 28대, 중국으로서는 처음이라 하여 소위 동토초조東土初祖라 했습니다. 그래서 나는 동東아프리카 탄자니아에 나가 있는 동안 내내 아토초조阿土初祖라 자칭했지요. 아프리카 대륙 54개국 어디에도 한국불교의 자취는 없었습니다. 스리랑카 불교 사원, 일본 불교 포교원, 타이완 불교도 나가 있고 심지어 원불교까지 남아공에 뿌리를 내리고 있었습니다.

그런데 이게 무슨 일인지요? 한국불교 1,650년, 비공인 2천년 역사에서 어찌하여 여태껏 아프리카 진출을 못했는지요? 오직 한국불교만 없다고 했습니다. 하기는 유럽이나 북미 쪽에 또는 아시아 지역에도 한국불교가 자리를 잡은 게 모두 근대 몇 십 년 전 일이니까요.

깨달음 못지않게 전법을 중요시하는 한국불교, 자칭 우리는 대승불교라면서도 포교와 전법에는 그다지 눈길을 주지 않았습니다. 돌이켜 생각해 보면 한국불교 자랑할 게 별로 없지요. 물론 나도 한국에 돌아온 지 어느덧 만 여섯 해가 됩니다.

아프리카 탄자니아에 학교를 짓겠다고 학교법인을 만들고, 학교 부지를 매입하고, 모든 설립허가 절차가 깔끔히 마무리되길 기다리는 동안 한 녘으로는 전국을 돌며 말라리아 환자 돕기 활동을 했지요.

어찌 되었거나 킬리만자로 산 제 1루트 마랑구Marangu게이트 바로 옆에 마련한 사찰부지 3에이커와 탄자니아의 수도 메가시티 다르에스살람Dar es salaam에 마련한 학교부지 35에이커를 모두 종단에 기증하여 지금 조계종단 차원에서 농업기술고등학교를 짓고 있습니다. 학교 이름은 '보리가람Borigaram 농업기술고등학교'입니다.

그래도 나는 아토초조입니다. 내 마음은 언제나 아프리카와 함께 하며 아프리카를 결코 떠나지 않습니다. 일할 수 있는 여건이 주어진다면 남들이 선호하는 선진 구미대륙이 아니라 선뜻 나가기를 꺼려하는 곳, 검은 대륙 아프리카에 내 뼈를 묻고 싶습니다.

이 《불설아미타경》에 의하면 북방 부처님 중에 일생불日生佛이 계십니다. 작열하는 태양과 함께 살아가는 검은 대륙 아프리카 탄자니아를 생각하노라면 나는 늘 일생불을 떠올립니다.

며칠 전 법당에서 기도하고 있는데, 사십이수십일면관세음보살四十二手十一面觀世音菩薩님의 눈과 딱 마주쳤습니다. 기도할 때마다 관음전 법당에 들어서면 성상을 바라보는 건 당연한 일이지요. 그런데 어째서 단한 번도 관세음 보살님의 눈동자가 그리 아름답다는 것을 몰랐을까요?

관음전 본존불 관세음보살님의 그 맑고 아름다운 눈동자에서 완벽한 황금빛이 뿜어져 나왔습니다. 나는 목탁을 든 채 관세음보살님을 바라보았지요. 노란 황금빛과 함께 한 번도 생각지 않은 부처님이 오버랩overlap되어 나타나는데 '하루살이 부처님日生佛'이었습니다.

일생불을 '하루살이 부처님'이라 하는 것은 내가 처음입니다. 아미타경 해설서 어디에도 일생불을 하루살이 부처님으로 번역한 예는 없을 것입니다. 나는 기도하다 말고 속으로 중얼거렸지요. '아, 하루살이 부처님이시다!'라고. 그리고 《불설아미타경》 강설에서 하루살이 부처님이 계시다는 것을 분명히 알았습니다. 하루살이 부처님은 과연 하루만 사시는 부처님이실까요? 그렇지는 않습니다. 만약 우리가 생각하는 시간으로 하루만 사시고 끝내신다면 우리는 고개를 갸웃할 것입니다. 그런데 또, 초순이 입장에서라면 하루살이 부처님도 얼마든 가능할 수 있지 않겠는지요?

초순이라고 하는 성surname은 접고, 이름first name만 부르겠습니다. 마이크로미나 나노미의 입장에서 보면 하루살이 부처님은 영겁을 사시는 거나 마찬가지겠지요. 왜냐하면 그냥 초순이만 해도 나노미의 10억 배를 사니까요. 그러고 보면 나노미의 삶이 참 짧지요. 그런데 아토미의 삶에 비하면 나노미는 또 10억 배나 살잖아요.

그렇다면 하루살이 부처님의 삶이 그다지 짧은 게 아니겠군요. 하루살이 부처님께서는 이렇게 외치고 계십니다.

중생들이여,
너희에게 주어진
그 하루하루에 최선을 다하라.
오늘이
마지막이다 생각하며
최선을 다하는
하루하루가 차곡차곡 쌓여갈 때
너희 사는 그 곳이 곧 극락이리라.

085

비둘기 미신

사리불아 하방에도 사자불과 명문불과
명광불과 달마불과 법당불과 지법불과
그와같이 나아가서 항하사수 모래처럼
한량없고 가이없는 거룩하신 부처님이

모두각기 그분들이 머무시는 국토에서
길고넓은 혀의모습 광장설상 내미시어
삼천대천 너른세계 남김없이 덮으시곤
진실하신 말씀으로 간곡하게 설하시되

너희모든 중생들은 한마음을 다기울여
추호라도 의심없이 믿어야만 하느니라
이와같이 찬탄하는 불가사의 공덕이며
일체모든 부처님이 호념하는 이경전을

스키너B.F.Skinner(1904~1990)는 적어도 행동심리학에서는 최고의 학자입니다. 특히 그가 실험을 통해 밝힌 생명의 의식구조에 대해서는 많은 논란을 갖고 있는 것도 사실입니다. 그만큼 그의 실험정신은 대개의 심리학자들이 이론심리에 치중되어 있는 데 있어서 큰 경종警鐘이 되기도 했습니다.

오늘은 지방에 법회가 있어서 출발하는 중이었습니다. 영동고속도로를 타기 위해 도척을 지나 마장·양촌삼거리가 가까워지기에 속도를 줄이고 있었지요. 마침 내 앞 약 30미터 거리에서 까만 고양이가 도로를 가로질러 질주하고 있었습니다. 중앙선 넘어 상대편에서는 까만 승용차가 양지 방면에서 오다가 좌회전을 하면서 곤지암 쪽으로 방향을 틀었는데 고양이와의 거리가 너무 가까웠습니다. 그 까만 승용차 운전자는 고양이를 보지 못했을 것입니다. 좌회전 커브를 튼 뒤 핸들을 바로잡고 있었으니까요.

너무나도 작은 아기 고양이였거든요. 하기는 고양이를 발견했다 해도 멈추거나 피할 수는 없었을 것입니다. 가로질러 달려가던 고양이는 조수석 앞바퀴에 치이고 말았지요. 로드킬road kill로 죽는 것 중에 날벌레를 제외하고는 아마 고양이가 으뜸일 것입니다. 그야말로 눈 깜짝할 사이에 일어난 안타깝고 처절한 로드킬 사고, 내가 직접 내 두 눈으로 본 죽음의 현장이었습니다. 그토록 어리고 까만 아기 고양이는 1~2초 동안 파르르 떨더니 그대로 다시는 움직이지 않았습니다.

나는 고속도로에 차를 올리기는 했습니다만, 도저히 그 죽음의 장면이 눈에 밟혀 운전을 계속하는 것은 무리라는 생각이 들었습니다. 법회를 주관하는 쪽에는 몇 가지 다른 이유를 대며 법문을 취소해야 했지요. 그러면서 난 생각했습니다. 사람의 고귀한 생명을 앗아가는 암癌(cancer)이라고 하는 녀석도 생각대로 캔슬할 수 있다면 얼마나 좋겠느냐고요.

암 암癌 자가 조금은 고약하게 생겼다 했더니, 영어의 캔서는 취소한다는 캔슬과 머리글자capital도 같은 데다 맨 마지막 철자 하나만 다르니 그래서 캔서cancer가 생명을 캔슬cancel하려 드는가 봅니다. 어찌 되었거나 이 세상 사람들이 앓고 있는 그 고약한 온갖 암cancer을 말끔하게 지워 cancel버렸으면 합니다.

캔서하니까 생각나는 게 있습니다. 트로픽 오브 캔서the tropic of cancer(북회귀선/하지선)와 트로픽 오브 카프리콘the tropic of capricorn(남회귀선/동지선)이 있는데 적도equator로부터 북위 23도 27분을 북회귀선이라 하고, 남위 23도 27분을 남회귀선이라 하지요. 남회귀선은 카프리콘이라는 표현을 썼는데 왜 북회귀선은 캔서를 썼을까요? 혹시 중국이나 우리의 문화 속에서 북쪽을 죽음으로 생각한 것을 차용한 건 아닐까요?

그건 그렇고요. 운동선수들에게 나타나는 징크스, 색깔이나 숫자에 민감하여 어떤 색은 좋아하고 어떤 색은 피하며 4자는 피하고 7자를 좋아한다거나 중국인들처럼 8자를 최고의 숫자로 치는 문화도 일종의 비둘기 미신이지요. 뭔가 큰일을 앞두고 점집을 찾는 사람들의 심리도 그렇거니와 자녀의 혼인날을 잡아놓고는 상갓집은 고사하고 조상님 제사도 지내려 하지 않는 풍습도 결국은 징크스고 스키너가 얘기한 비둘기 미신이지요.

한때는 혈액형을 놓고 A형은 어떻고, B형은 어떠하며, AB형은 어떻고, O형은 어떻다는 등 모였다 하면 얘기들이 많았지요. 이는 마치 나이를 놓고 무슨 띠와 무슨 띠는 좋고 무슨 띠와 무슨 띠는 맞지 않는다는 소위 궁합의 원리와 같은 것입니다. 과학적으로 증명된 게 아니니까요.

솔직히 얘기해서 혈액형이니, 궁합이니, 명당이니 심지어는 사주팔자니 하는 것들이 다 바넘 효과Barnum Effect입니다. 참고로 심리학자 피니어스 테일러 바넘P.T.Barnum(1810~1891)의 말이 꼭 100% 맞는 것이라고 장담할 수는 없습니다. 바넘 효과를 옳다고만 하는 것도 또한 일종의 바넘 효과요, 비둘기 미신을 최고로 치는 것도 또한 비둘기 미신이니까요.

그렇다면 과학은 믿음이 가느냐고요?

비록 비둘기 미신이라 해도 아기 고양이가 바로 내 눈 앞에서 로드킬을 당하는 것을 목격하고는 도저히 안쓰러운 마음에 운전이 되지 않는데 어찌해야 합니까? 비둘기 미신은 스키너 박사가 최초로 언급했습니다. 여러 동물 가운데서 비둘기가 보상 레버compensation lever를 가장 먼저 건드린 데서 생긴 심리학 용어인데 바꾸어 강아지 미신이라 해도 좋고 고양이 미신이라 해도 상관없지요.

암癌이 생각나서 살펴보겠습니다. 병들어 기댈 녁疒 자가 들어간 자는 무조건 질병疾病과 관련이 있습니다. 녁疒(보통은 병질엄이라 함) 자가 뜻이고, 바위 암嵒 자는 소릿값이지만 왜 하필이면 다른 바위 암巖岩崟巉礒嵒 자도 많은데 이 암嵒 자를 썼을까요?

산山의 우리 발음 '산'은 산 자와 죽은 자 할 때의 그 산입니다. 그래서 산과 삶, 살, 사람, 사랑은 어근이 모두 '살'입니다. 삶, 살, 사람, 사랑은 어근이 살이지만 산은 어근이 살이 아니라고요? 산은 '살아 있음'입니다. 살아 있다는 말은 삶의 진행형이지요. 산은 역동적입니다. 평지에 우뚝 솟은 곳, 지구가 그대로 살아 있다는 징표지요. 섬을 뜻하는 섬 도島자도 섬 서嶼 자도 산의 다른 이름입니다. 모두 다 뫼 산 자를 달고 있군요. '섬'은 누워 있는 것이 아닙니다. 살아서 꿈틀대는 '서 있음'입니다. 바다 위에 우뚝 솟아오른 섬, 바다 위에 누워 있다 하더라도 해수면보다 일단 높다고 한다면 어떤 경우라도 그를 '섬'이라 하지 결코 '눔'이라 하지는 않습니다.

사람은 살肉로 되어 있습니다. 사람의 피부를 살이라 합니다. 사랑이 없는 사람에게서는 삶의 향기가 느껴지지 않습니다. 살아 있다는 것은 현재 죽어 있지 않음을 뜻합니다. 그래서 암이라는 글자 속에는 한자로 암癌이든 영어로 캔서cancer든 나름대로 의미가 들어 있지요. 불과 1~2초 전만 해도 뛰어다니던 고양이는 살아 있었는데, 로드킬을 당한 그 순간부터 삶의 맥박이 뛰지 않고 심장으로부터 뜨거운 피가 펌프질하지 않는다면, 그래서 움직임이 완전히 멈추었다면 누가 뭐라고 하든 그는 '살아 있는 녀석'이 아닌 '죽은 한 물체'일 뿐입니다. 녀석이라는 단어는 생명을 가진 자에게 붙입니다. 문득 슈뢰딩거의 고양이가 생각납니다.

그 살아 있다는 뜻의 산, 곧 사람의 삶에 산보다 더 큰 바윗덩어리가 하나도 아니고 둘도 아니고 세 개씩이나 떡 하니 짓누르고 있으니 삶이 옴짝달싹 하겠습니까?

법정 스님께서 쓰신 《서 있는 사람들》이라는 수상집이 있습니다. 살아 있는 자는 서 있는 자들이고, 끊임없이 사랑하고, 사색하고, 또 정진하라고 가르치신 책이지요. 어디에 서 있느냐고요? 육방 중에 하방下方에 서 있습니다. 그럼 하방이 어디냐고요? 동서남북을 제외하고 위쪽을 제하고 나면 남는 곳이 딱 하나 있지요. 바로 내가 서 있는 자리가 하방입니다.

다시 말씀드리면 사자불, 명문불, 명광불, 달마불, 법당불, 지법불이 계시는 곳이 딴 데가 아니라 우리가 딛고 서 있는 바로 이 자리입니다. 동서남북과 상방은 지구 밖일 수도 있습니다. 그러나 단언하건대 하방은 지구입니다. 그래서 하방에 계시는 부처님들은 다르마Darma 곧 법法부처님이시지요. 사자의 이미지에서 이름 붙인 사자불도 사자후와 연계할 때 법이고, 달마불은 다르마 부처님이시니 구태여 해석할 게 없겠고요. 법당불은 법의 깃대 부처님이시고, 지법불은 법을 지니신 부처님이시지요. 명문불은 이름하여 들음 부처님이고, 명광불은 이름하여 빛 부처님이신데, 모두 이미 앞에서 살펴보았습니다.

여기서 어찌하여 비둘기 미신을 얘기하느냐고요? "글쎄요."

사람이 살면서 어떻게 과학적으로만 사느냐고요? "글쎄요."

우리는 사색합니다. 이를 풀기 위해서 사색하고 정진에 정진을 거듭하고 사랑하고 또 사랑하는 것입니다.

086

별왕 부처님이시여!

사리불아 상방에도 범음불과 수왕불과
향상불과 향광불과 대염견불 보화덕불
잡색보화 엄신불과 사라수왕 부처님과
견일체의 부처님과 여수미산 부처님등

그와같이 나아가서 항하사수 모래처럼
한량없고 가이없는 거룩하신 부처님이
모두각기 그분들이 머무시는 국토에서
길고넓은 혀의모습 광장설상 내미시어

삼천대천 너른세계 남김없이 덮으시곤
진실하신 말씀으로 간곡하게 설하시되
너희모든 중생들은 한마음을 다기울여
추호라도 의심없이 믿어야만 하느니라

이와같이 찬탄하는 불가사의 공덕이며
일체모든 부처님이 호념하는 이경전을
이와같이 육방세계 한량없는 부처님이
부사의한 공덕지닌 이경찬탄 하시니라

하늘에는 별이 참 많기도 많습니다. 어둠의 세계black boad 위에 아름답게 수를 놓은 게 죄다 별입니다. 아니, 아니 그게 아닙니다. 하늘 따로 별 따로 있는 것이 아닙니다. 하늘 그대로가 온통 별이고 별 그대로 가 하늘의 몸天體입니다.

마치 그물을 펼쳤을 때 실로 짜인 그물코만 그물이 아니라 그물코 사이사이 빈 공간도 그물의 한 몸인 것처럼 말입니다. 한 사람 한 사람 개체 만으로는 완전한 사람이 될 수 없습니다. 사람과 사람도 사이가 중요하지요. 나는 늘 얘기합니다만, 인연을 떠나서는 어떤 존재도 설명이 불가능하다고요. 곧 인간人間이 그렇습니다.

돈 맥클린Don McLean이 1972년에 발표한 히트곡 빈센트 반 고흐의 작품 '별이 빛나는 밤에'가 생각납니다.

수많은 별이 빛나는 밤입니다.
당신의 팔레트에 파란색과 회색을 칠해 보세요.
내 영혼 속에 깃들인 어둠을 알고 있는 눈으로
한여름 날에 바깥을 바라보세요.
언덕 위로 드리운 그림자들
나무와 수선화를 그려 보세요.
미풍과 겨울의 찬 공기도 화폭에 담아 보세요.
흰 눈이 덮인 대지 위에 색을 입혀 보세요.

이제야 나는 알게 되었습니다.
당신이 내게 무얼 말하려고 그렇게도 애를 썼는지
당신의 정상적인 광기 때문에 당신이 얼마나 고통스러웠는지
그리고 자유로워지려 당신이 얼마나 애를 썼는지를
그러나 사람들은 귀 기울이지 않았습니다.
아니, 어떻게 들어야 하는지도 몰랐습니다.
그러나 이제라도 귀 기울여 들었으면 좋겠습니다.

수많은 별이 빛나는 밤입니다.
환하게 이글거리듯 불타오르는 꽃들과
보랏빛 연무 속에 소용돌이치는 구름들이
빈센트의 푸른 눈빛 속에 반사되고 있어요.
색조를 바꾸는 빛깔들
황금색의 아침 들판들
고통 속에 찌든 얼굴들
모두가 예술가의 사랑스런 손길이 닿자 차분하게 되었습니다.

이제야 나는 알게 되었습니다.
당신이 내게 무얼 말하려고 그렇게도 애를 썼는지
당신의 정상적인 광기 때문에 당신이 얼마나 고통을 받았는지
그리고 자유로워지려 당신이 얼마나 애를 썼는지를
그러나 사람들은 귀 기울이지 않았습니다.
아니, 어떻게 들어야 하는지도 몰랐습니다.
그러나 이제라도 귀 기울여 들었으면 좋겠습니다.

사람들은 당신을 사랑할 수 없겠지요.
하지만 당신의 사랑은 여전히 진실합니다.
그렇게도 별이 빛나던 그 밤에
앞이 보이지 않아 아무 희망도 남아 있지 않을 그때
당신은 연인들이 종종 그러듯 당신의 목숨을 끊었습니다.
그러나 빈센트, 당신에게 어떤 세상도 당신만큼
아름답진 않았다고 말해 주고 싶었어요.

수많은 별이 빛나는 밤입니다.
텅 빈 방들에 걸려 있는 초상화들
이름 없는 벽들에 걸려 있는 액자 없는 얼굴들
세상을 바라보았지만 결코 잊지 못하는 눈망울로 쳐다보았지요.
당신이 만났던 낯선 사람들의 눈망울을 잊을 수가 없어요.
그들은 누추한 옷을 입은 초라한 사람들이었습니다.
핏빛 장미의 은빛 가시는
순백의 눈 위에서 으스러지고 깨어진 채 누워 있었습니다.

이제야 나는 알게 되었습니다.
당신이 내게 무얼 말하려고 그렇게도 애를 썼는지
당신의 정상적인 광기 때문에 당신이 얼마나 고통을 받았는지
그리고 자유로워지려 당신이 얼마나 애를 썼는지를
그러나 사람들은 귀 기울이지 않았습니다.
지금도 귀 기울이지 않고 있습니다.
아마 그들은 영원히 귀 기울이지 않을 거예요.

나는 알고 있습니다. 나보다 꼭 100년 앞서 세상에 왔었던 빈센트 반 고흐가 왜 그렇게 고통스러워했는가를 알고 있습니다. 37세(1853~1890) 젊은 나이에 문득 삶을 마감한 빈센트 반 고흐, 그는 인상파印象派에서 가장 대표적인 화가지요. 그의 작품, 특히 '별이 빛나는 밤에'를 보면 뱅글뱅글 돌아가는 세상만 보입니다.

별은 보이지 않습니다. 그는 별과 별 사이 어둠까지 뭉뚱그려 뱅글뱅글 돌아가는 세상으로 그렇게 본 것입니다. 그가 인상파 화가의 정점에 오른 데는 점과 점 사이, 별과 별 사이, 사물과 사물 사이, 존재와 존재 사이, 사이와 사이의 사이까지도 아울러 바라볼 수 있는 눈 때문이지요.

아프리카의 지붕 킬리만자로 산山, 동아프리카 탄자니아 북동부에 있는데 해발 5,895m입니다. 적도 부근에 위치해 있으면서도 워낙 높기 때문에 한여름(12월~1월)에도 서늘하지요. 밤이 되면 짧은 팔로는 밖에서 이슬과 벗을 맺기가 어렵습니다. 어둠이 내려앉은 밤이 되면 그야말로 장관壯觀이지요. 쏟아지는 별들, 그 찬연한 빛들을 얼굴로 손으로 온몸으로 받으며 별들과 깊은 정을 나눕니다. 그러면서 그 별들의 세계로 빠져듭니다.

킬리만자로 산 2,000고지 마랑구 게이트Marangu Gate 바로 옆에 자리한 양철지붕의 움막 토굴, 가로등 하나 없는 거기서 그 밤에 별들을 바라보다 반고흐가 미칠 수밖에 없었던 마음의 세계를 이해할 수 있었습니다. "세상이 미쳐 돌아가고 있기에 빈센트가 미칠 수밖에 없었다"는 어느 교수의 얘기를 한편 공감하기도 하지만, 그보다 순수영혼을 미치게 만든 것은 오히려 저 별들이었습니다. 빈센트가 미친 것은 미치광이狂crazy 미침이 아니라 중독holic의 미침이었습니다. 그는 별을 바라보며 밝음과 어둠의 색채에 빠졌습니다. 그래서 별의 세계로 가고 싶었지요.

별과 별들 사이, 그 비어 있는 공간이 없었다면 결코 별은 빛나지 않을 것입니다. 그러기에 별들이 빛을 뿌리는 것은 비어 있음에 대한 고마움의 표시입니다. 인상파의 거장 빈센트 반고흐는 비어 있음 그 자체에서 채워져 있음을 보았습니다.

그런데 어떻습니까? 빈센트가 살았던 그때나 지금이나 사람들은 비어 있는 것을 참지 못합니다. 비움으로 이미 꽉 차 있는 데도 계속해서 뭔가를 끌어 모아 채우려 합니다. 작가는 작품으로 표현합니다. 빈센트의 작품은 여백이 없습니다. 그의 그림들은 하나같이 여백이란 찾아볼 수 없습니다. 나는 젊어서 한 때 그의 작품들을 보며 실망했지요.

"뭐야, 이렇게 꽉꽉 채우면 도대체 어쩌겠다는 거야! 숨을 쉴 수조차 없는 이 쓰레기들을 세기의 명작이라고 하다니."

그런데 아프리카에서 킬리만자로 2,000고지 산기슭에서 밤하늘의 별을 바라보다가 문득 깨달았습니다. 만일 저토록 빛나는 별들에게 비어 있음의 사이 곧 성간물질星間物質이 없었다면 결코 별은 별로 머물지 못할 것입니다. 비어 있음으로 우주를 채웠듯이 빈센트 반고흐의 작품이 별들로, 빛으로, 어둠으로, 현상으로 꽉꽉 채워져 있었지만 차 있는 게 아니었습니다. 텅텅 비어 있음 그 자체였지요.

세상이 미친 게 아닙니다. 다만 비어 있음을 비어 있음으로 보지 못하고, 비어 있지 않음을 비어 있지 않음으로 보지 못하여 이들 두 가지로 세상을 조화롭게 꾸미려는 안목이 아직까지는 갖추어지지 않았을 뿐입니다.

육방세계 가운데 상방은 너무 꽉 차 있습니다. 동서남북과 하방 등 다른 데에서는 대표로 대여섯 분 부처님을 들었는데 여기 상방에서는 열 분이나 드셨으니 늘 균형이 조화를 이루지 못함에 나는 의아해 했습니다.

그런데 나는 보았습니다. 균형을 보았고 빔으로 가득 채움을 별왕宿王 부처님에게서 보았습니다.

087

잡색보화엄신불雜色寶華嚴身佛

앞에서는 극락세계 새들 중에 여러 가지 색깔의 새들이 있다고 하셨는데 비록 극락세계가 아닌 여섯 방위 중 상방의 부처님 세계일지라도 잡색보화로 몸을 꾸민 부처님이라니 은근히 입맛이 당깁니다.

잡색보화라면 어떤 것일까요? 다양한 빛깔의 보석 꽃일까요? 다양한 보석처럼 아름다운 꽃일까요? 만약 앞의 것을 들어 표현한다면 보석으로 된 꽃이라는 뜻인데 생화生花라기보다는 조화造花겠지요? 12가지 보석을 12달과 견주어 그 속에서 자기가 탄생한 달에 해당하는 보석들이 있지요.

01월. January(Jan.) 가넷garnet
02월. February(Feb.) 자수정amethyst
03월. March(Mar.) 아쿠아마린aquamarine
04월. April(Apr.) 다이아몬드diamond
05월. May 에메랄드emerald
06월. June(Jun.) 진주pearl

07월. July(Jul.) 루비ruby

08월. August(Aug.) 페리도트peridot

09월. September(Sept.) 사파이어sapphire

10월. October(Oct.) 오팔opal

11월. November(Nov.) 토파즈topaz

12월. December(Dec.) 터키석turquoise

이들은 재질만 다른 것이 아니라 모양도 다르고, 성질도 다르고, 용도도 다르고, 심지어 빛깔도 모두 각기 다르다고 하더군요. 이들 보석으로 만들어진 꽃이라면 영구히 시드는 일은 없겠지요? 그리고 생명이 없다면 따라서 향기마저도 없지 않겠는지요. 조화에 향기가 있다고요? 조화라는 생각을 떨쳐 버리면 조화에서도 향기가 날 수 있다고요? 그런 억지 논리가 통하겠습니까?

하기는 요즘은 과학기술로 스마트폰Smart Phone에서도 향기 전달이 가능하다 하더군요. 그런 경험이 있느냐고요? 그에 대해서는 코멘트하지 않겠습니다. 어디 향기뿐이겠습니까? 전송기술이 발달하여 E메일로써 3차원 설계도를 주고받아 무기도 만들고 한다니 말입니다.

그렇다면 이미 부처님 당시에 동남서북과 하상방이 동시에 네트워크 형식으로써 정보를 서로 교류하며 이《불설아미타경》말씀을 주고받았다면 지금쯤은 상당한 수준일 것입니다.

조화가 아니라면 생화일 터인데 그렇다면 잡색보화란 다양한 빛깔을 지닌 보석처럼 아름답게 빛나는 꽃이라 해야 하겠습니다. 가넷처럼 어두운 붉은 색을 지닌 꽃으로 꽃말도 진실일 것이고, 자수정처럼 보랏빛으로 성실과 평화를 담고 있는 꽃이며, 자수정이 지구상의 보석 중 75%를 차지하듯 자수정을 닮은 꽃도 분포도가 높지 않을까요?

맑고 영롱한 색상의 아쿠아마린처럼 바다 빛깔을 담고 있는 꽃으로 꽃말도 침착과 용기를 상징하겠지요? 다이아몬드가 4월의 탄생석이라면 다이아몬드를 닮은 꽃은 영원히 변치 않는 사랑과 불멸 그리고 진실을 뜻하는 꽃일 것입니다. 초록빛 계열의 행복과 행운을 상징하는 에메랄드처럼 초록빛 꽃이라면 광합성작용도 가능하겠군요. 일반적으로 꽃잎에는 엽록소가 없어서 광합성이 이루어지지 않습니다. 그런데 난초의 일종인 보춘화는 꽃잎에 엽록소를 지니고 있습니다. 그래서 초록빛 꽃을 피웁니다.

처음 들으시지요? 꽃잎이 광합성작용을 한다는 말을요. 그런데 이는 어디까지나 내 예측이고, 엽록소가 있다고 해서 꽃잎이 광합성작용을 하는지는 잘 모릅니다. 그런데 중요한 게 한 가지 있지요. 에메랄드는 열과 충격에 약하므로 조심해 다루듯 이 보석을 닮은 꽃이라면 조심해야겠지요.

6월은 진주의 달이라는데 진주를 닮은 꽃도 그럼 유월에 필까요? 건강과 부귀의 상징처럼 하얀 꽃, 사랑의 눈물이 아닌 순수의 사랑을 뜻하는 진주 같은 꽃, 산과 화학에 약한 진주처럼 조심해서 길러야 하는 꽃이라면 이해하고 아껴주어야 하는 꽃이겠지요.

'진주pearl' 하면 네덜란드 화가 요하네스 페르메이르가 1665년경에 캔버스에 그린 '진주 귀고리를 한 소녀'라는 유화 작품이 생각납니다. 북유럽의 '모나리자' 또는 네덜란드의 '모나리자'라고도 불리는 유명한 작품이지요. 지난 2003년 12월 피터 웨버 감독이 영화를 만들어 상영했고, 2004년 9월에는 우리나라에서도 개봉했는데 눈물이 가득 담긴 영화입니다.

가넷이 어두운 붉은 색이라면 루비는 조금은 밝은 붉은 색입니다. 정열을 상징하는 루비를 닮은 꽃이라면 내성이 강한 꽃일 터이니 병충해에도 강하지 않겠는지요? 그렇다면 잡초처럼 농약을 쓰지 않아도 잘 자라는 꽃일 것입니다.

페리도트가 화합과 행복을 상징한다면 꽃말도 그래야겠습니다. 녹색 보석계에서 연두빛깔을 띤 황록색 보석처럼, 이브닝 에메랄드처럼, 밤이면 빛깔이 변하는 페리도트처럼, 꽃이 지닌 다양한 변신은 화합과 행복을 위한 방편으로서 넓게 이해해 주어야 하지 않겠는지요.

사파이어는 루비와 쌍둥이 자매라고 하던가요? 붉은 색 계통의 옷을 입으면 루비, 붉은 색 이외의 옷을 입으면 사파이어, 강옥強玉이라고도 하듯이 단단하지요. 자애와 성실을 상징하는 사파이어처럼 이 보석을 닮은 꽃이 있다면 어떻습니까. 사랑받지 않겠습니까?

오팔은 행복과 환희를 상징하는데, 오팔을 닮은 꽃이라면 때로 행복하고 때로 기쁨에 겨워 즐겁지 않겠는지요?

토파즈는 보통 황색 계열의 보석입니다. 우정과 희망과 결백을 의미하는 보석 토파즈는 생각보다 다양합니다. 뭐가 다양할까요? 빛깔이 다양합니다. 꽃에도 그렇지 않던가요? 극락세계는 연꽃도 네 가지 색이라면서요? 토파즈를 닮은 꽃은 꽃빛깔 자체가 다양하지 않겠습니까?

그리고 12월의 탄생석인 터키석은 터쿼이즈라 발음됩니다. 성공과 승리를 상징하는 보석처럼 이 보석을 닮은 꽃이라면 한 번쯤 기대를 걸어봄직 하겠습니다.

어떤 분이 그러더군요. 이《불설아미타경》에서의 잡색보화엄신불雜色寶華嚴身佛은 잡색보화엄신불이 아니라 잡색보 화엄신불이 맞다는 것입니다. 왜냐하면 잡색의 보화라고 할 때, 꽃 화花 자라면 모르지만 여기서는 빛날 화華 자를 쓰고 있고'또 '화엄'이라는 고유명사가 있으니 이는 잡색보화 엄신불이라기보다 여러 가지 다양한 보배들과 화엄의 세계가 한

데 어울려 이루어진 잡색보 화엄신불, 곧 화장장엄세계라는 것입니다.

나는 그의 주장을 반박하지 않습니다. 보석이 다양하듯이 사람의 주장도 다양합니다. 불교경전에서는 이《불설아미타경》이나 저《금강경》에서도 언급했듯이 대부분 칠보를 얘기합니다. 그런데 탄생석과 함께 서구에서는 열두 가지 보석을 들고 있네요. 보석은 물질이면서도 물질을 뛰어넘은 세계를 표현합니다.

또 어떤 이들은 얘기합니다. 잡색지조雜色之鳥가 여러 가지 빛깔을 지닌 새들을 말하듯 잡색보화는 연꽃이나 목련·장미나 백합같이 우리가 보통 말하는 고급 꽃이 아닌 그냥 들꽃野生花을 얘기하는 것이라고요.

뚜뚜따따 나팔꽃
허리가 굽어 할미꽃
해오라기처럼 날아오를 것 같아 해오라비난초
민들민들 민들레꽃
구구절절 구절초
들에 피었다 들국화
슬피우는 으악새(억새)꽃
날렵해라 제비꽃
엉금엉금 엉겅퀴
심심산천의 도라지꽃

평범한 꽃들이라고요. 어쩌면 그 말씀도 타당할 듯싶습니다. 다양한 보배처럼 화려하고 아름다운 꽃으로 장엄한 잡색보화엄신불께서 지니신 그들 꽃에 등급이 있는 게 아닙니다. 잡색보화엄신불은 등급을 따져 반드시 고급 꽃만을 찾지도 않으시고 짐짓 보여주기 위해서 일부러 들꽃,

산꽃, 하천꽃, 길꽃처럼 허름하고 추루한 꽃만을 찾지도 않으셨습니다.

겉꾸밈이 안에 담긴 내용의 가치를 결정하는 것은 아닙니다. 되레 내용물이 얼마나 소중한가에 따라 겉모양의 가치가 정해진다 하겠지요. 잡색보화로 몸을 꾸민 부처님께서는 꾸밈 때문에 화려한 게 아니라 정신세계가 높고 깊다 보니까 화려하게 빛이 나 보이시는 것입니다.

스티브 잡스가 청바지를 입었다고 추루해 보이거나 하지 않듯이 다양한 빛깔의 보석들로써 꽃을 삼아 몸을 꾸민 부처님께서 더 돋보이지는 않을 것입니다. 부처님께서 32상 80종호 때문에 거룩하고 위대하시지는 않습니다. 다만 중생들을 위해 그렇게 꾸미셨을 뿐입니다. 따라서 이름이 '잡색보화엄신불'이십니다.

그러나 사바세계나 근기가 뛰어나지 않은 이들을 위해 부처님께서는 상호를 갖추십니다. 손가락만큼 작은 호신불을 모시고 108배를 올리고 1,080배를 올리고 3천배를 올리는 일은 극히 드물지만 규모가 어마어마한 불보살상 앞에서 무릎 꿇어 절하지 않는 불자들은 거의 없을 것입니다.

잡색보화는 별 볼 일 없는 잡다한 색깔의 보배 꽃이라기보다 다양한 보석들이 지닌 빛깔처럼 다양한 꽃들로 꾸민 부처님이시거나 또는 그들 보석으로써 꽃을 삼아 조화로 꾸미신 부처님이십니다.

나도 이참에 몸 한 번 꾸며볼까요? 좋은 벗들로 꽃을 삼을까요?

088

일체의一切義를 보시는 부처님

제행무상의 제행은 무엇이며 제법무아의 제법은 무엇일까요? 제행과 제법의 제는 셈씨니까 우선 접어두고라도 행과 법이 무엇을 뜻할까요? 그런 것은 초기불교의 근간이고 기초교리에서 다 익힌 것들이라서 다시 배울 필요가 없다고요? 기초교리의 삼법인을 통해 지겹도록 듣고 또 공부한 것이라고요? 알겠습니다. 그렇다면 견일체의불見一切義佛의 일체의가 무엇인지나 살펴보아야겠습니다.

내가 좋아하는 외국인 영화감독이 몇 있는데 특히 스티븐 앨런 스필버그Steven Allan Spielberg(1946~)는 말할 필요도 없거니와 젊은 감독 크리스토퍼 놀란Christhoper Nolan(1970~)도 정말정말 좋아합니다. 놀란의 '인터스텔라Interstellar'는 한국 개봉이 2014년 11월초였는데 대단한 반향을 일으켰지요. 스티븐 스필버그 감독의 영화 '에이아이A.I./AI'를 아시는지요? 전체 이름은 '아티피셜 인텔리전스Artificial inteligence'입니다. 2001년 8월에 개봉했으니 어느새 13년이 지나고도 한참입니다.

미래의 지구는 어떻게 될까요? 천문학적 속도로 발전해 가는 첨단과학, 그러나 계속되는 이산화탄소의 증가로 지구온난화는 가속화되고 마침내 극지방의 해빙을 몰고 옵니다. 극지방의 얼음이 다 녹으면 해수면이 60m나 높아진다고 하지요. 도시들은 물에 잠기고 천연자원은 고갈됩니다. 모든 생활이 감시를 받고 있는 가운데 음식조차 통제를 받습니다.

어디 그뿐인가요? 지금은 주어진 환경이 자녀를 낳아 기르고 가르치는 일이 너무나 어려워 자연히 출산율이 떨어지고 있지요. 물론 아프리카와 같은 제 3세계나 경제적으로 어려운 나라에서는 나름대로 출산율을 지켜나가고 있기는 합니다.

따라서 앞으로 머지않은 미래에 선진국들은 더욱 더 아이를 낳지 않고 인공지능A.I을 가진 인조인간들의 봉사를 받으며 살게 됩니다. 남녀 간의 사랑, 부부 간의 사랑 등 사랑하는 일만 빼놓고는 정원을 가꾸고 집안일을 돌보고 말동무까지도 다 로봇이 대신합니다. 로봇에게 감정을 주입시키는 것은 로봇공학 발전의 마지막 관문으로서 요즘 줄기세포의 논란만큼이나 복잡한 논쟁거리가 되지만 인간은 로봇을 가재도구로만 여길 뿐 그 이상을 용납하지 않습니다. 그러나 출산율 저조와 함께 국가 차원의 통제 하에서 사람들은 로봇에게 가재도구 이상의 기대감과 가치를 부여합니다.

싸이버트로닉스 매뉴팩터링이라는 로봇제조회사에서 로봇과학자 하비 박사는 감정이 있는 로봇을 만들겠다고 선언합니다. 그로 인해 최초의 인조인간이 탄생하고 싸이버트로닉스사의 직원인 헨리 스윈톤 집에 입양이 되지요.

인조인간 소년 데이빗은 인간을 사랑하게끔 제조되었기에 애초부터 미움이라는 감정은 없습니다. 한편 스윈톤 부부의 친아들 마틴은 난치병에 걸려 치료약이 개발되기까지 냉동되어 깨어나길 기다리고 그 동안 데이빗은 헨리와 모나카 스윈톤의 아들로서 가족의 일원으로서 점차 적응해 갑니다.

적응해 간다고요? 그렇습니다. 감정이 있는 인조인간이기에 가족들과의 마음까지 맞추어야 하니까 당연히 적응해 가야만 하겠지요. 그러는 가운데 마틴이 퇴원하면서 업둥이로 입양되었던 데이빗은 버려지게 됩니다.

인조인간 데이빗은 버려지기 전 엄마 모나카에게서 들은 엄마 찾아 떠나는 동화 《피노키오의 이야기》를 떠올립니다. 그래서 그는 정신적으로만이 아니라 진짜 인간이 되어 앞서 자신을 버릴 수밖에 없었던 엄마 모나카를 찾아 긴 여정의 여행을 떠납니다. 친구이자 장난감이자 보호자인 '테디'라는 곰 인형 하나만을 데리고요.

중간에 인조인간 남창 지골로 조와 동행하면서 온갖 시련을 함께합니다. 수몰된 맨하탄에서 엄마를 만나지만 이미 엄마는 빙하기와 함께 자연히 냉동인간이 되었고 데이빗도 자연스레 냉동인간이 됩니다. 그리고 그 상태에서 2,000년이 흘러 해빙기를 맞고 냉동에서 깨어납니다.

데이빗이 깨어났을 때, 지구상에 인간은 존재하지 않습니다. 데이빗은 냉동에서 깨어나자마자 엄마 모나카를 만나지만 냉동되었던 모나카는 부숴져내립니다. 왜냐하면 실제 모나카가 아니라 모나카의 마네킹이었거든요.

모든 인조인간 곧 사이버들은 데이빗에게 DNA가 내장된 모나카의 손톱이나 뼈나 머리카락이라도 있으면 세포재생기술로 복제가 가능하다며 꼭 만나고 싶다면 DNA를 추출할 수 있는 샘플을 가져오라고 제안하고, 데이빗은 2,000년 전 마틴의 부탁으로 모나카의 머리카락을 자른 것을 생각해 내지만 불가능하지요. 그런데 그때 테디가 주머니에서 모나카의 머리카락을 끄집어냅니다.

데이빗은 머리카락을 들고 사이버들을 찾고, 마침내 모나카를 재현해

냅니다. 그리고 둘은 재회의 기쁨을 만끽합니다. 그런데 문제가 생겼습니다. 사이버 세상에서 세포로 이루어진 인간은 고작 하루밖에 살 수 없습니다. 두 모자는 주어진 시간에 만족하며 조용히 잠으로 빠져듭니다.

나는 이 영화를 보며 생각했지요. 그렇습니다. 세포재생술입니다. 이 영화가 나올 무렵 이미 우리나라를 비롯하여 전 세계에서는 줄기세포설이 대세를 이루었고, 참여정부가 들어서면서 황우석 박사 신드롬이 천하를 제패하는 듯했습니다.

만약 DNA가 내장된 표본만 있다면 지금도, 그리고 앞으로도 우리는 부처님을 만날 수 있고 예수님을 만날 수 있습니다. 생각이나 이미지로서만이 아니라 실제 크기, 실제 모습을 뵐 수 있지요. 부처님의 진신사리 眞身舍利에는 그것이 정말 진신사리라고 한다면 거기엔 분명 부처님의 DNA 정보가 고스란히 들어 있습니다.

부처님의 진신사리, 진신사리 보존문화가 정착되고 고승사리까지 보관하는 부도문화가 내림하게 된 것이 세포복제기술의 태동을 미리 내다본 불교의 선견지명이었을까요? 매장문화에서 유골과 미이라가 나온다면 화장문화에서는 분명히 진신사리가 나오지요.

장단점은 다 있겠습니다만, 매장이 국토활용가치를 낮추는 반면 유골을 남길 수 있는 여지는 크지만 화장은 DNA 정보는 그대로 지니면서 국토의 활용가치를 높여줍니다. 그런 뜻에서 진신사리문화는 시사하는 바가 크다 하겠습니다. 백제·신라의 고승사리를 봉안한 부도, 고려와 조선조의 고승사리 부도 등도 말입니다.

사리에는 부처님 진신사리와 고승사리 외에 경전사리가 있습니다. 부처님의 가르침이 담긴 경전은 물론 고승들의 어록도 경전사리로 봅니다. 경전經典에서 경은 부처님 말씀이고 전은 고승·선현들의 말씀이지요.

그래서 부처님의 사리를 모신 탑에는 경전이 함께 모셔지지요. 진신사리가 몸의 DNA 정보창고라면 경전은 불법의 정보창고입니다. 해인사 팔만대장경각八萬大藏經閣(국보 제 52호)이 그대로 정보창고며,《고려대장경高麗大藏經》(국보 제 32호)이 바로 경전사리입니다.

그렇다면 모든 생명이 지닌 삶의 의지가 무엇일까요? 바로 일체의一切義입니다. 일체는 사람을 비롯한 생명체들과 생명을 담고 있는 환경까지입니다. 그리고 이들 생명과 이들 환경이 지닌 삶과 뜻이 곧 '의義'입니다.

견일체의 부처님은 바로 이러한 모든 생명들의 의지와 함께 환경의 뜻까지도 모두 보시기에 견일체의라는 이름이 붙여진 것이지요.

견일체의 부처님이시여,
언제나 저희와 함께 하소서!

089

지구환경의 온도계

부처님에게서는 향기가 납니다. 지혜의 향기, 원력의 향기, 방편의 향기, 깨달음의 향기, 보살핌의 향기, 대자대비의 향기가 풍겨집니다.

사람에게서는 어떤 향기가 날까요? 사람에게서는 삶의 향기를 비롯하여 아픔과 고통과 슬픔과 번민과 사람의 향기, 살아 있음의 향기, 사랑의 향기가 배어 있습니다. 부처의 향기와 견주어 결코 모자라지 않고 차별이 없습니다.

안성 용설리에 있는 독특한 포교마당 도피안사에 갔더니 향적국香積國이 있더군요. 유마경에나 나올 법한 향적세계, 정감이 뚝뚝 묻어나는 글씨로 쓴 향주실香廚室에서 된장국과 함께 내는 점심공양이 요 근래 먹어 본 밥 중 가히 엄지를 치켜들 만했습니다.

향기가 차곡차곡 쌓여가는 나라 향적국에서 향상 부처님과 향광 부처님을 찾으려 했는데 유유상종類類相從의 법칙을 따르심인지 내게는 향기가 맡아지지 않았습니다. 어쩜 내게서 향기 대신 풍기는 숙업宿業의 찌든 번뇌 때문일 것입니다.

향香은 뭐니뭐니해도 충분한 햇볕日을 받아 잘 여문 곡물禾에서 나는 게 최상이지요. 어찌 오곡만이겠습니까? 나뭇가지木에 주렁주렁田 열린 백과도 햇볕을 잘 받아야겠지요.

햇볕을 충분히 공급 받았을 때 그 곡물이 더욱 향기롭다고 한다면 열이 생명에게 주는 소중한 가치는 이루 말로 다 설명할 수 없습니다. 열이 없다면 물질의 분자가 결코 어디에도 자리를 잡을 수 없지요. 향기는 냄새의 일종입니다. 향기니 증기니 또는 공기니 하는 데서 알 수 있듯 모두 기체로 된 분자 알갱이입니다. 분자 알갱이들이 활동성을 지니려면 1기압인 우리 지구로 놓고 볼 때 영하 273.16°C 곧 절대영도absolute zero까지 내려가기 이전이어야만 가능합니다. 절대영도에서는 기체의 물질 분자는 운동을 멈춥니다.

영국의 물리학자 켈빈이 온도 단위로 섭씨 0°C에서 액체의 움직임이 멈추듯 기체의 물질 분자는 켈빈 0도/0°K에서 운동을 멈춥니다. 참고로 말씀드리면 일반적으로는 온도를 잴 때 스웨덴 물리학자 셀시우스의 머리글자를 따서 °C로 쓰고 섭씨 몇 도라 읽습니다. 그런데 미국에서는 화씨°F를 씁니다. 화씨는 독일 물리학자 파렌하이트의 머리글자를 따서 씁니다.

미국 문화권에서 몸이 아파 병원에 갔습니다. 닥터가 체온을 재고는 알려 주네요.

"체온이 좀 높네요. 100°F입니다."

약간 높다고 보시면 됩니다. 화씨온도를 계산하는 방법은 화씨온도에서 32를 빼고, 5를 곱한 다음, 9로 나누면 섭씨온도가 나옵니다. 100°F를 앞의 계산하는 방법을 이용해서 살펴보니 37.7°C입니다. 좀 높기는 높지만 그 정도면 괜찮습니다. 화씨온도 °F는 지구처럼 공기의 압력이 1기압일 때 물이 어는 온도를 32°F로, 물이 끓는 온도를 212°F로 하며 그 사이를 180등분하여 나타낸 것이지요.

여기서 내가 얘기하고자 하는 것은 《유마힐소설경維摩詰所說經》의 향적세계 이야기든, 이 《불설아미타경》의 육방찬탄 중 상방제불의 향상 부처님, 향광 부처님이 계시는 곳이든 소리가 전달되고 향기가 전달된다면, 물리의 입장에서 보아 공기 곧 기체의 부피가 제로가 되는 영하 273.16°C 곧 0°K 이상의 세계라는 것입니다.

물질 분자가 운동을 멈추고 기체의 부피가 제로가 되었다고 한다면 비록 후각이 평소에 비해 몇 백 배 넘게 발달한 임산부라 하더라도 또는 사람에 비해 후각이 10만 배나 뛰어난 개라 하더라도 향기를 맡을 수는 없습니다. 냄새 또는 향기는 기체 분자이니까요.

지금부터 꼭 15년 전, 일부 기독교 계통의 종교계에서는 휴거설攜擧說로 시끄러웠습니다. 2,000년이 오기 전이면서 1,000년대 세기말에 종말이 다가오고 하나님을 믿는 자만이 거룩하신 하나님의 손에 의해 공중으로 들려 올라간다는 휴거설인데, 나는 그때 이런 생각을 했었지요.

"지구에서 길들여진 인간의 몸이 하늘 어디에서 살아남을 것인가? 지표면으로부터 4km만 벗어나도 산소 부족으로 고통을 느낄 텐데 10km를 벗어나면 무척 추울 것이고 음식에 길들여진 육신이 무엇을 먹고 살아야 하지?"

당시 어떤 이들은 심지어 일부 스님들까지도,

"정말 지구에 종말이 올까? 아닌 게 아니라 정말 그렇게 되면 활활 타오르는 지구 위에서 어찌 살아남을 것인가?" 하며 걱정하기도 했고, 전도의 기회다 싶어서였는지 신도를 가장해 법회에 참석해서 휴거전단을 뿌리는 이들도 있었지요. 따라서 일부 불자들 중에 종교를 바꾸는 해프닝

happening까지 있었답니다. 당시 내게도 선교사들이 찾아와 개종한 분들 사진과 함께 인터뷰한 기사를 보여주면서 빨리 하나님을 믿으라고 권했습니다. 난 그때나 지금이나 과학적인 게 아니면 믿지 않는 나름대로 꽤 깨어 있는 지식인입니다.

그때 그 선교사들에게도 위와 같은 이론을 들어 물었지요. 그때 그들은 강하게 주장했습니다.

"거룩한 하나님의 손에 들리느냐, 손에 들리지 못하느냐를 걱정하세요. 나머지는 아버지 하나님께서 다 알아서 하실 것입니다. 먹을 것을 걱정하십니까? 아버지께서 알아서 하실 것입니다. 추위를 걱정하십니까? 하나님께서 다 알아서 하실 것입니다. 숨 쉴 것을 걱정하신다고요? 아버지께서 그런 준비도 하지 않은 채, 믿음이 있는 자를 데려가시겠습니까? 그저 믿으시면 됩니다. 스님 뭘 그리 따지십니까? 그냥 믿으십시오. 요한계시록, 세례 요한의 아포칼립스를 믿으세요? 에스카톨로지eschatology 곧 종말론에 귀를 기울이십시오."

남들은 휴거되지 못할까에 전전긍긍하고 있을 때, 나는 이런 생각을 했으니 그런 거 보면 나도 배짱이 있었지요. 향적에 일단 냄새가 있고, 향기가 있고, 그 냄새, 그 향기를 맡을 수 있다면, 생명이 살 수 있는 곳이라는 데에는 다른 견해가 있을 리 없습니다. 나는 신약의 〈요한계시록〉이나 지구의 종말론 등에는 관심이 없습니다.

종말이라는 기록 때문이 아니라 인간의 탐욕에 의해 생각보다 빨리 그리고 그러한 종말이 보다 흉하게 다가올 것이라는 데 온갖 생각이 집중되어 있습니다. 이 《불설아미타경》도 그렇지만 《무량수경》, 《관무량수경》과 같은 정토부 경전들이 말씀하시는 게 무엇일까요?

맞습니다. 바로 환경과 인간입니다. 환경과 인간, 이 두 가지는 다름 아닌 윗입술과 아랫입술입니다. 공존이란 둘이 함께 건강할 때지요. 휴거가 곧 백 번 온다 하더라도 나는 걱정하지 않습니다. 내가 걱정하는 것은 휴거에 들지 못할까 두려워 떠는 마음, 여린 순수한 사람들을 엉뚱하게 이끌어가는 이들의 잘못된 종교관을 걱정하는 것입니다. 그리고 우리가 사는 지구를 어떤 생명도 살 수 없는 죽음의 별로 만들어갈 가능성의 키를 바로 인간이 쥐고 있다는 데 염려와 함께 고통스러움을 느낍니다. 향적국을 다녀오면서 느낀 것은,

"이 스님께서 깨달음의 향기, 지혜의 향기, 원력의 향기, 자비와 사랑과 방편의 향기, 환경사랑의 향기를 피우시려나 보다" 했습니다. 향적국에서는 그게 가능할 듯싶습니다. 향기 분자가 멈춤 없이, 그리고 끊임없이 움직일 수 있는 도량을 스님께서는 만들어갈 듯싶었습니다. 향상 부처님께서 최상의 향기를 피워내시고 향광 부처님께서 온 누리를 비출 밝은 향기의 빛으로 대천세계를 따스한 향기의 에너지로 가득 채우시리라 생각했습니다.

범음불, 수왕불, 향상불, 향광불, 대염견불, 보화덕불, 잡색보화엄신불, 사라수왕불, 견일체의불, 여수미산불 등 부처님이 경전에서만 이름이 보이는 게 아니라 바로 오늘날, 모든 시간에 걸쳐 늘 지구환경을 사랑하시고 지구환경의 온도계가 되어 주시는 그런 부처님들이 되시리라 생각합니다.

지구환경의 역사는 바로 우리가 만들어갑니다. 향기분자가 마음껏 퍼져나갈 환경이 우리 손에 의해 가꾸어질 것입니다.

090

부처님의 변주곡

하나의 나라에는 다만 한 분의 부처님이 계실 뿐입니다. 행여 다른 곳은 모르겠으나 적어도 육방세계는 분명 그렇습니다. 동방에서든, 남방에서든, 서방에서든, 북방에서든, 하방에서든, 상방에서든 대표적으로든 몇 분 부처님만 아니라 그 밖의 항하사수 10^52 부처님들이 각기 그분들이 머무시는 국토에서 삼천대천세계를 두루 덮는 넓고 긴 혀의 모습을 나타내시어 성실한 말씀으로 설하십니다.

그렇습니다. 항하사수의 부처님들께서 각기 그분들이 머무시는 국토에서 그 국토를 떠나지 않고 아미타 부처님의 무량공덕을 칭송하고 찬탄하고 또 칭찬하십니다. 동방도 남방도 서방도 북방도 아래쪽도 위쪽도 그곳에 한 국토만 있는 게 아니었지요. 항하사수 부처님이 계시는 데는 항하사수의 국토가 있다는 것입니다.

그 부처님들께서 이구동성으로, 그것도 동시에 광장설상을 내어 칭찬한 내용이 뭘까요? 다름 아닌 《불설아미타경》입니다. 불설아미타경은 그토록 소중하니까요. 이 경의 독특한 점이 무엇이겠습니까? 아미타 부처님께서 머무시는 극락세계의 환경을 보여주시고 극락세계에 머물고 있는 불·보살·성문·연각들의 정진과 교화의 모습들을 보이시고 그리하여 이 경을 접하는 이들로 극락세계를 동경하게 하고자 함입니다.

"중생들이여!
너희가 사는 환경을 돌아보라.
너희가 사는 사바세계 모습을 보라.
너희가 사는 사바세계와
육방제불이 칭찬하는 극락을 견주라.
무엇을 어떻게 가꾸어갈 것인지
스스로 판단하고 돌아보아
바꿀 게 있다면 과감하게 바꾸어라."

변주곡變奏曲variation이 있습니다. 음악에서는 어떤 형태든 변주를 떠나 음악을 얘기할 수 없지요. 그만큼 인류가 이 땅에 뿌리를 내리고, 소리를 이해하게 되고, 그 소리들을 연결하여 음악을 만들고 하는 모든 과정 속에서 원형은 그대로 두되 끊임없이 새롭게 맛을 곱들여가는 형태로 변주음악은 발전해 왔습니다.

내가 워낙 음악을 좋아하다 보니 주변에 음악을 하는 벗들이 많습니다.

"음악을 한다"고요?

맞습니다. 음악은 하는 것입니다. 작곡하는 사람도 음악을 하고, 지휘하고 연주하는 사람도 음악을 하고, 듣는 사람·감상하는 사람도 음악과 어울려 음악을 합니다.

음악이란 명사형 동사인 까닭입니다. '변주'라고 하면 기법변주지요. 기법변주에는 장식적 변주가 있고. 대위법적 변주가 있으며 성격적 변주가 있습니다. 물론 형식적 변주도 있지요. 그러나 어떤 변주도 그 원형의 음악을 아주 완벽하게 떠날 수는 없습니다. 만약 원형이 조금이라도 담겨 있다면 그런 음악은 변주곡 범주에 들겠지만 원형이 단 한 음계도 들어 있지 않다면 그는 변주가 아니라 새로운 다른 음악이지요.

그렇다면 음악에는 어째서 변주가 있게 되었을까요? 음악이 어떤 예술입니까? 곧 시간 예술입니다. 조각이나 회화, 주조, 서예 등이 시각적·공간적 예술이라면 음악은 보이는 예술이 아니지요. 그렇기에 귀로 들어야 하고 그렇기 위해서는 반드시 시간을 필요로 합니다. 시간예술의 단점이 무엇이겠습니까? 바로 지루함입니다. 그 지루함을 없애기 위해 생긴 기법이 곧 변주기법이지요.

그래서 음악은 인생 예술입니다. 인생에서 우리는 아직 다가오지 않은 시간을 미리 앞당겨 살 수는 없습니다. 왜냐하면 인생 자체가 주어진 공간을 토대로 하여 시간을 사는 현시성現時性이니까요. 음악은 만들어진 예술입니다. 사람의 생각과 손에 의해 짜인構組, 시간짜임의 예술입니다. 시간 예술은 공간 예술과 다릅니다.

나만 그런지, 아니면 다른 사람도 그러한지, 아직 연구한 적이 없어 잘 모르지만 한 번 본 영화는 다시 보지 않는데 귀에 익숙한 음악은 몇 번이고 계속 듣고 싶어 합니다. 그만큼 시각예술과 청각예술은 느껴오는 감이 다르지요. 다시 말해서 눈은 새로운 것을 찾고 귀는 익숙한 것을 찾아 떠납니다. 여행에서도 한 번 다녀온 곳을 계속해서 가는 일은 드물지만 판소리 〈춘향가〉라든가 민요 아리랑, 주세페 베르디Giuseppe Verdi(1813~1901)의 뮤지컬 〈리골레토Rigoletto〉, 그 중에서도 특히 '여자의 마음'이라든가 또는 안토니오 비발디Antonio Lucio Vivaldi(1678~1741)의 〈사계Four Seasons〉 등은 언제 들어도 싫증이 나지 않습니다.

음악은 그대로가 인생입니다. 시간이 촉박하다고 해서 빠른 속도로 연주하며 듣는다든가 시간이 여유가 너무 많다고 해서 기존 속도보다 느리게 연주하고 그 느린 속도의 음악을 감상한다면 본디 그 음악이 갖고 있는 예술성을 전혀 느낄 수가 없지요.

인생도 그와 같아서 시간이 촉박하다고 해서 누구에게나 주어진 시간의 흐름을 보다 짧게 빠르게 단축시킬 수 없고, 여유 있다 해서 자신만의 시계를 보다 천천히 돌아가게 할 수는 없습니다. 그래서 나는 음악이라는 장르를 인생예술이라 표현합니다.

육방의 모든 부처님들 곧 6항하사(6×10^{52}) 부처님들이 각기 머무시는 6항하사 국토에서 이구동성의 화음을 이루어 아미타 부처님의 한량없는 공덕과 그 공덕을 담고 있는《불설아미타경》을 칭송하고, 또한 찬탄하는 모습을 한 번 상상해 보십시오. 얼마나 장엄하게 느껴질지를.

지난 10월의 마지막 토요일 오후 철야정진기도에 들어갔습니다. 서울, 경기, 부산, 창원에서 함께 모인 불자님들이 한 녘에서는《금강경》을 읽고, 삼천 배를 하고, 백팔참회를 하고,《자비도량참법》을 하고, 아비라 기도를 했습니다.

아비라기도는 해인사 백련암에서 열리는 기도법회로서 성철 대종사께서 계실 때부터였는데 입멸 21주기가 지난 지금도 여전히 많은 불자들이 모여 신심을 키워가는 기도 모임입니다. 그런데 그 아비라기도를 우리절에서 처음 했습니다. 창원에서 온 불자들이 중심이 되어 아비라기도와 백팔참회를 했는데 그 장엄함이 하늘에 닿았습니다.

기도가 끝나고 나서 약간의 논평시간을 가졌는데 처음 시작한 기도치고는 그런 대로 좋았다는 평이었지요. 첫술에 배부를 수는 없는 일입니다. 그리고 구태여 백련암 풍을 고스란히 가져오지 않아도 됩니다. 그것이 곧 음악이 지닌 장점이며, 이른바 변주의 법칙입니다. 제행무상의 적용범위가 큰 것이지요.

이를테면 육방제불이, 서가모니 부처님이 이 경을 설하실 때 그때가 약 2,600년 전이라면 그 전부터 계속되어 온 찬송이 매일·매시간·매분·매초 아니, 피코초만큼이라도 멈춘 적이 없습니다. 그러한 육방제불의 찬탄과 지금의 찬송이 그때와 다르다 해서 결코 못한 것이 아닙니다.

예술의 세계란 마음의 깨달음이라는 재현도 더없이 좋은 일이지만 변주라고 하는 것은 더욱 중요합니다. 인생도 잘 살다간 분들 중에서 그들을 따라가는 거 좋지요. 거기서 조금씩 손을 본 뒤 자신에게 알맞게 꾸려가는 것입니다. 음악과 달리 인생은 그렇게 하더라도 약간씩은 다를 수밖에 없습니다. 아니 약간이 아니라 많이 다르지요. 어느 누구도 자기 자신의 인생을 살아갈 뿐이지 결코 남의 인생을 살지는 않습니다.

2,600여 년 전, 부처님께서 걸어가신 그 길을 그대로 따라가는 것은 중요합니다. 그러나 아무리 그대로 재현하더라도 부처님은 부처님이시고 나는 단지 나일뿐이며 우리는 다만 우리일 따름입니다. 같은 곡을 놓고도 지휘자가 누구냐에 따라서, 그리고 연주하는 악단의 단원들이 어떤 사람들이냐에 의해 연주가 조금씩 달라질 수밖에 없습니다. 같은 곡인데도 말입니다.

아비라기도와 백팔참회문에는 음계가 없고 곡이 없습니다. 그러니 약간 다른 것은 당연합니다. 나는 싹을 보았습니다. 신심 있는 불자들이 한자리에 모여 기도하겠다는 것보다 더 큰 장엄은 없고 그를 뛰어넘는 공덕은 어디에도 없습니다.

아비라기도진언 : 옴 아비라 훔 캄 사바하

091

포텐셜 함수Potential Function

시방삼세 부처님중
아미타불 제일이니
구품으로 제도중생
그위덕이 끝이없네

시방삼세불十方三世佛
아미타제일阿彌陀第一
구품도중생九品度衆生
위덕무궁극威德無窮極

한 젊은 스님이 물어 왔습니다. 본디 법을 묻기 위해서는 반드시 예를 갖추어야 합니다. 왜냐하면 부처님 말씀을 구함이며 부처님 말씀을 구함은 불도에 들어가는 지름길입니다 그는 합장도 하지 않았습니다.

"부처님에게도 등급이 있습니까?"

내가 대답했습니다.

"있지. 예의를 갖춘 부처가 있고 예의를 갖추지 않은 부처가 있네."

"에이그, 스님 농담하십니까? 부처님이 무슨 예의를 갖추고, 갖추지 않고가 있으시겠습니까?"

"내가 젊은 자네에게 농담이나 하고 있다고 생각하는가? 자네는 6조 혜능 선사에게 법을 물은 법달法達이라는 수좌를 알고 있는가?"

"네, 스님,《법보단경》에서 읽은 듯합니다. 그런데 스님, 그가 법을 물은 것과 제 질문과는 관계가 없지 않습니까?"

나중에 이 젊은 수좌에게서 전화가 걸려 왔습니다

"스님, 참회합니다. 법을 물을 때는 예를 갖추었어야 하는데~."

"됐네. 번뇌인 줄 알면 곧 깨달음이듯 자네가 내 말의 낙처落處를 이해한 것으로 다 끝난 것일세."

부처님에게 등급은 존재하지 않습니다. 등급이 있다면 잘못된 것이지요. 중생들 세계에서는 등급이 있습니다. 그러나 부처님에게는 없습니다. 부처님은 등급 대신 다른 게 있지요. 그게 무엇이냐고요. 환경입니다.

서가모니 부처님의 사바세계라고 하는 매우 열악한 환경, 아미타 부처님의 극락정토라고 하는 쾌적한 환경, 동방의 묘희세계라는 지극히 아름다운 환경, 남방의 환희세계라는 기쁨이 충만한 환경, 북방의 무우세계처럼 근심걱정이 없는 환경, 중방의 화장세계처럼 아름다운 여러 가지 꽃으로 가꾼 환경 등이 있습니다. 그리고 어떤 세계에서 어떤 중생들과 함께 하느냐에 따라 하실 일이 달라지는 것 외에는 딴 게 없습니다.

예를 들면 극락세계 아미타 부처님은 마흔여덟 가지 원력을 모티브로 하여 아홉 가지 품계를 두시고 중생들을 이끌고 교화하시지요. 사바세계 서가모니 부처님은 오염된 시대, 오염된 견해, 오염된 번뇌, 오염된 중생, 오염된 생활, 이들 다섯 가지 오염된 세계에서도 그에 물들지 않고 청정하시기에 서가모니 부처님을 연꽃과 같은 부처님이라 표현합니다.

부처님은 등급이 없으십니다. 염분비 일정의 법칙을 아십니까? 전 세계 어느 바다에서 재더라도 염분비가 3.5% 곧 35퍼밀에서 변함이 없습니다. 예를 들어 영어교사는 격이 높고 아랍어 교사는 격이 낮은가요? 경제학 교수는 격이 낮고 물리학 교수는 격이 높은가 말입니다.

부처님에게는 등급이 없습니다. 부처님에게 등급이 있다면 등급이 있을 것이라고 생각하는 그 마음이 있을 따름입니다. 착시현상이 있을 수는 있지요. 세로줄무늬 옷을 입으면 키가 커 보이고 가로줄무늬 옷을 입으면 키가 작아 보이듯 같은 사람이라도 정장을 했을 때와 캐쥬얼에 쓰레기봉투를 들었을 때는 달라 보이게 마련이지만 결국 같은 사람이지요.

그렇지 않다는 말씀인가요? G2의 최고 권력자와 작은 나라 대통령은 파워부터가 완전히 다르다고요? 그럴 수 있습니다. 그러나 자리에 있을 때만 그렇습니다. 권력은 중력의 법칙을 따르니까요. 중소도시와 메가시티megacity는 흡입력이 다를 수밖에 없습니다. 그러나 모든 부처님들께서는 힘자랑을 하시는 분들이 아니십니다.

아미타 부처님은 구품으로 중생들을 제도하십니다. 구품이 무엇일까요? 무량수경에서는 극락세계를 상품·중품·하품으로 나누고 각 품마다 다시 상중하로 나누어 구품으로 말씀하십니다.

09. 상품상생上品上生
08. 상품중생上品中生
07. 상품하생上品下生
06. 중품상생中品上生
05. 중품중생中品中生
04. 중품하생中品下生
03. 하품상생下品上生

02. 하품중생下品中生

01. 하품하생下品下生

일반적으로 해석하기는 근기根機에 따라 하품하下品下에 태어나 도를
닦고 정진하여 하품중에 옮겨서 태어나기도 하고 하품상으로 옮겨 태어
나기도 하며, 마음의 경지에 따라 그 위의 중품이나 상품으로 옮겨 태어
나기도 하며, 또는 사바세계에서 선근을 쌓은 자는 곧바로 상품하나 중
이나 상에도 태어날 수 있다는 것입니다.

끝에 붙은 '생生'을 '태어나다'라는 제움직씨自動詞로 해석할 수 있습
니다. 그러나 '낳다' '살다'라는 남움직씨他動詞로 풀 수도 있고요. 하품하
라고 하는 최초의 9급 공무원으로 근무를 시작해 8급이 되고, 7급이 되
고, 6급·5급이 되는 경우도 있겠지요. 그리고 행정고시를 통과하여 곧바
로 5급이 되고, 선거를 통해 4급·3급·2급으로 오를 수 있는 길도 있을
수 있습니다.

그와 같이 구품연화대가 전혀 다른 세계, 이른바 평행우주거나 다중
우주일 가능성도 분명 있습니다. 그러나 한편 생각해 보면 구품연화대가
같은 우주 공간, 같은 국민들이 모여 살지만 그들의 질서를 위해 9단계로
품계를 나누었을 것입니다.

세상은 평등하면서도 또한 차별을 필요로 합니다. 차별 없는 평등은
어떨까요? 콩가루 집안을 만들기에 넉넉하고 평등 없는 차별은 어떨까
요? 다수의 힘이 무시된 독재일 뿐입니다.

그러므로 구품연화대九品蓮花臺라는 품계는 민주주의로 나아가는 길
입니다. 서로 자주 모여 삶을 얘기하고 집단과 개인에 대한 운영을 논하
지요. 리더leader를 뽑아 바퀴 전체輪의 힘이 한 가운데 곡轂potentia으로
향하게 하고, 포텐셜의 힘은 바퀴 전체로 흘러 팽팽한 긴장 속에서 힘의

균형이 이루어져가는 원리를 구품의 질서는 잘 보여주고 있습니다.

법륜法輪에서 어떤 것을 보십니까? 진리의 수레바퀴 법륜은 여덟 가지 성스럽고도 올바른 길인 팔정도를 이미지화한 것이라고요. 이들 바퀴살과 포텐셜에서 전체가 하나로 돌아가고 하나가 전체로 퍼져가는 힘의 원리는 잘 보이지 않던가요?

일방적인 힘이란 결코 어디에도 존재하지 않습니다. 반드시 다수의 힘인 평등과 집중의 힘인 차별이 필요합니다. 구품연화대라는 민주주의 방식을 채택하여 전체를 조화롭게 다스리려 하신 아미타 부처님의 생각이 하나하나 읽혀지고 있지 않습니까?

구품으로 중생을 이끄실 때 비로소 아미타 부처님의 위덕이 거룩하게 느껴지지 않겠는지요. 나는 경전을 읽다 말고 어느 때는 넋 나간 사람처럼 멍하니 앉아 있을 때가 참 많습니다. 바로 이러한 가르침 때문입니다. 어떻습니까? 아미타 부처님의 국가관리 시스템이 보이지 않나요?

48대원이 모티브motive가 되고 구품으로 위계 시스템을 만들어 하나와 여럿의 생각, 그리고 여럿과 하나의 조화된 힘을 구사하시는 저 빈틈없는 국가관을 말입니다. 진리의 수레바퀴에서 팔정도의 의미 외에 포텐셜의 함수도 생각해 보자고요.

극락세계발원문極樂世界發願文

서방정토 안락세계 중생들을 이끄시는
거룩하신 길라잡이 아미타불 부처님께
머리숙여 귀의하며 왕생하길 원하오니
크신자비 크신아픔 함께하여 주옵소서

부처님의 제자로서 이제오늘 저희들은
부모은혜 중생은혜 나라은혜 삼보은혜
또는스승 시주은혜 천지도반 은혜하며
욕계색계 무색계의 법계중생 두루위해

온갖덕을 두루갖춘 일체모든 부처님의
일승무상 보리도를 구하고자 하는고로
아미타불 크신이름 마음속에 항상지녀
서방정토 왕생하길 지성발원 하나이다

지은업은 무거웁고 쌓은복은 가벼우며
번뇌장애 매우깊고 닦은지혜 아주얕아
물든마음 욕구불에 타오르기 십상이고
깨끗한덕 정화하여 이루기가 어렵나니

이제오늘 저희들이 부처님전 나아와서
두손모아 합장하고 무릎꿇어 엎드린뒤
부처님발 이마대어 한마음을 다기울여
지성으로 참회하니 굽어살펴 주옵소서

시나브로 생각하니 저와다못 중생들이
한량없는 예로부터 오늘날에 이르도록
본래부터 깨끗하온 그마음을 모르고서
탐욕분노 어리석음 삼독번뇌 이끌리어

행동으로 지은죄가 수미산과 같사옵고
언어로써 쌓은업이 향수해와 같나이다
마음속에 쌓인죄업 티끌처럼 많사온데
그동안에 맺은원결 모두소멸 하여지다

이제오늘 이자리서 깊고깊은 서원세워
악한법은 멀리하여 다시짓지 아니하고
거룩한도 힘써닦아 물러나지 아니하며
바른깨침 이루어서 중생제도 하려하니

아미타불 부처님은 자비하신 원력으로
언제든지 저희들을 증명하여 주시옵고
저희서원 살피시어 갸륵하게 여기시고
크나크신 가호로써 힘을보태 주옵소서

다시한번 원하오니 참선하든 관을하든
꿈을꾸든 잠을자든 어느곳에 있더라도
아미타불 금색신을 언제든지 친견하고
보배로써 장엄하온 극락세계 다니면서

아미타불 감로관정 깊은은혜 입사옵고
자마금색 광명으로 이내몸을 비추시며
고운손길 내미시어 저의머리 만지시고
구름옷을 지으시어 저의몸을 감싸시며

과거생에 지은업장 자연스레 없어지고
선의뿌리 깊이내려 길이길이 뻗어가며
팔만사천 온갖번뇌 어서어서 텅텅비고
한량없는 무명업장 한꺼번에 깨어지며

뚜렷하고 밝은깨침 대원각의 묘한마음
가림없이 언제든지 확연하게 열리옵고
고요하나 항상밝은 상적광토 참된경계
저희들의 소원대로 볼수있게 하여지다

목숨마쳐 돌아갈때 때가옴을 미리알아
여러가지 병고액난 이몸에서 없어지고
탐애연정 일체미혹 이마음에 사라져서
모든기관 즐거웁고 바른생각 분명하여

선정삼매 들어가듯 편안하게 몸벗으면
무량수며 무량광인 아미타불 부처님이
관음세지 두보살과 모든성현 함께하여
광명놓아 맞으시고 손을잡아 이끄시며

높고넓은 누각들과 아름다운 깃발들과
신비로운 향내음과 장중하온 하늘음악
성스러운 서방정토 두눈앞에 나타나면
보는이와 듣는이들 기뻐하고 감격하여

다시없는 보리심을 모두함께 발하올제
내가그때 연화보좌 금강대에 올라앉아
부처님의 뒤를따라 극락으로 나아가되
손가락을 튕길사이 순식간에 왕생하여

칠보연못 팔공덕수 아름다운 연봉안에
이내몸이 앉아있다 꽃이만일 피게되면
부처님을 친견하고 모든보살 친견하며
미묘하온 법음듣고 무생인을 얻으오리

잠깐사이 한량없는 부처님을 섬기오며
마정수기 친히받고 수기받고 난다음엔
법신보신 화신이며 성소작지 묘관찰지
평등성지 대원경지 남김없이 성취하고

육안천안 혜안법안 불안까지 다이루고
천안천이 신족타심 숙명누진 육통이며
한량없는 백천가지 다라니문 이르도록
셀수없는 일체공덕 모두모두 성취하리

그런뒤에 안양세계 떠나는일 전혀없이
사바세계 돌아와서 한량없는 분신으로
시방찰해 온갖곳에 가이없는 몸을나눠
불가사의 자재신력 가지가지 방편으로

이세상에 존재하는 온갖중생 제도하여
물든세계 모두떠나 깨끗한맘 바로얻어
모두함께 서방정토 극락세계 왕생하여
물러나지 않는경지 들어가게 하오리다

이와같이 넓고크고 굳센원력 세우오니
이세계가 다함없고 중생들이 다함없고
업과번뇌 다함없고 일체다함 없으므로
저희들이 세운원도 결코다함 없나이다

이와같이 부처님께 예배하고 발원하고
닦아지닌 공덕들을 유정에게 회향하니
부모중생 스승삼보 또는나라 시주은혜
천지도반 은혜들을 하나하나 모두갚고

욕계색계 무색계를 남김없이 고루건져
법계중생 모두함께 일체종지 얻어지다
마하반야 바라밀로 마하반야 바라밀로
마하반야 바라밀로 회향하게 하옵소서

092

네가 아프기에 나도 아프다

지혜로운 사리불아 너의뜻에 어떠하냐
어찌하여 이경전을 일체모든 부처님이
부사의한 그공덕을 끊임없이 찬탄하며
호념하는 경전이라 이름한다 하겠느냐

지혜로운 사리불아 선남자나 선여인이
이경전을 듣고나서 깊이받아 지니거나
동남서북 하상세계 일체모든 부처님의
거룩하신 그이름을 귀기울여 듣는자는

이들모든 선남자나 다시다못 선여인이
일체모든 부처님의 호념하는 바를입어
아뇩보리 열반경지 무상정등 정각에서
물러남이 다시없는 완전한힘 얻으리니

그러기에 사리불아 너희들은 한결같이
나와다못 육방제불 고구정녕 설한바를
언제든지 바로믿고 올바르게 받아지녀
잠시라도 잊어서는 결코아니 되느니라

부처님의 경전은 그 양이 방대합니다. 그렇다면 도대체 얼마나 많기에 방대하다는 표현을 쓰겠습니까? 조계종의 소의경전인《금강경》은 32분으로 구성되어져 있습니다. 그리고《묘법연화경》은 28품이고, 또 《화엄경》은 39품입니다. 금강경은 분分이라 표현하고 법화경·화엄경 등은 품品입니다.

분이란 글자 자체가 주는 뜻에서는 본디 한 덩어리였는데 나중에 경전의 내용 전개에 따라 나누어 놓은 것이고요. 품이란 처음부터 한 덩어리, 한 덩어리씩이었는데 분석해 본 결과 내용은 다르지만 전체적으로 같은 장르인 까닭에 묶어서 하나의 경으로 만든 것입니다.

그런데 화엄경의 경우 화엄이란 사상에서 낱낱이 분석해 보니 세상의 법 하나하나가 화엄사상에 갈무리되지 않는 게 없습니다. 비록 39품의 이야기들을 거두었으나 화엄에 갈무리되어야 할 법들이 워낙 방대하다 보니 차라리 갈무리될 수 없는 것을 골라내는 게 쉬울 수도 있을 터입니다.

그렇게 보았을 때, 화엄경 하본은 용수보살이 가져 온 39품으로 이루어진 현존 화엄경이고, 화엄경 중본은 용궁에 남아 있는 수미산 부피의 경전이며, 화엄경 상본은 하나의 사천하 그 미세먼지를 품으로 삼을 정도의 방대한 경전이라는 것입니다.

수미산 부피라고 했는데 과연 어느 정도나 되겠는지요? 태양계에서 가장 높은 산은 화성에 있는 올림푸스인데 27,000미터 곧 27km이니, 지구에서 가장 높은 에베레스트보다 세 배를 훌쩍 뛰어넘는 높이입니다. 그러니 전체 부피로는 에베레스트의 몇 십 배가 되지 않겠는지요. 그러나 수미산에 비하면 어미 코끼리와 개미의 비교로도 한참 부족할 것입니다.

경전에 의하면, 수미산 높이가 80,000유순이랍니다. 1유순을 약 20km만 잡는다 하더라도 수미산 높이가 160만km입니다. 지구에서 달까지 거리의 4배가 넘습니다. 오죽이나 크고 높았으면 수미산 정상에 지구보다 큰 도리천이 있겠습니까? 해와 달도 수미산 중턱에 두둥실 떠서 중생들의 어둠을 없애고 바닷물을 움직이며 생명들이 살아가도록 하고 있을까요?

화엄경 중본도 이토록 어마어마한데 하물며 화엄경의 상본이겠습니까? 하나의 사천하四天下 다시 말해서 태양계solar system만이 아니라 태양계 몇 개쯤이 하나의 사천하입니다. 당시 인도인들의 우주관 입장에서는 해와 달 그리고 숱한 별들이 지구보다 작으며, 그 작은 천체들이 지구를 중심으로 돌아가고 있다고 생각했으니 천문학astronomy이 발달하지 않았다기보다 아예 관심들이 없었습니다.

지금 21세기에도 꽤 많은 분들이 별에 대한 얘기라든가 달에 대한 얘기를 하면 시詩poem의 주제로 어울리는 것 정도일 뿐, 아예 천문학 쪽에는 관심도 없습니다. 그런데 태양계라고요? 태양계가 우리하고 무슨 상관이냐는 것입니다. 태양계 속에 우리 지구가 들어 있고, 그 지구에 우리가 살고 있는 데도요.

일월화수목금토, 즉 해와 달과 화성, 수성, 목성, 금성, 토성과 천왕성, 해왕성이 우리 지구와 무슨 상관이 있느냐는 것이지요. 또 상관이 있다고 한들 매년 동지 때 받아 한 해 동안 걸어두는 달력에서나 쓰이는 정도 아니냐고요. 우리는 어찌하여 달력에 일곱 개 별의 이름을 넣었는가를 깊이 생각해 보지 않습니다. 그리고 한 주간의 이름이 왜 일곱 개의 태양계 가족들일까? 그다지 깊이 생각하지 않지요. 그냥 한 주간 이름이 어느 날 문득 보니까 그렇더라는 것, 그런데 그게 뭐 그리 중요하겠습니까? 우리는 가까우면 너무 쉽게 생각해서이겠지만, 그저 그러려니 하면서 살지요. 마치 결혼 전에는 달도 별도 다 따 주겠노라 했는데 결혼하고 난 뒤에는 느긋한 것이 너무 자연스럽듯 말입니다.

문수보살이 유마힐 거사에게 병문안을 갔습니다. 유마힐 거사가 병을 앓고 있었지요. 문수보살이 묻습니다.

"거사님, 왜 누워 계십니까?"

"보살이시여. 보살의 병입니다."

"보살의 병이시라니?"

"중생이 아프기에 생긴 병입니다."

"점점, 무슨 말씀이신지?"

"중생이 병들어 있기에 나도 병들고 중생의 병이 나으면 내 병도 낫습니다. 중생이 생사에서 허우적대기에 나도 생사에서 같이 허우적대지만 중생이 생사의 흐름에서 벗어나면 나도 생사의 흐름에서 벗어납니다. 마치 어느 부모가 자식이 아프면 따라서 함께 아프다가도 자식이 나으면 함께 낫는 것처럼 보살의 병도 그와 같습니다. 보살의 병은 사랑에서 생깁니다."

유마힐 거사님께서는 몸소 '보살'이라는 호칭을 쓰셨습니다. 보살은 겉모습만으로 칭하지 않지요. 머리 기른 아낙네에게나 쓰는 호칭을 머리 깎은 스님에게 쓰면 되겠느냐며 어렸을 때 어느 자칭 큰스님에게 호된 꾸지람을 들은 적이 있습니다. 그런데 보십시오. 유마힐 거사님은 손수 자신에게 보살이라는 호칭을 쓰고 계시잖습니까? 거사님에게 왜 보살이라 하느냐고요.

호칭에 관해서 짚어보겠습니다. 보살이란 그가 쓰는 마음가짐의 크기, 그의 행동의 반경, 그가 사용하는 언어생활에 따라 붙여지는 이름입니다. 마치 만물의 영장을 사람이라 일컫듯 보살도 그렇게 분류될 따름입니다.

사람이라는 큰 이름 아래 경찰이니 군인이니 선생이니 학생이니 기업가, 정치인, 어르신과 같은 세부 이름들이 있듯이 보살이라는 큰 이름 아래 스님이 있고 그 스님에서 다시 비구·비구니가 있고 사미·사미니가 있습니다. 그처럼 거사upasaka가 있고 보살upasika이 있습니다.

유마힐 거사님의 말씀에서 보살의 병은 사랑 때문이라 했습니다. 보살의 병은 대비에서 병이 생기는 것입니다. "중생이 아프기 때문에 보살이 아프고 중생의 병이 나으면 보살의 병도 낫는다"는 이 말씀에서 물리에서의 힘의 원리를 찾습니다. 무슨 힘의 원리일까요? 곧 '작용 반작용의 법칙'이지요. 불교에서는 '연기의 법칙'이라 합니다. 네가 아프기에 나도 아프고, 네가 있기에 내가 있고, 네가 나으면 나도 낫고, 네가 없으면 나도 없다는 말씀을 과학적으로 증명한 게 곧 '작용과 반작용의 법칙'입니다.

철학이니 심리니 종교니 하는 경우는 주관적인 해석이 가능하지만 과학은 주관적 해석이 불가능합니다. 수학에서처럼 증명이 필요합니다. 그래서 철저히 객관적으로 모두가 인정할 때 과학이 됩니다. 과학을 경시하는 데에는 과학이 가벼워서도 아니고 결코 몰가치해서도 아닙니다. 바로 과학을 잘 모르는 까닭입니다.

종교가, 우리 부처님의 가르침이 어떻게 하면 참 자아를 찾을 것이며, 어떻게 사는 것이 행복이며, 어떻게 사는 것이 보살의 길이며, 더불어 쾌적하게 잘 사는 길일까를 하나하나 제시하셨다면 우리는 그 길을 가는 것입니다.

가는 길이 이미 정해졌고 모든 준비가 끝났다면 그냥 앉아서 죽칠 것인가요? 당연히 일어서서 길을 나서야겠지요. 부처님 가르침을 골백번 읽고, 선지식의 지도를 아무리 많이 받으면 뭣하겠습니까? 직접 일어서서 길을 나서야지요.

걸어서 갈 것인가요? 탈 것을 이용할 것인가요? 과학은 도구道具입니다. 맞습니다. 도구입니다. 과학은 탈 것입니다. 종교와 대척점對蹠點antipode에 있는 게 과학이 아닙니다. 같은 길을 걸어가는 데 있어서 반드시 필요한 도구입니다. 도구의 뜻은 따로 풀이하지 않겠습니다.

자동차에서부터 정보를 주고받는 네비게이션까지, 스마트폰에서부터 생활에 필요한 모든 첨단장비까지, 히말라야 고지에서는 보온성이 없는 삼베바지보다 신소재 아웃도어가 훨씬 낫겠지요?

나는《불설아미타경》이 도대체 얼마나 소중하기에 다른 이름으로《일체제불소호념경》이라 하셨을까 곰곰이 생각했습니다. 지구환경이 병들면 생명도 아픕니다. 지구환경이 쾌적할 때 다른 생명은 우선 접어두고라도 인간의 삶도 건강합니다. 환경을 다루고 있는 아미타경은 그래서 일체 모든 부처님께서 보호하시고 염려하시는 경전입니다.

네가 아프기에 나도 아프다.
곧 작용 반작용의 법칙입니다.

093

아인슈타인 박사님께 바친다

자연계를 움직이는 힘에는 크게 네 가지가 있습니다. 이들 네 가지 힘을 가장 약한 것부터 보면 아래와 같습니다.

1. 중력重力
2. 약력弱力
3. 전자기력電磁氣力
4. 강력強力

이들 네 가지 힘 가운데서 우리가 알고 있는 것은 중력입니다. 언뜻 생각하기에는 가장 힘센 녀석이 중력일 듯싶은데 그게 아닙니다. 거시세계에서 작용하는 게 바로 다름 아닌 중력인데요. 이 중력도 약력에 비하면 어느 정도일까요? 만약 중력을 1로 본다면 약력은 10^{26}승乘이나 됩니다. 어떻습니까? 쉽게 계산이 되겠는지요! 10^{12}승이 1조兆니까, 10^{26}승(10시柿)이면 1조×1조 하고도 10^{2}승이 남는군요. 10^{2}승이면 곧 100이지요. 그렇다면 어찌 되나요? 1조 곱하기 1조 곱하기에 다시 100

을 곱했으니 이처럼 1조×1조×100이 되겠군요.

이를 비유로 들면 고기 1근(600g)이 중력이라면 60해톤(6×10^21승톤)의 지구 질량이 곧 약력입니다. 고기 1근의 힘과 지구의 힘, 과연 비교가 된다고 생각하나요? 그러나 이 약력의 힘도 전자기력에 비하면 매우 약합니다. 약력이 10^26이라면 전자기력은 10^38승입니다. 다시 말해 약력의 1조 배나 되는군요. 그리고 강력은 10^40승이니 전자기력의 100배입니다. 같은 원자 내부의 핵의 힘에서 물체 운동에 작용하는 힘은 물질의 성질이나 상황에 따라서 다양하게 표현되고 있습니다.

앞서 든 중력 말고도 마찰력摩擦力, 탄성력彈性力, 항력抗力, 양력揚力, 추력推力, 부력浮力, 압력壓力, 장력張力 등이 있고 전자기력을 나누어 전기력과 자기력을 얘기하기도 합니다. 그러나 네 가지 힘으로 묶습니다. 질량을 가진 물체 사이에 존재하는 이른바 인력引力이라고도 하는 중력, 전기를 띤 물체 사이에 작용하는 전기력, 우리가 컴퓨터를 이용하고, 불교TV와 불교방송을 시청하고, 스마트폰을 통해 정보를 교환하고, 인공위성을 띄우고, 텔레스코프telescope望遠鏡를 설치하여 우주를 관찰하고 하는 모든 게 전기력의 힘이지요.

그리고 역시 지구의 내부와 태양계에서 작용하는 자기력을 아울러 전자기력이라 하는데 없어서는 안 되는 자연계의 힘입니다. 그러나 뭐니뭐니해도 미시세계에서 작용하는 핵력을 떠나 전자기력과 중력을 얘기할수 없지요. 핵력은 1조분의 1밀리미터 또는 100조분의 1밀리미터라고 하는 원자핵 속에서만 작용하는 까닭에 느끼지 못할 뿐 앞서 비교했듯이 약력만 놓고 보더라도 그 힘의 중요성은 고기 1근과 지구만큼이나 크게 벌어질 수 있습니다. 그런데 어찌하여 본론은 꺼내지 않고 변죽만 울리느냐고요. 울리는 변죽이 지루하다는 것은 그만큼 본론이 중요하다는 반증입니다. 아직 변죽의 울림이 끝이 나려면 조금 더 인내해야만 합니다.

부처님께서는 깨달음을 얻기 위해 헤아릴 수 없는 겁에 걸쳐 보살의 행과 구도의 행을 펼치시고 과학자들도 숱한 역사에 걸쳐 목숨까지 내놓으며 연구에 연구를 거듭한 것이니까요. 약한 핵력 곧 약력과 강한 핵력 곧 강력을 생각해 보자고요. 핵이라고 하면 우리는 거부감부터 갖습니다. 핵무기 때문입니다. 그래서 세계적으로 지성인들이 모여 탈핵운동을 벌이고 있는데 정확히 얘기하면 핵무기 반대입니다. 왜냐하면 자연계에서뿐만 아니라 모든 생명, 모든 물질의 기조에는 핵을 바탕으로 하고 있기 때문이지요.

가령 핵이 없는 생명 또는 핵 없는 물질이 가능할까요? 아닙니다. 이 지구상에서만이 아니라 저 광활한 우주 내에서 핵核nuclear은 물질의 중추며 핵은 씨앗種子seed입니다. 모든 생명은 세포를 갖고 있지요. 세포가 없다면 광물질이지 결코 생명일 수는 없습니다.

동물계든 식물계든 '삶'과 '죽음'이라는 표현 사이를 오간다면 거기에는 세포가 있습니다. 그리고 거기에는 DNA가 있고 유전정보가 빼곡히 들어 있습니다. 유전정보는 삶을 마감한 생명, 이를테면 이미 죽은 지 오래된 사체의 머리카락, 손톱, 발톱, 뼛조각에도 고스란히 담겨 있습니다.

복숭아 씨앗을 땅에 심습니다. 물을 주고 거름을 줍니다. 복숭아씨에서 싹이 틉니다. 복숭아씨 어디에 생명이 있었을까요? 까끄라기가 있는 복숭아 피부일까요? 복숭아의 부드러운 육질일까요? 딱딱한 씨앗의 겉껍질일까요? 아니면 속껍질이겠습니까? 딱딱한 껍질이 둘러싸고 있다면 싹 틔울 수 있는 생명의 본질 핵은 그 안에 들어 있다고 보아야 하겠지요.

부처님 말씀에서 우리가 믿고 의지할 수 있는 핵은 결국 무엇이라고 생각하는지요? 당연히 인因이라고 생각할 것입니다. 복숭아씨는 씨앗 하나가 그대로 하나의 세포입니다. 씨앗이 씨앗으로만 남아 있다면 그래서 세포 속의 핵이 분열하지 않은 채 그대로만 있다면 단일 세포 곧 하나의 세포일 뿐 그 이하도 그 이상도 아닙니다.

곰곰이 생각해 보자고요. 우리의 몸이 100조 개가 넘는 세포의 군집으로 이루어져 있다면 도대체 어떤 힘이 있어 이들 100조 개를 훌쩍 넘는 세포들을 하나로 묶어주고 있을까요? 뇌신경을 이루고 있으면서 스스로 하나하나 분석하고 그 분석한 것들을 다시금 생각하고 하는 일련의 작업을 가능케 하는 게 과연 어떤 힘이라고 생각하는지요?

우리의 세포와 세포를 묶어주는 힘, 원자와 원자를 붙들어 주는 힘, 양성자陽性子proton와 중성자中性子neutron를 이루는 소립자小粒子elementary particle 그들 소립자 사이에 작용하는 힘, 강한 핵력核力nuclear force입니다. 그리고 양성자와 중성자를 결합시키는 힘이 약한 핵력입니다.

양성자는 줄여서 양자라고도 하지요. 원자atom의 핵을 구성하는 입자로 양성자는 그 전하電河가 양성이기에 양성자 또는 양자라 부릅니다. 거기에는, 아니 이 양성자에 2개의 업 쿼크two u quarks와 1개의 다운 쿼크one d quark로 짜여 있지요. 양성자는 전하가 양성인 데 반해 중성자는 글자 그대로 전하가 중성을 띠고 있습니다. 그리고 이 양성자와 중성자가 결합한 핵을 중심에 두고 바깥고리에서 끊임없이 움직이는 게 전자電子지요. 전자는 전하가 음성입니다. 전자가 바깥고리에서 움직인다 해서 결코 원자 밖이 아닙니다. 역시 원자 내부에서의 활동입니다.

이 우주는 미세한 먼지 하나도 그 작디작은 세포 하나하나마저도 다 원자로 되어 있으며 이 원자를 벗어나서는 어떤 생명도 무생물도 별들도 성간 물질도 암흑 물질도 암흑에너지도 존재할 수 없습니다. 그런데 그 원자를 원자이게끔 하는 힘이 자연계의 4가지 힘이지요. 특히 그 중에서도 원자의 핵에서 이루어지는 힘의 세계는 상상을 초월할 정도로 강합니다. 우리가 몇 십 년 동안 살면서 이 광활한 우주 내에서 이 몸뚱이로 뭉쳐 있게 하는 힘도, 지구가 지구로 뭉쳐 있게 하는 힘도, 달이 지구로부터 38만 5천km나 저렇게 떨어져 있으면서도 부서지지 않게 하는 일합상

一合相의 힘도, 작은 개미 한 마리가 개미의 모습을 유지하는 힘도, 핵의 강한 힘과 약한 힘 덕분이지요.

부처님의 말씀에서는 이를 인연因緣이라 표현하고 있지요. 2개의 업쿼크와 1개의 다운쿼크가 인이라면 그들의 작용을 돕는 힘이 연이고, 양성자와 중성자가 인이라면 그 두 가지가 결합하게 하는 힘이 연이며 양성자와 중성자의 결합인 핵과 그 핵을 중심으로 활동하는 전자가 인이라고 했을 때 핵과 전자를 묶어 주는 힘이 연입니다.

원자와 원자가 인이라면 원자와 원자를 연결하는 힘은 연이며 원자와 분자, 분자와 분자, 분자와 물질, 물질과 물체, 물체와 물체가 각각 인이라면 그들 개체와 개체를 낱낱이 연결하는 힘은 연입니다.

자연계의
4가지 힘을 하나로 묶는
통일장이론을
끝내 끝을 보지 못한 채
세상을 떠난 아인슈타인 박사
그가 부처님의 가르침에서
인연이라는 법칙을
진작 생각하고 알았더라면
아아! 인연, 통일장 이론의 통일
인연이라는 이 한 마디를
오늘도 이 소중한 인연에
통일장 이론을 생각하며
더없이 한없이 감사합니다.
아인슈타인 박사에게 바칩니다.

094

아뇩다라삼먁삼보리

이들모든 선남자나 다시다못 선여인이
일체모든 부처님의 호념하는 바를입어
아뇩보리 열반경지 무상정등 정각에서
물러남이 다시없는 완전한힘 얻으리니

탄소炭素발자국Carbon footprints 어떻습니까? 살아가면서 한번쯤 생각해 볼 필요가 있는 말입니다. 탄소발자국은 개인 또는 단체가 직접 또는 간접적으로 발생시키는 온실기체溫室氣體의 총량을 뜻합니다. 여기에는 이들이 일상에서 사용하는 연료라든가 전기용품 등이 모두 포함되지요.

탈것을 예로 들어보겠습니다. KTX탑승권에 찍힌 내용입니다.

"공인된 바에 따르면 서울역에서 부산역까지 KTX를 이용할 경우 편도偏道에 1인당 9.98kg의 탄소발자국을 남깁니다. 이는 승용차의 7/1수준이며, 소나무 12그루를 심는 효과입니다."

그렇다면 5인승 승용차로 서울에서 부산까지 간다고 할 때 혼자일 경우와 4~5사람이 탔을 경우는 어떻게 계산하면 좋겠는지요? 당연히 혼자 타고 갈 때와 비록 차는 5인승이지만 편하게 4명이 탔다면 문제는 많이 달라지지 않겠습니까?

KTX의 이 공인이라는 것은 자동차 연비와는 또 다릅니다. 이는 KTX 전 좌석이 매진될 때고요. 가령 좌석의 10%만 차고 나머지 좌석 90%가 텅텅 비었을 경우 승용차보다 훨씬 더 많은 이산화탄소를 배출하게 될 것입니다. 이산화탄소는 이름에서 드러나듯이 일산화탄소가 탄소 알갱이가 하나인 데 비해 두 개라는 뜻이지요. 그리고 이 공인의 기록에는 승용차는 배기량이 적혀 있지 않습니다. 연료도 휘발유gasoline/Petrol인지 경유diesel인지 아니면 액화석유가스liquefied petroleum gas, 곧 LPG인지 표기되지 않았습니다.

또, 소나무 12그루를 심는 효과라고 했는데 몇 년생 소나무인가가 표기되지 않았습니다. 1년생 2년생이 다르고, 10년생 소나무가 다르고, 50년생 소나무가 다른데 그냥 소나무 12그루 심는 효과라고 한다면 공인이라는 말을 취소하거나 내용을 대폭 수정해야 할지도 모릅니다.

어찌 되었거나 우리는 자신도 모르는 사이에 이렇게 일상생활 속에서 탄소발자국 곧 이산화탄소를 꽤 많이 배출하고 있는 셈입니다.

어디 자동차만 주범인가요? 야생동물도 마찬가지이지만 애완용 강아지 한 마리가 1년에 내놓은 탄소배출량이 얼마나 될까요? 예를 들어 몸무게가 4,500g(4.5kg) 나가는 경우, 강아지 한 마리가 1년 동안 쏟아내는 탄소배출량은 4,500cc 휘발유 대형승용차 한 대가 1년 동안 자그마치 2만km를 운행하면서 내놓는 이산화탄소량과 맞먹습니다. 매주 평균 400km 주행한다면 1년 운행하는 거리이겠네요. 강아지 한 마리가 먹고, 썻고, 호흡하고, 배설하고, 방귀 뀌고, 뛰어다니면서 발산하는 온실기체 총량이 이 정도입니다.

인바이런먼트environment, 곧 환경이라는 뜻이지요? 사회적 환경이니 도덕적 환경이니 컴퓨터 환경이니 얘길 합니다만, 도대체 환경이란 게 무엇일까요? 삶을 살아감에 있어서 우리는 어떤 바탕 위에서 살고 있는 가요?

공간과 시간입니다. 시간과 공간을 떠나서는 어디서도 살 수가 없습니다. 시골에서, 대도시에서, 국가 간에, 땅 한 평 놓고 서로 다투면서 어찌하여 시간에 대해서는 그리 소홀할까요?

환경은 공간의 뜻일 뿐인데 구태여 왜 시간까지 끌어들이느냐고요. 삶의 터전이 공간만인가요. 어떻게 시간 없이 공간에서만 삽니까. 인바이런 멘털environmental이라는 그 영단어 속에는 시공이 들어 있지요. 오염이라는 단어, 컨태미네이션contamination이나 폴루션pollution에도 분명 시공의 오염의 뜻이 들어 있습니다.

한자의 환경環境은 어떠한가요? 환環이 보석 목걸이로서 시간이라면 경境은 땅의 살피로서 공간을 뜻하지요. 우리 속담에 "구슬이 서 말이라도 꿰어야 보배"라는 말이 있습니다. 구슬 하나하나가 시각時刻이라면 시각과 시각을 연결하는 게 다름 아닌 시간時間이지요? 살피를 사이에 두고 한 쪽과 다른 한 쪽을 통틀어 우리는 공간이라 합니다.

이 《불설아미타경》에서 부처님께서는 당신 재세 시에 주체의 오염으로 견탁·번뇌탁·중생탁과 공간의 오염으로 명탁을 걱정하시며 시간의 오염으로 겁탁까지 지적하셨는데 하물며 오늘날의 상황이겠습니까?

생태환경, 더없이 중요하지요. 에코eco 말입니다. 에코는 이름씨 에콜로지ecology, 그림씨 에콜로지컬eclolgical의 약자인데 바이오노믹스 bionomics와 같은 말입니다. 생태학이라는 의미지요. 생태학적 예술 ecological art, 우리가 살아가는 시공간, 여기서 우리라고 하면 나는 인간만을 지칭하지 않습니다. 모든 생명이 함께 숨 쉬며 살아갈 시공간이기에 율려律呂처럼 조화를 이루어야 하며, 그러한 조화가 아름다움이며, 곧 생태환경의 예술입니다.

따라서 생태학적 예술이란 인위적으로 예쁘게 꾸며서 예술의 가치를 창출하는 것이 결코 아닙니다. 율려라는 말은《천자문》앞 부분에 율려조양律呂調陽이라는 명銘으로 나오지요. 율려조양이 무엇입니까? 곧 생태환경의 아름다운 조화입니다. 이 조화가 곧 삶의 질서이며 결국은 하늘과 땅이 인간만을 위해서 존재하지 않는다는 사실입니다.

또 하나 중요한 사실은 하늘과 땅만이 아니라 우주의 어느 시간도 펨토초 또는 아토초일지라도 결코 '멈춤'을 모른다는 것입니다. 이는 극락 세계에 삼악도가 없고 '삼악도'라는 단어가 아예 없는 것과 같은 이치지요. 그대로가 부처님의 가르침입니다.

구약 창세기에 의하면, 모든 생명은 사람에게 복속服屬되고 오직 사람을 위해서만 그 삶과 존재가치를 인정받는 것으로 기록되어 있지 않던가요? 마치 인간이 신의 피조물이기에 창조주인 신에게 복속되고 신의 영광을 위해서만이 그 삶의 가치를 인정받듯이 말입니다.

요즘은 기후의 기준이 없습니다. 무서리霜降가 지나도 서리는 내리지 않고 가을 자취에 추억을 남기려는지 추적추적追積秋跡 비가 내립니다. 가을비는 멍석도 적시지 못한다는데 선겨울立冬이 내일모레이건만 큰 비가 벌써 여러 차례입니다. 혹시 이러다가 겨울 없이 바로 봄이 오는 건 아닐까 우려가 이만저만이 아닙니다. 며칠 전 후배가 문자를 보냈더군요.

"스님, 공기 오염도가 심각합니다. 비가 올 때 빗물이 오염물질을 녹여 산성화酸性化가 되고 산성비가 내립니다. 스님께서는 어차피 삭발을 하셨으니 대머리가 두렵지는 않으시겠지만 그래도 바로 맞으시면 안 됩니다. 아시겠습니까, 스님?"

한 마디 보태 다시 보냈더군요.

"존경하는 선배스님! 스님께서는 물리학의 대가시니 제가 말씀 안 드려도 잘 아시겠지만 삭발한 머리에 산성비를 맞으면 가속도acceleration의 법칙에 의해 대머리가 벗겨질 가능성이 일반인들에 비해 아주 높습니다.@후학비구 ☆☆합장 ㅋㅋㅋ."

그래서 내가 답글을 보냈습니다.

"수좌, 염려해 줘서 고맙네. 그런데 무엇이든 장단점이 있더라고. 아프리카 원주민들 중에는 웃옷을 아예 안 입고 다니기도 하지. 내가 곰곰이 연구(?)해 보니까 말일세. 내용은 생각보다 간단하더라고. 햇볕이 몸에 오래 머물지 않고 바로바로 흘러가라고 옷을 안 입는다는 것을 알았다네. 옷을 두껍게 입으면 햇볕이 다가와서 오랫동안 몸에 붙어 있으니까. 아예 안 입으면 햇볕이 오래 머물지 않고 바로 떠나간다는 원리가 되겠지? 그러니 나도 마찬가질세. 어쩌다 비록 산성비를 맞는다 해도 삭발한 머리라 산성 빗물이 오랫동안 머리에 남아 있지 않고 바로 미끄러지거든. 하여튼 고맙네. 허허허. 게으른 비구 동봉."

내 답글은 물론 궤변입니다. 이른바 가속도의 법칙에 관해서는 너무나 다들 잘 알고 있으니까 여기서는 언급하지 않지만 나름대로 재미있게 설명할 수 있습니다.

그나저나 나는《금강경》강설에서도 시원하게 얘기하지 않은 게 있는데 곧 '아뇩다라삼먁삼보리'입니다. 한역하면 무상정등정각無上正等正覺이지요. 한역을 다시 우리말로 음역하면 '무상정등정각'이고 이를 다시 뜻으로 옮기면 "위없이 반듯하고 평등하며 바른 깨달음"입니다.

위가 없다는 것은 견줄 게 없음인데, 견줄 게 없다는 것은 바꾸어 말하면 대상이 없을 뿐이지, 비교의식은 설정되어 있는 것이지요. 그리고 바르고 평등하다면 바르지 않음과 아울러 또 다른 차별이 있다는 뜻일 터이고, 바른 깨달음이면 바르지 못함과 함께 깨닫지 못함이 어딘가에 설정되어 있다는 뜻입니다.

그리고 이 《불설아미타경》에서는 모든 부처님께서 함께 찬탄하시고 함께 호념하시는 이 경전을 듣고, 경전의 가르침을 수지하거나 모든 부처님의 이름을 듣고, 그들 부처님 이름을 듣는 것만으로도 아뇩다라삼먁삼보리에서 물러서지 않는다고 말씀하십니다.

이에 대해 나는 40년 동안이나 장고長考에 장고를 거듭해 왔지만 아직 그 시원한 답을 보지 못했습니다. 선지식들의 답이라고 하는 것도 다만 단어 해석에서 그칠 뿐입니다. 나는 생각하고 또 생각합니다.

아뇩다라삼먁삼보리가 무엇일까? 저 《금강경》에서의 말씀과 달리 여기 정토경전에서는 어떤 의미일까?

그렇습니다. 같은 단어도 상황에 따라 뉘앙스가 완벽하게 달라지는 것처럼 이 《불설아미타경》에서의 아뇩다라삼먁삼보리는 동등하기에 위뿐만 아니라 아래도 없고, 반듯하기에 그대로가 동등이며, 또한 반듯하기에 깨달음이지요. 극락세계는 이미 모두들 동등하여 위도 아래도 전후좌우도 없고, 탄소발자국을 일체 남기지 않습니다. 환경이 오직 쾌적할 뿐이니 오염될 게 어디에도 하나 없습니다.

극락세계에 산성비가 내릴까요? 설마 그렇지는 않겠지요? 왜냐하면 방사능으로 오염되어 있지는 않을 게 분명하니까. 다시는 아뇩다라삼먁삼보리에서 물러나지 않는다면 구태여 극락세계에 왕생할 원을 세울 필요가 있겠는지요?

095

어설語說

그러기에 사리불아 너희들은 한결같이
나와다못 육방제불 고구정녕 설한바를
언제든지 바로믿고 올바르게 받아지녀
잠시라도 잊어서는 결코아니 되느니라

서가모니 부처님께서 말씀하십니다.

"내 말語과 제불의 말씀說"이라고요? 그게 뭐 다른 게 있습니까? 한문만 어語와 설說이 다를 뿐인데요. 그렇습니다. 바로 지적했습니다. 한문으로 말씀 어語와 말씀 설說이 다를 뿐 그 뜻은 같습니다. 둘 다 어근이 말씀 언言이고 소릿값만 오吾와 열兌입니다. '오'는 나중에 '어'가 되고 '열'은 '설說'의 음이 본디 '열'입니다. 어語는 너의 말도 아니고, 그의 말도 아니며, 또한 엉뚱한 사람의 말이 아니라 다름 아닌 나吾의 말言이지요. 그럼 나吾는 누구며 어떤 자일까요? 다섯 가지五 감관口을 지닌 자입니다. 다섯 가지 감관이 무엇일까요? 눈眼, 귀耳, 코鼻, 입舌, 살갗身입니다.

이들 다섯 가지 감관을 어찌하여 뿌리根라 하며 구멍 뚫린 통로로 표현하였을까요? 뿌리라고 하는 것은 모든 욕구의 원천이고 번뇌의 원천이고 생각의 원천이고 괴로움의 원천이고 행복의 원천이기 때문입니다.

그리고 통로란 빛깔이 드나드는 통로로서의 눈, 소리가 드나드는 통로로서의 귀, 냄새가 드나드는 통로로서의 코, 언어·음식이 드나드는 통로로서의 입, 스침이 드나드는 통로로서의 살갗, 이들 다섯 가지 통로 가운데 네 가지가 모두 머리에 있습니다.

눈 2개, 귀 2개, 콧구멍 2개, 입 1개, 다른 것은 2개씩인데 왜 중요한 입은 하나뿐일까요? 눈은 빛깔을 보는 기능, 귀는 소리를 듣는 기능으로 각각 하나씩이고, 코는 냄새를 맡는 기능과 숨 쉬는 기능으로 두 가지 기능을 갖고 있습니다. 그런데 입은 하나밖에 없으면서도 기능은 서너 가지를 해야 하지요. 첫째 기능은 먹고 뱉는 것입니다. 다른 감관은 받아들이기만 하지만 입은 받아들이기도 뱉기도 합니다. 눈으로 들어온 빛을 도로 내놓는 일은 없으며 귀로 들어온 소리도 다시 내보내지는 않습니다. 그러나 입은 섭취하기도 하지만 씹던 음식을 다시 뱉기도 하지요.

입의 두 번째 기능은 언어 구사입니다. 다른 동물들도 마찬가지로 입에서 나오는 신호로써 서로간의 정보를 주고받지만 사람이 다른 동물과 다른 점이 있다면 언어를 통한 의사소통이지요. 언어는 국가마다 다르고 민족마다 다르며 지역마다 차이를 두고 있습니다. 심지어 부족과 부족 간에 소통이 되지 않는 경우도 있습니다. 그만큼 언어의 소통은 언어의 장벽을 가져오기도 합니다. 이를테면 언어를 갖지 않은 동물은 종에 따라 약간의 차이는 있겠지만 전 세계 어딜 가더라도 말은 말끼리, 진돗개는 진돗개끼리, 고양이는 고양이끼리, 까마귀는 까마귀끼리, 쓰르라미는 쓰르라미끼리, 귀뚜라미는 귀뚜라미끼리 통하는 그들의 울음이 있고 그 소리를 통해서 서로의 정보를 주고받습니다.

그러나 사람은 체계가 다릅니다. 동물들이나 곤충들에게서는 기대할 수 없는 차원 높은 문화를 만들어가고 다듬어가는 고등한 생명입니다. 바로 인간만이 지닌 언어와 언어를 기호화한 문자 덕분에 가능한 것입니다. 혹자는 피라미드라든가 기타 고대문화를 바라보며 외계인들의 유입설을 얘기하곤 합니다. 도대체 수백 톤씩이나 나가는 바위를 요즘처럼 첨단 과학이 동원되어도 옮길 수 있을까 말까 한데 외계인이 아니고서야 어찌 가능하며, 지능이 뛰어난 어떤 지적 설계자가 개입하지 않고서야 어떻게 저 큰 돌을 다루었을까를 생각하고 또 생각하곤 합니다.

인류가 도구를 다룰 수 있다는 것은 호모사피엔스가 등장하면서 이미 함께 시작되었다는 것은 가정하지 않더라도 아주 확실하지요. 캄보디아의 앙코르와트나 만리장성의 경우 혀를 내두를 수밖에 없습니다. 그 옛날에 어떻게 그토록 정교했으며 기하학이 발달하기 전이라 한편 곰곰이 생각해 보면 외계인 유입설을 주장하는 것도 그리 큰 무리는 아니라 보입니다. 하지만 나는 단언합니다. 아직까지는 현존하는 우리 인류 외에 어떤 외계인도 없었다는 것입니다. 우리 인류는 참으로 대단하지요? 지구 위 어떤 생명체도 그 어떤 창조주도 그 어떤 지적 설계자라 하더라도 인간을 제외하고 다른 곳에서 찾는다는 것은 전혀 있을 수 없다는 것입니다. 내가 기독교인이 아니고 불교인이라서 그렇게 주장한다고요? 어떻게 보더라도 좋습니다.

입의 셋째 기능이 무엇일까요? 곧 침묵입니다. 세상의 모든 말이란 말, 글이란 글을 한 큐Q에 보낼 수 있는 것이 침묵입니다. 나는 수다를 좋아하지 않지만 침묵도 좋아하지 않습니다. 이유 없는 끝없는 침묵은 차라리 수다보다 못할 때가 많거든요. 뒷산의 우뚝 솟은 바위가 침묵의 기능이라면 당연히 한 수 위입니다.

유마힐의 침묵이 대단하지요? 그의 침묵은 언어를 담고 있습니다. 그는 방금까지도 얘기를 나누었고 진리를 표현하기 위해 잠시 입을 다물었을 따름입니다. 그는 사소한 말다툼 끝에 하루고, 이틀이고, 사나흘,

한 이레, 한 달도 좋고, 서너 달이 넘도록 말 문 닫은 부부의 침묵이 아닙니다. 침묵은 오래 쓰는 게 아니지요. 침묵을 통해서만 생각을 표현할 때 쓰는 하나의 방법론일 따름입니다.

만해 스님의《님의 침묵》에서 〈님의 침묵〉을 좋아하고 높이 평가하는 것은 그의 침묵이 엄청난 언어를 안으로 간직했기 때문입니다. 그에게 있어서 침묵이란 부처님의 침묵이든, 조국의 침묵이든, 드러내야 할 참된 이치의 침묵이든, 그 침묵은 싸움 끝에 입을 닫은 부부의 침묵이 아닙니다. 달마 대사는 9년 동안이나 침묵했다고요? 그 역시 만해의 '님의 침묵'과 같습니다. 그러나 달마는 침묵해야 할 때 침묵했고 말로 표현할 때는 말로 표현했지요. 그의 침묵은 천언만어를 간직했고 그의 말은 은산철벽을 갈무리했습니다.

말이란 무서운 무기가 되기도 하고 한없이 따스한 손길이 되기도 합니다. 어떤 때는 좋은 사이를 원수로 만들기도 하지만 어떤 때는 수십억 겁의 업장을 단숨에 녹이기도 합니다. 말이란 수다스럽다고 나쁜 게 아니고 이따금씩 던진다고 다 좋은 것은 아니지요. 재잘거리는 아이가 실수하는 것도 아니고, 서너 달에 한두 마디 한다고 실수 없는 말만 하지는 않습니다. 어떤 수행자는 평생토록 묵언하여 '묵언스님'으로도 불렸지만 90을 바라보는 나이에 탈종奪宗이라는 말 하나로 자신의 정체성을 여지없이 땅바닥에 내팽개치기도 했으니까요.

입의 세 가지 기능 중에 먹는 기능과 말하는 기능이 아래에 나란히 놓인 큐브 상자라면 위에 얹어진 큐브 상자 하나는 바로 침묵입니다. 그래서 품品가운데 상품上品입니다.

눈의 기능도 두 가지라고요. 보는 기능과 눈감는 기능이라고요? 아닙니다. 아니지요. 눈에는 기능이 아주 많습니다. 보는 기능과 감는 기능 외에 또 있나요? 보는 기능에 여러 가지가 있지만 감는 기능도 매우 다양합니다. 자신의 단점을 감으려 하지 않고 남의 장점을 찾아내려 하는 것입니다. 사랑이 담긴 눈을 뜨려 하고 미움이 담긴 눈은 감으려 함입니다.

귀에도 기능이 여러 가지겠군요. 그러나 귀는 눈이나 입과 달리 신경이 발달하지 않았습니다. 그래서 늘 열려 있을 뿐입니다. 귀는 귀마개를 하지 않는 한 닫히는 일은 좀체 없습니다. 어찌하여 귀는 얼굴 양쪽에 있으면서 닫히지 않는 것일까요? 세상에는 전해 주어야 할 말보다 함께 들어주어야 할 소리들이 훨씬 더 많은 까닭입니다. 복음을 전하는 입보다도 아픈 소리를 들어야 하는 관세음보살의 귀가 더 필요한 것입니다.

모든 생명은 태초로부터 지금까지 자신의 생명을 보호하기 위해 도주거리/임계거리/싸움거리를 만들어 왔습니다. 천적이 나타났을 때, 이를 알리는 것은 눈과 귀와 코였지요. 새들은 공중에서 먹이를 찾다 보니 시력이 초고도로 발달했습니다. 아울러 양력揚力을 이용해 속도를 증가시켰지요. 땅 위의 초식동물들은 육식동물들에 비해 귀를 더욱 발달시켰고 또 큰 편입니다.

입은 먹이를 찾는 데 집중되다 보니 입 때문에 죽는 일이 많았으며, 눈은 졸거나 잠을 잘 때에 감겨 있어서 보지 못했지요. 코도 후각을 발달시키기는 했지만 동물에 한해서이고, 그나마 언제나 열려 있는 귀가 천적이 다가오는 소리로부터 자신을 지키는 불침번이 되었습니다. 그래서 귀는 늘 열려 있습니다. 귀는 남의 소리도 들어야 했지만 자신의 양심의 소리에도 귀 기울이지 않으면 안 되었으니까요.

코는 왜 구멍이 2개냐고요? 코의 주 기능은 호흡이지만 한 녘으로는 냄새도 맡아야 하니까요. 좋아하는 페북의 벗님 가운데 후각을 잃어버린 이가 있습니다. 후각을 잃으면 미각도 반감할 텐데 음식의 맛마저 모른다면 아으! 생각만 해도 괜스레 마음이 울적하고 저립니다.

언젠가 이런 얘기를 하는 중이었는데 성악을 하는 젊은 친구가 느닷없이 소리를 질렀습니다.

"스님, 입의 기능이 섭취와 언어와 침묵이라 하셨는데 노래하는 기능도 있습니다."

그러고 보니 중요한 기능이었네요. 음악音樂의 음은 언어日를 입체화立한 것이고, 악은 제단木 위에 백설기白를 올리고 양옆으로 화려한 번소을 꾸미고 굿을 하는 무속에서 온 개념이지요. 예로부터 무당이 사제장으로서 나라의 중대사를 관장했는데 그때, 굿에서 빠질 수 없는 게 춤이고 노래였으니까요. 그 춤과 노래舞歌가 노래와 춤歌舞으로 순서가 바뀌었듯이 음악도 악이 먼저였고 음은 나중이었습니다.

그리고 다섯 번째가 살갗입니다. 눈·귀·코·입이 최고인 줄 알지만 살갗이 없으면 면역은 제로입니다. 세상은 생각보다 혹독합니다. 피부 없는 삶을 생각해 보셨나요? 나는 매일같이 몇 시간씩 메이크업에 시간을 쏟는 여성들이 있다는 말을 듣고는 열린 입을 다물지 못한 때가 있었지요. 피부를 정말 사랑하는구나 하고요. 나 위해 먹고 남 위해 입는다지만 화장은 남을 위함이며 동시에 자신을 위함이라는 것을 알았을 때 감격을 하기도 했으니까요. 내가 과장한다고요? 아닙니다. 나는 감성이 풍부한 수행자입니다. 나는 감탄도 잘하지만 울기도 잘합니다.

"남성이 홀리지 말아야 할 것이 눈물만은 아닙니다"라는 내용을 고속도로 휴게소 남자화장실에서 읽은 듯싶은데 나는 눈물이 많습니다.

이와 같이 5가지 감관의 소유자가 바로 나며 그 나의 말이 어語지요. 그리고 말씀說은 곧 기쁨說입니다. 이를 기독교에서는 복음福音이라고 표현합니다. 부처님께서는 말씀하십니다.

"내 말語과 모든 부처님이 설하신說 바를
마땅히 믿어야 하느니라."

096

이금당근今當의 법칙法則 - 1

사리불아 만일다시 어떤사람 여기있어
이미발원 하였거나 지금발원 한다거나
장차원을 크게발해 아미타불 극락세계
왕생하길 원하는자 좋은결과 있으리니

아직, 세계global까지는 잘 모르겠으나 만의 하나 우리나라에서 최고 전각가를 꼽으라면 서슴지 않고 추천할 사람이 있습니다. 고암古嵒 정병례 선생입니다. 어디 사는 분이냐고요? 워낙 유명한 분이니 인터넷에서 찾아보는 수고로움 정도는 하는 것도 좋지 않을까 싶습니다.

꼭 30년 전 인사동 사거리와 공평동 샛길에 붙은 작은 공방에서 전각을 하는 고암 선생을 만났는데 그때는 단지 그분이 나의 은법사이신 고암古庵 큰스님과 같은 호를 쓴다는 게 신기했고 친근감을 갖게 되었습니다. 이름 하나만으로도 가까워질 수 있다는 게 인연이라면 분명 인연일 것입니다. 그러니까 동종선근설同種善根說에 의하면 이름도 모르고 성도 모르지만 한 나라에 태어난 것이 천겁의 선근 인연이라 했습니다.

이는 바꾸어 말하면 이름과 성 가운데 하나만 같더라도 보통 인연이
아니라는 뜻이겠지요? 비록 본이 다르다 해도 같은 김씨 성을 쓰는 이들
과 같은 이씨 성을 쓰는 이들 자체가 다 인연이 크기 때문이라 하겠습니
다. 그럼 성이 다르면 먼 것일까요?

동아프리카 탄자니아 킬리만자로 주州 킬리만자로 산기슭에는 주로
차가Chaga 족이 살고 있습니다. 차가 족은 경제에 밝은 사람들로 많은 선
남선녀들이 신랑감 또는 신부감으로 차가 족을 꼽는다는 말이 있을 정도
지요. 부부 중 누구든 차가 족이 있다면 어떻게든 돈을 모은다는 얘기입
니다.

차가 족은 부족의 이름이고 성은 따로 있지요. 우리도 지역에 따라 집
성촌이 있지만 아프리카도 사람 사는 세상이라서 비슷비슷한 데가 있더
라고요. 특히 마랑구 게이트Marangu Gate 쪽은 민자Minja 집성촌이다시피
민자 씨 네가 많이 삽니다. 킬리만자로에 발을 딛으면서 처음 그들과 통
성명을 할 때 민자라고 해서 깜짝 놀랐습니다. 혹 한국의 어느 여성 이름
을 따다가 성으로 삼은 것은 아닐까 해서요.

그들 민자 씨네를 보면서 참 많이 생각했지요. 그들은 어딜 가나 그들
끼리만 똘똘 뭉치니까요. 너무들 그러니까 좋은 점보다 부작용이 더 많
습니다. 그게 어디 아프리카만 그렇습니까? 사람 사는 세상이 다 그렇고
그런 것 아니겠느냐 하면 나도 할 말은 없습니다. 어디 가나 지역감정이
라는 것이 도를 넘는 게 지나치다 싶으면 나중에 국가적 문제가 되기도
합니다. 나라가 남북으로 쪼개지고 민족이 사분오열 흩어지는 것이 기독
교와 유대교, 이슬람교의 분쟁처럼 종교 때문이기도 하지요. 같은 이슬람
내에서도 수니파와 시아파의 피 흘리는 싸움을 보노라면 종교 문제가 참
크긴 크지요.

한편으로는 이데올로기라고 하는 것이 커다란 문제가 되기도 합니다.

어디 그뿐인가요? 어느 시대에서나 있어 왔던 정당들의 파벌 싸움은 끝내 속담을 만들어내기도 하였지요. "고래 싸움에 새우 등 터진다"고요. 지금도 여야가 민생은 뒷전이고, 정쟁에만 심혈을 기울입니다. 이런 국회의원들을 아까운 세금 들여가며 우리 국민들은 왜 뽑아 놓았습니까.

그런데 가장 무서운 게 무엇일까요? 바로 지역감정입니다. 지역감정에는 따라붙는 게 있지요. 같은 지역끼리 뭉치다 보니 혈연관계 무시할 수 없고, 같은 지역에서 자라다 보니 학연도 결코 무시할 수 없습니다.

국가정책이 님비 현상 하나로 발목이 잡히는 게 한두 가지가 아니니 이는 보통이 아닙니다. 좋지 않은 것은 어떤 경우에도 우리 지역에 들어오면 절대 안 되고 좋은 것은 머리띠를 동여매면서까지 우리 지역에 꼭 유치되어야 한다는 것입니다. 앞의 것을 막지 못하면 대표가 몰매를 맞고 물러나야 하고 뒤의 것을 유치하지 못하면 대표에게 무능이라는 굴레를 씌워 지역에서 살지도 못하게 만듭니다.

탄자니아의 경우, 탄자니아의 국부로서 추앙받는 전후 초대 대통령이었던 줄리어스 니에레레Julius Kambarage Nyerere(1922~1999)가 부족을 강제로 섞어 놓는 정책을 써서 부족들의 이기적 힘을 분산시켰고, 아프리카 다른 나라들처럼 부족끼리 뭉쳐 힘을 과시하고 마침내 국가를 쪼개놓는 일을 미연에 막는 효과를 가져왔다 합니다. 어떤 것이 더 좋은가는 나는 솔직히 잘 모릅니다. 내가 여기서 얘기하고자 하는 것은 끼리끼리 모여서 힘을 과시하는 게 반드시 좋은가 하는 점입니다.

고암 정병례 선생이 내 마음에 가까이 다가온 것은 나의 스승님과 호가 같다는 것 말고 다른 것은 아무 것도 없었는데 그렇게 인연된 지 벌써 30년입니다. 이름도 성도 모르지만 같은 나라에 태어난 것만 하더라도 천겁 동안 함께 선근을 심었기에 가능하다고 한다면 말입니다. 이름도 성도 알고 그의 이름이 발음상 부모와 자녀만큼 또는 만겁의 인연인 내 스승님과 같다면 얼마의 인연이겠는지요? 그 생각에 잠겨 오랫동안 하염없는 고마움의 눈물을 짓습니다.

지구령地球齡! 곧 지구의 나이가 1겁이라면 천겁은 지구 나이의 천 배고, 만겁은 지구 나이의 만 배이니 소중한 인연을 어찌 다 표현할 수 있겠는지요? 그것이 지구 내에서도 그러한데 만일 우주선을 타고 지구를 벗어나 저 드넓은 우주에서 같은 지구인, 같은 지역, 게다가 종교까지 같다고 하면 인연이 깊기는 깊은 것이겠지요? 이금당己今當의 법칙입니다. 이금당의 법칙이라니, 심리학 용어는 아니냐고요? 심리학 용어에 이금당은 없습니다. 이는 《불설아미타경》에서 말씀한

이발원己發願 이미 원을 발하였거나
금발원今發願 지금 원을 발하거나
당발원當發願 장차 원을 발하게 되면

위와 같이 한 번 왕생원을 세운 자가 반드시 우리 부처님의 가피를 힘입어 세운 원대로 이루어진다는 것입니다. 이미 원을 세운 사람이거나 지금 원을 세우는 사람이거나 앞으로 원을 세울 사람이라는 말씀이 정말 가슴에 와 닿는 것은 아직까지 지구상에서 그리고 인류의 역사 속에서 이러한 이금당의 개념을 도입한 예는 과거에도 없었고 현재에도 없으며 미래에도 전혀 없을 것이기 때문입니다.

그러니 부처님의 자비가호가 얼마나 큰지 새삼스레 느껴지지 않습니까? 이금당의 법칙 그 크신 자비는 불교가 아니고서는 있을 수 없습니다.

097

이금당의 법칙 - 2

이들모든 사람들은 모두가다 한결같이
아뇩보리 열반경지 무상정등 정각에서
물러남이 다시없는 완전한힘 얻은뒤에
서방정토 극락세계 이미왕생 하였거나

지금왕생 한다거나 장차왕생 할것이라
그러므로 사리불아 모든선남 선여인이
만일믿음 있다하면 모름지기 간절하게
저나라에 왕생하길 발원해야 하느니라

과거는 어디로 사라졌는가? 미래는 다가오지 않는가? 현재는 잠
시도 머무르지 않는가? 시간의 정체는 과연 무엇입니까? 과거, 지날 과過
자와 갈 거去자입니다. 지나+간=지나간이니 구태여 중복되게 '지나간 과
거'라 하지 않아도 되겠군요. 미래도 마찬가지입니다. 미래, 아닐 미未 자
에 올 래來 자이니, 아니+온=아니온 곧 오지 않은 시간이며, 사건입니다.

시간은 눈에 보이지 않습니다. 이미 지나가버린 시간도 아직 오지 않은 시간도 우리는 무엇으로 보고 기억하나요? 다만 오직 사건으로 보고, 사건으로 생각하고, 사건으로 기억할 뿐입니다. 그러기에 역사歷史는 사건이며 사건事들을 모아 기록典한 것이 다름 아닌 사전事典입니다.

이 고귀한 《불설아미타경》마저도 우리가 생각할 수 있는 것은 우리 거룩하신 서가모니 부처님께서 사리불 장로를 비롯하여 10대 제자와 16명 아라한이 포함된 1,250여 명의 비구들이 모인 데서 타방에서 모여든 보살들과 하늘과 땅의 신들을 위해 극락세계와 아미타 부처님의 불가사의한 공덕에 대해 설법하신 법회입니다. 바로 거기서 극락세계의 소재처와 극락세계는 과연 어떤 곳이며, 무엇이 최상의 행복極樂이며, 그런 세상은 누가 만들었고, 누가 이끌어가며, 누가 이어갈 것인가를 기록한 것이지요. 이처럼 지나간 사건을 기억해내고, 찰나의 사건을 겪으며, 다가올 사건들을 맞이하는 이금당의 기록물이 경전이지요.

그러기에 분명히 말씀드릴 수 있습니다. 이 《불설아미타경》을 비롯하여 모든 불경들이 부처님 당시에 만들어졌고, 그 후 2,600년 동안 유지되어 왔습니다. 그리고 지금도 앞으로도 이금당의 법칙에 따라 사랑하는 이들과 최상의 행복을 추구하는 이들이 함께 아미타경을 다듬고, 정비하고, 털고, 닦으며, 가꾸어 가야 할 우리의 소중한 삶의 문화라고요. 과거는 사라진 것일까요? 만일 지나가 버린, 완전히 사라진 것으로 처리한다면 그것은 그들의 사건일 뿐 나와는 직접적으로 관계가 없습니다.

그들 고구려와 백제가 땅 쪼가리를 놓고 싸웠거나 말거나 권력의 중심자리를 놓고 다투었거나 말거나 나와 무슨 상관이냐는 것입니다. 고구려가 백제에게 망했거나 백제가 신라에게 백기를 들었거나 땅 덩어리는 힘의 논리 따라 경계의 구분선은 달라지겠지만 정작 땅이라고 하는 것은 지각변동의 법칙을 따를 뿐입니다. 만일 지나가버린 옛날이라서 나와 무관하다면 변절한 생육신이든 왕조의 정통성을 지키려고 목숨을 던진 사육신이든 나는 치지도외置之度外할 뿐 상관하지 않으려고요.

어떤 이들은 얘기하지요. 사육신이 정말 단종을 위해서였을까? 한 나라의 종묘사직을 여남은 살짜리 어린 단종을 허수아비로 보위에 올려놓고 마음대로 권력을 휘두르고 싶었는데 수양世祖에 의해 좌절되니까 끝까지 반항한 세력들이 아닐까? 그래서 세조가 평범한 왕이 아닌 세조대왕世祖大王이 되었다고 하는 것일까? 세조가 세종에 이어 조선 역사상 두 번째로 문화강국을 만들어 간 위대한 성군이 되었다는 게 맞을까? 과거는 지나가버린 말끔히 사라져 간 것이라고 한다면 우리와 같은 시대에 일어났던 크고 작은 사건들마저도 나하고는 전혀 관계가 없겠지요?

역사에 대한 생각들이 어느 것이 옳고 그른지는 잘 모르지만 어찌 되었거나 직간접으로 모든 사건은 연결되어 있습니다. 우리는 현재만을 살지 않습니다. 지금 이 순간에도 우리는 과거와 미래를 동시에 살고 있습니다. 이금당의 법칙은 지금 여기만을 얘기하지 않습니다. 여태껏 나도 그랬지만 '지금 여기'만을 강조하는 행복론자들에게는 보다 새로운 생각을 하게끔 합니다. 우리는 우리의 행복이 지금 여기서만 행복하다면 될까요? 과거는 지나가버렸으니까 지금 여기와 상관이 없을까요? 미래는 아직 오지 않았으니까 지금 여기와는 무관한 것일까요?

이금당의 법칙에서 보면 분명 과거·현재·미래는 하나의 고리로 연결되어 있습니다. 그 장구한 시간의 고리 가운데 우리는 늘 현재를 삽니다. 지금이라는 시간과 여기라는 공간이 더없이 소중하지만, 그러나 내가 서 있는 땅 외에 다른 나머지 땅이 없다면 내가 숨쉬는 이 찰나를 벗어나 앞뒤 다른 시간이 없다면 우리는 과연 행복할 수 있을까요?

오늘 아침 페이스북의 한 벗과 통화하는 도중에 난 또 하나의 깨달음을 얻었습니다. 2층 다실에서 바라보는 늦가을 정취, 여름내 푸르름을 자랑하던 초록의 잎사귀들은 붉게 노랗게 물들어 가고 이제는 무서리霜降가 지난지 두 주가 훌쩍 되어갑니다. 내일이 선겨울立冬이니, 낙엽으로 뒹구는 잎사귀들과 나뭇가지에 붙어있는 잎사귀들이 반반씩인 듯싶은데 문득 산소 공급이 염려 되었지요. 그래서 나는 걱정을 털어 놓았습니다.

"아, 이제 잎사귀는 마르고 낙엽이 지고 나면 광합성작용이 멈출 터인데 산소는 어디서 만들어지지요?"

그가 들려준 대답은 명답이었습니다.

"우리나라는 겨울이지만 지금 여름인 나라도 있고 또 열대지방도 있지 않습니까? 거기서 산소를 만들어 보내주겠지요."

나는 벗의 그 한 마디에서 이금당의 소중한 법칙을 얻었습니다. 이금당의 법칙은 결코 시간만의 것이 아니었습니다. 내가 평소 늘 강조하는 시공간의 동시성과 동거성은 그 시간 어디로 가버렸단 말입니까? 그리고 "당장 여기서 이맘 때 광합성작용을 통한 산소 공급이 전혀 이루어지지 않는다면"이라는 데에만 신경이 쓰이고 있었거든요.

그의 이 말 속에 담긴 의미는 생각보다 심장深長한 것이었습니다. 지금 여기서 필요할 때, 다른 데서 공급이 이루어지듯 언젠가 다른 곳에서 산소가 필요하다면 여기서 산소를 만들어 보내야지요. 자연의 법칙은 그런 교류에서는 인간과 달리 인색하지 않습니다. "지금 여기서 행복하라!"를 외칠 때, 대자연의 세계는 그렇지 않습니다. 다른 시간·다른 공간에서의 행복도 미리미리 준비한다는 것입니다. 나는 페이스북의 벗님에게 두 손을 모았습니다. 그리고 마음의 큰 절을 올렸습니다.

지나간 것은 사라진 것일까요? 빅뱅 사건이 일어난 지 137억 년이 지나갔습니다. 그러나 우주의 배경복사에는 사건 실마리가 고스란히 담겨 있습니다. 만약 지나간 것이 사라져 없어졌다면 배경복사에 남아 있지 말아야겠지요. 만일 지나간 것이 완전히 사라져 오늘의 나와 무관하다면 내 조상의 흔적이 내게서도 이어지지 않아야겠지요.

내 지나간 삶의 시간들이 없는데 지금의 내가 있을 수 있을까요? 생명을 갖지 않은 암석이나 표본에서도 과거 역사 흔적이 드러나지 않던가요? 이를테면《삼국사기》,《삼국유사》,《고려사》,《조선왕조실록》,《대통령기록물》등만이 역사 기록물은 아닙니다.

자연은 곳곳에서 기록물을 토해내고 있습니다. 지구와 대기와 빙하에서 저 깊은 바다 속 여기저기에서 지구 46억 5천만년의 흔적과 우주 137억년의 역사를 드러냅니다. 방사성 동위원소가 탄소연대 측정법을 통해 찾아내지요. 왜냐하면 탄소라고 하는 것은 모든 물질에 녹아 있으니까 이를 동위원소의 반감기법을 이용해 정확하게 찾아내고 있습니다.

기독교계 창조과학회에서는 이런 과학을 믿지 않고 성서의 기록물에서 기원전 4004년에 천지창조가 이루어졌다는 영국 아르마의 대주교 제임스 어셔(1581~1656) 신부가 주장한 성서의 계산법을 믿고 있습니다. 그리고 아마추어 지질학자였던 죠지 맥그리티 프라이스(1870~1963)의 지구역사 6,000년설을 따릅니다. 엘렌 화잇이라는 성서학자도 그리고 한국창조과학회에서도 구약의 족장설화族長說話에서 족장족보 하나로서 불을 붙였습니다.

각설하고,

요즘은 컴퓨터에, 스마트폰에 정보를 저장해 두었다가 꺼내 보는데 전혀 불편함을 느끼지 않습니다. 생명 없는 것들마저도 과거를 간직하고 미래를 설계하는데 그런 기술을 창조해 내는 사람이 지금 여기에서의 행복만을 주장한다면 뭐가 좀 안 맞지 않나요?

앞으로는 삶의 모든 시간, 곧 지나간 시간과 흐르는 시간과 다가올 시간까지 행복하게 만들라 외치고 싶습니다. 과거를 돌아보아 행복하게 바꾸고 미래를 내다보아 행복하게 설계하고 지금을 행복한 공간으로 만들라고요. 그것이 곧 이금당의 법칙이니까요. 나는 감히 외칩니다.

"조각으로 살지 말라 시공간을 통째로 살라."

시공간만이 아니라 인생 자체를 통째로 살라는 뜻입니다. '지금'이란 과거와 미래라고 하는 시간의 그물코에 걸쳐 있습니다. '여기'란 250억 광년光年이라는 광활한 우주공간과 이어져 있습니다. 이 말은 내가 처음 외치는 게 아닙니다. 임제의현臨濟義玄(?~866?) 선사가《임제록臨濟錄》에서 한 말씀이시지요. 이른바 전기전현全機全顯입니다. 요즘 말로 옮기면 간단하지요. 곧 '100%로 살라'가 될 것입니다. 이 말을 2배로 늘여서 하신 말씀이 "수처작주隨處作主 입처개진立處皆眞"으로 이를 우리말로 옮긴다면 "어디서나 주인으로 살라. 서 있는 자리가 참되리니"가 되지 않겠는지요?

과거가 그렇다면 미래는요? 미래는 오지 않았습니다. 그렇겠네요. 시간은 사건으로서만 인식이 되니까 당연히 미래는 오지 않았겠습니다. 그러나 시간이라는 개념은 과거는 사건으로 인식하지만 미래는 사건으로 인식하지 않습니다. 미래는 믿음입니다. 커피포트에 물을 붓고 가열합니다. 특별한 일이 없는 한 물은 100℃에 물이 끓고 그 끓인 물로 커피를 타고, 홍차를 타고, 녹차를 우리고, 발효차를 우릴 수 있다는 것을 믿지요. 이처럼 미래 시간들은 과거에 쌓인 경험에 비추어 이렇게 진행될 것이라는 믿음, 그 믿음이 미래를 약속하는 것이지요.

단 한 가지 미래는 과거와 다릅니다. 지나간 시간에는 가정이 없습니다. 이렇게 살았더라면 이 길이 아닌 다른 길을 선택했더라면 하는 아쉬움은 있겠지만 지나간 삶을 돌이킬 수는 없지요. 터미네이터terminator가 시간을 거슬러 자신의 과거로 가서 자신의 과거를 바꾸려 해도 또 다른 사건들의 얽힘으로 인하여 오히려 더 망가지기만 할 뿐, 그로 인해 미래의 자기 삶이 결코 바뀌지 않는다는 것이지요. 왜냐하면 삶의 시간에는 무수한 시공간의 그물코가 매우 복잡하게 연결된 까닭입니다. 인연因緣

의 그물코지요.

아직 오지 않은 시간도 믿음은 있고 예측이 있지만 예측일 뿐이고 가정일 뿐이라는 것이지요. 물을 끓이다 정전이 될 수도 있고 제품이 고장날 수도 있습니다. 차 마실 일이 없어질 수도 있고 물은 끓였는데 어떤 일에 집중하다가 깜빡 잊고 물이 식어버릴 수도 있지요. 가정은 변수變數와 도반입니다. 늘 가까이 있는 소중한 친구지요. 대전제를 든다면 역시 미래는 예측이면서 가정이면서 믿음입니다. 이《불설아미타경》에서는 말씀하시지요.

이발원已發願
금발원今發願
당발원當發願
약이생若已生
약금생若今生
약당생若當生

다시 말해서 이미 왕생에 대한 원을 세웠거나 그 원을 지금 세우거나 그 원을 언젠가 세운다면, 이미 서방정토에 왕생했거나 정토에 왕생하는 중이거나 장차 정토에 왕생할 것이라는 이금당의 법칙을 말씀하고 계십니다. 부처님께서는 삼세를 통째로 말씀하십니다. '지금 여기'라고 하는 조각만이 아니라 전체를 조망하도록 가르치고 계시지요. 믿음이 확고하다면 언젠가는 반드시 이루어진다는 소중한 가르치심입니다.

이금당의 법칙은
이 아미타경의 백미白眉입니다.

동봉東峰의 순우리말 24절기

NO	절기명漢文	우리말	시기(양력)/황경	계 절
01	입춘立春	서툰봄	02월 04일경 / 315	드디어 봄이 시작되다
02	우수雨水	눈빗물	02월 19일경 / 330	촉촉이 봄비가 내리다
03	경칩驚蟄	화들짝	03월 06일경 / 345	개구리가 동면에서 깨다
04	춘분春分	가온봄	03월 21일경 / 000	낮과 밤의 길이가 같다
05	청명淸明	시새움	04월 05일경 / 015	날씨가 맑고 깨끗하다
06	곡우穀雨	농삿비	04월 20일경 / 030	막 못자리를 시작하다
07	입하立夏	선여름	05월 06일경 / 045	보리가 익는 계절이다
08	소만小滿	함초록	05월 21일경 / 060	비로소 파종하는 때다
09	망종芒種	모내기	06월 06일경 / 075	마침내 모내기하다
10	하지夏至	한여름	06월 21일경 / 090	밤이 진짜진짜 짧다
11	소서小暑	애더위	07월 07일경 / 105	본격적 더위 시작이다
12	대서大暑	큰더위	07월 23일경 / 120	삼복더위 기간 중이다
13	입추立秋	선가을	08월 08일경 / 135	막 가을로 접어들다
14	처서處暑	끝더위	08월 23일경 / 150	더위가 한풀 꺾이다
15	백로白露	단이슬	09월 08일경 / 165	맑은 이슬이 내리다
16	추분秋分	한가을	09월 23일경 / 180	밤과 낮 길이가 같다
17	한로寒露	찬이슬	10월 08일경 / 195	어라! 찬이슬이 내리다
18	상강霜降	무서리	10월 23일경 / 210	서리, 국화를 사랑하다
19	입동立冬	선겨울	11월 07일경 / 225	물 땅이 얼기 시작하다
20	소설小雪	싸락눈	11월 22일경 / 240	아! 드디어 첫눈이다
21	대설大雪	함박눈	12월 07일경 / 255	눈이 제법 펑펑 내리다
22	동지冬至	한겨울	12월 22일경 / 270	밤이 길어 정말 좋다
23	소한小寒	맏추위	01월 06일경 / 285	사실은 가장 추울 때다
24	대한大寒	큰추위	01월 21일경 / 300	아직 혹한이 남아 있다

098

늘지도 줄지도 않느니라

사리불아 내가지금 일체모든 부처님의
부사의한 공덕들을 칭찬하는 바와같이
그들모든 부처님도 머무시는 국토에서
부사의한 나의공덕 칭찬하고 계시나니

사바세계 교주이신 서가모니 부처님은
너무나도 어렵고도 희유한일 하시도다
사바국토 오탁오세 거칠고도 험한세상
겁탁견탁 번뇌탁과 중생탁과 명탁중에

위가없고 평등하고 완벽하고 높은경지
무상정등 정각으로 아뇩보리 얻으신뒤
중생들을 위하시어 일체세간 어디서나
믿어지지 아니하는 부사의법 설하심은

여수與受라는 말이 있습니다. 줄 여與 자에 받을 수受 자로서 주고 받는 행위를 일컫습니다. 다른 말로는 수수授受라 하고, 채무자와 채권자의 관계를 수수간이라고도 하지요. 역시 줄 수授 자와 받을 수受 자입니다.

구한말 건봉사에서 발행한 책인데, 모두들 염불하여 왕생하길 권한 내용으로 〈권왕가〉가 있습니다. 일설에 의하면, 이 책은 조선조의 고승이셨던 서산 대사西山大師 휴정休靜(1520~1604)이 정업淨業을 닦는 이들을 위하여 지은 것이라고도 합니다.

그에 의하면, 아들 하나 딸 하나를 둔 엄마가 있었지요. 아들은 그런 대로 살 만한데 딸이 너무 가난했습니다. 엄마는 아들에게 얘기하지 않은 채 딸에게 쌀 닷 되를 주었지요. 평소에는 늘 얘기하고 주었는데 자주 얘기하기가 미안하기도 하고 해서 슬쩍 준 것이 업이 되었습니다. 그로 인해 모녀는 여러 생에 걸쳐 어미말과 새끼말로 몸을 받아 아들을 태우고 다녔다 합니다. 여기서 부모와 자식 간에도 주고받는 관계만큼은 정확해야 함을 얘기하고 있습니다. 그냥 슬쩍할 것이 아니라 열 번이든 스무 번이든 아들의 재산인 만큼 아들에게 허락을 받고 내 주었더라면 슬쩍업偷盜業을 짓지는 않았겠지요. 이 얘기를 놓고 어떤 이는 말합니다.

"세상인심 참 야박하다. 모자간이고 남매간 아닌가? 그깟 쌀 몇 됫박에 어머니와 누이가 축생보畜生報를 받는 데도 방치放置하다니~."

이는 아들의 생각과는 전혀 무관합니다. 아들이 어머니의 행위를 알고 있었거나 모르고 있었거나 업을 지은 이는 어머니였으니까요. 아닙니다. 어머니와 딸이 함께 지은 업입니다. 장물臟物을 예로 들 경우 문화재일 때 마지막 소지한 자까지도 법의 처벌을 받습니다. 장물인 줄 모르고 취득했다 해도 공소시효가 없고 물건은 회수당하고 벌금은 벌금대로 물어야 하거든요. 쉽게 생각하는 데서 업이 생깁니다. 잘사는 아들의 것을 딸에게 주는 행위가 반드시 나쁜 게 아닙니다. 한 마디 의논 없이 내어 주고 가져가는 게 문제지요. 이는 곧 훔침입니다. 요즘이나 옛날이나 이름깨나 날리는 이들에게 문제가 되는 것이 무엇입니까? 곧 표절입니다. 남들이 힘들게 갈고 닦아 쌓아 온 지식과 학문과 기술을 한 순간에 허락도 없이 한 마디 고지告知도 없이 자기 것인 양 갖다 쓰는 게 절도지요.

주고받는 관계는 간 것만큼 와야 하고 온 것만큼 가야 하는 것입니다. 오고가는 물질도 마음도 손길마저도 그것은 따로따로 분리된 어떤 작은 덩어리들일 수도 있지만《금강경》의 말씀을 빌리면 이는 일합상一合相입니다. 서로 연관된 전체상이라는 것이지요. 자연의 이치가 여수관계며 여수관계란 순환의 법칙입니다. 한 후배가 묻더군요.

"모든 강물은 바다로 흘러듭니다. 그런데도 바닷물은 늘어나지 않습니다. 이를 만약 자연의 법칙에서 보면 결국 반反하는 것 아닌가요?"

"바닷물이 느는지 그대로인지 자네가 재 본 적이 있는가?"

"바닷물을 어떻게 잽니까? 기록에 그렇게 나오니까요, 스님."

"그렇지. 비록 남의 얘기지만 믿을 것은 믿어야 하겠지. 그건 그렇고 자네의 물음에 대한 답은 한 마디로 여수의 법칙이라네. 다른 말로는 순환의 원리라고도 하지."

자연은 주고받는 관계가 정확합니다. 어떤 경우라도 자연은 순환의 원리를 벗어나지 않습니다. 세상이 처음 생길 때부터 지금 이렇게 팽창하고 유지되며, 앞으로 세상이 찌그러들어 아무것도 보이지 않는 공空의 세계로 돌아간다 할지라도 질량質量은 결코 줄지 않습니다.

다시 말해서 우주가 처음 생기던 137억 년 전, 빅뱅 사건에서 지금도 계속해서 팽창하고 있습니다. 그러나 만일 언젠가 우주가 수축되어 빅크런치big-crunch 상태가 되고 그리하여 아무 것도 없는 빅뱅 이전으로 되돌아간다 해도 우주의 질량은 결코 변함이 없습니다. 그대로가 부증불감不增不減입니다. 어떤 물리학자들은 말합니다.

"고무줄이 느는 데도 임계치臨界値가 있다. 만약에 임계치 이상 늘어나면 고무줄은 수축할 힘을 잃는다. 우주도 마찬가지로 137억 년 전 빅뱅의 폭발력이 워낙 커서 그 힘으로 지금도 계속 팽창하긴 하지만 언젠가 팽창의 임계치를 넘을 것이다. 그럴 때 우주는 수축할 힘을 잃고 그대로 멈춘다. 이것이 빅 프리즈big-freeze다."

언젠가는 팽창하던 우주가 엔트로피의 증가를 감당치 못해 그대로 꽁꽁 얼어붙는 빅 프리즈의 세계를 가져올 수도 있지요. 이는 팽창하여 공간이 넓어질수록 빅뱅 사건 때 생긴 폭발의 열은 점차 줄어든다는 것입니다. 이것이 엔트로피 증가의 법칙이 더 이상 효과를 내지 못한다는 것입니다. 그리하여 절대영도絕對零度 곧 앱솔루트 제로가 되면 기체의 부피는 0이 되고, 기체분자가 갖고 있는 운동에너지가 멈추어버려 그대로 얼어 붙습니다. 과학에서 보면 0°C에서 마이너스로 1°C가 내려갈 때마다 기체는 그 부피를 1/273씩 줄입니다. 그리하여 섭씨 영하 273.15°가 되면 기체의 부피는 제로가 된다는 것이지요. 부피를 지니지 못한 기체는 운동에너지를 가질 수 없으니 팽창은 자연히 멈출 수밖에 없습니다.

그러나 나는 빅 프리즈보다는 빅 크런치에 무게를 두고 싶습니다. 내가 꼭 불교 수행자라서기보다 불교에서 말하는 성주괴공成住壞空에 신빙성이 크게 느껴지기 때문입니다. 어찌 되었거나 우주가 특이점singulrarity에서 대폭발을 시작하던 때나 먼 훗날 빅 크런치로 갈갈이 찢겨져 공으로 돌아가나 우주가 지닌 전체 질량은 그대로이듯 자연은 순환의 법칙을 따르므로 부증불감입니다. 비유가 어울릴지 모르지만 서울과 부산을 왕래하는 교통으로 가는 여객기는 있는데 그 여객기가 다시 돌아오지 않는다면, 또 만약 하행선 KTX는 있는데 그 KTX가 다시 상행하지 않는다면 비행기나 열차를 계속 댈 수 있을까요?

강물이 흘러 한 번 바다로 가고 나면 바닷물은 강물로 영영 오지 않는

가요? 강물이 바다로 가듯 바닷물도 강으로 돌아옵니다. 다만 오가는 모습이 다를 뿐입니다. 강물이 바다로 갈 때는 액체지만 바닷물이 강물로 돌아가기 위해서는 일단 기체로 몸을 바꿉니다. 액체는 중력의 법칙을 따르지만 기체는 열역학의 법칙에 따르지요. 액체는 정해진 코스cours로 가지만 기체는 기후의 흐름대로 따라갑니다. 바닷물이 부증불감인 이유가 바로 이러한 순환구조에 있습니다. 우리가 매일 마시고 매일 사용하는 음용수들은 고대로부터 바다가 스스로 개발한 '담수화淡水化'라고 하는 최첨단 과학기법을 응용해 만들었습니다.

아들이 가지고 있는 쌀독의 쌀은 아들이 땀 흘려 번 것입니다. 그 아들의 쌀을 아들의 어머니라고 해서 함부로 딸에게 퍼줄 수는 없습니다. 반드시 아들의 허락을 받거나 아들이 마음을 내어 손수 주는 것은 아름다운 모습이지요. 보시바라밀의 법칙은 임자가 스스로 하는 것은 좋지만 주인 몰래 퍼주는 것은 아닙니다.

사람만이 여수관계는 아닙니다. 까마귀나 까치의 경우도 부모의 은혜를 알아서 갚고 생명의 은혜를 반드시 갚는다지요. 육방의 모든 부처님이 서방의 아미타 부처님의 불가사의한 공덕을 찬양하듯이 서방의 아미타 부처님도 다른 세계 부처님들과 아울러 사바세계의 서가모니 부처님의 교화의 덕을 칭찬하는 것은 지극히 당연한 것입니다.

따라서 칭찬에 있어서도 돌아오지 않는 일방통행은 없습니다. 일방통행도 따지고 보면 양방행이지요. 가령 가는 일방통행이 있다면 반드시 오는 일방통행도 있기 때문에 세상의 삶은 유지됩니다. 액체로 갔다가 기체로 몸 바꿔 돌아와 다시 액체로 몸 바꿔 흐르는 물처럼 오가는 모습이 다르다 해도 오가는 것이 있기에 질서가 유지됩니다.

부처님은 말씀하십니다.

"늘지도 줄지도 않느니라."

099

오탁오세五濁惡世

01 나는 과거본행시過去本行時에
　　염불삼매念佛三昧 성취成就하며
　　대승경전大乘經典 독송讀誦하고
　　이 극락極樂에 나왔노라

02 나는 과거 본행시에
　　삼보전三寶前에 공양功養하고
　　국왕부모國王父母 충효忠孝하며
　　빈병걸인貧病乞人 보시布施하고
　　이 극락에 나왔노라

03 나는 과거 본행시에
　　욕辱되는 일 능能히 참고
　　지혜智慧를 수습受習하여
　　공경恭敬하고 하심下心하며

일체一切사람 권화勸化하여
염불시킨 공덕功德으로
이 극락에 나왔노라

04 나는 과거 본행시에
   탑사塔寺를 이룩하고
   불도량佛道場을 소쇄掃灑하며
   죽는 목숨 살려주고
   청정계행淸淨戒行 수지受持하여
   삼귀오계팔관재三歸五戒八關齋와
   십선업十善業을 수행修行하고
   이 극락에 나왔노라

05 나는 과거 본행시에
   십재일十齋日에 목욕沐浴하고
   재일성호齋日聖號 염송念誦하며
   비밀진언秘密眞言 지송持誦하고
   이 극락에 나왔노라

06 나는 과거 본행시에
   우물 파서 보시布施하며
   험험한 도로道路 수축修築하고
   무거운 짐 대신代身 지며
   새벽마다 서향西向하여
   사성존四聖尊께 예배禮拜하고

이 극락에 나왔노라

07 나는 과거 본행시에
평원광야平原廣野 정자亭子 심어
왕래인往來人을 쉬게 하며
유월염천六月炎天 더운 때에
참외 심어 보시布施하며
큰 강수江水에 배 띄우고
작은 냇물 다리 놓고
왕래인을 통섭通涉하며
산고곡심山高谷深 험한 길에
실로자失路者를 지도指導하며
그믐 칠야柒夜 밤길 가는
저 행인行人을 횃불 주며
앞 어두운 저 맹인盲人이
개천 구렁 건너거든
붙들어서 인도引導하며
객사타향客死他鄉 거리 송장
선심善心으로 묻어주며
사고무친四顧無親 병病든 사람
지성至誠으로 구원救援하며
이런 공덕功德 갖춰 닦아
이 극락에 나왔노라

08 나는 과거 본행시에

십악오역十惡五逆 두루 짓고
무간지옥無間地獄 가올러니
임종시臨終時에 선우善友 만나
겨우 십념十念 염불하고
이 극락에 나왔노라

09 나는 과거 본행시에
삼악도중三惡途中 수고受苦러니
우리효순孝順 권속眷屬들이
나를 위爲해 공덕 닦아
이 극락에 나왔노라

위에서 든 극락으로 가는 길의 사례들은 《권왕가》에 나옵니다. 얘기를 나누는 이들이 아직 극락에 가지 않은 이승 사람들이 아닙니다. 이승에 사는 우리의 희망사항이 아니라 이미 극락에 태어난 이들이, 자신들이 극락에 오기 전에 무엇을 어떻게 닦아 극락세계에 오게 되었는가를 액자구조 형식을 빌려 재미있게 풀어가고 있습니다.

이는 마치 이탈리아 작가 보카치오(1313~1375)가 1350~1353까지 3년에 걸쳐 100편의 소설을 모은 책으로 Principe Galeotto라는 부제가 붙은 그의 대표작 《데카메론》처럼 이야기 속의 이야기로 풀어갑니다. 그런데 이 《불설아미타경》에서도 서가모니 부처님께서는 액자구조 형식을 빌려 말씀하고 계십니다.

"내가 육방제불과 아미타불의 공덕을 칭찬하듯이 아미타불과 육방제불도 지금 나의 무량공덕을 칭찬하고 계시느니라. '서가모니 부처님은 참으로 희유하신 분이다. 사바세계는 오탁오세다. 그처럼 혼탁하고 혐오스런 세상에서 중생들을 이끄는 일은 생각보다 어려운 일인데 서가모니 부처님은 잘해 내신다. 그리고 그들을 이끌어 아뇩다라삼먁삼보리를 얻게 하시니 참으로 장한 부처님이시다'라고 하시느니라."

서가모니 부처님의 말씀 속에서 부처님의 고충이 고스란히 느껴집니다. 사바세계가 얼마나 혼탁한가? 얼마나 혼탁하면 오세라 하셨을까? 우리가 사는 사바세계는 객관적으로 악한 세상이 아닙니다. 미운 세상입니다. 혐오스러운 세상입니다. 그래서 악세惡世라 읽지 않고 오세惡世라 읽는 게 뜻에 부합합니다.

그런데 정말 사바세계는 다섯 가지 오염으로 가득한 곳인가요? 그래서 사람들이 싫어하는 세계입니까? 그렇습니다. 사바세계는 오염되어 있습니다. 일반적으로 우리가 알고 있기로는 부처님께서 대열반에 드신 뒤로부터 정법이 오백 년간, 상법이 일천 년간, 말법 시대가 그 이후부터 일만 년이 될 때까지를 얘기합니다.

그런데 이 《불설아미타경》에서는 부처님 당시에 이미 사바세계가 5가지로 오염되어 있다고 설하십니다. 여기서 중요한 것은 '오탁오세설五濁惡世說'을 서가모니 부처님께서 들고 나오신 게 아니라는 점입니다. 사바세계가 오염되어 있다고 다섯 가지로 흐려져 사람들이 혐오감을 느낄 수 있다는 오세설은 타방불이 하신 말씀이십니다.

요즘 페이스북이나 인터넷에 자주 오르는 글 가운데 행복지수라는 게 있습니다. 북한에서 바라본 행복지수였는데요. 중국이 100%로 1위고 북조선은 100명당 98%로 중국의 뒤를 이어 2위라는 것입니다. 대한민국은 18%로 152위고 미국은 3%로 203위 꼴찌입니다. 참고로 쿠바가 93%로 3위, 이란은 88%로 4위, 베네수엘라가 85%로 5위가 된답니다. 여기서 퍼센트%란 국민 100명당 행복하다고 느끼는 수치지요.

물론 정확하다고 보지는 않습니다. 어차피 행복지수라는 것은 주관적인 경우니까요. 북한을 비롯하여 자유로운 정보와 그리고 언론이 통제된 제 3세계에서 또는 아직까지 자국 이외에 비교할 수 있는 기회가 박탈된 곳, 이를테면 아프리카 등 가난한 나라에서 행복지수를 비롯하여 환경의 오염지수를 묻는다면 어떤 답이 나올지 궁금하겠지요?

내가 동아프리카 탄자니아에서 52개월을 지내며 느낀 것입니다만, 환경 오염도가 생각보다 심각합니다. 판매하는 생수 말고는 마음 놓고 물도 마실 수 없고 대도시에도 쓰레기가 넘쳐납니다. 저수와 배수시설이 제대로 되지 않아 비가 좀 왔다 하면 도시가 온통 물바다고 가축들의 배설물은 물론 인분까지 둥둥 떠다니곤 합니다.

비가 그치면 또 어떨까요? 심각한 정도를 답하기 어렵습니다. 만일 그들에게 오염도를 물어본다면 대부분 많은 사람들은 어깨와 양손을 들어올릴 것입니다. '글쎄' '뭐' '그다지' 그런 뜻이지요. 선진국 사람들은 여러 나라를 직접 다녀보기도 하고 인터넷이라든가 첨단기자재를 이용하여 수많은 정보를 보고 알고 있기에 언제 어디서든 비교가 가능합니다.

극락세계를 비롯하여 동남서북 아래 위 등 타방세계 부처님들이 자신들의 세계는 이미 알고 계시고 게다가 사바세계까지 아신다면 비교가 되지 않겠는지요. 이를테면 서방의 극락세계는 지옥·아귀·축생 등 삼악도가 없고 아예 그런 용어조차 없는데 사바세계에 와서 보니 애초에 비교할 게 없다면 모르지만 혼탁하고 오염된 게 이만저만이 아니었던 것입니다.

따라서 서가모니 부처님이 얼마나 장하신가를 알 수 있습니다. 아프리카나 제 3세계에서 현지 홈스테이를 해 본 이들과 말로만 듣고 가보지 못한 이들은 느낌의 차이가 날 수밖에 없습니다. 나는 아프리카에 나가던 해 로컬홈스테이를 해 보았기 때문에 잘 압니다.

서가모니 부처님께서는 당신의 생모 마야부인을 위해 도리천에 오르시어 법문도 하시고《화엄경》을 설하시려 야마천·도솔천 등에 오르기도 하셨습니다. 그러나 아미타 부처님과 관세음보살, 대세지보살이 중생들을 교화하기 위해 극락에 계시면서도 사바세계에 늘 현신하시는 것처럼 그렇게 자주 타방세계를 오가지 못하신 게 사실입니다. 따라서 사바세계가 생각보다 오염된 세계라는 표현은 어쩌면 이《불설아미타경》말씀처럼 육방의 부처님들에 의해 처음으로 쓰였을 것입니다.

다시 언급하지만, 구마라집 스님께서 오탁과 함께 쓴 용어가 '오세惡世'이지만 우리나라에서는 오惡란 한자 발음이 악과 오로 나뉘고, 악은 '나쁘다' '모질다' '착하지 않다'로, 오는 '밉다' '싫다' '더럽다' '느끼하다' 등의 의미로 갈라집니다. 그러나 오히려 현지 중국인들의 발음은 다 같이 '어'입니다. 그리고 그 '어'라는 발음 속에 악의 뜻과 오의 뜻을 다 담고 있습니다.

내가 보기로는 악세보다는 오세가 원 뜻에 더 가깝습니다. 모질고 나쁘고 억세고 악하기보다 오염된 세계에서 느낄 수 있는 것은 밉고, 싫고, 더럽고, 느끼함일 것입니다. 그래서 서방의 정토에 비해 사바세계를 예토라 하지요.

오염된 세계, 혼탁한 세계, 싫증나는 세계, 고통으로 가득한 세계, 더러움으로 넘쳐나는 세계, 그래서 시대가 오염되고, 사람들의 생각이 오염되고, 사람들의 번뇌로 오염되고, 뭇 중생들의 세계가 오염되고, 사람들의 삶과 생활이 오염된 세계이지요.

그러기에 오탁악세가 아니라 오탁오세입니다. 서방정토에 태어난 이들의 이야기에 관심이 가는 것이 어쩌면 오탁오세 때문일까요? 세상이 밉기 때문일까요? 세상이 싫어지기 때문일까요? 세상이 더럽게 느껴지기 때문일까요? 뭐라고요? 모든 게 마음의 장난, '일체유심조一切唯心造'일 뿐이라고요?

100

믿기지 않는 법

 믿음에는 크게 네 가지가 있습니다.

첫째는 부처님을 믿습니다信佛寶
둘째는 가르침을 믿습니다信法寶
셋째는 스님네를 믿습니다信僧寶
넷째는 참같음을 믿습니다信眞如

이는《대승기신론大乘起信論》에 처음 등장하는 말씀입니다.《대승기신론》은 마명馬鳴보살Asvaghosa(100~160)이 저술한 책으로 부처님의 생애를 다룬 그의 대서사시《붓다차리타》와 함께 매우 유명한 논문입니다.

1979년 2월 11일 해인강원을 졸업하며 이《대승기신론》만큼은 내 손으로 완벽한 강설집을 내겠노라며 도반들 앞에서 호언장담했는데 아직 손도 못 대고 있습니다. 그러나 그만큼 젊은 날의 나를 들뜨게 했던 명저 가운데 명저지요. 적어도 대승불교에서 이 논문을 접은 채로 대승을 얘기한다는 것은 그야말로 어불성설語不成說, 말은 말인데 말이 성립되지 않는 말이지요.

논문의 길이는《아미타경》의 2배가 채 안 될 정도로 짧습니다만, 그 풍부한 세계는 참으로 대단합니다. 원효 스님이 쓰신 주석서가 있는데 일명《기신론해동소》입니다. 원효 스님의 다른 저서보다 더 높게 평가하고 심지어《대승기신론》보다도 원효 스님의 소를 더 알아줄 정도예요.

믿음의 체계에 있어서《대승기신론》과《해동소》는 탁월하다 못해 입을 다물게 합니다. 나는 20대 중반에 이 논소를 읽으면서 당시 해인사 관음전毒劍堂 옆 서기실 천정이 낮다고 불평을 했을 정도였습니다. 너무 좋아서 그냥 겅중겅중 뛰었습니다.

아직까지 어디에도 믿음의 체계에 '참같음眞如을 믿으라' 한 데가 없습니다. 오직《대승기신론》이 있을 뿐입니다. 이《대승기신론》에 대한 내 소견은 내 책 사미/사집과 강의《나룻배와 행인》(1991년 2월 9일 초판 서울 불광출판부) 293~346쪽에 자세히 실려 있습니다.

깨달음을 이루신 부처님을 믿고, 그 부처님의 가르침을 믿고, 그리고 불법을 전하는 스님네를 믿고, 무엇보다 참같음 곧 진여를 믿는 것, 이러한 믿음이야말로 믿음의 세계에 있어서 어쩌면 가장 강력한 믿음일 것입니다. 대승불교의 꽃《대방광불화엄경》에서는 보살이 수행하는 단계로 53위가 있는데 그 가운데서 최초의 10단계가 10신信이라는 10가지 믿음 단계입니다.

01. 믿는 마음 02. 기억하는 마음
03. 정진하는 마음 04. 슬기로운 마음
05. 흔들리지 않는 마음 06. 물러나지 않는 마음
07. 법을 보호하는 마음 08. 회향하는 마음
09. 올곧게 살려는 마음 10. 깨달음을 향한 마음

이들 10가지 믿음이 모든 가르침을 실천함에 있어서 반드시 바탕이 되고, 뿌리가 되고, 줄기가 되고, 꽃이 되고, 열매가 되어 알알이 익어가는 것입니다. 보살이 닦고 행하여 마하살이 되고 부처가 됨에 있어서 왜 그토록 믿음을 요구할까요?

믿음이란 나를 열어 놓음입니다.
믿음이란 나를 맡김입니다.
믿음이란 상대를 받아들임입니다.
믿음이란 상대를 포용함입니다.
믿음이란 닮아가려는 마음입니다.
믿음이란 바르게 이해함입니다.
믿음이란 통째 나를 내어 놓음입니다.

종교만이 믿음을 요구하고 믿는 마음이 소중한 게 아닙니다. 벗과 벗의 관계에서 가장 우선적인 관계가 믿음이고 스승과 제자의 관계에서도 믿음을 뛰어넘는 것은 전혀 없습니다. 부모와 자식의 사이에서도 믿음은 요구됩니다. 남편과 아내 사이는 믿음을 놓고 두 말이 필요 없습니다. 믿음이 그대로 사랑인 까닭입니다. 마음과 마음의 사랑을 뛰어넘어 몸과 몸의 사랑까지도 함께하는 부부, 이들은 믿음 하나로 유지됩니다. 마음사랑이 소중하지만 보다 궁극적인 사랑은 몸사랑이 함께 수반될 때입니다.

일상적인 용어 가운데서 가장 많이 쓰는 말을 짚으라면 아마 진실眞實에 관한 말일 것입니다.

"진짜야?" "정말이야?" "사실이야?" "이거 진짠데!" "이거 진짜 맞죠?" "오리지널이 어떤 거예요?" "진짜 정말 오리지널

있어요?" "이거 가짜 같은데, 진짜 아니죠?" "와, 이거 진짜
같다!"

우리가 얼마나 많이 속고 얼마나 많이 속이고 살았으면 진짜, 정말, 사
실 같다고 하겠습니까. 오죽하면 《금강경》〈능정업장분 제 16〉에서 "여
우처럼 의심하여 믿지 않으리라" 했겠습니까? 중생들은 좀체 믿지 않습
니다. 특히 사바세계 중생들은 더 그렇습니다. 아무리 부처님께서 말씀하
시지만 "에이그, 그런 게 어디 있어? 다 뻥이야!"라며 좀체 믿으려 하지
않습니다. 그래서 믿기지 않는 법입니다. 다른 표현으로 믿어지지 않는
법이지요. 일반적인 상식을 뛰어 넘으면 당연히 믿기지 않고 그러면 의
심할 수밖에 없습니다. 여우처럼 의심하고 믿지 않습니다.
　나는 앞서 '오탁오세五濁惡世'를 쓰면서 쓴 내용을 벗에게 보냈습니다.
내용은 아래와 같습니다.

[08. 나는 과거 본행시에
십악오역十惡五逆 두루 짓고
무간지옥無間地獄 가올러니
임종시臨終時에 선우善友 만나
겨우 십념十念 염불하고
이 극락에 나왔노라]

벗이 답을 보내왔습니다.
"악행을 했는데 십념으로 왕생한다는 말은 내용에도 무리가 있지 않
나 싶고요."

세상에나! 행동과 언어와 마음으로 열 가지 못된 짓은 다 하고 게다가 오역죄까지 지었다면 당연히 무간지옥을 가야겠지요. 그런데 임종할 무렵에 염불 권하는 좋은 벗을 만나 겨우 열 마디 염불하고 그 염불로 인해 극락에 간다면 우리가 다른 종교를 비판할 자격이 과연 있겠는지요?

당연히 없습니다. 아미타불의 서원이 그렇다 해도 무간지옥에 갈 죄를 지었다면 형량을 팍 낮추어 지옥이 아니면 아귀나 축생이라면 또 모르되 바로 극락으로 가게 한다면 평생 동안 죄를 짓고도 하나님 이름 석 자 부른 인연으로 천국에 갈 수 있다는 기독교를 비판할 수 있겠습니까. 아니, 비판할 자격이 전혀 없습니다. 어떤 종교도 자종自宗 밖의 다른 종교를 비판하면 안 되겠지만 이런 경우라면 정말 자격이 없습니다.

우리는 이렇게 말합니다.

"종교는 상식이다."

이 상식에서 벗어나지 않길 바라는 게 일반적인 견해인데 이치라는 것이 어디 꼭 그렇던가요? 가령 부처님께서 말씀하시길 "물 한 방울에 9억 마리 생명이 들어 있다"라고 하셨을 때, 부처님 당시에는 누구도 이 말씀을 믿지 않았습니다. 부처님 앞에서 믿는 척은 했겠지만 실제로는 믿지 않았지요. 심한 경우 부처님께서 성도 직후 《화엄경》을 설하시며 "모든 중생들이 그 마음에 항하사와 같은 성덕性德을 지니고 있다"고 하셨을 때, 아무도 믿으려 하지 않았고 수많은 대중들이 부처님께서 설법하시는 도중에 그대로 자리를 박차고 일어나 나가기도 했지요. 그때 부처님께서는 그들을 혹독하게 나무라셨습니다.

요즘은 과학이 발달하고, 특히 미시세계에 대해 연구가 진행되면서 우리 인간의 몸이 100조 개가 넘는 세포로 이루어졌음이 밝혀졌습니다. 그리고 그 세포 하나하나는 또 100조 개의 원자로 되어 있고 그 원자들은 또 원자의 백억 분의 1인 핵과 그 핵은 다시 양자와 중성자로 되고 그 주위를 음성을 띤 전자가 끊임없이 돌고 있음을 알게 되었지요.

그들 양성자는 다시 업쿼크, 다운쿼크 등 6개의 소립자의 활동으로 밝혀지는 등 점점 미시세계로 파고 들어가면서 부처님의 "한 방울 물의 9억 마리 미생물 설"이 점차 이해되기 시작하였습니다. 그리고 수많은 숫자 가운데 항하사(10의 52승), 아승지(10의 56승), 나유타(10의 60승), 불가사의(10의 64승), 무량대수(10의 68승)와 같은 엄청난 숫자의 단위와 그런 숫자 개념이 왜 필요한지 부처님 당시에는 다들 몰랐습니다.

그런데 지금은 그러한 숫자의 개념이 천체물리의 거시세계에서부터 미생물과 원자의 미시세계에까지 확대되면서 부처님 말씀을 수긍하게 되었습니다. 첨단과학이 부처님의 설을 밝혀내고 있지만 당시에는 얼마나 황당했겠습니까? 그러니 서가모니 부처님께서는 믿기 어려운 법을 설하시고 믿기지 않는 법을 설하시는 분이시지요.

종교는 때로 상식을 벗어납니다. 기독교에서 하나님 이름 한 마디로 죄지은 자도 즉시 죄 사함을 받아 천국에 갈 수 있다는 설이나 이슬람에서도 마찬가지고 불교에서도 나무아미타불 열 마디로 짧은 한 생애에서만이 아니라 무량억겁에 지은 십악오역의 죄도 한 순간에 소멸되고 곧바로 왕생극락할 수 있다는 설이 상식으로는 이해되지 않을 수 있지요.

그게 종교가 지닌 또 다른 비상식의 상식입니다. 그럼에도 불구하고 우리는 비록 과학을 통해서라도 종교가 상식적일 때 더욱 신이 납니다. 내가 요즘 생물과 물리 그리고 화학 등에 관심을 가지면서 이웃 종교는 접어두고 부처님의 말씀이 당시로서는 믿기지 않는 법이었을지 모르지만 지금에 와서 대비해 보면 매우 상식적인 말씀이었음이 하나하나 밝혀지고 있다는 사실을 알았습니다.

우리 부처님 말씀은 믿기지 않는 법 그 속에 상식이 들어 있습니다.

101

부처님께 오지고과점수를

장로비구 사리불아 분명하게 알지니라
내가오탁 오세에서 어려운일 실천하고
위가없고 평등하고 완벽하고 높은경지
무상정등 정각으로 아뇩보리 얻은뒤에

고집세고 의심많은 일체세간 위하여서
이와같이 어디서나 믿어지지 않는법을
설한다고 하는것은 쉬운일이 아니어서
성문들의 지혜로는 헤아릴수 없느니라

요즘 또 게을러지고 있습니다. 10월말까지 원고를 넘기기로 약
속했는데, 도저히 자신이 없었습니다. 10월 하순 출판사에 미리 전화를
걸어 일주일만 여유를 달라고 했습니다. 지금껏 50여 권의 책을 내면서
단 한 번도, 정말이지 단 한 번도 원고 마감일을 넘긴 적이 없었습니다.
지인들 중에는 글 쓰는 이들이 제법 있는데 이구동성으로 하는 말이 재

미있습니다.

"스님은 글쟁이가 못 됩니다. 글쟁이는 원고 마감시간 안에 글을 넘기는 게 아닙니다. 독촉전화 받고 나서 그때부터 써야 글쟁이라 하지요."

그래서 나도 이번만큼은 글쟁이가 되려 합니다. 이 핑계 저 핑계 다 대서라도 원고를 늦게 넘겨보려고요. 한 마디로 게을러진 게 맞지만 그렇게라도 위안을 삼으려고요. 여말선초麗末鮮初의 나옹화상懶翁和尙[직역하면 게으른 스님] 이후로 등장한 나 같은 게으른 비구에게도 숨통을 틔워주는 출판사가 고맙습니다.

경기 광주사암연합회의 회장이란 게 별거 아닌 듯싶은데도 가을로 접어들면서 우리 광주시에서 각종 축제행사가 열리고 있고 게다가 사암연합회 회장은 경승위원장이 당연직이라 그도 시간을 내야 하고요. 이래저래 몇 번 거르다 보니 자연히 속도가 떨어졌습니다. 글을 쓰는 것도 관성의 법칙을 따르거나 아니면 가속도의 법칙을 따르는 것 같습니다.

지상의 모든 물질은 지구의 당김힘引力/重力에 의해 지구 위로 떨어지게 되어 있습니다. 그런데 물질도 지구를 잡아당기지요. 만약 지구는 잡아당기는데 물질이 같이 당기지 않는다면 한 쪽의 당김힘만으로는 물질에 가속도가 붙지는 않습니다. 지구의 당김힘과 물질의 당김힘이 서로 작용함으로 해서 엄청난 가속도를 내게 됩니다.

예를 들어 하늘에서 비가 내릴 때 지구가 빗방울을 잡아당기지만 빗방울도 지구를 잡아당깁니다. 다만 두 힘의 차이가 워낙 크기에 빗방울의 당김힘이 지구의 당김힘에 비하여 잘 드러나지 않을 따름입니다. 어찌되었거나 지구와 빗방울의 당김힘이 작용하여 가속도가 붙게 됩니다.

한 가지 예를 더 들어 볼까요? 시속 300km로 달리는 KTX가 상행선과 하행선이 교차할 경우 시속 600km의 속도가 나겠지요. 그러나 같은 방향으로 등속운동을 할 경우라면 속도가 거의 느껴지지 않을 것입니다.

둘이 같은 속도로 같은 방향으로 나란히 달리니까요. 가령, 지상 1,000m에서 빗방울이 떨어진다고 했을 때 빗방울이 지상에 닿을 때쯤이면 속도가 어느 정도일까요? 가속도의 법칙에 따르면 항력抗力이라든가 마찰력摩擦力과 같은 특별한 방해물이 없는 경우가 아니라면 가속도의 법칙은 초당 9.8m씩 속도가 계속 늘어납니다.

그러니까 거리를 재서 지면에 도달할 시간을 구하고 이를 이용하여 빗방울이 지면에 도달할 때의 속력을 구하면 최초 1초 동안에는 9.8m이나 지면에 도달할 무렵의 속력은 초속 140m가 됩니다. 어마어마한 속도지요. 이를 시속으로 환산하면 자그마치 약 500km가 넘습니다.

이런 빗방울을 머리에 맞는다면 와우! 생각만 해도 끔찍합니다. 보통 소나기는 지상 4~5km 이상에서 내리니까 그럴 경우, 거의 음속의 열 배 이상 가까운 속력을 낼 테니까요. 그런데 재미있는 것은 지구 위에는 중력만 있는 게 아닙니다. 항력 즉 공기의 저항력이 있습니다.

공기가 없는 진공의 우주공간에서라면 가속도의 법칙이 그대로 적용되겠지만(실은 진공상태에서는 가속도의 법칙이 적용되지 않습니다. 왜냐하면 중력이 없으니까요.) 대기 중 78%의 질소와 21%의 산소로 구성된 허공에서는 항력이 생각보다 크거든요. 게다가 빗방울이 가진 질량이 공기의 질량보다는 좀 크지만 항력을 무시할 정도의 밀도가 없으니까요. 그러나 또 한편, 빗방울의 속도가 클수록 공기의 저항력이 같이 커지기 때문에 실제로 빗방울이 지상에 도달할 때 가속도는 거의 제로에 가깝습니다. 이를 종단속도終端速度라 하지요.

그렇다고 혹시 호기심 하나로 실험삼아 높은 곳에서 뛰어내리지는 마십시오. 사람은 빗방울과 달라 공기의 저항력을 적게 받으니까요. 적게 받기는 하지만 역시 항력이 있기는 있지요. 이 저항력은 속력과 비례하기 때문에 물질의 속도가 빠르면 빠를수록 저항력도 그만큼 커집니다.

만약 시속 10km로 달리는 트럭의 짐칸에 타고 서 있으면 바람의 저항력을 거의 못 느끼지요. 그런데 시속 100km로 달리는 트럭 짐칸에 서 있을 경우 공기의 저항력이 강해 눈이 아픕니다. 속도가 빠른 만큼 얼굴 피부가 찢겨져 나가는 느낌이지요. 아프리카에 있을 때 현지인들과 함께 트럭을 하도 많이 타고 다녀 공기저항 체험은 아주 풍부합니다.

바로 이 저항력 때문에 시속 몇 천km에서 몇 만km로 지구로 돌진하는 운석이 새카맣게 타버리곤 합니다. 밤하늘에 불꽃의 꼬리를 남기며 떨어지는 별똥별들이 다음날 낮에 보면 새카맣게 그을었는데 이는 대기의 저항력에 부딪혀 타버린 현상입니다.

그럼, 사람의 종단속도는 얼마일까요? 낙하산 없이 떨어지는 종단속도는 시속 240km입니다. 그러니 빗방울만 생각하고 높은 곳에서 뛰어내렸다간 바로 갑니다. 빗방울 종단속도가 시속 10km인 데 비하면 꽤 무섭지요. 시간에 비례한 가속도의 법칙은 어떠한 저항력도 없을 때 얘기입니다.

항력이라는 게 또 있지요. 가령 우주선을 타고 지구를 완전히 벗어나고자 한다면 지구가 지닌 중력 외에 어떤 최소한의 저항력도 없을 때 자그마치 초속 11.2km 이상으로 튕겨나가야만 가능합니다. 그런데 대기의 저항력 때문에 초속 11.2km로는 역시 안 되겠군요.

비행기가 날기 위해서는 위로 띄우는 힘인 양력만이 아니라 아래서 당기는 중력이 있어야 하고 앞으로 나아가려는 추력과 뒤에서 빨리 날지 못하도록 저항하는 항력까지 다 있어야 합니다. 이 가운데 중력이 없다면 나중에 착륙할 수 없을 것이고 항력이 없다면 비행기는 끊임없이 앞으로만 나아갈 것이니 브레이크 기능이 없는 것이겠네요.

우리 인류의 위대한 스승, 모든 생명의 자애로운 어버이, 서가모니 부처님께서는 말씀하십니다.

"내가 타방세계 부처님들의 불가사의 공덕을 칭찬하듯이 타방세계 부처님들도 나의 큰 공덕을 칭찬하시느니라. '서가모니 부처님께서는 참으로 희유하시다. 그토록 고집 센 중생들을 지혜로 이끄시고 사랑으로 이끄시니 서가모니 부처님은 참으로 장하시다. 항력이 강한 사바세계에서 저항력으로 똘똘 뭉친 중생들을 저리 잘 교화하시다니'라고."

사바세계는 항력이 강한 세계입니다. 중력이 있는가 하면 중력에 항거하는 항력이 있고, 띄우는 양력이 있는가 하면 밑에서 끌어내리는 중력이 있고, 앞으로 밀어주는 추력이 있고, 뒤에서 발목을 잡는 항력이 있고, 물에는 위로 밀어 올리는 부력이 있고, 공기는 내리 누르는 압력이 있으며, 부딪히며 저항하는 마찰력이 있고, 잡아당기는 인력이 있습니다. 그러한 사바세계에 사는 중생들도 사바세계의 공간과 시간의 영향을 받아 보통 고집이 센 게 아닙니다. 그래서 강강중생剛强衆生이라 이름합니다.

우리 부처님 말씀 속에 부처님의 고충이 담겨 있습니다. 부처님의 그 고충 속에 그야말로 항하사수와 같은 성덕이 다 들어 있음을 느낍니다. 오지에서 낙도에서 저 시골에서 미션missionary을 수행한 이들에게 주는 오지고과점수奧地高科點數를 서가모니 부처님께도 드리고 싶습니다. 우리 중생들이 마음을 모아 우리 부처님께 상을 드리고 싶습니다.

나는 며칠 전 벗에게 멋진 얘기를 들었습니다. 법보종찰 해인사에 가서 해인도海印圖를 108번 돌겠다고요. 그러면서 덧붙인 한 마디 "차량을 운전하면서 가고 오는 시간도 해인도 돌이의 공덕이 아니겠습니까?"라고.

그렇습니다. 우리의 삶, 매 순간순간들이 부처님과 함께하는 마음이라면 그대로가 다 공덕입니다. 해인도는 해인사를 오가는 길목에서 이미 다 돈 것이나 다름없습니다. 해인사가 아니면 또 어떻습니까? 벗의 말을 빌리면 우리의 삶의 공간이 다 해인도이고, 우리네 삶의 시간이 곧 꽃으로 꾸민華嚴 시간이고, 그대로 부처 이룸成佛의 시간입니다.

102

쉬운 일이 아니다

쉬운 일이 아니라면 매우 어렵다는 뜻입니다. 매우 어렵다는 심난甚難이라는 말은 쿠자 국의 왕자시며 세기적인 역경가인 쿠마라지와鳩摩羅什 스님께서 이 경을 번역하면서 도입한 단어인데 당시로서는 충격적인 용어였습니다.

심난하다 할 때의 심할 심甚 자는 일반적으로는 '매우'라 풀이되듯이 심하다는 뜻입니다. 그 밖에도 깊다, 두텁다, 많다, 초과超過하다, 사납다, 탓하다, 꾸짖다, 몹시, 대단히, 참으로, 무엇, 어느, 또는 어떤甚麽의 뜻이 담겨 있지요. 부뚜막에 솥廿을 걸어 놓고 아궁이匸에 불을 지피八는 모습을 이미지로 따온 글자로서 화덕oven의 뜻을 지닙니다. 그 열기가 보통이 아니어서 나중에 정도에서 벗어났다 하여 과도過度의 뜻으로 '지나치다'가 되었지요.

그리고 심난의 어려울 난難자는 어렵다의 뜻을 지니며 그 밖에도 꺼리다, 싫어하다, 괴롭히다, 물리치다, 막다, 힐난하다, 나무라다, 몸가짐이나 언행을 조심하고 삼가다, 공경하다, 황공해 하다, 근심, 재앙, 병란, 난리, 적, 원수, 우거지다, 굿하다, 또는 '어찌'의 뜻도 들어 있습니다. 어떠한 어려운 상황에 처했을 경우 이 단어를 가져다 표현합니다. 이는 새隹가 늪萑에 빠졌거나 진흙에 또는 기름범벅에 빠져 허우적댈수록 점점 어려움에 처함을 나타낸 글자입니다. 그러니 이 두 글자가 합하여 매우 어려운 상황을 표현한 것인데, 우리 서가모니 부처님께서 이 고집 센 강강중생들이 사는 세상에 출현하신 것 자체가 심난행이십니다.

독송경전으로《천수경》이 있는데 천 개의 손과 천 개의 눈을 지닌 관세음보살께서 중생을 교화하고자 극락세계를 떠나 사바세계에 오시고 그것만으로도 부족하여 지옥·아귀·축생·아수라까지도 마다하지 않고 몸소 가신다는 상황을 경전에서는 표현하십니다.

내가만일 도산지옥 검수지옥 들어가면
도산지옥 검수지옥 절로절로 무너지고
내가만일 화탕지옥 노탄지옥 들어가면
화탕지옥 노탄지옥 절로절로 말라지며

내가만일 무간지옥 다른지옥 들어가면
무간지옥 다른지옥 절로절로 없어지고
내가만일 주려죽는 아귀세계 들어가면
아귀들이 허기면해 절로절로 배부르며

내가만일 아수라의 거친세계 들어가면
아수라의 거친마음 절로절로 조복되고
내가만일 무지랭이 축생세계 들어가면
축생에게 밝은지혜 절로절로 생겨지다
—사언절 옮긴이 비구 동봉東峰

아약향도산我若向刀山 도산자최절刀山自摧折
아약향화탕我若向火湯 화탕자소멸火湯自消滅
아약향지옥我若向地獄 지옥자고갈地獄自枯竭
아약향아귀我若向餓鬼 아귀자포만餓鬼自飽滿
아약향수라我若向修羅 악심자조복惡心自調伏
아약향축생我若向畜生 자득대지혜自得大智慧

이 얼마나 거룩한 생각이십니까? 세상의 어떤 가르침도 천국에 가고, 극락에 가고, 하나님 품에 안기고, 부처님 품에 안기기를 가르치긴 해도 그 원력이 지옥에 가고, 아귀의 몸을 받고, 아수라라는 격한 신들로 태어나고, 축생의 몸 받기를 서원하는 이와 같이 큰 원력이 있을까요? 이처럼 큰 원력의 종교가 있을까요?

그러나 이는 보살행을 실천하는 천수행자가 세우는 원입니다. 이는 거룩하신 부처님 원력이 아니고 관세음보살이 세운 원력이 아닙니다. 천수천안관세음보살의 힘을 빌려 평범한 보살행자가 세우는 서원입니다. 그러니 하물며 관세음보살과 이 《불설아미타경》에서 말씀하시는 심난행의 실천자이신 서가모니 부처님이시겠습니까?

우리 부처님께서 말씀하시듯 결코 쉽지 않은 매우 어려운 일이지요. 그래서 《장엄염불》에서는 말씀하십니다.

"시방삼세 부처님중 아미타불 제일이니十方三世佛 阿彌陀第一."

나는 그 말씀도 인정은 합니다만, 서가모니 부처님께 오지奧地점수를 더 드리고 싶습니다. 일반적으로 깨달은 분이 곧 부처님이라고 알고 있습니다. 나는 이러한 상식을 넘어 오지 중의 오지, 사바세계 같은 데에서

실로 고집 센 강강중생들을 교화하시는 우리 부처님이야말로 부처님 자격이 있다고 생각합니다.

그건 그렇고요. 믿기지 않는 법도 믿기지 않는 법이지만 믿기지 않는 법이 왜 있는 걸까요? 앞에서도 얘기했지만 사바세계 중생들 항력이 워낙 크거든요. 항력이 무슨 의미일까요? 물리의 세계에서는 항력이 없으면 세계 자체가 존립할 수 없거니와 어떤 생명도 살아갈 수가 없습니다.

자연계에 존재하는 네 가지 힘 가운데 어느 것 하나도 없으면 안 됩니다. 그냥 안 되는 것이 아니라 생명이 살아갈 수 없을뿐더러 생명이 생겨나는 것 자체가 완벽하게 불가능합니다. 인간만이 아니지요. 어떤 생명도 지구상에 태어날 수 없고, 아니 지구 자체가 존립할 수 없습니다. 지구만이 아니라 달도 그렇고, 수성·금성·화성·목성·토성·천왕성·해왕성과 그 모든 행성들에 딸린 위성들도, 아니 태양계 자체가 있을 수 없습니다.

어디 태양계뿐인가요? 이 우주 자체가 있을 수 없습니다. 지구에 생명체가 살 수 없다면 소중한 하나님 말씀이 쓸모가 있을까요. 부처님 말씀도 세계가 있고, 시간과 공간이 있고, 물질이 있고, 생명들이 존재하고, 인간이 있기에 필요한 것이지 그 모든 게 없는데 어디서 마음을 애기할 것이며 누구와 천국과 극락을 논하겠는지요? 자연계의 네 가지 힘이 무엇입니까? 늘 애기하는 것이지만 중력重力과 전자기력電磁氣力과 핵의 약력弱力과 핵의 강력强力입니다. 우리는 말합니다. 아니 불교를 좀 공부했다는 이들은 승속을 떠나 서슴지 않고 얘기합니다.

"불교! 그거 간단해, 팔만대장경 전체를 뒤적여 봐. 결국 마음 심心 자 하나라고." "부처님도 조사님도 이 마음 하나 깨친 분들이고 지금 닦아가는 부처님도 미래에 부처가 되실 부처님도 마음 심心 자 하나 빼놓으면 아무 것도 아니라니까!"

"그러니까 다른 거 없어 무조건, 무조건이야. 마음 하나 잘 깨우치라고."

열 번을 들어도 옳고, 백 번을 들어도 지당한 말씀입니다. 골백번을 들어도 참으로 멋있는 말씀이고 마음에 싫증이 나지 않은 말씀입니다.

그런데 어쩌지요? 이토록 아름다운 말씀도 이 세상에 달랑 나 혼자라면 아무 의미가 없는데요. 우리 부처님께서는 마음 심心 자 하나 달랑 깨치시고 역대 조사님들께서도 마음 심心 자 하나 달랑 깨치셨노라니, 그게 뭐 대단한 자랑거리라고요. 마음 깨친 분이 어디 우리 부처님만이시고 역대 조사 천하종사뿐이던가요? 나는 초기불교에는 그다지 관심이 없습니다. 그런데 부처님께서 말씀하신 연기緣起의 법칙에 대해서는 관심이 많습니다. 마음 심心 자 하나로 얘기하는 이른바 큰스님들의 단언斷言보다 부처님께서 도를 이루신 뒤 스스로 말씀하신 연기의 법칙이 불교의 전부입니다. 부처님께서는 말씀하셨지요. "나는 연기를 깨달았노라"고.

"이것이 있으므로 저것이 있고
저것이 없어지면 이것도 사라진다."

부처님께서는 연기, 곧 관계를 깨달았다고 하시며 연기가 얼마나 중요한가를 말씀하셨는데, 마음이 중요하지 않은 것은 아니지만 마음은 연기의 법칙을 떠나 홀로 존재하는 것이 아닙니다. 서가모니 부처님께서 마음을 깨치심으로 부처가 되셨다면, 그리고 부처가 되심으로써 그의 할 일이 끝나셨다면, 부처님은 부처님이시고 나는 나일뿐, 그분과 내가 무슨 상관이겠는지요? 부처님이 마음을 깨치신 것과 내가 마음을 깨치지 못한 것이 도대체 어떤 인과관계가 있는 것일까요?

이렇게 사바세계 불제자들은 깨달으신 부처님과 모든 중생들의 마음, 그들의 연기까지 뭉뚱그려 마음 하나로 축소표현하고 있습니다. 마음 마음이 인因이라면 마음과 마음의 관계는 연緣입니다. 사람 사람이 인이라면 사람과 사람의 관계는 연입니다. 언젠가 앞에서 얘기했지요. 자연계에 존재하는 네 가지 힘을 하나로 묶을 수 있는 통일장이론을 부처님께서는 이미 2,600여 년 전에 인연因緣이라는 한 마디로 설하셨다고요. 인류사에 있어서 가장 뛰어난 이론물리학자로 손꼽히는 아인슈타인이 필생의 숙원이었던 통일장이론을 보지 못한 채 삶을 마감했습니다.

그리고 그 이후 등장한 게 끈이론string theory이며 초超끈이론super string theory이며 엠이론m-theory이지요. 이미 부처님이《화엄경》에서 설하신 법계연기의 법칙이 있고, 이를 바탕으로 우리나라 신라의 고승 의상조사가 박사학위 논문으로 제출한 화엄일승법계도華嚴一乘法界圖 곧 일명 해인도海印圖 한 장과 요약으로 뒤에 붙인 7언×30구=210자 법성게法性偈 한 편이 있지요. 역시 앞에서도 얘기한 것이지만 다시 한 번 거론한다면 초끈이론을 얘기하면서 이 법성게를 빼놓을 수는 없습니다. 법성게는 어디에 기초한 것일까요? 바로《화엄경》법계연기입니다. 법성게는 법계도의 간단한 설명일 따름입니다. 중요하기로는 법계도지요.

프랜시스 크릭과 제임스 왓슨이 1953년에 공동으로 위대한 논문을 발표하지요. DNA가 이중나선으로 되어 있음을 밝힌 것인데 이중나선구조를 모형으로 표현했지요. 그리고 요약으로 붙인 글은 영문으로 900자가 채 안 되었는데 마침 의상의 화엄일승법계도와 요약으로 붙인 법성게가 생각납니다. 크릭과 왓슨도 당시 다들 이중나선구조를 이해하지 못했기에 뒤에 요약을 붙인 거였거든요.

어떻습니까? 법성게를 제대로 이해하고 나면 법계도가 환하게 눈에 들어오겠지요? 나는 법계도를 볼 때마다 이무애법계理無碍法界·사사무애법계·이사理事무애법계·사사事事무애법계 곧 4종 법계연기 표현에서 자연계의 네 가지 힘을 생각합니다.

내가 지나친 억측을 한다고요? 부처님 당시에도, 의상 조사가 살던 시대에도, 자연계에 네 가지 힘이 존재한다는 게 밝혀지기 전이기 때문에 억측이라고요. 그렇다면 양자물리학에서 평행우주니 다중우주니 초끈이론이니 M-이론을 얘기하는 우리 한국의 학자들이 어찌하여 의상 조사의 법성게를 거의 빼놓지 않고 얘기하는 것일까요?

다만 나중에 과학자들에 의해 네 가지 힘이 밝혀지기는 했지만 자연계에는 이미 네 가지 힘이 내재해 있습니다. 자연계에 존재하는 네 가지 힘은 떨어지고 싶어도 떨어질 수 없는 네 명의 샴Siamese 쌍둥이입니다. 우주의 기초가 되고 우주의 전체가 되는 네 가지 힘, 이들을 하나로 묶는 통일장의 이론, 이것은 마음 하나로는 안 됩니다. 그 마음理法界을 포함하여 존재事法界의 세계, 마음과 존재理事의 세계, 존재와 존재事事의 세계를 이어가는 연결고리 4가지 무애법계가 곧 네 가지 힘입니다.

서가모니 부처님께서 교화처로 삼으신 남섬부주, 이 남섬부주에 머무는 우리 다양한 중생들은 이토록 위대한 가르침을 두고도 엉뚱한 데서 진리를 찾아 헤매지요. 이 위대한 연기의 가르침을, 이 장엄한 통일장 이론을 마음 하나로 축소시켜버리는 어리석음을 우리는 범하고 있습니다. 그러한 사바세계에서 연기를 제대로 이해시킨다는 것이 생각보다 쉬운 일은 아니실 것입니다. 화엄일승의 일승一乘이 곧 통일장이지요. 그 개요가 곧 일승법계도고요.

우리 의상조사님
존경하고 사랑하는 우리 서가모니 부처님
부처님께서는 부처님 말씀처럼
어려운 일을 하시나이다.

무상계無常戒

사바세계 훌쩍떠나 저승으로 가신이여
무상계라 하는법문 한마디로 말하자면
부처님의 열반세계 들어가는 관문이요
고통바다 건네주는 반야용선 자비배라

그러기에 예로부터 일체모든 부처님이
무상계를 말미암아 열반세계 드시옵고
일체모든 중생들도 무상계를 말미암아
고통바다 건너시니 선망조상 영가시여

당신께서 이제오늘 여섯가지 감관이며
여섯가지 대상들을 훌훌털어 버리시고
신령스런 알음알이 뚜렷하게 드러내어
위가없고 깨끗하온 부처님계 받으시니

이얼마나 다행하고 다행스런 일이리까
사바세계 훌쩍떠나 저승으로 가신이여
겁의불길 타오르면 대천세계 무너지고
수미산과 너른바다 마멸되어 남음없소

그렇거늘 인연따라 이루어진 이내몸이
태어나고 늙어가고 병이들고 죽음이며
근심이며 슬픔이며 가지가지 고뇌들을
어찌능히 멀리하고 벗어날수 있으리까

저승으로 가신이여 선망조상 영가시여
머리카락 솜털수염 손톱발톱 위아랫니
살과살갗 뼈와힘줄 골수뇌수 때와먼지
필경에는 본래온곳 흙의세계 돌아가고

침과눈물 피와고름 진액가래 땀방울과
남녀정기 똥오줌은 물의세계 돌아가고
덥혀주던 그체온은 불의세계 돌아가며
움직이던 그기운은 바람으로 돌아가서

지수화풍 사대요소 제뿔뿔이 흩어지면
가신님의 오늘몸은 어느곳에 계시온지
사대요소 알고보면 인연으로 이뤄진것
애착할게 못되옵고 슬퍼할게 없나이다

사바세계 훌쩍떠나 저승으로 가신이여
그시작을 알수없는 아득하온 예로부터
오늘여기 이자리에 이상황에 이르도록
열두가지 연기법을 의지하여 오셨나니

무명으로 말미암아 움직임이 있게되고
움직임은 인식에로 인식에서 이름모양
이름모양 여섯감관 여섯감관 접촉으로
접촉에서 느낌으로 느낌에서 사랑으로

사랑에서 취착으로 취착에서 있음에로
있음에서 태어나고 태어남에 늙고죽음
근심이며 슬픔이며 질병이며 미움이며
여러가지 온갖고통 번뇌들이 생긴다오

그러므로 그원인을 되짚어서 생각하면
열두가지 연기법은 무명그게 뿌리여서
무명만일 사라지면 움직임이 사라지고
움직임이 사라지면 인식또한 사라지며

인식만일 사라지면 이름모습 사라지고
이름모습 사라지면 여섯감관 사라지며
여섯감관 사라지면 접촉마저 사라지고
접촉만일 사라지면 느낌마저 사라지오

느낌만일 사라지면 사랑역시 사라지고
사랑만일 사라지면 취착또한 사라지며
취착함이 사라지면 있음마저 사라지고
있음만일 사라지면 태어남도 사라지며

태어남이 사라지면 늙음이며 죽음이며
모든근심 온갖슬픔 질병이며 미움이며
사고팔고 일체고통 한결같이 사라지고
팔만사천 온갖번뇌 모두모두 사라지오

이세상의 모든법은 근본자리 그로부터
언제든지 그스스로 고요하온 모습이니
불자로서 이와같이 올바르게 체득하면
오는세상 얻으리다 언젠가는 부처됨을

이세상의 온갖행은 영원하지 아니하여
인연따라 생겨나고 사라지는 법이라오
생겨나고 사라짐이 죄다모두 사라지면
평화롭고 고요하여 최고가는 낙이리다

사바세계 훌쩍떠나 저승으로 가신이여
거룩하신 불타계율 지성으로 받으시고
거룩하신 달마계율 지성으로 받으시며
거룩하신 승가계율 지성으로 받으소서

과거보승 여래시며 응공이며 정변지며
명행족에 선서시며 세간해며 무상사며
조어장부 천인사며 부처이며 세존이신
거룩하신 성자에게 지성귀의 하나이다

선망조상 영가시여 저승으로 가신이여
육신껍질 벗어놓고 생각마저 던져두고
신령스런 알음알이 뚜렷하게 드러나서
부처님의 무상정계 그몸으로 받으시니

어찌아니 즐거우며 어찌아니 즐거우리
천당이든 극락이든 생각대로 가옵시며
극락이든 불국토든 마음대로 가옵소서
너무나도 상쾌하여 덩실덩실 춤을추리

서쪽에서 오신조사 그의뜻이 당당하여
그마음을 맑힌다면 본성품의 고향이리
아름다운 본체성은 담담하고 두루하여
산하대지 삼라만상 참된광명 나타내네

3부

유통분流通分

103

파티party는 끝났다

부처님이 이경말씀 설하시길 마치시매
그자리에 함께했던 사리불을 비롯하여
일천이백 오십명의 모든비구 성자들과
타방세계 보살들과 일체세간 중생들과

천상인간 아수라등 한량없는 청중들이
부처님의 설하신바 아름다운 이경전을
환희에찬 마음으로 믿고받아 지닌뒤에
공손하게 예를짓고 자리털고 떠났도다

'유종의 미'라는 말이 있습니다. 일과 관계는 시작도 중요하지만 마무리가 보다 소중하다는 것이지요. 졸업식 때 교장선생님 또는 학장이나 총장이 하는 말씀입니다.

파티party는 조각입니다. 전체의 한 부분이고 조각입니다. 인생이라고 하는 시간 속에서 시간의 조각들을 축하하는 게 다름 아닌 파티입니다.

우리가 만들어 쓰는 말 중에서 일본어의 영향을 받았는지 모르나 아르바이트가 있습니다. 아르바이트도 길다고 느껴져서인지 줄여서 알바라고 합니다. 그냥 손 놓고 노느니 쪼가리 시간, 자투리 시간을 이용하여 벌이를 하는 게 아르바이트지요. 영어로는 파트타임, 곧 시간근무제입니다. 글자 그대로 쪼가리 시간이지요. 그러한 쪼가리 시간도 알뜰히 챙기다 보면 비록 정규직만큼은 아니라 해도 나름, 생활에 작은 보탬이 됩니다.

세상에는 축하할 일이 참 많습니다. 없으면 일부러 만들어서 합니다. 백일 축하파티를 열고, 첫돌이라서 자리를 마련하고, 해마다 생일이라서 모이고, 어린이집에 들어가고, 유치원 졸업한 것을 축하하고, 초등학교에 입학해서 상장을 탔으니 축하하고, 경진대회를 열어 이긴 사람은 이겨서 진 사람은 위로하느라 축하하고, 평생을 축하하며 살 일이 많습니다.

내겐 기억에 남는 파티가 있습니다. 하도 오래전이라 가물가물한데 어깨너머로 서당 글을 읽었지요. 내가 《명심보감》을 끝냈을 때, 어머니가 수수팥떡을 해서 서당의 학동들에게 돌리셨습니다. 특히 《명심보감》을 원문은 물론, 번역까지 한 글자도 빼먹지 않고 다 외운 나를 훈장님이 치하하셨고 그 내용을 전해 들으신 나의 아버지 어머니가 축하 떡을 돌리신 것입니다. 이른바 책거리를 제대로 한 것이지요.

인생에 있어서 쪼가리 시간을 즐긴다는 것은 분명 삶의 지혜입니다. 그렇게 함으로써 삶에 주어진 지루한 시간을 짧게 자르고 가늘게 쪼개는 법을 터득한 것입니다. 시간을 짧게 자른다는 말은 나름대로 이해가 가는 말이지만 시간을 쪼개다니 이해가 안 가지요. 그러나 우리는 쪼갠다는 말을 곧잘 쓰곤 합니다. 함부로 쓰나 또는 쪼개어 쓰나 시간이란 쉼 없이 흐릅니다. 멈추어져 있는 시간은 없습니다. 시간을 함부로 쓰는 사람에게도 지구가 한 번 자전하는 것으로 하루를 삼는 것은 동일하고, 시간을 쪼개어 쓰는 사람에게도 지구가 태양 주위를 일주하는 것으로 한 해를 삼는 것은 같습니다.

다만 시간을 산다는 것은 인생을 산다는 개념과 같은 것이기에 시간을 함부로 썼다면 그는 인생을 알차게 살지 못했음이고, 쪼가리 시간에 자투리 시간까지 아끼고, 아끼고, 또 아꼈다면 그는 인생을 성실히 산 게 될 것입니다.

경허 대선사《참선곡》에 옛사람들은 하루 종일 공부하다가 잠 오는 것을 성화하여 송곳으로 제 허벅지를 찔러가면서 의단疑團을 들고 또 들었건만 하루해가 가게 되면 그냥 허송세월한 것 같아서 두 다리 뻗고 울었다고 하는데 나는 어쩌자고 이렇게 게으르냐며 자신을 채찍질하는 내용이 나옵니다.

시간을 쪼개 쓴다는 말은 그만큼 자기에게 주어진 삶의 시간을 100퍼센트 산다는 것입니다. 경기 광주의 남한산성이 얼마 전 세계자연문화유산에 정식으로 등재되었습니다. 남한산성의 성곽들을 살펴보노라면 큼직큼직한 돌들과 그 돌들 사이사이 작은 돌들이 놓였고 다시 그들 사이로 쪼가리돌·쐐기돌들이 박혀 있습니다.

첨성대처럼 돌의 구조가 격을 벗어나지 않은 채, 차곡차곡 쌓여 있기도 하지만 우리의 자랑스러운 남한산성처럼 규격화된 세계를 벗어나 큰 것, 작은 것, 잘생긴 것, 못생긴 것, 긴 것, 짧은 것, 굵은 것, 가는 것, 검은 돌, 흰 돌 할 것 없이 함께 어우러져 튼튼한 성곽을 이루기도 합니다.

시간도 그렇습니다. 규격 있는 시간이든, 쪼가리 시간이든, 쐐기 시간이든 버리지 않고 쓸 수 있다면 그는 적어도 시간이라는 문화유산을 제대로 아끼고 다듬는 사람입니다. 문화유산이라고 하는 것은 불상이나 석탑이라든가 도자기나 회화라든가 역사가 담긴 건축물이나 오랜 유형무형의 산물만이 아닙니다. 삶의 역사에서 시간 그 자체보다도 소중한 문화유산은 아마 어디에도 없을 것입니다.

나는 늘 얘기하지만, 땅 한 평 가치에 못잖은 것이 모두에게 고르게 주어진 시간입니다. 스페이스 곧 공간도 마찬가지지요. 내 소유로 된 것이 없을 뿐이지 생명으로 태어나 살아가는 한 그가 숨 쉬며, 바라보며, 웃고 떠들 수 있으며, 얘기를 주고받을 수 있는 공간은 제약받지 않습니다.

시간의 평등성, 지위가 높다고 가진 게 많다고 피부가 허여멀끔하다고 고급스런 시간이 주어지지 않고, 지위가 낮다고 가진 게 없다고 살갗이 거무튀튀하다고 시간이 저급하지는 않습니다. 가진 자가 더 오래 살고 못 가진 자가 더 빨리 가지 않지요.

시간의 평등성에 비해 공간의 차별성은 있을 수 있습니다. 시간과 마찬가지로 공간마저도 평등하길 바라는 것은 한 녘이 정오면 전 세계가 다 정오고, 한 곳이 자정이면 온 세계가 다 같이 자정이길 바라는 것과 같지요. 우리나라가 아침인데 남미 쪽도 아침이고 우리가 여름인데 지구 반대편도 여름이라면 글쎄요?

우리나라가 추운 겨울이라서 광합성작용이 안 되고 산소가 만들어지지 않을 때, 남반구에서는 한여름이라 녹색 이파리가 무성하겠지요? 광합성작용이 마음껏 이루어지고 산소도 무한정 생성되겠지요? 그래서 우리나라에서 혹시라도 산소가 모자라게 되면 남반구에서 빌려와야 하지 않을까요?

부처님의 가르침이라는 경전파티는 끝났지만 이제 뒤풀이를 할 차례입니다. 마음이라는 요리를 푸짐하게 장만하여 부처님을 초대하고, 타방 보살님들을 두루 초대하고, 호법선신을 초대하고, 저고리 앞섶으로 파고드는 초겨울 차가운 바람도 살짝 불러 괜찮은 뒤풀이 한 번 제대로 하자고요.

104

탄성한계의 법칙

불설시경이佛說是經已,
"우리 서가모니 부처님께서 이《아미타경》을 설하시고 나니."

어느 날 후배가 질문을 던져 왔습니다.

"스님께서는 가끔 말씀하시면서 서가모니 부처님을 그냥 '우리 부처님'이라 하시는데 부처님이 한두 분이 아니라면 서가모니 부처님께서 지니신 '서가모니'라는 고유명사를 앞에 붙여 불러야 하는 거 아닌가요?"

후배 얘기를 듣고 보니 틀린 말도 아닌 것 같았습니다. 정확하게 얘기하면 그 말이 맞습니다. 부처님이 어디 한두 분이어야지요. 세상에는 부처님의 숫자가 중생들의 숫자보다도 훨씬 많습니다. 여기서 중생이라고 하면 범부중생 곧 사람만 일컫는 게 아니라 가축들을 비롯하여 야생동물들과 곤충으로부터 미생물에 이르기까지 모든 생명을 가진 존재들입니다.

미생물이라 하면 얼마나 작은 것들일까요? 이를테면 유산균 A&B라는 유산균을 예로 들 경우 1회 섭취량 1캡슐 520mg에 들어 있는 프로바이오틱스 수가 100억 CFU, 곧 백억 마리나 됩니다. 520mg이면 양이 어느 정도냐고요? 대략 1g의 절반입니다. 0.52g이니까요. 야쿠르트에 들어있는 유산균도 작은 숫자가 아니지요.

우리 눈에는 잘 띄지 않지만 정상적인 한 줌 흙 속에 수십 억의 미생물이 존재합니다. 정상적이란 살균 처리를 하지 않은 그냥 지렁이가 살고 굼벵이가 사는 그런 흙을 얘기합니다. 그렇다면 이 지구상에 있는 모든 생명들을 숫자로 든다면 어느 정도나 될 것 같은가요? 이 작은 A&B 한 병에도 100억×90캡슐=9천억 마리의 미생물이 들어 있는데 이 정도 작은 생명의 크기로 나눈 그 숫자라 하더라도 불교에서 말하는 항하사(10^52승)를 넘지 못합니다. 하물며 나유타(10^56승) 이상일까요. 다시 말해서 지구의 질량을 이 유산균 A&B 정도로 잘게 부순다 하더라도 10의 52승이라는 숫자를 넘지 못합니다.

그런데 중요한 것은 그토록 많은 중생들 숫자보다도 세상에는 깨달으신 부처님의 숫자가 수백 배 수천 배가 아니라 수천 억 배는 더 많다는 것입니다. 그런데 고유명사를 쓰지 않고 그냥 '우리 부처님'이라 붙이게 되면 헷갈릴 수밖에 없다 채근하는 데에 잘못되었다는 말을 쓸 수는 없습니다. 생각해 보십시오. 우리 태양계가 속해 있는 은하의 정식 명칭은 밀키웨이 갤럭시입니다. 영어로는 Milky Way Galaxy지요. 그런데도 우리가 쓰는 말은 그냥 '우리 은하'라 많이 쓰거든요.

그와 같이 서가모니 부처님은 우리 사바세계의 교화주시며 부처님이시기에 '우리 부처님'입니다 우리 부처님의 말씀에는 처음이 있고 끝이 있습니다. 그래서 짤막짤막한 경전이 많습니다.

우리 부처님께서는 《불설아미타경》을 설하시며 "극락세계 아미타 부처님께서는 금현재설법今現在說法한다" 하셨지요. 의미는 매우 간단합니다. 지금도 쭉 설법 중이시라는 것입니다. 아미타 부처님의 설법은 처음성도하신 지 10여 겁이 지났으나 바로 그때, 시작하신 설법이 10여 겁(지구 나이×10=465억년) 동안 쉬지 않고 이어진다는 매우 독특한 설법구조입니다.

앞서 파티를 설명할 때 파티는 조각의 뜻이라 말씀드렸지요. 만약 그렇다고 한다면 극락세계십종장엄 가운데 "낮과 밤이 길고 지루하기에 시와 분으로 장엄한다"는 말씀은 자종위배自宗違背의 법칙에 걸리겠지요.

아미타 부처님께서는 시간이 지루하다고 보시어 하염없이 길게 이어지는 시간들은 자르고 쪼개어 시와 분으로 나누시면서 정작 자신의 설법은 쉼 없이 이어진다는 게 스스로 세운 아이덴티티自宗를 거스르違背는 게 아닌가 생각합니다. 그에 비해 우리 서가모니 부처님께서는 방편법方便法을 잘 구사하십니다.

이를테면《법화경》〈화성유품〉에 지루한 중생들, 힘들어 하는 중생들을 위해서 매직시티化城magic city를 만들어 충분히 휴식을 취하게 한 다음 "이는 내가 마술로써 보인 도시다. 이제 다시 일어나 갈 길을 가자"시며 목적지를 향해 나아가길 권하셨습니다. 우리 부처님께서는 계단 시스템으로 말씀하십니다. 그러기에《금강경》에서도 수다원향向·수다원과果, 사다함향·사다함과, 아나함향·아나함과, 아라한향·아라한과를 설정하시고 이들 네 가지 단계의 향向과 과果를 조심스레 밟아갈 것을 권하고 계시지요.

"부처님께서 이 경을 설하시고 나서"라는 이 한 마디 말씀에서 나는 벅찬 기쁨의 전율을 느낍니다. 이 말씀 한 마디에는 우리 부처님께서 중생을 사랑하시는 마음이 고스란히 담겨 있는 까닭입니다. 우리 부처님에게 피곤함은 없습니다. 사바세계에 몸을 받으신 것 자체가 생로병사를 겪도록 되어 있으시지만 실제로는 강단이 있으시고 힘이 있으시지요.

우리 부처님께서도 아미타 부처님처럼 쉼 없이 설법하실 힘이 있으십니다. 그러나 서가모니 부처님께서는 그렇게 하지 않으셨습니다. 매직시티를 보여주시고, 그리고 그 매직시티에 안주하려 하자 매직시티는 매직시티일 뿐 실재하는 세계가 아님을 설하십니다. 근기가 약한 중생들에게는 휴식도 필요함을 보여주신 것입니다. 어쩌면 이 몸뚱이 자체가 매직시티일 것입니다. 우리가 끊임없이 집착하는 이 몸이 다름 아닌 매직시티일 것입니다. 이 몸이 실재가 아니기에 이 몸에게 주어진 짧은 시간과 이 몸이 차지하려는 작은 공간이 모두가 허상임을 보이신 것입니다.

파티는 끝났지만 쫑파티는 경전의 마침일 뿐 경전 말씀의 이행문제는 당시 청중들과 후세 우리 중생들에게 주어진 미션입니다. 이론을 배우고 익혔다면 이 이론을 현실세계에서 이루어감은 철저히 우리 정토행자에게 있습니다.

우리 중생들은 생각보다 훨씬 나약한 존재입니다. 사바나 드넓은 초원에서 맞닥뜨린 백수의 왕 사자가 아니라 눈으로 볼 수조차 없이 미세한 바이러스 하나를 이겨내지 못합니다. 우리는 지축을 뒤흔드는 지진이 아니라 작은 교통사고 하나를 이기지 못하지요. 우리는 악어나 고래가 아니라 작은 말라리아모기 한 마리, 에볼라 바이러스를 이겨낼 힘이 없습니다. 우리는 약한 존재입니다.

이토록 약한 우리에게는 때로 충분한 휴식이 필요합니다. 탄성한계의 법칙은 우리 수행자에게 거문고의 비유설법만큼이나 삶에 있어서 소중한 법칙입니다. 용수철은 탄성이 강합니다. 본래의 자리로 되돌아가려는 강한 되돌림의 성질을 갖고 있습니다. 그러나 한계가 있지요. 한계치를 벗어나 너무 늘여 놓기만 하면 다시 수축하려는 성질을 잃습니다. 탄성도 한계가 있다는 법칙입니다.

용수철뿐만이 아닙니다. 고무줄도 너무 늘여 놓으면 수축할 성질 곧 회복할 성질을 잃고 말지요. 풍선에 바람을 넣을 때도 거기에 한계가 있

습니다. 한계치 이상 너무 많이 넣으면 터져버리지요. 풍선으로서의 생명
은 끝이 납니다. 이들이 다 무엇인가요? 물질입니다. 용수철도 고무줄도
고무풍선도 모두 물질입니다. 우리의 몸도 물질이지요. 정신세계로 이길
것을 주문하지만 몸은 역시 몸입니다. 정신세계는 이겨내겠지만 몸은 한
번 망가져버리면 쉽게 회복이 안 됩니다. 임계치/한계치를 벗어난 용수
철입니다.

　늘 절수행을 하는 수행자는 삼천 배, 오천 배도 할 수 있겠지요. 그러
나 어쩌다 삼천 배를 한다든가 몸이 따라주지 않는데도 강제로 밀어붙이
는 것은 무리입니다. 그것이 단계를 밟아 진척이 이루어진다 해도 언제
나 몸이란 한계치가 있습니다. 몸 한 번 버려놓으면 평생 쉽게 고칠 수 없
는 것이 바로 몸이 지닌 한계고 현실입니다. 만일 한계가 없다면 부처님
께서 말씀하신 제행무상의 법칙은 빈 말씀이 되고 맙니다.

　"불설시경이 – 부처님께서 이 경을 설하시고 나니~."

　휴식할 짬을 주신 부처님 감사합니다.
　휴식한 뒤 다시 나아가도록
　매직시티를 가설하신 우리 부처님
　경전의 마침은 수행의 끝이 아니라 휴식이며,
　또 다른 시작임을 우리는 지금 익혀가고 있는 중입니다.
　이 시간 어디선가 삼천 배를 끝내고 휴식에 들어 있을
　소중한 도반에게 이 글을 바칩니다.

105

떠나는 자 남는 자

"예를 짓고 떠나다作禮而去."

떠나는 사람일수록, 다시는 만날 일이 없는 사람일수록, 깍듯하게 예를 갖출 필요가 있습니다. 왜냐하면 헤어질 때의 그 느낌을 서로 마음에 간직하고 있을 테니까. 특히 남녀 간의 헤어짐은 더하겠지요. 그 가운데서도 사랑하던 사람과 헤어질 때라면 더욱 더 예의가 필요할지 모릅니다. 우리가 쓰는 속담에 이런 재미있는 말들이 있습니다.

1. 우물 밑에 똥 누기
2. 우물에 똥을 누어도 다시 그 우물을 먹는다.
3. 똥 누고 간 우물도 다시 먹을 날이 있다.
4. 저 긷지 않는다고 우물에 똥 눌까.
5. 다시 긷지 않는다고 이 우물에 똥을 눌까.
6. 발을 씻고 달아난 박우물에 다시 찾아온다(북한 속담)
7. 침 뱉은 우물 다시 먹는다.

8. 침 뱉고 돌아선 우물에 다시 찾아온다.

평생을 행복하게 살자고 다짐하지만 인생이라는 게 뜻대로만 되지는 않지요. 그래서 더러는 헤어지기도 하고, 영화라서 그런지는 모르나 외국 영화들을 보면 헤어진 뒤 다시 만나도 친한 친구처럼 대하는 것을 보면 서양 사람들은 헤어질 때 웃으며 헤어지나 보다 생각하게 됩니다.

헤어지는 원인은 여러 가지겠지요. 작정하고 트러블을 만들어 내는 사람도 더러는 있다 들었지만 대개는 평소 쌓아온 불만이 문제입니다. 또는 어느 한 순간의 생각 차이가 동기가 되기도 합니다. 그렇게 갈라서면 완전히 원수가 되고 거리에서 만나도 모르는 사람처럼 무심코 지나가기 일쑤지요. 차라리 생판 모르는 사람이 나을걸요.

"헤어질 때 웃으며 헤어질 거라면 아예 처음부터 갈라서지를 않지~."

맞는 말일지도 모릅니다. 갈라서는 마당에 웃는다면 당연히 갈라서지 않겠지요. 만남의 예禮는 많이 얘기들 합니다만, 헤어질 때 무엇보다도 특히 갈라섬의 예는 얘기가 없습니다. 만남의 예식 중에는 양가의 상견례가 있고, 결혼을 하겠다는 약혼식이 있고, 혼수가 오가고, 웨딩사진 찍고, 사주단자를 보내고, 예물도 미리미리 주고받고, 지참금이 오고 가고, 마침내 결혼식을 치르지요. 상당히 시끌벅적하게 진행합니다.

그렇다면 갈라섬도 결혼식처럼 떠들썩하진 않더라도 간단하게나마 이혼식離婚式이 필요하지 않을까요? 세상에! 이혼식이라니요? 반문하는 분도 있겠지만, 지금은 조선시대도 아니고 만남만큼 갈라서는 것도 인생에게 주어진 권리 아니던가요? 함께 살 수 없으면 헤어져야지요.

아니, 어떻게 스님이 되어 가지고 사이를 붙여주지는 못할망정 세상에! 헤어지라는 말을 할 수 있습니까? 그것도 그렇기는 합니다. 그러나 어쩌겠습니까? 나는 잘 살고 있는 사람들 떼어놓는 수행자도 아니고 그렇다고 헤어지라고 강권强勸한 것도 아니지만 듣고 보니 좀 그렇기는 하네요.

두 사람의 재산분배는 법원의 결정에 따른다 하더라도 결혼식 때 하례객들에게 받은 축하인사는 어찌해야 하는지요? 축의금은 반환해야 되지 않겠습니까? 결혼식 때 받은 축의금 꿀꺽 삼키고 나면 한 번도 결혼한 적이 없는 사람들은 축의금만 실컷 내고 손해(?) 보는 느낌이 들지 않겠는지요? 그래도 그렇지. 만남을 축하하는 예법처럼 헤어짐을 위로하는 예법이 있을까요? 헤어짐이 만남보다 위로가 아니라 더욱 더 축하 인사를 받아야 한다고요? 그렇게 힘든 삶이었군요!

헤어짐의 예절, 그런 예법이 불교에는 분명 있습니다. 다만 예법대로 실행하지 않고 슬며시 사라졌다가 언제 사라졌었느냐는 듯이 슬며시 다시 나타나서 문제이긴 하지만 정통으로 얘기하자면 불교는 입산과 하산에 대한 율법이 있습니다. 다시 말해 입산할 때 수계식受戒式을 통해 머리 깎고 사문이 되었다면 하산할 때는 환계식還戒式을 한 뒤 세간으로 돌아가야 합니다. 환계식을 할 때 정식으로 가사와 바리때를 은사스님이나 계사스님께 되돌려 드립니다. 은사나 계사가 계시지 않을 경우, 부처님 전에 예를 갖추고 가사와 바리때를 올리고 나서 공손히 떠나는 것이지요. 이것이 계를 돌려드리는 환계입니다.

갈라섬까지는 아니더라도 헤어지는 예는 많이들 챙기지요. 불교에서는 법문이 끝나고 모든 불교 의식이 끝나게 되면 사홍서원四弘誓願에 이어 끝으로 꼭 산회가散會歌를 부릅니다.

몸은 비록 이 자리에서 헤어지지만
마음은 언제라도 떠나지 마세.
거룩하신 부처님을 항상 모시고
오늘 배운 높은 법문 깊이 새겨서

다음날 반갑게 한 맘 한 뜻으로
부처님의 성전에서 다시 만나세.

이제 《불설아미타경》이 끝났으니, 다들 예를 짓고 떠나갈 때입니다. 그런데 자리는 뜨겠지만 부처님 곁을 떠나는 대중들은 타지他地에서 온 분들이겠지요. 상수제자인 1,250명의 비구들은 도량을 떠나지 않을 것입니다.

작례이거의 '거'는 갈 거去 자이지만 공간적으로 멀리 간다기보다 도량 내에서, 법회석상에서 1,250여 명 비구대중들과 타지에서 참여한 보살들과 인간과 하늘의 신들과 그 가운데서도 아수라와 도리천의 천주 석제환인과 함께 온 수천, 수만, 수백만 명들이 함께 모일 수 있는 자리에서 법회가 끝나고 났을 때의 모습이지요.

지난해 여름, 프란체스코 교황이 우리나라 수도 서울 광화문에서 백만 군중이 운집한 가운데 미사를 진행하였지요. 미사가 끝나고 자리를 뜨는 교황과 함께 참석했던 군중들의 표정에서 모두들 기쁨이 넘쳐났지요. 하물며 도리천의 천주이신 하느님까지 참석한 우리 부처님의 《불설아미타경》법회이겠습니까?

미사가 끝나고 교황은 떠났습니다. 그러나 이 《불설아미타경》법회는 법회가 끝난 뒤 되레 부처님께서는 자리를 떠나지 않으셨습니다. 교황은 서울 광화문이 원정이었지만, 부처님은 사위국 기원정사가 홈이었으니까요. 특히 예를 짓고 떠난 이들 중에서 비구들은 해당되지 않습니다. 상수제자는 언제나 어디서나 부처님을 함께 따르고 모시는 제자들이니까요. 그리고 《금강경》법회와 달리 동남서북 아래 위의 부처님들께서 공동으로 참여한 네트워크 시스템 법회는 특파원 기자들이 각기 숙소로 돌아감으로써 예를 짓고 떠남이 완전해졌습니다.

《사언절불설아미타경》

비구比丘 동봉東峰 사언절四言節 봉역奉譯

【청법대중聽法大衆】

총지비구 아난다는 이와같이 들었노라
어느때에 우리본사 서가모니 부처님이
사위국의 제일가람 기원정사 계실때에
일천이백 오십명의 비구들과 함께하니

한결같이 위대하신 아라한의 성자로서
너무나도 잘알려진 고승대덕 들이로다
그가운데 특별하게 열여섯분 열거하여
십육나한 이라하니 그이름은 이러해라

지혜제일 사리불과 신통제일 목건련과
두타제일 대가섭과 논의제일 가전연과
언변제일 구치라와 무욕제일 이바다와
정진제일 반특가와 의용제일 난타비구

다문제일 아난다와 밀행제일 라홀라와
공양제일 교범바제 설법제일 빈두로와
교화제일 가류타이 천문제일 겁빈나와
천안제일 아나율과 수명제일 박구라라

또한다시 청중에는 보살들도 함께하니
위대하신 마하살로 타방에서 오셨어라
밝은지혜 상징하는 문수사리 법왕자와
미래제에 강림하실 미륵보살 아일다와

향상이라 이름하는 건타하제 보살이며
끊임없이 정진하는 크신보살 상정진과
그밖에도 한량없는 보살들이 모였으니
부처님의 경지오른 거룩하신 이들이라

또한다시 하늘대중 모두함께 모여드니
도리천의 천주로서 석제환인 비롯하여
종으로는 이십팔천 횡으로는 삼십삼천
너무나도 한량없어 헤아릴수 전혀없네

【미타설법彌陀說法】
바로이때 우리스승 서가모니 부처님이
대사리불 장로에게 금구로써 설하시되
여기에서 서쪽으로 십만억의 불토지나
한세계가 있으리니 극락이라 이름하며

그와같은 극락세계 부처님이 계시나니
그부처님 이름하여 아미타라 하느니라
바로지금 이순간도 서방정토 극락에서
아미타불 여래께선 설법하고 계시니라

【극락장엄極樂莊嚴】
지혜로운 사리불아 너의뜻에 어떠하냐
그세계를 어찌하여 극락이라 하는지를
그나라의 중생들은 온갖고통 전혀없이
기쁨만을 느끼므로 극락이라 하느니라

또한다시 사리불아 극락국토 살펴보매
지상에는 일곱겹의 아름다운 난간이요
하늘에는 일곱겹의 보배로된 그물이며
길가에는 일곱겹의 시원스런 가로수라

이와같은 난간이며 그물이며 가로수가
금과은과 유리수정 네가지의 보배로써
아름답게 꾸며지고 어디에나 두루하매
그러므로 그나라를 극락이라 하느니라

또한다시 사리불아 서방극락 국토에는
금과은과 유리수정 네가지의 보배에다
백산호와 적진주와 마노등의 칠보로써
아름답게 가꾸어진 연못들이 즐비한데

그들모든 연못에는 오염됨이 전혀없는
고요하고 깨끗한물 시원하고 투명한물
감미로운 맛의물과 부드러운 맛의물과
매끄럽고 촉촉한물 일렁이지 않는물과

냄새없는 맑은물과 몸에좋은 약숫물등
여덟가지 공덕수가 가득가득 담겨있어
누구든지 어디서나 마실수도 있거니와
먹을감고 감상하고 즐길수가 있느니라

또한그들 연못에는 금모래가 깔려있고
연못둑의 사방으로 놓여있는 계단들은
금과은을 비롯하여 다시다못 유리수정
네가지의 보배들이 합성되어 꾸며졌고

연못위의 날아갈듯 그림같은 누각들도
금과은과 유리수정 네가지의 보배에다
백산호와 적진주와 아름다운 마노로써
웅장하고 찬란하게 장엄되어 있느니라

맑은연못 수면위로 솟아오른 연꽃들은
수레바퀴 만큼이나 큼직큼직 피었는데
푸른색은 푸른빛이 붉은색은 붉은빛이
노란색은 노란빛이 하얀색은 하얀빛이

자연스레 어우러져 너무나도 아름답고
미묘하고 향기롭고 또한정결 하느니라
사리불아 이와같이 극락국토 저세계는
공덕으로 장엄으로 이루어져 있느니라

또한다시 사리불아 저부처님 국토에는
장엄스런 하늘음악 끊임없이 연주되고
황금으로 땅이되며 밤낮없이 언제든지
하늘에서 만다라꽃 비내리듯 뿌려지매

그나라의 중생들은 싱그러운 새벽녘에
아름다운 하늘꽃을 바구니에 각기담아
다른세계 머무시는 십만억의 부처님께
정성다해 공양하고 문안인사 올린뒤에

아침공양 때가되자 본국으로 돌아와서
여법하게 공양하고 불도량을 거니나니
사리불아 이와같이 극락국토 저세계는
공덕으로 장엄으로 이루어져 있느니라

다음으로 사리불아 서방극락 세계에는
가지가지 진귀하고 아름다운 빛깔지닌
하얀고니 공작이며 앵무새며 사리새며
고운소리 가릉빈가 양수일신 공명조등

이와같은 극락조가 밤낮없이 언제든지
온화하고 부드러운 음성으로 지저귀니
지저귀는 그소리는 오근이며 오력이며
칠보리분 팔성도분 찬미하고 있느니라

이와같이 갖가지로 부처님법 노래하매
극락세계 중생들은 이소리를 듣는즉시
누구든지 그자리서 성스러운 부처님과
가르침과 스님네를 생각하게 되느니라

장로비구 사리불아 이와같은 극락조가
죄보로써 태어났다 얘기하지 말지니라
왜냐하면 사리불아 저부처님 국토에는
세가지의 악한갈래 본디없기 때문이니

그러므로 사리불아 서방정토 극락세계
저부처님 국토에는 지옥이며 아귀축생
삼악도란 이름조차 찾아볼수 없겠거늘
어찌항차 삼악도가 실로존재 하겠는가

이들모든 산새들은 아미타불 여래께서
가르침을 널리펴고 중생들을 교화코자
부사의한 힘으로써 만들어낸 새들이며
부처님이 화신으로 나타내신 몸이니라

장로비구 사리불아 저부처님 국토에는
부드럽고 싱그러운 산들바람 불어와서
보배로된 가로수와 그물코에 부딪치면
아름답고 감미로운 소리들이 생겨나니

이때나는 소리들은 한마디로 표현하면
백천가지 악기들이 한꺼번에 합주되는
장중하고 아름다운 관현악과 다름없어
이소리를 듣는자는 누구든지 자연스레

부처님을 생각하고 가르침을 생각하며
스님네를 생각하는 그런마음 내느니라
사리불아 이와같이 극락국토 저세계는
공덕으로 장엄으로 이루어져 있느니라

【미타명호彌陀名號】
장로비구 사리불아 너의뜻에 어떠하냐
서방정토 극락세계 머무시는 저부처님
어찌하여 사람들은 아미타라 부르는가
지혜로운 사리불아 분명하게 알지니라

저부처님 밝은광명 헤아릴수 바이없어
시방세계 모든국토 두루두루 비추건만
어떤세계 어떤것도 장애되지 않으므로
그러기에 이름하여 아미타라 하느니라

또한다시 사리불아 서방정토 극락세계
저부처님 수명복은 헤아릴수 바이없어
일체온갖 병고없이 언제든지 건강하되
한량없고 가이없는 아승지를 머무시며

그곳에서 생활하는 인민들의 수명또한
한량없고 가이없는 아승지겁 뛰어넘어
영원에서 영원으로 끊어짐이 없으므로
그러기에 이름하여 아미타라 하느니라

【미타신앙彌陀信仰】
장로비구 사리불아 아미타불 여래께서
세자재왕 부처님전 법장으로 출가하여
사십팔원 원력세워 도를닦고 정진하여
부처님이 되신지가 십여겁이 되느니라

또한다시 사리불아 저부처님 회상에는
한량없고 가이없는 성문들이 모였는데
그들모두 아라한의 높은경지 오른이로
산수로써 알수있는 그정도가 아니니라

어찌성문 뿐이리오 보살들도 마찬가지
한량없고 가이없어 헤아릴수 없느니라
사리불아 이와같이 극락국토 저세계는
공덕으로 장엄으로 이루어져 있느니라

또한다시 사리불아 분명하게 알지니라
극락세계 중생으로 몸을받아 생한자는
누구나다 한결같이 보리심서 퇴전않는
높은경지 뛰어오른 아비발치 성자니라

그가운데 대부분은 일생보처 보살인데
그숫자가 너무많아 산수로는 알수없고
한량없고 가이없는 아승지겁 지나면서
헤아릴수 있을따름 다른길이 없느니라

지혜로운 사리불아 장로비구 사리불아
이회상의 중생들로 가르침을 듣는자는
모두함께 원세우고 부지런히 정진하여
저나라에 태어나길 발원해야 하느니라

왜냐하면 이와같이 한량없고 가이없는
뛰어나신 성문들과 훌륭하신 보살들로
같은곳에 함께모여 언제든지 정진하고
원세우고 탁마하며 닦아가기 때문이라

【염불공덕念佛功德】
장로비구 사리불아 분명하게 알지니라
자그마한 선근으론 저나라에 날수없고
자그마한 복덕이나 자그마한 인연으론
저부처님 나라에는 왕생할수 없느니라

지혜로운 사리불아 선남자나 선여인이
아미타불 찬탄하는 이말씀을 듣고나서
아미타불 그명호를 마음속에 지닌채로
혹은하룻 동안이나 혹은이틀 동안이나

혹은사흘 동안이나 혹은나흘 동안이나
혹은닷새 동안이나 혹은엿새 동안이나
혹은다시 이레동안 오롯하게 생각하되
한마음을 유지하여 산란하지 않는다면

염불하는 그사람은 그의삶이 다할때에
서방정토 극락세계 아미타불 여래께서
관음세지 비롯하여 성중들을 대동하고
임종하는 사람앞에 문득현신 하시리니

그로인해 이사람은 그의생명 마치면서
여러가지 임종장애 눈앞에서 사라지고
그마음이 편안하고 뒤바뀌지 아니하여
아미타불 극락국토 바로왕생 하게되리

【염불이익念佛利益】
장로비구 사리불아 염불이익 이러함을
나는분명 보는고로 이와같이 설하나니
만일어떤 중생이든 가르침을 듣는자는
저국토에 왕생하길 응당발원 할지니라

【제불찬탄諸佛讚嘆】

장로비구 사리불아 내가이제 이곳에서
서방정토 극락세계 미타여래 부처님의
부사의한 크신공덕 찬탄하는 것과같이
타방세계 부처님도 찬탄하고 계시니라

동방으로 묘희세계 아촉비불 비롯하여
수미상불 대수미불 수미광불 묘음불과
그와같이 나아가서 항하사수 모래처럼
한량없고 가이없는 거룩하신 부처님이

모두각기 그분들이 머무시는 국토에서
넓고기신 혀의모습 광장설상 내미시어
삼천대천 너른세계 남김없이 덮으시곤
진실하신 말씀으로 간곡하게 설하시되

너희모든 중생들은 한마음을 다기울여
추호라도 의심없이 믿어야만 하느니라
이와같이 찬탄하는 부사의한 공덕이며
일체모든 부처님이 호념하는 이경전을

사리불아 남방에도 일월등불 명문광불
대염견불 수미등불 무량정진 부처님과
그와같이 나아가서 항하사수 모래처럼
한량없고 가이없는 거룩하신 부처님이

모두각기 그분들이 머무시는 국토에서
넓고기신 혀의모습 광장설상 내미시어
삼천대천 너른세계 남김없이 덮으시곤
진실하신 말씀으로 간곡하게 설하시되

너희모든 중생들은 한마음을 다기울여
추호라도 의심없이 믿어야만 하느니라
이와같이 찬탄하는 부사의한 공덕이며
일체모든 부처님이 호념하는 이경전을

사리불아 서방에도 무량수불 무량상불
무량당불 대광불과 대명불과 보상불과
정광불을 비롯하여 항하사수 모래처럼
한량없고 가이없는 거룩하신 부처님이

모두각기 그분들이 머무시는 국토에서
넓고기신 혀의모습 광장설상 내미시어
삼천대천 너른세계 남김없이 덮으시곤
진실하신 말씀으로 간곡하게 설하시되

너희모든 중생들은 한마음을 다기울여
추호라도 의심없이 믿어야만 하느니라
이와같이 찬탄하는 부사의한 공덕이며
일체모든 부처님이 호념하는 이경전을

장로비구 사리불아 북방으로 무우세계
염견불을 비롯하여 최승음불 난저불과
일생불과 망명불등 항하사수 모래처럼
한량없고 가이없는 거룩하신 부처님이

모두각기 그분들이 머무시는 국토에서
넓고기신 혀의모습 광장설상 내미시어
삼천대천 너른세계 남김없이 덮으시곤
진실하신 말씀으로 간곡하게 설하시되

너희모든 중생들은 한마음을 다기울여
추호라도 의심없이 믿어야만 하느니라
이와같이 찬탄하는 부사의한 공덕이며
일체모든 부처님이 호념하는 이경전을

사리불아 하방에도 사자불과 명문불과
명광불과 달마불과 법당불과 지법불과
그와같이 나아가서 항하사수 모래처럼
한량없고 가이없는 거룩하신 부처님이

모두각기 그분들이 머무시는 국토에서
넓고기신 혀의모습 광장설상 내미시어
삼천대천 너른세계 남김없이 덮으시곤
진실하신 말씀으로 간곡하게 설하시되

너희모든 중생들은 한마음을 다기울여
추호라도 의심없이 믿어야만 하느니라
이와같이 찬탄하는 부사의한 공덕이며
일체모든 부처님이 호념하는 이경전을

사리불아 상방에도 범음불과 수왕불과
향상불과 향광불과 대염견불 보화덕불
잡색보화 엄신불과 사라수왕 부처님과
견일체의 부처님과 여수미산 부처님등

그와같이 나아가서 항하사수 모래처럼
한량없고 가이없는 거룩하신 부처님이
모두각기 그분들이 머무시는 국토에서
넓고기신 혀의모습 광장설상 내미시어

삼천대천 너른세계 남김없이 덮으시곤
진실하신 말씀으로 간곡하게 설하시되
너희모든 중생들은 한마음을 다기울여
추호라도 의심없이 믿어야만 하느니라

이와같이 찬탄하는 부사의한 공덕이며
일체모든 부처님이 호념하는 이경전을
이와같이 육방세계 한량없는 부처님이
부사의한 공덕지닌 이경찬탄 하시니라

【발원결과發願結果】
지혜로운 사리불아 너의뜻에 어떠하냐.
어찌하여 이경전을 일체모든 부처님이
부사의한 크신공덕 끊임없이 찬탄하며
호념하는 경전이라 이름한다 하겠느냐

지혜로운 사리불아 선남자나 선여인이
이경전을 듣고나서 깊이받아 지니거나
동남서북 하상세계 일체모든 부처님의
거룩하신 그이름을 귀기울여 듣는자는

이들모든 선남자나 다시다못 선여인이
일체모든 부처님의 호념하신 바를입어
아뇩보리 열반경지 무상정등 정각에서
물러남이 다시없는 완전한힘 얻으리니

그러기에 사리불아 너희들은 한결같이
나와다못 육방제불 고구정녕 설한바를
언제든지 바로믿고 올바르게 받아지녀
잠시라도 잊어서는 결코아니 되느니라

사리불아 만일다시 어떤사람 여기있어
이미발원 하였거나 지금발원 한다거나
장차원을 크게발해 아미타불 극락국에
왕생하길 원하는자 좋은결과 있으리니

이들모든 사람들은 누구든지 한결같이
아뇩보리 열반경지 무상정등 정각에서
물러남이 다시없는 완전한힘 얻은뒤에
서방정토 극락세계 이미왕생 하였거나

지금왕생 한다거나 장차왕생 할것이라
그러므로 사리불아 모든선남 선여인이
만일믿음 있다하면 모름지기 간절하게
저나라에 왕생하길 발원해야 하느니라

【오탁오세五濁惡世】
사리불아 내가지금 일체모든 부처님의
부사의한 크신공덕 칭찬하는 바와같이
그들모든 부처님도 머무시는 국토에서
부사의한 나의공덕 칭찬하고 계시니라

사바세계 교주이신 서가모니 부처님은
너무나도 어렵고도 희유한일 하시도다
사바국토 오탁오세 거칠고도 험한세상
겁탁견탁 번뇌탁과 중생탁과 명탁중에

위가없고 평등하고 완벽하고 높은경지
무상정등 정각으로 아뇩보리 얻으신뒤
중생들을 위하시어 일체세간 어디서나
믿어지지 아니하는 부사의법 설하심은

장로비구 사리불아 분명하게 알지니라
내가오탁 악세에서 어려운일 실천하고
위가없고 평등하고 완벽하고 높은경지
무상정등 정각으로 아뇩보리 얻은뒤에

고집세고 의심많은 일체세간 위하여서
이와같이 어디서나 믿어지지 않는법을
설한다고 하는것은 쉬운일이 아니어서
성문들의 지혜로는 헤아릴수 없느니라

【신수봉행信受奉行】
부처님이 이경말씀 설하시길 마치시매
그자리에 함께했던 사리불을 비롯하여
일천이백 오십명의 모든비구 대중들과
타방세계 보살들과 일체세간 중생들과

천상인간 아수라등 한량없는 청중들이
부처님의 설하신바 아미타경 이말씀을
환희에찬 마음으로 믿고받아 지닌뒤에
공손하게 예를짓고 자리털고 떠났도다

[檀紀 4292(1959). 9.30. 東國大學校 發行 高麗大藏經第11冊185-187項

아미타경을 읽는
즐거움

초판 1쇄 발행   2015년 3월 3일
초판 2쇄 발행   2015년 4월 20일

지은이   동봉 스님
펴낸이   윤재승

주간   사기순
기획편집   사기순, 최윤영
영업관리   이승순, 공진희
디자인   나라연

펴낸곳   민족사
출판등록   1980년 5월 9일 제1-149호
주소   서울 종로구 삼봉로 81 두산위브파빌리온 1131호
전화   02-732-2403, 2404
팩스   02-739-7565
홈페이지   www.minjoksa.org
페이스북   www.facebook.com/minjoksa
이메일   minjoksabook@naver.com

ⓒ 동봉, 2015. Printed in Seoul, Korea

ISBN   978-89-98742-44-7   03220